当代外国学前教育译丛

GUANCHA ER...

ERTONG XINGWEI GUANCHA JILU ZHINAN

观察儿童

——儿童行为观察记录指南

（第二版）

[美] 沃伦·R. 本特森 Warren R. Bentzen 著

于开莲 王银玲 译

CENGAGE Learning

人民教育出版社

·北京·

图书在版编目（CIP）数据

观察儿童：儿童行为观察记录指南：第二版 /（美）沃伦·R. 本特森（Warren R. Bentzen）著；于开莲，王银玲译．—北京：人民教育出版社，2017.10（2021. 10重印）
ISBN 978-7-107-31331-8

Ⅰ.①观… Ⅱ.①沃… ②丁… ③王… Ⅲ.①儿童—行为—研究 Ⅳ.①B844.1

中国版本图书馆 CIP 数据核字（2017）第 258678 号

观察儿童：儿童行为观察记录指南

出版发行 人民教育出版社
（北京市海淀区中关村南大街 17 号院 1 号楼 邮编：100081）
网　址 http://www.pep.com.cn
经　销 全国新华书店
印　刷 北京天宇星印刷厂
版　次 2016 年 12 月第 2 版
印　次 2021 年 10 月第 3 次印刷
开　本 787 毫米 × 1092 毫米 1/16
印　张 29
字　数 485 千字
定　价 59.00 元

EISBN：

ISBN 978-7-107-31331-8

Cengage Learning Asia Pte. Ltd.
5 Shenton Way，# 01-01 UIC Building，Singapore 068808

北京市版权局著作权合同登记号　图字：01-2005-5866 号

目　　录

前　　言

关于前言

很多时候，读者都不重视阅读前言。其实，在前言中，作者时常会解释一些读者在阅读中可能遇到的问题，说明自己写了什么或不写什么，并解释这样做的原因。面对一本书，还没有阅读，我们就对它作出某种评价，这是不合理的；不过我们也确实没有时间为了判断一本书是否值得阅读而去读完整本书。也许没有哪一个前言会提供完整信息，以帮助读者判断一本书的意义和价值，但是，从前言开始阅读却是很必要的。

读者对象

《观察儿童——儿童行为观察记录指南》（*Seeing Young Children*：*A Guide to observing and Recording Behavior*）① 一书自出版以来，其读者对象一直稳定不变，主要是那些对儿童本身感兴趣的人，或者是其他的儿童工作者，这一部分人都十分重视观察和记录儿童行为的价值。也就是说，我们的读者定位是广泛的，包括医生、专业的儿童照料者、早期儿童教育者、儿童教育专业的学生、学校教师、父母、祖父母、儿童保护机构工作人员，等等。这些人都需要理解儿童如何随着时间变化，并能用一种有意义的方式记录这种变化。

这意味着，尽管本书的主要购买者是两年制和四年制的学院和大学，但是本书的市场和用途绝不局限于此。即便是随便翻翻本书的读者，也能够从中发现非常有用的信息，包括对于观察的解释，有关的儿童发展理论，观察、记录技术在实际中的运用。

我为什么撰写本书

最初写本书是为了替代我在纽约普拉茨堡州立大学上儿童发展课时所使用的教材。我原来一直使用的那本教材已经绝版，而我所上的儿童发展课非常强调观察，所以迫使我寻找新的教材。但是我发现，要找到满足我的要求的教材很困难，只能自己写。随着我对撰

① Young Children，一般译为“幼儿”。但是在本书中，描述的对象是 0～8 岁的儿童，超越了我们约定俗成的对于幼儿期的年龄范围的理解，因此，从更广的意义上，我们将其译为“儿童”。——编者

写越来越投入，我逐渐意识到，观察儿童行为所获得的信息远比用眼睛看到的要多，而且我们用以从周围环境中收集信息的所有身体感官，仅仅是通道而已，只有大脑才能为这些感觉信息赋予实际意义。而当我试图给观察下一个定义时，我也很快意识到，观察儿童行为绝不仅仅是随意地观看儿童的游戏，也绝不仅仅是为了满足个人偶发兴趣而从事的一种消遣性活动。实际上，为了观看儿童的游戏，你必须知道什么是游戏，你正在观看的是否是游戏。因此，如果个体是一个知识丰富、技能娴熟的观察者，那么，即便是随意的关注也能产生某种有意义的结果。

基本理念

本书的基本理念：与随意观看相比，有意义的观察活动要远比用相机拍照复杂得多。相机捕捉图像不受其意义的影响。人的眼睛也捕捉图像，但人的眼睛与大脑相连，能够理解这些图像并赋予其意义。人类具有其他的一些感觉装置，如听觉、嗅觉、触觉和味觉，它们也接收了来自大脑的有意义的感觉信息。因此，正如本书所界定和实践的那样，观察包括有目的地获取儿童行为中的信息，并给这些信息赋予意义，促进儿童成长、发展和全面幸福。本书旨在帮助读者获得有关的知识和技能，以便观察和记录儿童在日常行为中所展现的信息图像。

新版内容和结构的变化

新版的基本结构与前几版稍有不同，主要在于删去了第 13 章“记录方法在实践中的运用”。在这一版中，各方法的实际应用都被附在了专门讲述其方法的章节之后。其中的十八个章节依旧覆盖了从出生到八岁，也就是全美幼教协会（the National Association of Young Children，简称 NAEYC）所定义的儿童早期。有些评论人认为我应该将研究范围扩大到十二岁（六年级），但我不同意，有以下几个原因。其一，如果再加入四年将会与本书主要论及的“年幼（Young）”儿童有悖。其二，我研究的重点一直都是观察在不受约束的、比公立小学教室中更为自然的环境下的行为。孩子进入三、四、五、六年级之后，学校的环境更具有限制性。虽然也会有例外，但我认为这些例外不足以改变整体的状况。本书的重点在于观察和分析“自然和自由”的行为。其三，从理论上来讲，是因为用来观察和记录儿童行为的方法也适用于 9～12 岁的儿童。最后，最重要的原因，是一个人要有理解行为的意义的基础知识，而这些基础知识，在第 15～18 章的背景信息中已经阐明。

既便是现有的研究范围，上一版的有些评论人仍然认为八年的时间段使全书过于冗长，并且囊括的信息比他们所教的课程多得多。然而，这从来不是一个问题：在教学时，直接省去和课程不相关的章节即可。即使人生中先前的阶段是之后的基础，但是所有发展阶段都可以被独立看待。关于新生儿的研究不一定和其婴儿阶段有必然联系，婴儿阶段和学步儿阶段也可以是互相独立的，其他情况同理。

我相信新版所作的改变将使本书较上一版而言更加明晰易懂。新版编入了大量有关各个记录方法的应用资料，这也是我选择听从建议删去第 13 章的原因，即方法的应用不应该被局限于一个章节。另外，我对文章行文进行了一些调节，如尽量简化语句，尽量使用主动语气，并替换了一些词汇。我不知道这些改变是否能让我的文章更易读，但是我认为经过这些修改，本书的写作达到了预期。

此外，我采纳了评论人的建议，在新版中加入了全新的页边术语表，将讨论到的专业词汇标注在页边显然比每次翻到书后查阅方便多了。我对没有更早想到这一点感到惭愧。

就像我在上一版的前言中写到的一样，本书中观察和记录儿童的行为并不受快速发展的科技影响。这项活动仍然只需要你用适合的方法调动和利用你的眼睛、耳朵、大脑和纸笔，所以观察的行为和内容都不需要太大改动。因此，除了参考文献条目和语言句法的修改之外，第 15～18 章与上一版并无差别。

观察的行为和内容，是不变的。但有变化的是，在上一版发行后，科技的发展十分迅速。现在数码摄像机已经普及，我确信有人认为这些新科技应该被应用到观察和记录儿童的行为甚至是日常的幼儿看护中来。如果我认同这一观点，我便有义务将数码摄影归入收集观察数据的方法中。但是，我重申我之前的观点：一个数码相机作用的发挥，更大程度上取决于使用它的人，因为任何相机记录下的素材都要经过人的大脑的分析。数码相机最大的优势在于它可以捕捉并记录一段连续的行为。但是，应该认识到，支持使用数码相机的人也无法做到拿着相机一直跟随儿童好几个小时。最有意义的观察经常发生在运动过程中，观察者必须足够敏锐才能捕捉得到。不过，有一点应该承认，儿童行为的录像可以成为一个有经验的观察者的良好教学工具。总的来说，我只推荐在教学中使用数码摄影。

观察练习

从第 14 章到第 18 章，每章的最后都附了观察练习记录表。安排这些表格的目的仅仅是为了提供记录工具的例子，因此，不应该把它们视为相应表格样式的最终定式。我敢肯定，有些读者喜欢将这些表格撕下来，直接在上面记录他们的观察结果。这种选择可能并不可行，特别是在观察需要保留原始数据、要求书写相当多的文字的情况下。你可以根据样表自己设计、打印表格，这样保证有足够的书写空间。

补充资料

可以作为本书的补充教材的是《观察与评价专业能力提升手册》，也是由德尔玛学习中心出版的。课本论述了未来的早期教育指导者、养育者、教师可能感兴趣的话题。成为一名教师，意味着要从经验中不断学习、反思、发现和成长。教材提供的议题和内容，可以一直帮助正在成长中的学生。

《观察与评价专业能力提升手册》涉及以下议题：

- 儿童发展阶段和发展性信号
- 对于“看”和“观察”的区别
- 每个孩子都和别的孩子不同的原因
- 自我认知及其对于观察的影响
- 观察和记录的一般方法
- 观察和记录对于促进幼儿发展的作用
- 如何汇报和解释课堂中的记录和评价
- 如何整理和使用每个孩子的文件记录
- 收集儿童信息的伦理问题

致谢

感谢汤姆森·德尔马学习出版公司（Thomson Delmar Learning）召集的下列评议人，他们为本书提出了很多有益的、建设性的意见和建议。

- 托尼·A. 坎贝尔（Toni A Campbell），哲学博士
  圣何塞州立大学，加利福尼亚州
- 沈文菊（Wenju Shen），教育学博士
  瓦尔多萨州立大学，佐治亚州
- 贝弗利·凯恩（Beverlyn Cain），教育学博士
  伊丽莎白市州立大学，北卡罗莱纳州
- 艾琳·库克（Irene Cook），教育学硕士
  加利福尼亚州立大学贝斯菲尔德分校，加利福尼亚州
- 蒂什·贝内特（Tisha Bennett），教育学博士
  范德堡大学，田纳西州
- 吉尔·E. 福克斯（Jill E. Fox），哲学博士
  德克萨斯州立大学阿灵顿分校，德克萨斯州
- 盖尔·戈德斯坦（Gail Goldstein），教育学硕士

阿尔布魁尔克技术与职业社区学院，新墨西哥州

- 苏珊·约翰斯顿（Susan Johnston），哲学博士
  犹他大学，犹他州
- 特雷西·凯斯（Tracy Keyes），理学硕士
  库茨敦大学，宾夕法尼亚州
- 安·B. 沃特（Ann B. Watts），教育学硕士
  弗尔西斯技术社区学院，北卡罗莱纳州

第一部分 概述

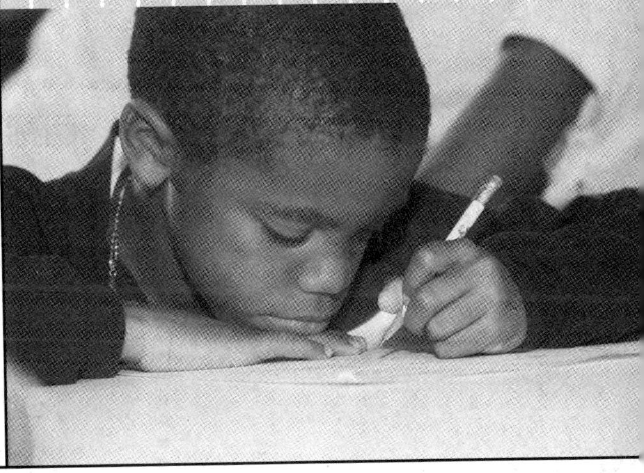

第1章　简　　介

目标

通过阅读本章，你可以：

- 说明生理学意义上的看和观察意义上的看的差异
- 分析观察对早期教育的重要性
- 分析观察对科学和个体的重要性
- 考察观察与观察者个人所持有的观点和理论观点之间的关系
- 用一般术语讨论观察的内涵和外延

关键词

观察 observe　　感知 perception
原始刺激 raw stimuli　　实证的 empirical
行为 behavior

观察：一些准备性的观点

如果你不能够看、听、触摸、闻，那么你会感到完全无助，无法运动，不能感知或理解周围世界正在发生的任何事件。也许大多数人都很难想象这样一种情境，但确实有一些人，他们的眼睛不能看、耳朵不能听，或是因为患有神经性疾病而使触觉、嗅觉和味觉的发展受到了影响。这些人往往不能理解或感知他们周围环境的某些方面。比如：盲人看不见颜色、形状、物体或其他人；聋人听不见人说话、听不见音乐、听不见小鸟的歌声或交通工具嘈杂的声音。试想，没有味觉，我们吃饭时怎么能享受美味，怎么能感觉到放到嘴里的东西是否有害呢？没有触觉，我们又怎样才能知道自己是否被割伤或者已经侵犯到了他人？同样，如果没有嗅觉，那么我们就无法闻到大火散发的浓烟味，以警惕危险，也不能闻到美味佳肴。因此，为了生存和享受生活，我们必须要做一些事情，而我们之所以能做这些事情，是因为我们能够**观察**（**observe**）。

观察 observe

通过一种或多种感官来获取信息并理解其意义，并以有意义的方式运用这些信息的能力。

知觉 perception

通过身体感官中的一种或多种感官获取信息，并以有意义的方式组织这些信息。

一般来讲，我们大多数人主要通过眼睛获取信息，其次是耳朵。因此，尽管听觉对于理解儿童行为也同样重要，但在本章，我们将着重探讨视**知觉**（**perception**）或“视觉”。

首先我们要区分生理学意义上的看和心理学意义上的看。生理学上的看，至少需要眼球后部有完整的视网膜，以及适当的视觉敏感度，这样我们才能分辨清我们正在看的事物。这种方式的看，眼睛所起到的作用就像照相机，照相机把视觉形象呈现到胶卷上，而眼睛则将看到的视觉形象呈现到视网膜上。这是看的最基本的意义，是最低限度需要看到的信息。但是，如果我们仅以刚才所描述的方式来看的话，那么很遗憾，我们就变成照相机了。与照相机不同的是，我们人具备大脑，正是大脑，才使人能够完成心理学意义上的看。

因此，观察取决于我们理解和解释眼睛（还有耳朵及所有感官）从外界获取的**原始**（未经解释说明的）**刺激**（**raw stimuli**）的能力。而正是我们的大脑在执行着有意义的和有益的看。

原始刺激 raw stimuli

通过观察获得的资料、未经解释和处理的刺激，可称之为“原始”。例如，使用叙述性描述记录行为时，就是在收集原始资料或原始刺激，如果要使观察有意义，之后就必须解释这些资料或刺激，赋予其意义。

为什么观察如此重要：一般性观点

为什么观察如此重要？最基本的答案是：观察让我们得以生存。但我们可以超越这一基本答案，将视角转移到与年幼儿童有关的工作。如果不具备观察能力，不能以有意义的方式“看”和“听”，我们就不能与我们正在照看的儿童有效互动，无法理解并促进他们的生长和发展，也不能保护他们免遭危害。总之，如果没有观察能力，我们将无法或者难以有效履行保育者、看护者、早期教育者、家长的职责，以及做好一个了解儿童并学会如何承担上述一种或几种角色的学生。让我们来看一个假想的观察案例，在实际的儿童看护中心或早教机构中，这种情况经常发生。

你是一个受过训练的儿童看护者，一些4岁儿童正在大积木区玩耍，你正在观察他们。和你在一起的是加西亚夫人，她是其中一个4岁儿童卡洛斯的妈妈。加西亚夫人正在抱怨，她觉得她的儿子把一块积木放到另一块积木顶上，这根本学不到什么东西。这时你提示她要观察得更仔细一些，尤其要仔细观察儿童的社会互动，比如分享积木，或者与另一个伙伴一起将大积木抬到积木堆中。同时你还要提示她，听一听儿童在积木区活动以及与伙伴合作搭积木时，对别人说了什么。“他们互相指导了吗?”你问加西亚夫人。她点了点头，并说：“我想是这样的。”

在游戏中，儿童可以学到很多东西，
而未经训练的观察者往往注意不到

接着，你向加西亚夫人指出，儿童选择特定大小的积木，使这些积木与他们正在设计和搭建的东西相匹配时，他们就获得了大小尺寸和重量感。正在这时，卡洛斯大喊：“嘿，这块小积木比那块大积木难弄!”乔纳森则回答说：“是的，我知道，但我们还需要3块积木才能建完这座高塔。”卡洛斯继续说：“但我们不能把这块大积木放到那块小积木上，那样不稳。”

行为 behavior

可以通过一种或多种感官直接观察到的个体所做的任何事情。

可能加西亚夫人和你这个经过训练的观察者一样，会用十分相同的语言来描述所发生的事情，包括一般的**行为（behavior）**或一些外显的行为。而你却看到了加西亚夫人完全忽略的事物，你能够解释隐藏于表面背后的其他事物，并由此得出结论。你看到了儿童正在展现或正处于发展过程中的技能和概念。例如，卡洛斯了解到大小和重量之间并不必然直接相关。而他知道这一点，可能是根据先前的已有经验得知的，也就是说他先前就了解，把一块大积木放在一块相对小一点的积木上，可能会使高塔站不稳，并可能倒下。而当乔纳森说出他们还需要“3 块积木”的时候，他至少对数字也有了一些理解。

大脑让我们能够用远远超越照相机的“看”的方式来看事物。而我们的观察之所以能如此复杂，正是因为我们用传感信息所做的事情要远远多于照相机。正如上述例子当中所描述的，不同的人会感知到不同的信息、不同数量的信息，甚至同一个人，在不同时间所感知的信息也不尽相同。所以同理，两个人可能同样看一个物体或事件，但看的方式却截然不同——比如加西亚夫人和经过训练的观察者（Hansen，1958）。

上例中的一个关键问题是，当卡洛斯的妈妈和经过训练的观察者一起观察卡洛斯在大积木区玩游戏时，他们看到的外显行为基本一样。但是，正如我们前文所述，加西亚夫人仅仅看到儿童在玩游戏，她没有充分理解游戏的价值以及正在发生的多种学习。而作为经过训练的观察者，你却切实看到了游戏中正在发生的学习。加西亚夫人没有看到儿童所获得的、正在运用的空间关系概念或算术技能，她也没有看到卡洛斯正在学习的社会交往技能。

根据上例，我们可以得出一个重要结论，即：我们所有人都根据自己的已有经验、我们所知晓的以及我们所坚信的信念，来观察和组织周围世界中的事物和事件。这些因素构成了我们所谓的个性或参照体系。接下来我们会进一步解释这一问题。

我们每一个人都会把自己的个性、经验甚至是有关世界如何活动的个人理论，带到任意一个情境中去；我们往往会根据我们的理论和信念，对所观察到的现象进行筛选和加工处理，然后得出结论。同时，我们每个人都在注意不同的信息（刺激、事件），因为每个人对周围环境感兴趣的部分各不相同。勃兰特（Brandt，1972）指出：观察依赖于注意，而注意必然是有选择性的。或者，换一种说法，教师（儿童看护者）更有可能看到儿童行为中与他们的专业兴趣或专业训练相吻合的部分，而不是那些不相吻合的部分。例如，如果一名教师对儿童的社会性发展特别感兴趣，那么她就可能忽略、不去看或者至少不去强调儿童的动机行为。或者，教师很可能会把动机行为看作是发展社交技能的一种方式——她只会根据这些行为与社会行为的关联性去看这些行为。相反，如果教师的独特兴趣或关注点集中在儿童的身体发展或动机发展，那么她就可能更倾向于忽略社交行为，转而去观察儿童如何走、跑、跳、摔跤、翻滚，以及如何使用他们的手，等等。

从更普遍的意义上说，受过蒙台梭利方法训练的教师可能更倾向于让儿童进行自我发现式学习；而采取以行为主义为理论基础的早教方式的教师则会寻求更多机会，进行结构化的、教师指导式的活动。因此，即使是在同一间教室，观察同一名儿童，两名教师接触到同样的、客观存在的情境和信息，她们每个人都会倾向关注情境当中的不同方面。

为什么观察如此重要：一些特殊的原因

为了理解观察过程与你的关系，我们需要看看为什么观察如此重要。其中一些原因特别涉及到正式的儿童保教机构，如早期教育中心或专业托儿机构。

大约三十多年以前，古德温和德里斯科尔（Goodwin & Driscoll，1980）就从三个方面说明了观察对早期教育的重要性。首先，观察让我们可以考察很多无法用其他方法考察的行为。很多对成人采用的测验往往依赖于他们的读写能力，或以其他方式交流复杂思想或情感的能力。但是，儿童的语言和概念发展不成熟，对于周围世界正在发生的事情，他们通常不能表达自己的认识和理解。因此，对特别小的儿童来说，访谈或纸笔测验就无用武之地了。同时，古德温和德里斯科尔还强调，研究情绪尤其适合用观察法，观察者可以观察到儿童最终的行为表现，克服测验的种种局限。如：测验到的能力有限，儿童对测验指导语不十分理解，在测验的过程中，儿童可能会用他们认为的成人希望他们回答的方式来取悦成人等。

而在更近期的一些观点中，莫里森（Morrison，1995）也指出：观察能够“收集到纸笔测验或向幼儿提问所收集不到的数据”（p. 45）。莫里森说明了观察的重要性，并进一步指出：“观察让专业人士直接获取信息，而相反，不用观察法就只能间接地获取信息。”（p. 45）

专业人士认为，儿童的能力远远超出某个专门的测验所测查的结果。在运用更加“真实的”方式评价儿童的过程中，专业人士发现，观察，尤其是在一些自然情境，如班级教室、儿童保育中心、操场以及其他场所中所进行的观察，是了解儿童、了解他们知道什么以及他们能够做什么的最真实的评价方式之一。(p. 45)

最为关键的是莫里森所指出的：专业人士和父母在观察儿童的时候，“不会真正看到他们（儿童）正在做什么，或者为什么他们在进行某一特殊的行为或活动……这就说明为什么对于早期教育专业人士而言，理解观察的重要性以及了解如何运用观察来搜集有关幼儿的数据是非常重要的”(p. 45)。

其次，观察之所以重要，是因为儿童往往不会像成人那样，把正式的测验程序看得非常严肃认真。古德温和德里斯科尔（Goodwin & Driscoll，1980）认为：成人往往会告诉儿童测验是件很严肃的事情，他们必须尽可能地好好回答，而这就是一种态度，这种态度决定着正式测验的成功。但是，成人的这些建议，儿童往往不会放在心上。此外还有其他一些观点，反对儿童做正式测验。比如，有观点认为，正式测验与儿童的发展水平不适宜；一些人还指出，儿童不仅不能像古德温和德里斯科尔所说的那样严肃认真地对待测验，相反他们可能在正式测验场景中承受巨大的压力。再比如，在全美幼教协会（NAEYC）列出的不适宜儿童发展的做法里就包括“仅根据预先制定好的测验标准，比如标准常模或成人的行为标准”来评价儿童，（因为这些测验）“期望所有儿童完成同样的任务，获得相同的、经过严格界定的、容易被测查的技能”（*Early Childhood Education*，88-89，Annual Editions，Guilford，Connecticut：Dushkin Publishing Group，Inc.，p. 111）。

莫里森（Morrison，1995）还进一步阐述了观察对评估儿童能力的重要价值，即它将“决定儿童在哪些领域需要额外的支持和帮助”（p. 45）。他指出：观察可用于评估儿童“在一段时间的行为表现”（p. 45），并且，观察能够让专业人士收集信息，以用于家长会，以及向家长汇报儿童的情况。

斯波德克和萨拉乔（Spodeck & Saracho，1994）也讨论了对幼儿进行标准化测验的问题，他们特别同意全美幼教协会的观点。他们在书中写道：“虽然有些形式的评估对说明课程的有效性非常重要，但是用标准化测验来检验课程的有效性则是错误的。”(p. 240) 我们的目的不在于卷入有关这类测验的争论。但事实上，标准化测验正饱受争议，并承受着人们越来越强调自然观察的重要性和适宜性所带来的压力，这一事实促使提升观察幼儿行为的技能成为重中之重。

幸运的是，自然观察摒弃了正式测验的这些不利因素。观察者希望在没有成人干预的情况下观察儿童的行为，不希望使儿童产生任何焦虑或其他可能对儿童行为有不利影响的情绪反应。

很多人都反对对儿童进行正式的、标准化测验

最后，古德温和德里斯科尔认为观察之所以重要，第三个原因是：即使幼儿知道自己正在被观察，但和年长一点的儿童或成人相比，他们能感觉到的危险和焦虑也相对会轻一些。而且，年幼儿童也不大可能像年长儿童或成人那样，为了别人观察而改变自己的行为。意思就是说，对于年长儿童和成人来讲，如果他们知道别人正在观察自己，那么就更有可能去改变正常行为。曾经有人指出：如果我们认为自己在私人的时间被他人观察到了，那么大多数人都会变得愤怒、疯狂。而对年幼儿童进行观察时，他们的行为表现则较少受到观察过程的影响。

然而这种理念或观点也经不住推敲，我们需要根据特定情境，针对特定儿童或儿童群体来对背后的假设作出实际的判断。也许最明智的行动方案就是，不要想当然地认为儿童不会因为自己被观察而作出相反的反应。这是一个忠告，它与在观察中尽量保持不过于显眼这一一般性原则息息相关。儿童不可能对观察者完全视而不见，或者在所有情境中都忽视你的出现，这是一个不争的事实。儿童会看到你，并且，他们还会逐渐意识到你正在他们的“地盘”做什么，或者猜想你正在做什么。所以你要谨慎处理这种状况，最重要的是要为儿童的健康发展着想，其次才是保证成功和“诚实”地完成你的观察。

观察与理论

除了上述提及的这些理由，还有其他一些人也对观察过程给予了高度重视。你也许会发现，你自己也会观察儿童在各种情境中的表现（比如在幼儿园班级、操场、家里或公立学校的班级）。而我们关于儿童的知识，以及儿童是如何随着时间变化而发展变化的知识，最终都取决于许多人对儿童的研究，以及这些人对儿童在各种情境、各个时间段所做的各种事情的观察。理论和观察之间的关系可以从以下两个方面来论述。

首先，试图对发展进行解释的理论都必须经过检验并表明它们是否有助于理解发展过程，而观察则是这种检验所必需的。尽管你不一定要用很正规或正式的方式去检验一个理论，但利用观察可以做到这一点，观察并解释儿童的行为确实可以做到对理论的某种检验。让我们看一看下面的例子。

皮亚杰的认知发展理论已经引发了大量的研究。有些研究是为了该理论自身的发展，有些则是为了开发学前教育课程或方案。皮亚杰认为幼儿的基本特点是以自我为中心，一般不采纳他人的观点。他的"三山实验（mountain view）"是自我中心研究领域的一个经典实验（实验中，皮亚杰给儿童出示了一个三维的山的模型，然后，给儿童出示一组图片，这些图片分别是在山的模型周围的不同位置拍下的。接着，把一个洋娃娃分别放到模型周围的不同位置上，并让儿童依次选择图片，看一看哪张图片最能代表洋娃娃所"看到"的事物）。根据这个实验，皮亚杰得出了有关儿童自我中心发展程度的结论。但是一段时间以来，研究者们都一直在寻找证据，证明幼儿不是像皮亚杰所认为的那样自我中心。作家兼研究者，默里·克兰茨（Murray Krantz）认为，如果用儿童熟悉的材料和情境来代替皮亚杰所采用的儿童十分不熟悉的"三座山"，那么儿童的反应就始终是非自我中心的（Krantz，1994，p. 295）。劳拉·伯克（Laura Berk）也对皮亚杰的结论提出了质疑。她指出："新的证据表明，皮亚杰低估了婴幼儿的能力。"（Berk，1993，p. 21）同时她还进一步说明："这一发现让许多研究者得出结论，儿童思维的成熟程度往往取决于他们对测查任务及所抽样的知识的熟悉程度。"（pp. 21-22）这里的关键是，人们想从幼儿的典型行为中发现自我中心主义，可是恰恰观察到的是非自我中心的行为实例，其结果就促使人们对皮亚杰的结论和理论进行检验。

其次，观察有助于你更好地理解正在学习的理论。例如，你在书本上学到的知识就与你的观察经验密切相连。一方面，了解真实的儿童将有助于你理解所读到的或听到的有关儿童的知识；另一方面，对儿童和儿童发展的了解也将影响你进行观察实践时所看到的现象。例如，你所了解到的儿童语言发展知识将会影响你对特定儿童的语言发展状况的理解。而你的理解以及你如何解释自己所看到的现象，则取决于你的知识、观察技能，以及你看待生长、发展甚至人类的方式。不仅在学前教育领域如此，其他领域也一样。

皮亚杰的理论对我们了解儿童的智力发展有十分重要的作用

例如，弗洛伊德学派的治疗专家很可能会把某个患者的问题看成是精神冲突所致，而对于同样的问题，行为主义的治疗专家则更可能把它看成是由患者的强化史所造成的。因此，每一个治疗专家，都因为他们的专业训练而从各自不同的角度来看待行为，并敏感于个体行为的不同方面。如果你从你的专业视角出发，致力于研究儿童，那么你所接受的专门训练，也会让你倾向于用某种特定方式去看儿童，并运用符合你的理论视角的方式来解释儿童行为。这本书的写作目的就是要帮助你增强观察技能，同时也强调有必要建立一个概念框架，用于观察和理解你所看到的现象。

不过，我们也不能太过于强调概念框架或理论框架。我们假设如下一个场景。

你来到幼儿园某个班级的活动室中进行参观和观察。你注意到一个小男孩正独自一个人坐在一张桌子旁玩泥巴。你想凑近，看看他在做什么。这时，小男孩（我们叫他罗比）朝你笑了笑，并且问你是不是想和他一起玩。你回答说“好啊”，于是他就把泥巴给了你。而正当罗比靠得非常近，观察你的时候，你把泥巴滚成了一个大球，然后又把球切成了均等的两半。你给罗比一半，并告诉他：“现在我们的泥巴一样多了。”罗比点了点头，笑了，然后拿起他的那半泥球，在桌子表面滚来滚去。这时，你又拿起你的泥巴，把泥巴摊成了一块大大的薄饼。罗比看到你的饼，非常感兴趣，他专注地看，然后大喊：“嘿，你的那块大！我要你那块！”你想毕竟你是个来访的客人，而且也肯定不想为了一块泥巴和一个 3 岁大的孩子吵架，所以，你就把你的那块给了他。他立刻笑了，然后重新回去玩他的泥巴！

在上述这个特定的场景中，你看到了一个儿童的行为，通过你的眼睛和耳朵获得了信息。但如何运用理论框架或概念框架来解释、说明你刚刚所见到的现象呢？其中一种解释可能是基于皮亚杰的认知发展理论。你可能会把罗比的认知发展水平归为皮亚杰理论中认知发展的前运算阶段。从这一观点出发，你就可能认为罗比还没有达到认知守恒。也就是说你认为罗比不能理解这一现象：你既没有往里加泥土，也没有拿走泥土，泥土的数量始终保持不变。你看到罗比被泥块的外形给迷惑了。而且，你之所以如此断言所有这些现象，仅仅是因为你知道罗比是个 3 岁的孩子，所以他极有可能处于皮亚杰认知发展的前运算阶段。

诸如此类的问题和可能的答案正是本书的核心，并且答案经常是基于一些特定的理论或概念框架的。

但是，需要强调的是，本书不是一本资料书，其重点不在于详细解释儿童的发展、早期教育课程、课堂实践或者如何对有特殊问题的儿童采取教育干预。我们聚焦于观察和记录行为的过程，以及一些被运用于实际情境的过程或技巧。除了我们在本书中介绍的实践练习，你也可以自由寻找机会来运用这些过程或技巧，并因此搜寻特定的观察和记录内容。

实证的 empirical
涉及那些能够被看到、听到、触摸到、闻到以及品尝到的事物；通过直接观察而不是通过抽象思维或推理而获得的数据；与“真实的”世界紧密相连。

实证数据 empirical data
通过一种或多种感官观察到的、与真实的世界相连的数据。

前面所讨论的问题都与观察的重要性息息相关。但观察的重要性还涉及更多方面。观察之所以如此重要，是因为太多的科学，包括社会科学和自然科学，都必须收集一些能够被看到、听到、闻到、触摸到以及品尝到的数据，我们称这些数据为**实证数据**（**empirical data**）。获得这些数据往往依靠经验或观察，而不是抽象的理论。一个心理学家，他必须最终抛开有关人类行为的抽象理论，去探索和测查“真实的”人的“真实的”行为。而这种探索和测查正需要观察。比如，一个有兴趣研究儿童攻击性行为的心理学家，可能在某个时间先从理论上来思考攻击性行为，然后经过实证明确他所界定的攻击性行为是怎样的。在实证过程中，他必须观察和记录儿童身上显现的可见行为，即他所认为的攻击性行为。他可能把打人、推人、叫人的外号或从别人那里抢走玩具都看成是攻击性行为。但是，不管他怎样界定攻击性行为，攻击性的概念最终都必须与直接观察到的现象紧密相连。这样，基于观察到的行为，心理学家就可以假定攻击性行为的出现或存在。

你与观察过程

实际上，在观察儿童的时候，你就像个科学家一样。你要做的事情，就和科学家或研究者在了解现实世界时必须要做的事情一样。但了解现实世界只是科学家和研究者工作的一部分，他们还必须研究抽象的或从日常生活中抽离出来的理论。实际上，我们所有人都会在某个时刻研究抽象的理论，例如我们的日常语言。我们把语言看成是代表其他事物的符号，比如“椅子”（通常）代表用来坐的家具。在平常的对话中，大多数人都能认同“椅子”代表什么意思。而当我们从随意谈话转向描述抽象的概念，比如“真实”或“美丽”的时候，问题就产生了。

人们普遍认可：科学的目标是描述、解释、预测和控制。解释意味着理解某事物，知道如何操作以及为什么这么操作。而解释首先需要描述，解释者必须知道他正在看什么，必须能够通过语言描述或绘画向他人说明一定的现象。例如，解释者必须说清楚，为什么他认为自己能够从特定的观察现象中发现自己想找的东西。至于你，你要一直观察儿童，他们当中的一些人将是你描述、解释、预测以及最终进行理解的对象。

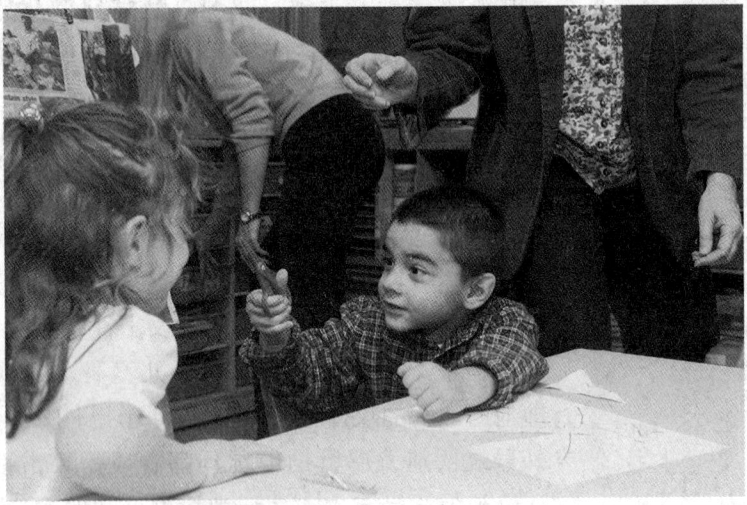

你是真正观察到了攻击性行为，还是只是
观察到了你所理解的攻击性行为?

也许你要描述一个 3 岁儿童的自我中心现象。这样做看起来很合理，因为根据皮亚杰的理论，这个年龄段的儿童往往会在某些行为和思维上表现出典型的自我中心。但回想一下我们先前的讨论，最近的研究发现儿童并不像皮亚杰所认为的那样自我中心。这一新发现可能会让你改变原来的关于儿童自我中心的观点，让你重新思考该怎样以及在何处发现儿童自我中心现象。如果你要寻找一个 3 岁儿童身上的自我中心现象，那么你首先就要界定什么是自我中心，这样，在自我中心现象发生的时候，你就能够把它识别出来。同时，你还要描述那些符合你界定的自我中心概念的行为，或者描述你根据哪些行为推断出有自我中心现象存在。

观察者进行观察，不仅是简单地观看儿童游戏，然后写下你看到的现象。你观察到的现象必须有意义，并且能被解释。但即使这样，也不能保证你的解释是唯一有效的，也不能保证你会注意到该情境中的每一件有意义的事情。观察的有效性（正确性）和完整性取决于你观察时所依据的理论观点以及你的观察技能。观察需要做笔记和记录“事实”。进一步说，就是要求我们用一种*有所控制的结构化的*方式寻找所要观察的事物。“有所控制”意味着你的观察不是随机的或偶然的；“结构化”意味着你事先要知道观察什么，到哪里去观察，以及怎样观察。当你运用既定的观察表格时，你的观察就具有了一定的结构，不管这些表格是本手册中提供的，还是由你或他人设计的。

因此，你在观察情境中要做的事情，将明显不同于“普通大众”随机观察儿童游戏和情绪时所做的事情。但是，事实往往很少完全清晰或不证自明，我们必须用某些方式对这些事实进行加工处理。对一个事实进行加工意味着要思考它，给它一个词语标签，或者把它同其他事实建立意义关联。实际上，我们很少直接研究周围的物品、事件或人；相反，我们主要研究的是人们对这些事物的说法。当然，谈论某一物品就已涉及某种解释和特定的观点。选择合适的词语意味着要有语言知识和关于物品的知识，以及将某物品与其他物品或信息建立联系的能力。下面将对此作出具体说明。

花些时间想想“观看儿童游戏”涉及些什么。至少，你必须了解什么是游戏。怎样知道你正在观察的现象是游戏而不是其他类型的活动？如果你认为幼儿所做的每一件事情都是游戏，那么你就不用区分他们所表现出来的行为。而如果你关于游戏的观点（想法、见解）更加复杂，那么你可能就要根据某个理论，来区分游戏活动和非游戏活动。或者，可能你要运用克雷格（Craig）和克米斯（Kermis）提出的六种游戏类型或形式（详见第 17 章），来区分游戏的不同类型或不同特征。这六种游戏类型或形式是：

1. 感官愉悦
2. 动作游戏
3. 打闹游戏
4. 语言游戏
5. 戏剧表演和模仿
6. 规则游戏、仪式典礼和竞赛

你知道怎样用既简单又复杂的方式来看待游戏（或其他事物）吗？让我们再看一个例子，以进一步说明这个基本问题。

尽管早期教育工作者康斯坦丝·卡米（Constance Kamii）和里塔·德弗里斯（Rheta DeVries）1977 年的著作对于新世纪而言显得有些过时，但她们要说的问题仍然是现实而具有适切性的。她们在讨论皮亚杰的认知发展理论时也研究了所有观察活动都必需的要素，这一要素即对事实进行加工处理。她们以儿童理解“首都”（具体而言，就是“华盛顿是美国的首都”这一陈述中的“首都”）概念作为例子。她们指出，一个六年级的学生对“华盛顿是美国的首都”这一陈述已经有一些了解，但是，再经过六年的生长、学习，获得其他成熟经验后，该陈述可能会具有更加丰富和更加复杂的意义。其结果是，儿童脑子里就会自由联想出各种与“华盛顿”一词有关的事物，如“白宫”“国会大厦”以及“林肯纪念堂”（p. 372）。而成人对华盛顿的反映范围可能要远大于儿童（也许会涉及“税收”“10 平方英里的土地”，或者 1994 年共和党的国会议员选举）。但与儿童一样的是，成人的反映也与特定的词以及这个词被认可的各种意义有关。比如，听到“华盛顿”这个词，他们不会反映出“中国的鸡蛋价格”或“拿破仑”等（Kamii & DeVries，1977，p. 373）。下面的这段话可以说明她们提出的观点：理解一个事实或观点应该考虑它与周围事实的联系。

这些自由联想说明了皮亚杰的观点，即：既然知识是以相互联系的、整体的结构方式来组织的，那么就不会有哪一种概念是分离于其他概念而独立存在的。每一个概念都会受其他概念所组成的整体网络的支持和影响。（Kamii & DeVries，1977，p. 373）

卡米和德弗里斯的例子与作为观察者的你直接相关，也与你加工处理你所感知的事实这一任务有关。他们的观点简言之就是，如果你不把事实 1 和事实 2 或事实 3 等联系起来，那么就没有人会明白事实 1 是什么意思。正是这种对概念的组织形成了对事实的加工处理；而且，这种加工处理是在发展理论或行为理论以及个人观点的指导下进行的。

现在已经很清楚，观察不仅是简单*看着*某个事物。经过训练的科学的观察是以某种（或某些）特定的方式去*探寻*事物。第 4～12 章将讨论这些特定的观察方式。

最后，还有一个观察要素需要说明。我们多次用到“观察过程”这个词。它有两种含义对我们很有意义。其中一种含义是，过程是指一系列相互关联的活动，完成这些活动需要一定的时间。这样，观察儿童就同时需要儿童和观察者进行多种活动和行为。儿童必须表现出观察者感兴趣的行为，而观察者则必须做出一些与儿童的这些行为有关的事情，他必须看，然后记录和解释。而且，过程还要包括某种结构，结构必须是情境本身内在固有的。所以从这个意义上而言，活动必须遵循某个特定的序列或时间顺序。例如，你必须先观察某个行为，然后才能对其进行记录和解释。另外，观察者也可以在选择某个特定的行为记录方法，或者选择用于解释和说明行为的理论依据时，将其他种类的结构运用于该情境。

“观察过程”的另一个意义是，把过程看作是一个名词，这样，过程就是指一系列或一连串能够导致某种结果或后果的行动或变化。《美国传统会话大词典》（*the American Heritage Talking Dictionary*，1995）也把过程定义为：“在制造（或加工）一个产品的过程中进行的一系列操作。”虽然通常情况下，我们不可能把他人或我们自己看成是产品，但我们确实是。当然，制造任何产品都会涉及变化，包括你，即你的技能、价值观、态度以及人格也是如此。变化是观察的组成部分（反之亦然），因为儿童不可能在短暂的观察时间内，始终保持同样的状态，更不用说在一周和一个月这么长的时间里了。同样，你也会发生变化：你会了解各种发展理论和常模，了解相关的科学研究；你还会获得有关观察技术的知识并掌握运用这些技术的技能技巧；你的理论知识和观察经验也将会相互作用，互相推进或促进；而你关于儿童的态度，包括如何看待儿童的生长、发展，他们是谁以及他们“适合”哪里的生活圈等，也都会发生改变。

希望你在旅途中取得成功。

小结

不管我们是否意识到，观察都是我们一直持续要做的事情。我们主要通过眼睛和耳朵等感官获取各种信息。然而，所有观察，不管是随机的还是科学严谨的，都不仅仅是接受生理感官刺激。实际上，只有通过各种感官接受到的信息对我们有意义时，我们才是在观察；当我们能够把观察放置在一个与个人相关的理论框架中时，我们才能明白看到的现象背后的意义。我们都有各自用以描述和解释周围世界的思维框架，我们把这些框架称为个性；同时也有一些更正式的框架可以用来描述和解释观察现象，我们把这些正式的框架称为理论。

观察之所以如此重要，有很多原因。其中最基本的原因是，我们最终要通过观察，通过一种或多种生理感官来接触现实，从而了解现实。从逻辑上讲就是，如果我们要了解儿童，我们就必须观察儿童，听他们说什么，与他们接触。而且，我们必须对通过各种方式获得的信息加以思考，理解其意义，以便能以适宜而有意义的方式对待儿童，并与儿童互动。

思考题

1. 生理意义的看和观察意义的看，各自重要性何在？这两种不同的看有何关联？

2. 你认为，要成为一名好的教师或儿童看护者，掌握观察技能是否重要？用明确的理由来支持你的观点。观察是否重要？这一问题对科学和对个人而言是否有不同的意义？你认为，对于教师、科学家、普通人三者而言，观察的重要性是相似还是不相似？也就是说，对这三者，观察是意味着各不相同的活动，还是具有共性？

3. 对于不同的人，观察有着不同的意义。科学家在实验室开展的观察，与幼儿教师在自然情境中开展的观察有何不同？如果二者有差异，那么差异的表现形式有哪些？

4. 本章谈到了个性（比如个人的知识、价值观、态度和经验）会影响或决定观察。这一论点是正确的还是错误的呢？请证明。下面的实践练习将有助于说明我们的个性、先前经验、价值观以及知识是如何影响我们的观察的。

5. 人们都说，我们不可能不与人交流。那么，我们是否也离不开观察？请从更广泛的角度回答这一问题。

实践练习

希望你能通过本章的学习，了解到在大多数情况下，我们的个性或经验对我们正在进行的观察过程有多大影响。尽管完成这个练习需要你做一些工作，但我们相信，这值得你花一些时间，付出一些努力。

这一练习的基本主旨或目的是让个体能够描述或解释事物、声音或事件，并且能够在专业或职业背景中，比较他们之间的各种观点。选择两个专业或职业背景完全不同的人，确保你可以对他们进行访谈或同他们一起讨论。例如，你可以给他们播放一段音乐磁带（古典的、爵士的或摇滚的），或者给每人一张建筑物或其他物体的图片。要成功完成这一练习，关键是你所选择的任务，这个任务能使其中一人发挥职业专长，以此保证不同个体的反应一定有所差异。

例如，给一个专业的音乐家、律师或汽车修理工分别播放贝多芬第五交响曲的第一小节，他们之间就会产生不同的评论、解释或理解。有的人会预计音乐家的反应应该十分详细、广博和复杂，而其他两个人的回答可能相对比较一般，并且他们对贝多芬音乐的精彩部分也相对缺乏了解。这足以表明，是什么将决定我们看（听）某事物的方式，以及如何解释它们的意义或重要性。

同样，可以用一幅建筑物的图片来完成这个练习，人们可以假定建筑师的反应将完全不同于房地产开发商或历史学家。

第 2 章　儿童生长与发展简介

目标

通过阅读本章，你可以：

- 明确生长与发展的概念
- 描述发展的特点和原则
- 讨论有关发展特点的不同观点
- 讨论个人关于发展的观点与个人观察儿童时所看到的现象之间的关系
- 讨论各种发展理论的核心观点

关键词

前语言 prelinguistic
分化 differentiation
定向性 directional
生长 growth
质变 qualitative change
机械论观点 mechanistic view
机能主义观点 organismic view
情境主义 contextualism
首尾原则 cephalocaudal principle
本我 id
自我 ego
心理危机 psychosocial crisis
经典条件反射 classical conditioning
强化 reinforcement
替代性强化 vicarious reinforcement
前运算阶段 preoperational period
形式运算 formal operational
复杂性 complexity
层级整合 hierarchical integration
发展 development
量变 quantitative change
突变产物 emergent properties
主动性对被动性 activity versus passivity
建构主义理论 constructivist theory
阶段理论 stage theory
近远原则 proximodistal principle
超我 superego
信任对不信任 trust versus mistrust
操作性条件反射 operant conditioning
替代性惩罚 vicarious punishment
感知运动阶段 sensorimotor period
具体运算 concrete operational
同化 assimilation

顺应 accommodation　　图式 schema
行为图式 behavioral schemes　　认知图式 cognitive schemes
社会文化理论 sociocultural theory　　解释 explain

生长与发展：一般观点

对发展的理解是有效观察儿童的前提。尤其当你面对年幼儿童时更是如此，无论你用多长时间，观察他们的哪一方面。实际上，不管在什么场景下，理解儿童如何随时间变化而变化都是良好的儿童保育的基本组成部分之一。然而，本书不是专门介绍儿童发展或发展心理学的教科书，甚至可以说，用独立的一章来介绍发展以及与发展有关的问题和概念，都会让本书篇幅显得过长，甚至有些多余。但是，并不是所有读者都具备有关发展的知识，也不是所有人都将有机会学习发展心理学或儿童发展课程，因此，本章将简要介绍发展的相关问题。如果你已经十分了解儿童发展的相关内容，你可以越过本章，这样做不会影响观察工作。

探索儿童世界的基本准则

帕普利亚、奥尔兹以及费尔德曼（Papalia，Olds，& Feldman，1999）三人合著了《儿童世界：从婴儿期到青春期》（*A Child's World*：*Infancy Through Adolescence*），他们在书中提出了“探索儿童世界的基本准则”。这些基本准则涉及的都是有关儿童发展的一些基本问题，并且，在这些问题上，人们已经基本达成共识。我们将以这些基本准则为框架来探讨发展的概念。

准则一　各个发展领域之间是相互关联的。也就是说，在整个生命周期中，身体、情绪、社会性、智力等各方面的变化都是相互关联的。发展心理学教科书之所以把儿童的发展划分成不同的发展领域（或方面），每次探讨一个领域或方面，是因为我们不可能在某一个时刻对儿童进行全面的研究。这种“分解”儿童的做法往往给人留下一种印象，认为儿童的各个方面就是这样彼此分离的。但真实的情况是，儿童是一个整体，尽管每个领域发展速度不同，但每个领域都在影响其他领域，并受着其他领域的影响。因此，身体发育会影响社会性或情绪发展，同时，其他各发展领域之间也会发生多种相互影响。

准则二　正常的发展表现出广泛的个体差异。行为科学的一个基本假设是，每个个体都在某些方面具有独特性，并与其他个体明显不同。这些差异包括身体差异、气质差异、智力潜能差异、情绪反应差异，等等。帕普利亚等（Papalia et al.，1999）指出：“有一些造成个体差异的影响因素是天生的，而其他则来自于经验。家庭特点、性别、社会阶层、民族、种族，有无身体、心理或情绪发展障碍等都会造成差异。”

准则三　发展的相互作用性。帕普利亚等（Papalia et al.，1999）指出：“儿童塑造着自身发展，并影响着他人对他们的反应。”这种说法体现了发展的相互作用性。这一准则还说明，发展中的儿童是积极主动而不是消极被动的，这是就主动与被动的理论议题所做出的一种结论。对你的观察而言，特别重要的一点是，儿童的行为、个性特征、气质、身体特征和其他诸多因素都会影响他人如何对待儿童或对儿童作出反应；反过来，他人的反应和特征也会影响儿童的行为。例如，一个具有攻击性的儿童可能引起其他儿童或成人的攻击性反应，而一个热情、友好、温和的儿童则可能引起他人热情而友好的反应。总之，人们倾向于用我们对待他们的方式来对待我们。

准则四　环境影响发展。这一准则与维果茨基社会文化理论中关于儿童发展的观点基本一致，其基本含义是发展必须产生于这样或那样的环境中。正如帕普利亚等指出的：“研究儿童时，我们必须确定各种发展模式是普遍存在的，并为某一文化所特有。既然儿童周围发生的事情会以多种方式影响儿童，那么结合情境来看待发展就显得非常重要。”（p. 2）这里的“文化”与我们在本书其他章节所讨论的多元文化主义或文化多样性问题有关。帕普利亚等人列举了大量的环境影响因素，这些因素可能都与你的观察有关，如新的技术、医学进展、快速而深刻的社会变迁等，它们都会给儿童的发展环境带来变化（p. 2）。

准则五　尽管早期经验对儿童发展有重要影响，但儿童发展具有一定的可修复性。这里的核心观点是，尽管孤独和孤立等创伤经验通常会给一个孩子带来严重的情绪问题，但并不一定会产生无法弥补的损害。不过帕普利亚等人也指出：“在某些方面，克服早期经验影响的能力是有限的；如果大脑中的某些联结在其发展关键期没有建立起来，那么这种联结也许会永久中断，并限制发展。”（p. 2）详细讨论大脑发展已超出本书范围，我们只要了解一点就足够，即当今脑科学研究成果对儿童发展和社会政策具有非常深远的意义（Papalia et al.，1999，p. 167）。甚至在当今脑科学研究取得进展之前，已经有大量证据表明，贫瘠而缺乏刺激的环境会对儿童发展造成不利影响。人们已经意识到，刺激性环境能够促进大脑发育并发挥作用。

尽管儿童保教工作者不太可能对儿童的大脑发育给予太多关注，但早期保教人员都关心如何在儿童保教环境中提供发展适宜性的刺激。因此，从这个意义上来说，了解早期经验对儿童大脑和行为发展的影响也是非常重要的。

准则六　发展的累积性。帕普利亚等人指出：“儿童期的发展与整个生命周期发展的其他阶段密切相连。”（p. 3）发展不会在生命周期的某个中间点突然停止，而是持续一生。累积的意思是指，儿童的发展水平不是孤立于或独立于之前已经发生的各种变化，儿童的能力、技能、知识、经验都是他先前发展历史的结果。不断累积的经验为儿童随后将要发展的各个方面奠定了基础。对此，举一个简单的例子你就会明白。

赫克托今年 4 岁，他的词汇量十分丰富，表达能力也很突出。他会说很多话，比如

“妈妈，我还想要一杯牛奶”，或“我今天不想去学校了”。但是，赫克托表现出的这种语言能力并不是在某个时候突然产生的。他并不是星期一晚上上床时还不能说话，到了星期二早上起床时就能用完整而语法正确的句子说话。他必须经历语言习得的一些准备阶段，包括咕咕低语、咿呀学语、单词句阶段、双词句阶段等。也就是说赫克托 4 岁时所具备的语言技能是在他**前语言**（**prelinguistic**）发展的基础上，技能不断累积的结果。所谓前语言，是儿童能够说出词之前的发声。简言之，赫克托 4 岁时的语言技能是他到目前为止所习得的所有技能的总和。

前语言 prelinguistic
在真正说话之前的发声（例如咕咕低语和咿呀学语）。

准则七　我们在上述六条准则的基础上又加了第七条准则：即儿童发展具有**复杂性**（**complexity**）、**分化**（**differentiation**）以及**层级整合**（**hierarchical integration**）的特点。这些特点都非常重要，如果你有足够长的时间观察儿童，你就应该能发现这些特点。有人认为发展总有一定的方向，而复杂性、分化、层级整合就是在这种定向性中表现出来的。发展的定向性意味着发展变化会始终指向发展的基本方向。

复杂性 complexity
一种定向发展，产生更加熟练、更加精确的行为、情绪、能力和语言。

分化 differentiation
最初弥散而笼统的行为最终分离开来，变为相互独立的、更加熟练和精确的行为。也指在学习一项新技能的过程中，不得不只练习这项技能，将它与其他已经掌握的技能分离开来。

层级整合
hierarchical integration
将最初分离的、相互独立的技能和行为结合起来，并作为一个协调的整体共同工作的过程（例如，将抓握物体的技能和手移向物体的技能结合起来，形成接近和抓握的整合技能）。

讨论发展的“前进方向”至少有两种方法或思路：我们可以问发展指向某个“理想目标”还是“最成熟的水平”（Mussen，Conger，& Kagan，1979，p. 34）。我们也可以把**定向性**（**directional**）简单地界定为“发展指向越来越复杂”（Sroufe & Cooper，1988，p. 7），对此我们将进行更充分的讨论。

定向性 directional
指向更加复杂或理想目标的发展。

并不是所有心理学家都认为发展指向某些理想的目标。正如马森等（Mussen et al.，1979）指出的：“学习理论家并不认为儿童的发展必然有特定的方向，即使他的行为每天都在发生变化。”在这种情况下，行为和发展让儿童获得在环境中得以生存的能力——适应特定物理和心理环境的要求。另外，皮亚杰认为，个体在逐渐走向发展的成熟状态，这种成熟状态表现为推理、演绎逻辑结论等思维能力。与你的观察息息相关的问题是：你如何解释不同年龄儿童

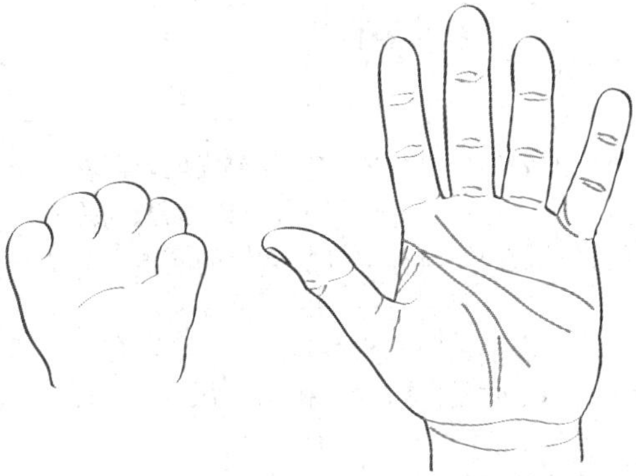

图 2-1　分化的例证：从胎儿的手发展、变化到完整、有形的手

之间的差异，以及某个儿童的行为所表现出的差异？运用量变或质变的概念是否足以对这些差异和变化做出有意义的解释？你会发现儿童在朝着某种最佳目标发展，或者正逐步接近某种终极状态，各种行为相互依赖最终使儿童达到最佳目标了吗？又或者，你会看到儿童因不断学习各种反应方式而逐渐变化，但这种变化却不一定指向特定的目标或发展终点？

复杂性、分化和层级整合　复杂性、分化和层级整合也是大多数心理学家都认可的一种发展特征，不管各个心理学家的理论方向有何不同，发展，作为其定向性的一种反映或表现，会使组织和功能的复杂性不断提高。随着儿童年龄的增长和日益成熟，他的行为、情绪、动机、能力和语言会越来越复杂和精确。这种复杂性的增强，一部分原因在于儿童学会了如何做更多的事情，但还有其他方面的原因。儿童的知识和能力逐渐形成一个统一的整体，心理学家将这种朝向复杂性发展的过程称为分化和层级整合。分化指最初弥散而笼统的行为逐渐分离为更加独立、更加熟练和更加精确的行为。“更加精确”是指先前非专门化的身体部分和反应逐渐变得专门化（参见图2-1），开始各司其职，各自发挥不同的功能。例如，幼小婴儿只表现出漫无目的的动作，甚至面对一个特定的刺激，如一根刺向脚丫的大头针，他也可能通过全身运动来予以反应。不久以后，他就能只挪动脚丫，这说明他的身体动作和肌肉群已逐渐分化，能够对具体刺激作出更加准确的反应。

层级整合指儿童将各种技能、行为或动作结合起来，使它们作为一个整体协同工作。这样，手指动作同比较大型的手臂动作区分开来。而且，尽管手臂和手指的动作可以分别服务于不同的目标，彼此独立地工作，但它们也可以作为一个整体一起工作。正是这种协调配合，才使儿童可以接近并抓握物体。接近和抓握通常还需要视觉的参与，这正说明了更进一步的整合。另一个例子是，儿童学习口语词汇时，最初往往只能区分单个单词，最终，他会把这些单词组合成复杂的、语法正确的句子。这种整合能力使他能表达日益复杂的思想和观点。

探索儿童世界的指导准则	
指导准则	对观察的意义
1. 各个发展领域相互关联	每一个发展领域都影响其他发展领域，同时也受其他发展领域的影响。观察儿童时牢记这一点非常重要，它可以帮助你理解儿童的行为，例如：彼得矮小的身材如何影响他与身材高大的同伴之间的社会交往
2. 正常的发展表现出广泛的个体差异	每个儿童都与其他儿童不同。如：塔米有自己的生长和发展速度，也有其独特的不同于萨曼莎的生长和发展方式。这条个体差异原则适用于每一个儿童
3. 发展是积极主动和相互作用的	儿童不是环境刺激的被动接受者，而是积极主动地寻求经验；更为重要的是，发展具有相互作用性。正如本书第 19 页所述："儿童的行为、个性特征、气质、身体特征和其他诸多因素都会影响他人如何对待儿童或对儿童作出反应；反过来，他人的反应和特征也会影响儿童的行为。"
4. 发展必须在一定的环境中进行	这一条是指环境影响发展。维果茨基关于发展的社会文化观点可以说明这一点。对早期教育而言，来自儿童家庭、同伴群体、社会和文化等方面的环境影响尤为重要
5. 尽管早期经验对儿童发展有重要影响，但儿童的发展具有可修复性	这条准则区分了短暂而不经常出现的经验和持续而重复出现的经验，并对这两种经验的不同影响进行了区分。可修复性是指，如果儿童遭遇的负面损伤经验持续时间不长，那么他们可以从这些不利经验中得以恢复
6. 发展是不断累积的	"儿童的发展水平不是孤立于或独立于之前已经发生的各种变化"（见本书第 19 页）。其核心观点是：既不要忽视儿童先前发展对其现有发展水平的影响，也不要忽视现有发展水平对儿童将来发展的影响
7. 发展表现如下特性： a. 复杂性 b. 分化 c. 层级整合	a. 这是指发展指向于更加复杂和熟练的行为和能力。例如，4 岁儿童的身体动作、语言、思维和情绪等都比两岁儿童更加成熟、复杂和多样。 b. "分化指最初弥散而笼统的行为逐渐分离为更加独立、更加熟练和更加精确的行为"（本书第 21 页）。有关这一特征的最明显例证可能是将婴儿的动作同 3 岁儿童进行对比。一个 3 个月大的婴儿躺在婴儿床上，想要够一个悬挂在他头上的物体，他往往会把整个身体都探出去，而 3 岁儿童在接近和抓握物体时，只运用胳膊和手。 c. 层级整合使儿童可以把多种技能、行为和动作结合起来，作为一个协调统一的整体来发挥作用。例如，手指动作不仅可以同大的手臂动作区分开来，而且不同类型的动作可以服务于不同的目的。手指和手臂可以相互独立地工作，也可以作为一个整体来发挥作用

改编自 Papalia，Olds，& Feldman，1999；准则七改编自 Bentzen，2000。

发展：基本含义和概念

发展 development
个体受生物和环境因素的影响，在结构、思维或行为上随着时间推移所产生的变化。

生长 growth
身高的增加，机能的成熟，复杂性的增加；与量变相联系。

量变 quantitative change
即生长；指事物在数量上发生的变化（例如，身高的增长和体重的增加）。

质变 qualitative change
言语、情感和智力等生理机能上的变化；涉及行为的基本组织及行为模式的变化；儿童认知结构的变化。

突变产物 emergent properties
与质变相联系的一个术语。突变产物是指在较早的发展阶段并不存在，但当个体从一个发展阶段进入另一个发展阶段时会出现的品质或特点。例如，走就可以被认为是从较早的行为，即蠕动和爬行中突变产生而来的。

发展（development）的最基本含义是指个体随时间变化而变化，即个体受生物和环境因素的影响，在结构、思维或行为上所产生的变化。因此，关于儿童发展的科学研究就是研究儿童如何随时间而变化或保持不变。但是，发展性变化不同于其他任何一种变化，它是有秩序的、系统的、在某种程度上可以预测的一种变化。更为重要的是，正是这种变化促成了个体的生存及适应环境要求的能力。谢弗（Shaffer，1996）将发展界定为“从受孕（父亲的精子进入母亲的卵细胞，创造新的生命有机体）到死亡期间，个体身上所发生的系统性变化。系统性指发展性变化是有秩序的、模式化的，不包含那些暂时性的情绪波动和外貌、思维、行为等方面的变化”（p. 4）。

生长对发展　量变对质变

首先，我们简要地区分一下生长和发展。**生长（growth）**一般是指事物在数量上发生变化。身高的增长、体重的增加、词汇量的增加，或者一个家庭新添一个孩子，这些都是生长。尽管人类身体所发生的生长变化实际也很复杂，但我们所讨论的发展概念比生长更为复杂。由于我们能够说明生长和发展的区别，我们也就能说明量变和质变的区别。

一般而言，生长表现为**量变（quantitative changes）**，而发展表现为**质变（qualitative changes）**。质变意味着儿童行为或行为模式的重组，而不只是同样的事物在数量上有所增加。如身体的生长表现为骨骼和肌肉增长，个体变得更高、更重；又如在语言发展中，儿童获得越来越多的词汇，这也只是数量上的变化。质变是指发展过程可能发生一些新的情况［产生出我们所谓的**突变产物（emergent properties）**］。一些理论家认为，这些新的表现无法根据先前的发展阶段、能力和技能而加以预测。帕普利亚等人写道：质变的显著特征是出现一些我们无法根据先前发展状

发展：基本概念及含义	
概念	简要描述
生长和量变	本书中的生长主要指事物数量或大小的变化。如孩子长高了一些（高度增加几英寸）；胳膊、腿和胸围增长；体重增加。因此，生长主要指同样事物在数量上的增加，如更多的骨骼组织、肌肉组织等，这种增长体现了量变，生长就主要表现为这种变化。量变也可以表现为词汇量的增加，即儿童掌握更多可用于交流的单词或儿童知识体系中事实或信息量的增加。值得注意的是，词汇量增多和知识增长会极大地促进发展和质变
发展、质变和突变产物	发展不是数量上的变化，而是儿童组织结构的变化，以及由此产生的儿童行为方式的变化。通过发展，儿童的组织结构和功能从一个发展时期或阶段转变为下一个时期或阶段。这正是质变的特征。例如，从爬行进步为走，这就是一个质变过程，因为走不是爬得更多，而是在性质上不同于爬行。再如，用完整的句子表达自己而不是说更多的咕咕语或咿呀语，后者是婴儿期口语表达的主要方式。因此，从某种意义上讲，3 岁的阿曼达同 1 岁时的她已不是同一个人。她能走、跑、跳、攀爬、交流复杂的想法和情绪、进行更复杂的思考。这些变化从先前的技能和能力中产生（这一点说明了发展的累积性），但与先前的技能和能力有不同的性质。因此，走是爬行的突变产物，说话是咕咕语和咿呀语的突变产物，其他类似发展领域也是如此

况作出预测的现象，比如语言的运用（Papalia，Olds，& Feldman，1999，p. 8）。

下面举一个简单的例子来说明突变产物这一重要概念。水由氢和氧两种气体组成，这两种气体均无色、无臭，无法直接用肉眼看见。如果我们对水的构成一无所知，那我们绝不会想到用氢和氧来混合反应产生水，因此，我们可以把“水性”看作是一种突变产物。从两种气体转化为水，这就是一种质变。同理，如果我们认为走和跑并不是爬行在数量上的叠加，那么从爬行到走和跑的发展进步就是一种质变。

为更加全面地理解发展，我们还需要考虑其他一些问题。对儿童保育工作者而言，他们必须理解儿童生活中发生了什么。这种理解不仅需要观察者观察儿童的变化，还必须理解变化产生的背景，理解变化如何发生，以及理解一些与发展研究相伴随的问题。

通常，我们如何看待世界和如何认识人的本质会影响我们对上述问题的理解，而理论和世界观又影响或决定着我们如何看待世界和如何认识人的本质，因此我们接下来就要讨论这些问题。

发展：一些理论观点

发展模式：关于人类本质的世界观概述

理论的讨论往往使人厌烦，因为人们“只想知道事实是什么”。但是，理论却是理解这些所谓的事实不可或缺的工具。实际上，事实本身是站不住脚的，它需要与其他事实之间建立某种联系。我们之所以可以准确地掌握新知识，是因为我们已经掌握了一些知识。我们只有学习了代数，才可能学习微积分；只有学会了基础数学，才能学习代数。同样，只有理解了数概念，才能学习数学或计算。这就说明为什么对于儿童保育工作者而言，接受儿童的现有发展水平并促进儿童在现有水平的基础上向前发展是非常重要的，而忽视已经发生或者尚未发生的学习对发展进程则是非常有害的。

为什么要研究发展理论

研究发展理论为什么如此重要？帕特里夏·米勒（Patricia Miller）在她的《发展心理学理论》（*Theories of Developmental Psychology*，1993）一书中阐述了研究发展理论的重要性。她指出：“发展理论组织并解释发展事实。事实本身不能说话，而科学是建立在事实基础上的，就如同房子是建立在钢筋水泥的基础之上一样；但是，石头堆积起来就成了房子，而事实可不像石头堆房子那样，把事实累积起来就成了科学。”（p. 9）她进一步指出：“理论解释事实，为事实提供理论框架，强调某些事实而忽略其他，并整合现有的事实。”（p. 9）

因此，我们需要理论来更确切地了解儿童的发展。但是，在我们这本书里，没有必要非常详细地讨论发展理论。在这样的情况下，我们想简要讨论与发展有关的四个基本问题。米勒（Miller，1993）认为这四个问题是发展心理学的主要议题，作者将借鉴她关于这四个基本问题的讨论。

基本问题一：人类的本质是什么　米勒指出：“心理学

家关于发展的观点与其关于人类本质的观点息息相关。”（p. 18）换句话说，一个人的发展观受他的世界观影响。目前，关于人类本质，主要有三种基本的观点。第一种观点是**机械论观点**（**mechanistic view**）。正如这个词本身所指，这种观点认为，世界就像一部机器，需要某种外力推动它才能运转。我们对这种观点应该不陌生，因为启动各种机器在我们日常生活中已司空见惯。当我们用钥匙开启发动机时，汽车才会启动；如果我们不打轮或不踩油门，汽车就不会向前行驶；操作计算机前，我们必须打开开关，而如果我们要让计算机完成预定任务，就必须安装适宜的软件。

机械论观点
mechanistic view
一种理论或哲学观，它认为人类和其他生物就像一部机器，本质上是被动的，主要对环境刺激做出反应。（参见**机能主义观点**）

与此相关的一个重要问题是**发展中的主动性对被动性**（**activity versus passivity in development**）。机械论认为人在本质上是被动的，因为机器在本质上就是被动的。但这并不是说我们只是坐在某个角落，等着对环境刺激做出反应。这不是一个是或非的问题，而是一个程度问题。其核心问题是：个体在他自身的发展中起怎样的作用？

发展中的主动性对被动性
activity versus passivity in development
对于儿童在多大程度上参与其自身发展这一问题，存在两种相反的观点。被动观点认为，儿童是环境的反应者，像海绵一样吸收刺激；主动观点认为，儿童是寻求刺激而非被动等待其发生的作用者。

第二种观点是**机能主义观点**（**organismic view**）。这种观点与机械论观点针锋相对，它认为人类是自己发展的主动参与者。人类不是懒懒地静坐在那里，等着对环境刺激作出反应。人类可以站立、奔跑，而不必被外界所推动。米勒指出：“儿童通过主动地形成并验证关于物体种类和事件原因的假设以‘建构’自己的知识。”（p. 19）因此，人类在主动地参与自己的发展。皮亚杰认为，儿童是主动的、积极寻求刺激的有机体，这也是人们将其理论称为**建构主义理论**（**constructivist theory**）的原因。

机能主义观点
organisimic view
一种理论或哲学观，它认为人类是自身发展的主动参与者，而不是周围世界的被动反应者。（参见**机械论观点**）

下面要介绍第三种观点。与前两种观点相比，我们对它的了解要少一些，这就是**情境主义**（**contextualism**）。它认为，只有在某种社会或文化情境中，我们才能理解发展和行为。因此，要理解儿童的发展和行为，就必须了解他们的发展历史。儿童的发展历史指他们在自己所属的社会文化环境中进行社会化时所经历的所有事物。

建构主义理论

constructivist theory

有关人类发展的理论，其基本取向是机能主义。建构主义理论认为，发展中的儿童参与了自身发展的过程，也的确在建构着自己的现实。这一现实经历一系列的重构，进而越来越接近既定文化或社会中大多数成人所理解的现实。该理论属于更广泛的机能主义观点的范畴（参见**机能主义观点**）。

情境主义 contextualism

与心理学家维果茨基关系最密切的一个概念。维果茨基认为，不能脱离某种文化情境来研究、理解儿童的发展。换言之，所有发展变化，以及当前的所有行为，都必须被视为更大的社会或文化环境的一部分，或者是在更大的社会或文化环境中发生的。

我们可以认为自己像一部机器或像某种生命体，但根据这两种观点，我们无须考虑特定的社会情境就可以理解我们自己。这三种世界观还涉及其他一些议题，而每种发展理论都会立足于三种观点中的一种。

基本问题二：发展是质变还是量变　尽管先前我们已经讨论过质变和量变，但这里仍需要进一步讨论。量变是相对比较容易掌握的概念，因为它指事物数量上的变化。米勒也认为频数或程度的变化构成了量变。而在我们先前讨论生长的时候，与此相关的就是量变的概念。生长，主要是身体发育，增加更多的身体和骨骼组织，儿童会因此长高和长壮。但是，有一点非常重要，很多，或者说大多数量变都会导致或有助于质变的产生。婴儿的出生是家庭人口的量变，但是这一量变肯定也会通过改变家庭的互动模式、沟通方式等导致家庭的质变。

另一方面，质变也指种类或类型的改变。米勒（Miller，1993）认为：“典型的质变表现为结构或组织的改变。”（p. 21）前面讨论的突变产物的概念，就描述了物体从一种状态到另一种状态的转化。除了前面提及的氢和氧气结合成水的例子，还可以用蝴蝶发展的各个过程来描述这种转变：蝴蝶从卵开始，逐渐发展到幼虫、毛毛虫、蛹，最后发展到羽翼丰满的蝴蝶。一般而言，人们不太可能根据前一时期或阶段来预测下一个时期或阶段会怎样。但实际上我们能够而且就在预测这种变化，这只是因为我们已经对这些变化进行了研究，了解了这些变化是怎样发生的。发展心理学家对质变尤其感兴趣，但我们也不能忽视生长，因为量变也是人类发展的一个重要特征。

基本问题三：遗传和环境如何作用于发展　这一问题涉及发展背后的原因：发展在多大程度上依赖于基因遗传，在多大程度上依赖于经验？对此问题，心理学界已经有很长的研究历史，对某种品质、能力或性格到底在多大程度上由遗传引起，在多大程度上由环境所致等问题都进行了大量的探讨。

当代心理学家对这类问题的讨论已不太多。他们现在研究的问题是：遗传和环境如何相互作用引起发展性变化？正如米勒（Miller，1993）指出的："遗传和环境相互交织在一起，不可分开。"（p. 23）这意味着，发展绝对是既依赖于遗传也依赖于环境。的确，没有遗传，就没有人类；而没有特定的环境，就没有哪个人会独一无二。

帕普利亚等人（Papalia，et al.，1999）也谈及这个问题。他们指出：

今天，行为遗传学所取得的进步让科学家们能够更精确地衡量遗传和环境对智力等方面存在的个体差异产生多大作用，以及两种因素的影响作用如何在人的一生中不断变化……但是，当我们研究某个具体的儿童时，对各种特点的研究往往指向遗传和经验的交互作用或相互作用。因此，尽管智力发展有很大的遗传性，但是来自父母的刺激、教育及其他因素仍然会发挥重要作用。尽管目前关于遗传和环境到底谁更有影响力的争论依然存在，但当代很多理论家和研究者对争论遗传和环境谁更重要的兴趣已经减少，他们更关注的是找到某种方法来解释遗传和环境如何共同作用以影响发展。（p. 20）

基本问题四：什么在发展　对这个问题最简单的回答是，列举心理学家感兴趣的各个领域。认知、社会、情绪、身体、语言，这些领域共同组成了人类发展的大部分内容。当然，作为一名儿童观察者，你会对所有这些领域都感兴趣，而进行观察练习也需要你深入研究儿童行为发展的多个领域。如果你是一名专业的儿童保育工作者和教育者，那么你也必定要去了解儿童在每一个领域是如何发展进步的。

还有一个问题对理解发展和观察儿童如何随时间而变化非常重要，那就是发展是否呈现一定的阶段性。对这个问题，机械论的回答是"不"，机能主义的回答则是"是"。机械论者以量变看待发展变化，机能主义者则以质变看待发展变化。机械论者认为发展是连续的，即"遵循同样的发展进程，可以根据稍后阶段的行为推测之前的行为”（Papalia et al.，1999，p. 21）。机能主义者认为发展不是连续的，而是分阶段进行的，其结果是一系列的质变。发展阶段通常被描述为儿童必须攀爬的一系列台阶，当儿童从一个台阶到达另一个台阶时，他就实现了从较低的阶段或发展水平进步到下一个更高的阶段或发展水平。相反，在机械论看来，发展进程更像是爬山，其进程与爬台阶相比更具渐进性或不那么陡峭。

阶段理论 stage theory
该理论认为发展的方式如同爬台阶，每一级台阶或水平都与先前的水平有着质的不同，它比先前的水平更加复杂。

阶段论者（**stage theorists**）认为发展是普遍的，“尽管具体发展时间可能有所不同，但各种文化中的每个个体都经历着同样的发展阶段和发展顺序”（Papalia et al.，1999，p. 21）。阶段概念通常还有一个必要条件，即任何发展阶段都不可能被跳过，不可能先略过某阶段而后又回到该阶段。例如，在皮亚杰的认知发展理论中，儿童必须从感知运动阶段发展到前运算阶段、具体运算阶段，最终发展到形式运算阶段。他们不能越过前运算阶段，直接从感知运动阶段发展到具体运算阶段。在阶段论中，个体各阶段的发展速度和最终能达到的发展阶段会有差异（例如，不是每个人都能达到皮亚杰理论中的最终阶段即形式运算阶段）。从广义上说，每种发展理论都可以归结为机械论、机能主义，或是情境主义的发展模式。正如帕普利亚等人指出的，不同的理论赞同不同的发展模式由来已久。弗洛伊德、埃里克森、皮亚杰倾向于机能主义观点，他们的理论属于阶段论；学习理论，比如斯金纳的操作性条件反射理论，则倾向于机械论观点，不赞成发展阶段论（Papalia et al.，1999，p. 21）。

阶段论的一个重要特征是，它使我们了解到一些原则或规律，可以用来描述、解释和预测变化。而正是由于这些变化具有一定的顺序性和可预测性，才使得对儿童进行科学研究成为可能。

身体动作的发展也许是儿童身上出现的最明显的顺序性变化。动作能力的形成遵循一定的原则，这意味着它们

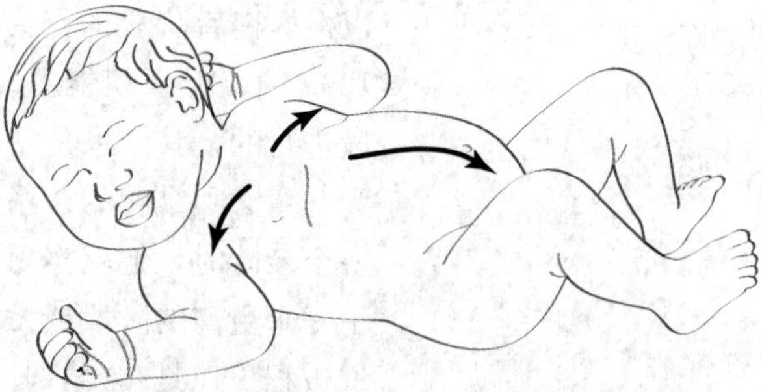

图 2-2　身体—动作发展遵循首尾原则（从头到尾）和近远原则（从中心到边缘）。

首尾原则

cephalocaudal principle

该原则描述了动作发展的规律之一是从头到脚：儿童最先控制头和颈的动作，然后能控制躯干，最后能够控制腿和脚。

近远原则

proximodistal principle

该原则描述了动作发展的规律之一，指身体动作从身体中轴线向外部末端方向发展，儿童对胸、肩膀和上臂的控制要早于手和脚。

将在所有文化的所有儿童身上都有所表现。动作发展的**首尾原则**（**cephalocaudal principle**）（从头到脚）说明，儿童最先控制的是头和颈的动作（例如，从床垫上抬起头），最后控制的是脚的动作。此外还有一个原则，叫**近远原则**（**proximodistal principle**），就是说儿童最先控制的是离身体中轴线最近的部分——先是肩膀，接着是上臂和胸，然后是较远的部分比如手指（参见图 2-2）。这些发展顺序可以说明从粗（大）肌肉动作控制向精细（小）肌肉动作控制的发展模式。表 2-1 描述了儿童动作发展的一些里程碑，你可以从中看到动作技能发展的这种预成顺序。

随着人们对遗传和环境如何共同作用这一问题逐渐达成共识，很多发展心理学家对发展的主动性与被动性问题采取了更为平衡的观点。人们普遍认为影响是双向的：世界在改变儿童的同时，儿童也在改变世界……如果一个女婴一出生就表现出快乐的天性，那么她就容易获得成人的积极反应，而这种积极反应又让她更坚信她的微笑将会受到嘉奖，激发她发出更多的微笑。随着儿童年龄增长，他们的自然禀性会引导他们选择或发起一些活动，比如学习乐器，而这些活动又会进一步促进儿童自然禀性的发展。此外，儿童对外界事件做出反应的方式也能够改变儿童。比如，不仅父母的离异会影响儿童，儿童对这件事情的反应也会影响儿童。

怎样看待儿童的发展，发展心理学家们采用了更为开放和折衷的方式。他们认识到，没有哪一种理论或观点能够解决所有问题；每一种理论或观点都会从一个方面或角度来解释儿童的发展。(Papalia et al., 1999, p. 22)

表 2-1　发展里程碑节选

年龄	身体控制	运动	手指控制
2~3 个月	在竖直状态下能平稳地直着头，俯卧时能抬头看到前面的东西		开始够物，但协调性较差。能在短时间内抓握物体
4 个月	俯卧时能抬起胸部，头部控制比以前更加平稳	从仰卧翻为俯卧，从俯卧翻为仰卧	表现出协调性较好的视觉指向性够物行为，但注意力常在手和物体之间交替转换（Faw & Belkin，1989）
5~8 个月	自己坐起来；在没有支撑的情况下独坐。大多数能扶着东西站立	有些能扶着家具侧身走。大多数婴儿学会在地上挪动自己的身体，或者进行手膝爬行；有的会坐着移动	5 个月时出现视觉指向性够物。在此之前，婴儿已具有相关的各单项技能，但不能把这些技能整合起来。8 个月时可以把物体从一只手递到另一只手
9~12 个月	到 12 个月时，半数婴儿可以独自站立	9 个月时，大多数婴儿可以自己站起；有的能扶着家具"走来走去"；大多数婴儿在 11～13 个月时独立行走	大多数 12 个月大的婴儿可以用大拇指和食指捏夹物体；可以打开抽屉，转动把手和按钮，把物体插进小孔
18 个月	这个年龄段的婴儿都能很好地控制自己身体，独立行走。但由于不够稳，所以还不能踢球	这个年龄段的婴儿都能独立行走。有些爬楼梯时会遇到困难；踢球对大多数婴儿而言都很难，跳或骑三轮车是几乎不可能的	大多数婴儿能用积木搭建一个小塔；能用蜡笔或铅笔涂鸦；能更好地自己吃饭，有些还能自己脱一些衣服
24 个月	可以用一只脚保持平衡，运动中的平衡性很好	用双脚走、跑，骑三轮车，爬楼梯	能举手过肩地抛球；能把东西放进容器或从容器中取出；能摆弄各类物品

引自 Craig & Kermis，1995，表格格式由本书作者原创。

发展心理学五个基本问题小结	
基本问题	讨论
1. 人类的本质是什么	a. 机械论观点。这种观点认为，人就像一部机器，必须由外界的某种刺激"开动"才能运转。因此，人对外界刺激作出反应，以及他们将来在类似情境中所作出的反应取决于他们先前行为的结果。如果他们的反应受到了嘉奖或强化，那么他们就更有可能重复这一行为。如果他们的行为受到了惩罚或没有得到强化，那么他们就不太可能重复这一行为。因此，机械论把我们的发展看作是被动的。 b. 机能主义观点。这种观点与机械论观点针锋相对。认为人类是自己发展的主动参与者，人类并不是静坐在那里，只等着对环境刺激作出反应，而是一个主动的、积极寻求刺激的有机体。根据皮亚杰的理论，人实际上是通过自己与环境的相互作用来建构事实。通常，人们把皮亚杰的认知发展理论称为相互作用论或建构主义。 c. 情境主义理论。这种观点源自维果茨基，他认为只有在某种社会文化情境中，我们才能理解发展和行为。因此，我们只有通过了解儿童的发展历史才能理解他们的发展和行为。儿童的发展历史指儿童在其所属的社会文化环境中进行社会化时所经历的所有事物
2. 发展是质变还是量变	参见本书第 23 页："发展：基本含义和概念"
3. 遗传和环境如何作用于发展	这一问题涉及发展背后的原因：发展在多大程度上依赖于基因遗传（天性），在多大程度上依赖于经验（教养）？尽管长期以来人们对此一直争论不休，但现在人们普遍取得一致，即认为遗传和环境在共同引导和影响发展。在发展过程中，无论是遗传还是环境都不能独自发挥作用。它们之间存在相互作用，各自为儿童发展发挥其必要的作用
4. 什么在发展	这个问题只是在简单地探讨人类发展的具体内容。一般而言，认知、社会、情绪、身体、语言行为等领域构成了人类发展的大部分内容。儿童在这些领域的表现常常是你的观察重点
5. 发展是连续的还是不连续的	机械论和机能主义对这一问题有不同的答案。机械论，比如行为主义者认为，发展是连续的，即"遵循同样的发展进程，可以根据稍后阶段的行为推测之前的行为"，这是量变的核心特征。而机能主义，比如皮亚杰和其他阶段论者则认为发展是非连续（或质变）的。可以通过爬山和爬楼梯的对比来说明发展的连续性和非连续性之间的差异。连续性或量变如同爬山：儿童不断爬山，越爬越高，儿童的能力或行为中没有明显的新表现，只是高度比他先前达到的较低的高度有数量上的增加。另外，爬楼梯代表质变或非连续性的变化，因为每一级台阶都与它以下或以上的其他台阶不同。尽管发展的累积性准则认为第三级台阶需要以第一和第二级台阶为基础，但第三级台阶并不只是数量比第一或第二级台阶多

发展理论：概述

这里我们不讨论具体的理论，只是简要呈现各个理论的基本框架或观点，说明它们的基本概念和原理。对于像皮亚杰、维果茨基和斯金纳这样的理论家，我们将结合具体的运用其理论观点的观察情境来讨论。

精神分析理论

弗洛伊德　第一个理论是弗洛伊德提出和发展的精神分析理论。这里我们只是简要讨论弗洛伊德的理论，因为在本书作者看来，弗洛伊德的一些概念，比如潜意识、压抑等，更适合于临床治疗情境，而不太适合儿童保育中心或早期教育情境。但这并不是说弗洛伊德的观点或概念都不适合我们的研究。我们要讨论**本我**（**id**）、**自我**（**ego**）和**超我**（**superego**），弗洛伊德认为这些构成了人格。

自我是人格当中引导个体朝向现实发展的部分。这就是为什么弗洛伊德认为自我遵循"现实原则"而行动。自我的责任是帮助个体满足他自身的需要，与他人进行适宜的交往，完成任务和实现目标。同时，个体必须认识到他是一个更大的社区的组成部分，社区的其他成员也都有各自的需要、愿望和目标。相反，本我不考虑他人的需要、愿望或目标。所以弗洛伊德认为，本我遵循"快乐原则"，其奉行的格言是"想要就要"。

超我就是良心，正如帕普利亚等人指出的，超我"把社会赞成的'应该'和'不应该'吸纳到儿童自己的价值系统中"（Papalia et al.，1999，p. 23）。自我本质上源自超我并受超我引导。（在弗洛伊德的概念框架里，自我和超我之间的关系具有重要意义。为了帮助自我朝向现实发展，不管个体所属的社会怎样界定道德，自我都必须具备一些社会意识和道德意识，这看起来是很符合逻辑的。）弗洛伊德非常重视生物因素，他提出："在出生头几年里，儿童在处理自己与生俱来的生物性冲动和社会要求之间的冲突的过程中形成了人格。"（Papalia et al.，1999，p. 22）

本我 id

西格蒙·弗洛伊德理论中人格的组成部分，它从出生的那一刻起便开始发挥作用。本我遵循弗洛伊德所称的"快乐原则"。从本质上讲，本我所关心的是满足儿童的需要和愿望，但也许最常见的情况是，本我被认为促成了儿童的自我中心。本我奉行的格言是"想要就要"。

自我 ego

西格蒙·弗洛伊德理论中人格的组成部分，它使儿童了解现实，了解他所处的更大社区中的家庭、其他个体和群体对他提出的要求。自我也是人格发展的一部分，它让个体获得同一感。

超我 superego

西格蒙·弗洛伊德理论中人格的组成部分，它从本我和自我中发展而来，其本质上充当了个体的良心。（参见**本我**和**自我**）

埃里克森　另一位重要的精神分析学家是埃里克森，他的人格发展心理社会理论也属于精神分析学派。埃里克森的理论阐释了贯穿人的整个生命周期的八个发展阶段。每个发展阶段都有一个**心理危机**（**psychosocial crisis**），个体必须很好地解决这一危机，才能以最佳方式获得发展。埃里克森并没有完全抛开弗洛伊德的理论，他继承了诸如本我、自我和超我之类的概念。他还提出阶段论观点，认为各个阶段的发展是由生物学因素或成熟因素决定的。

心理危机 psychosocial crisis
埃里克森人格发展理论中的一个概念。危机就是冲突、转折点或对特定社会影响特别敏感的时期。

根据这一观点，儿童没有其他选择，其发展只能从口唇期开始，然后到肛门期，再顺序往后到其他阶段。成熟好像是一种力量，把个体“踢”进下一个发展阶段，不受成熟因素影响的是儿童和成人都必须要解决的心理危机。各个发展阶段都有其特有的心理危机，根据成熟的时间表，第一个阶段口唇期的心理危机是基本的**信任对不信任**（**trust versus mistrust**）。如果这个危机得到“良好的”“积极的”或“健康的”解决，那么儿童就会带着对环境及环境中人们的基本的安全感和信心进入下一个发展阶段和下一个心理危机。埃里克森提出，成功地解决生命周期中的每一个危机将促成自我的健康发展。

信任对不信任
trust versus mistrust
埃里克森理论中的第一个危机。婴儿对环境及其中的人的体验，将决定他是否通过建立更强的信任感而非不信任感来解决这一危机或者冲突。信任感使婴儿认为他们周围的这个世界是安全的、值得信赖的养育场所。

埃里克森理论的重要进步在于它考虑了儿童发展的社会文化环境。从这个意义上讲，埃里克森的观点比其他理论家更接近维果茨基的发展观。

学习理论

帕普利亚等人将学习界定为“由经验引起的行为的长期、持久的变化”（Papalia et al.，1999，p. 26），学习理论属于机械论发展观。学习理论认为：人以及其他能够学习的有机体都如同机器一样，因此，人在本质上是被动的而不是主动的。发展是渐进的、连续的（如同爬一座高高的山坡），而不是有发展阶段的、非连续性的（如同爬楼梯）。在影响发展的遗传与环境的连续体上，学习理论家们倾向于环境一端，这意味着他们把经验和学习看成是发展变化的主要原因。同时，学习理论家们还重点把外显的（可见的）行为当作他们的研究重点；而情绪和思想，尽管从实践的角度看也很重要，但因为不能直接观察而必须根据外显行为作出推断，因此其科学意义相对较小。

行为主义和社会学习理论是两个比较重要的学习理论。行为主义包括两类学习：经典条件反射和操作性条件反射。

经典条件反射（classical conditioning）　一个最初不会引起（引发）特定反应的中性刺激，与能引起特定反应的刺激相结合，就产生了经典条件反射。将这两种刺激结合在一起，重复出现，就使中性刺激也能引起反应。例如，如果要对你的眼睛做一个青光眼检查，眼科医生会对着你的眼球吹气，他一吹，通常你的眼睛就会眨一下。而如果他在吹气之前，很快发出一个声音，并重复多次，那么最终，不用对着你的眼球吹气，一听到这个声音，你就会眨眼。另外需要指出的是，经典条件反射主要是不自觉的反应，我们对这种反应或行为很少或没有控制。

操作性条件反射（operant conditioning）　操作性条件反射是自觉的反应。“操作性”是指个体通过对刺激作出特定的反应而作用于环境，使得环境发生某种影响或改变。对反应的条件化或学习有赖于反应的后果。如果某种行为引起了令人满意或愉悦的状态，并且个体在同样或相似情境中为引起同样的愉悦状态而重复这种行为，那么就可以说这种行为得到了**强化（reinforcement）**。所以人们通常也把操作性条件反射理论称为强化理论。强化是一种行为的后果，它在事实上可以加强该行为或增大其在同样或相似情境中重复出现的概率。很明显，这两种条件反射理论都非常重视环境及其赋予的经验。

社会学习理论　社会学习理论强调观察学习。儿童通过观察和模仿他人（榜样）进行大量的学习。美国心理学家艾伯特·班杜拉（Albert Bandura）发展了现代社会学习理论的很多观点，因而享有盛誉（Papalia et al.，1999，p. 29）。社会学习理论和操作性条件反射的一个最重要的不

经典条件反射
classical conditioning
一个不能引起反应的中性刺激，与一个能够引起反应的刺激配对出现的一种学习形式，最终，这个中性刺激将能够引发该反应。例如，往眼睛上吹气会使人眨眼，但轻柔的语调不会；如果这种语调和吹气在时间上被安排得非常接近，最终，轻柔的语调本身便能够使人眨眼。

操作性条件反射
operant conditioning
一种学习形式，在这种学习中，反应的结果取决于该反应是否有可能在相同或相似的情况下重复进行。例如，如果一名儿童哭哭啼啼使他得到了自己所渴望的来自教师的关注，那么他可能会在将来想要获得关注时便哭哭啼啼。

强化 reinforcement
个体对刺激的反应得到了奖励或令人满意的后果，这些后果反过来会强化这一反应，增加个体在将来对相似刺激做出相似反应的可能性。

同在于：前者强调思维的重要性，“儿童对感知觉的认知反应，而不是对强化或惩罚的反射性反应，才是发展的核心”（Papalia et al.，1999，p. 29）。社会学习理论的一个很重要的观点是，成人要示范适宜而符合期望并能被儿童模仿的行为。有趣的是，皮亚杰把延迟模仿看作是儿童认知发展的一个里程碑。儿童先是观察某个榜样的行为，稍后，在榜样未出现的情况下，儿童模仿那种行为，这意味着儿童已经在头脑中形成了该行为的心理图式，并在记忆中保留，然后在比较合适的时间表现出这种行为。

社会学习理论家认为，模仿“是儿童学习语言、处理攻击性行为、发展道德感以及学习性别适宜性行为的最重要要素”（Papalia et al.，1999，pp. 29-30）。同时，与社会学习理论有关的重要概念还有很多，其中对我们而言相对比较重要的是替代性强化和替代性惩罚。举一个**替代性强化**（**vicarious reinforcement**）的例子。如，维克托看到苏珊娜因为在整理时间帮大人收拾了大积木而得到成人奖励，如果在下次整理时间，维克托为得到奖励而帮着收拾大积木，那么维克托的行为是因看到苏珊娜先前的类似行为受到强化而得到的替代性强化。**替代性惩罚**（**vicarious punishment**）的工作原理与此相同，只是这次维克托可能不会表现某种他想做的行为，因为他曾经看到一个孩子因为这个行为而受到了惩罚。

替代性强化
vicarious reinforcement
一个人通过观察他人行为得到了强化或奖励而间接经历的强化。替代性强化这一概念通常与社会学习理论联系在一起。（参见**替代性惩罚**）

替代性惩罚
vicarious punishment
与替代性强化相似，替代性惩罚是指当一名儿童观察到另一名儿童正在遭受惩罚而仿佛自己也受到了惩罚时，他所间接经历的惩罚。（参见**替代性强化**）

同时要说明的是，根据社会学习理论，儿童会主动选择他们要模仿的榜样，通常他们所要模仿的榜样看上去比较有力量、能给予奖励，或者在其他方面令人敬仰或讨人喜欢。正如帕普利亚等人指出的：“儿童倾向于模仿社会地位高的人，以及人格特征与自己相似的人。比如具有攻击性倾向的儿童更可能去模仿兰博（Rambo，动作片的主人公——译者注）而不是罗杰斯先生（Mr. Rogers，美国一个系列儿童节目的主人公，是亲社会行为的代表——译者注）。”（p. 30）儿童天生的模仿倾向很清楚地说明，成人不应该对儿童说“别照我做的去做，照我说的去做”。对幼儿更不要这样，因为幼儿的语言和智能尚未发展成熟，无法识别这种建议的合理与不合理之处。

认知理论

皮亚杰的认知发展理论　这是最著名的解释儿童智力发展的理论。皮亚杰认为，认知既包括各种心理功能，如思维、信息加工、记忆，也包括通过个体的行为方式进行的思想表达。后面，我们会提供与认知有关的观察练习，在这些观察练习的背景信息中，我们将对皮亚杰理论的原理和概念做更充分的描述。在此我们只要了解皮亚杰提出的儿童认知发展的四个阶段就足够了，这四个阶段分别是**感知运动阶段**（**sensorimotor period**）、**前运算阶段**（**preoperational period**）、**具体运算**（**concrete operational**）和**形式运算**（**formal operational**）阶段。有时人们会把皮亚杰的理论称为建构主义理论，因为他认为儿童完全是通过自己的认知过程来建构对现实的理解。起初，儿童所理解的现实同他们对世界的感知觉和概念发展的不成熟相关。随着儿童逐渐成熟，这些感知觉和概念越来越接近他们所处的社会文化中的成人的感知觉和概念（或者，至少是接近他们家庭和其他比较亲密的社会群体中成人的感知觉和概念）。

在观察和解释儿童的认知行为和能力时，**同化**（**assimilation**）和**顺应**（**accommdation**）这两个概念非常重要。皮亚杰提出了认知图式或心理**图式**（**schema**）的概念，帕普利亚等人将这一概念定义为"一个人用于思考以及在某一情境中做出行动的行为组织模式"（Papalia，et al.，1999，p. 31）。皮亚杰还研究区分了**行为图式**（**behavioral schemes**）和**认知图式**（**cognitive schemes**）的概念，行为图式是行为的组织模式，而认知图式是关于环境的心理表征或概念。

随着儿童不断成熟，他们的图式发展越来越复杂，而且也更加有能力去有效应对外部世界。根据皮亚杰的理论，当儿童遇到一个物体、人或事件（刺激）的时候，儿童会努力使之与自己已有的图式相配合。如果他们取得了成功，

感知运动阶段

sensorimotor period

皮亚杰认知发展理论中阐述的儿童认知发展的第一个阶段。在这个阶段，婴儿通过主动操作环境中的物体来了解环境；运用身体感觉和运动能力进行学习、实现智力发展。

前运算阶段

preoperational period

皮亚杰认知发展理论中阐述的儿童认知发展的第二个阶段。这一阶段的儿童能够使用语言，或者进行符号操作（皮亚杰称之为"表征功能"）。但与后面的阶段不同，处于前运算阶段的儿童尚不能进行真正的运算思维。

具体运算

concrete operational

处于皮亚杰所称的具体运算阶段的儿童可能具有的一种心智能力。具体运算思维可使儿童通过使用系统的推理方法，适应环境的各个方面。这种思维能力具有以下特点：（1）心理动作可逆；（2）抛开事物的表面而去抓住事实；（3）同时关注一个情景的几个方面而不仅仅是一个方面；（4）理解他人的观点，自我中心出现消退。

形式运算 formal operational

皮亚杰的第四个也是最后一个认知发展阶段的名称。处于该阶

段的个体能够进行抽象思维，处理假设的情境，理解数、面积、量、长度等守恒概念。

同化 assimilation

人们试图使刺激或信息符合自己已知内容的心理过程。

顺应 accommodation

人们改变其认知结构或感知运动图式以成功应对新环境的心理过程。例如，当儿童逐渐理解并非每一只四条腿的动物都是狗时，他便产生了顺应。

图式 schema

皮亚杰提出的术语，指概念或事件的心理表征。

行为图式 behavioral schemes

行为的组织模式。

认知图式 cognitive schemes

关于环境的心理表征或概念。

社会文化理论（也称为社会历史理论）sociocultural theory (sociohistoric theory)

维果茨基的心理发展理论即被称为社会文化理论，该理论在解释发展时，将强调的重点从儿童个体转移到个体所处的社会或文化环境的影响。

是因为他们对那些物体、人或事件比较熟悉，那么这时所发生的就是同化，没有新的学习发生。如果这个刺激对儿童来讲并不十分熟悉，甚至完全陌生，儿童不能同化，无法使它与自己已有的图式相匹配。这时，儿童就必须改变或扩展他们的图式，以顺应这个不熟悉的刺激，这些改变或扩展便带来了学习。如果再次经历这种刺激，由于这个刺激已适合于新获得的图式，就会发生同化。可见，同化不需要认知的重新组织，而顺应却需要，并且，正是这种重新建构才意味着学习的发生。

举一个简单的例子也许有助于解释这个问题。想象一下，假如有一个儿童，他已经形成了关于猫的图式，因为他养了一只宠物猫。但他从来没见过狗，而当他第一次见到狗的时候，就会努力把这个新动物同化到他已有的关于猫的图式中去。这是可以理解的，因为尽管猫和狗有所不同，但它们也有一些共性，如都有四条腿，有爪子、皮毛以及尖尖的牙齿。这样，儿童就会把狗叫成“小猫”，但他的妈妈却说：“不，那不是小猫，那是小狗。”现在儿童不得不修正自己的错误，他要区分两种动物的主要差异，形成新的关于“狗”的图式。因此，皮亚杰认为，认知发展是通过不断交替变换的同化和顺应过程而实现的。

维果茨基的社会文化或情境理论 本章最后一个要讨论的理论是维果茨基提出的认知发展的**社会文化理论（sociocultural theory）**或社会历史理论。关于维果茨基的理论，我们会在书中其他部分做详细的讨论，所以在此我们只是简要讨论他的理论观点。

维果茨基认为，人的发展是文化的产物。在他的理论中，发展“主要指心理发展，比如思维、语言和推理过程。这些能力的发展是通过儿童与他人（尤其是父母）的社会交往而实现的，它们代表的是某种文化所共享的知识”（Vasta，Haith，& Miller，1995）。维果茨基认为，儿童的智能具有文化特异性，而皮亚杰则认为，所有儿童的认知发展都经历相似的发展阶段。

三种发展理论简介	
发展理论	讨论
1. 精神分析理论 a. 弗洛伊德	我们对弗洛伊德的三个概念：本我、自我和超我尤其感兴趣。本我是“想要就要”，不考虑他人的需要、愿望或目标。 自我引导个体朝向现实发展。“自我的责任是帮助个体满足他自身的需要，与他人进行适宜的交往，完成任务和实现目标。”自我也使个体成为一个更大的社区的组成部分，并认识到社区里的其他人也有各自的需要、愿望和目标。 超我本质上是一个人的良心，它引导自我朝向适宜的、社会可接受的行为发展。自我和超我在逻辑上相互联系，因为不管个体所属的社会如何界定道德，如果个体要以现实为导向，那么他就必须具备一些社会意识和道德意识。
b. 埃里克森	埃里克森的理论阐述了人格发展的八个阶段，这八个阶段贯穿人的整个生命周期。他认为，每个发展阶段都有一个心理危机，个体必须很好地解决这一危机，才能以最佳方式获得发展。 埃里克森理论的一个重要进步在于它考虑了儿童发展的社会和文化环境，因此，埃里克森的观点比其他理论更接近维果茨基的发展观
2. 学习理论 a. 经典条件反射	当一个最初不会引起（引发）特定反应的中性刺激，与能引起特定反应的刺激相结合时，就产生了经典条件反射。例如，对着你的眼球吹气，你的眼睛就会眨一下。而如果在吹气之前发出一个声音，并重复多次，那么最终，你听到这个声音也会眨眼。另外，经典条件反射是一种我们控制得很少或没有控制的反应。
b. 操作性条件反射	操作性条件反射是自觉的反应。“操作性”一词是指，个体通过对刺激做出特定的反应而作用于环境。 个体反应的后果影响和决定他是否会在相似的环境中以相同的方式做出反应。 如果反应受到了结果的强化，即如果个体发现这个反应可以得到嘉奖、令人愉悦或受人敬仰，并在将来的某个时刻重复这一反应，我们就可以说这种反应得到了强化。通常我们也把操作性条件反射理论称为强化理论

续表

三种发展理论简介	
发展理论	讨论
c. 社会学习理论	社会学习理论强调观察学习，它认为儿童在很大程度上是通过观察和模仿他人（榜样）来学习的。 与操作性条件反射不同的是，社会学习理论强调思维的重要性。因此，“儿童对感知觉的认知反应，而不是对强化或惩罚的反射性反应，才是发展的核心”（Papalia et al.，1999，p. 29）。社会学习理论的核心是模仿。其中有两个重要概念都源自模仿过程。 （1）替代性强化　萨曼莎看到贝琳达因为在整理时间帮大人收拾大积木而得到老师的奖励（强化），便模仿贝琳达的行为，因为她也想得到老师的表扬。替代性强化的重要意义在于，教师不必直接表扬或强化萨曼莎的行为。萨曼莎仅仅通过观察贝琳达得到了强化而替代性地或间接地受到了强化。 （2）替代性惩罚　替代性惩罚的原理与替代性强化一样，只是这次儿童看到另一个儿童因为某个特定行为而受到惩罚。替代性惩罚的目的是减弱或消除某种不希望出现的行为。例如，戈登看到蒂莫西因为从丽贝卡那里拿走一个玩具而受到惩罚，如果戈登因不想受到同样的惩罚，因而不去重复蒂莫西的行为，那么戈登就受到了替代性惩罚
3. 认知理论 a. 皮亚杰	 皮亚杰提出儿童认知或智力发展的四个阶段：感知运动阶段、前运算阶段、具体运算阶段以及形式运算阶段。皮亚杰认为，儿童必须按照此处所讲的固定不变的发展顺序，经历每一个发展阶段，而每一个阶段的发展进步都是通过两个互为补充的过程，即同化和顺应来实现的。当儿童遇到一个他已经熟悉的事物，不需要再对他的思维方式或信息加工方式做任何改动时，就产生了同化。而当儿童遇到了他不熟悉的事物时，为了理解这个新经验，儿童必须改变自己的思维方式，必须改变或重新组织他的认知结构，这种改变就是通过顺应过程而实现的。
b. 维果茨基	维果茨基的认知发展理论是社会文化理论或情境理论。他认为，儿童的发展是他的文化的产物，并且，思维、语言和推理过程都是通过儿童与他人，尤其是父母的社会交往而实现的。维果茨基认为，儿童的智能具有文化特异性，而皮亚杰则认为，所有儿童的认知发展都经历相似的发展阶段

由维果茨基理论派生出的一个重要观点是：强调个体差异，强调情境对个体差异的影响。“个体在特定的情境下感知情境和确定目标，接着在他们所追求的或新的情境中选择新的目标，能否成功往往取决于行为对它所属的情境的适宜程度。”（Papalia et al.，1999，p. 36）维果茨基强调环境的重要性，认为儿童的学习主要取决于在某一特定文化或社会情境中，儿童与经验更丰富、认知发展水平更高的社会成员之间的合作互动。行为具有场景特异性或环境特异性这一特点，对我们解释儿童行为的意义非常有益。

对生长与发展的解释或说明：行为观察的实践层面

对生长与发展的研究不只是研究各种理论。实际上，从教师、父母和儿童保育工作者的角度看，生长和发展具有十分重要的实践意义。人们并不是一定要非常了解正规的发展理论才能观察儿童如何随时间变化而变化。有什么比用图表方式描绘儿童在身体发育、词语掌握、社会能力、认知技能等方面的进步更实用呢？并不是每个人都需要理解最新的语言发展理论，才能以有意义的方式观察儿童如何从最初不能理解和发出语言，发展到能用有意义的、语法正确的句子来表达日益复杂的思想观点；人们也不需要在知道实际发生了什么样的心理发展之前，就能解释这种心理发展是如何发生的。但这并不是说可以小看理论的重要性，我们认为应该在理论和实践两个方面保持有效的平衡。总的说来，我们不仅仅要知道某些变化在发生，而且要了解发生这些变化的背景和过程，以及这些变化对父母、儿童保教工作者、研究儿童行为的学生意味着什么。

发展为什么发生，如何发生，以及生长与发展中相对比较容易观察到的方面，都要求我们关注解释或说明的问题。

解释或说明

发展的概念及相关研究非常复杂，尤其当一个人试图解释（或说明）发展，回答诸如“发展如何发生”之类的问题时。尽管解释并不容易，但它却是实证研究的一项基本活动，也是实证研究的一个主要目标。解释是观察的一部分，即使最简单的描述也需要把信息归纳到某种理论框架中。因此，不可能有纯粹和简单的描述。仅仅是描述一个行为本身，其实就已经开始了解释过程，即把新的事实同已知或已理解的事实联系起来。由于对解释的理解非常重要，所以我们必须花一些时间，留出一些空间来介绍什么是解释、解释与观察、理解儿童之间的关系。

解释 explain

赋予意义或加以说明；使之清晰或明确；指出事实或观点之间的关系。

解释（explain）的定义和概念　解释行为就是使行为变得清晰或容易理解。使行为变得清晰或容易理解又意味着这种解释要超越个体所表现的行为或所说的话，为一定的目的、在某种情境中对这些行为或语言赋予内涵或意义。这样，做出解释就意味着为某事“提供原因或理由”（《美国传统会话大词典》*the American Heritage Talking Dictionary*，1995）。

除了上述字典中提到的定义，还有一种定义与本书讨论的基本问题有特殊关系。这个定义由唐·伊德（Don Ihde）提出，他认为“解释可以是任何一种理论、观点或概念……它试图走进现象的**背后**，用现象以外的事物说明该现象的原因”（Ihde，1977，p. 34）。

尽管这么看来有点混乱，但伊德关于解释的概念却抓住了观察和解释行为、发展性变化的要害问题。为什么是这样？这与你的观察有什么关系？

观察是实证科学的基础，它依靠各种身体感官来获取相关数据，并对这些数据进行某种形式的评量。科学则更进一步，它试图寻找到所获得的数据之间的相互关系。对科学而言，仅仅搜集信息是不够的，人们必须努力发现通过科学研究所获取的事实，对一定的理论框架作出一定支持、修正。实际上，勃兰特（Brandt，1972）指出：观察数据本身没有多大意义，但正是这些数据才使我们能够根据人们的行为来对他们作出推断。纽曼（Neuman，1994）

最近的研究进一步证实了勃兰特的观点，他写道："行为的显现并没有意义；相反，意义是推断出来的，或者说是某个人想出来的。"（p. 334）理论为科学家们提供了进行这种推断的工具。科学家们（或父母、教师）最开始需要的就是数据；而数据通常是描述性的。描述是观察练习的一个核心部分。除了简单的描述外，你还要尝试解释或说明，也就是说，对你所看到和所描述的现象赋予意义。你怎样做呢？一种方式是依据某一种理论观点来审视你的描述数据，这将告诉你观察现象的含义。但是（这个"但是"很重要），这种含义，即根据该理论作出的解释，已经走到了现象背后，而不是你所经验的现象本身。你提出了一种含义，但你对这种含义并没有像对所观察的行为、事件或物体那样有经验。实际上，你通过一个抽象的概念框架把你所观察和客观描述的数据与你的解释联系起来，这个概念框架可能是一个理论，也可能是你的个人信念。

举一个简单的例子，看看伊德提出的解释观如何发挥作用。这个例子只是为了说明伊德所提出的解释的定义；在实际情境中，你可能还需要更多和更有代表性的例子才能得出最后的结论。假设你正在观察一组 4 岁儿童在操场玩游戏，下面是对这些儿童行为的一个客观描述。

汤米用积木在沙箱里建了一条马路，他正在这条马路上开一辆大卡车。此时，塞缪尔走向汤米，问："我可以和你一起玩吗？"汤米回答："好的。但我是老板。这是我的建筑公司，你得为我工作！"塞缪尔很肯定地点了点头，然后问道："老板，你想要我做什么呢？"

刚刚你已经看到，塞缪尔接近在沙箱边的汤米，你也看到汤米正在沙箱里玩大卡车，你还听到了他们之间简短的语言交流。你还可以描述比这个例子更多的内容，但仅仅是这些极少的信息也提出了一些问题：这种行为意味着什么？在所发生的事情背后还有怎样的含义？现在你面对的就是"某些你未曾亲身体验的事物"。你可以对两个男孩的行为和交往作出几种解释。假设你知道汤米的爸爸拥有一家建筑公司，你可能把汤米摆弄游戏材料的方式以及他与塞缪尔的交往看成是对他父亲的模仿或认同。汤米在假装其父亲的一些特点和行为：他是老板，他告诉人们做什么，他以一种权威的方式行事。在这样的解释里，你所依据的是一种历史观，即汤米的家庭背景，你还运用了模仿和认同这两个心理学概念。你还可能提出，汤米在进行某种社会化预演，即他现在实践的行为、价值观和态度是他想象自己长大成人后可能要承担的角色的组成部分。你可能从这个特定的交往中看出，塞缪尔是一个遵从者，或者他对汤米有情感依赖。你还可以运用其他方法来解释或说明汤米和塞缪尔的行为。但无论用什么方法，这些解释或说明都是看不见、听不到、摸不着、尝不出、闻不到的。

解释是超越事物的表面现象，对该事物的原因作出说明。"表面现象"是指你看到和

儿童需要刺激才能发展智力和认知能力

听到的在汤米和塞缪尔之间发生的事情。而表面现象以外的东西是你用以解释所发生事情的抽象的思想观点，如认同、模仿、预期社会化、情感依赖等。然而，你并没有真正经历认同。你只经历了汤米行为的一小部分，而这对你而言代表着特定的心理过程。对这个一般性的观点不能过度强调。我们对世界的理解，无论理解的复杂程度如何，都是在大量的事实或变量的基础上进行推理而实现的。

观察者极有可能持不同的观点。为此，即使没有明确要求，在对一个儿童作判断或下结论之前，也应该搜集参考不同的观点。这有助于克服不必要的偏见效应，尽管偏见本身是不可能完全消除的。

有一些偏见和观点是个人化的，没有人能够完全抛开或避免。正是因为这一点，它们才显得很重要。比如，如果你非常喜欢整洁，那么当你观察到一些上学的孩子没有达到你所要求的整洁时，你就要注意你的这种价值观是否应该出现以及它对观察的潜在影响。还有一些偏见或观点与观察情境有关，或者表现为某种理论或哲学观。

理论型的偏见或观点与本书有一定的关系。我们的目的是促进你把发展理论知识与观察技能整合起来，这样你就能根据特定的目的来观察、描述和解释儿童行为的各个方面。为了实现这一目标，你必须熟悉发展的概念、发展的一般特征，以及不同心理学家和理论流派看待这些特征的不同方式。

解释的水平

马森、康格和卡根（Mussen，Conger，& Kagan，1979）确定了解释的几种水平。你可以根据即时的情景解释或说明儿童的行为。例如，约翰尼被他的游戏伙伴比利推了一下，比利对他说：“走开，我不想和你玩了！”于是，约翰尼就离开了大积木区。约翰尼的

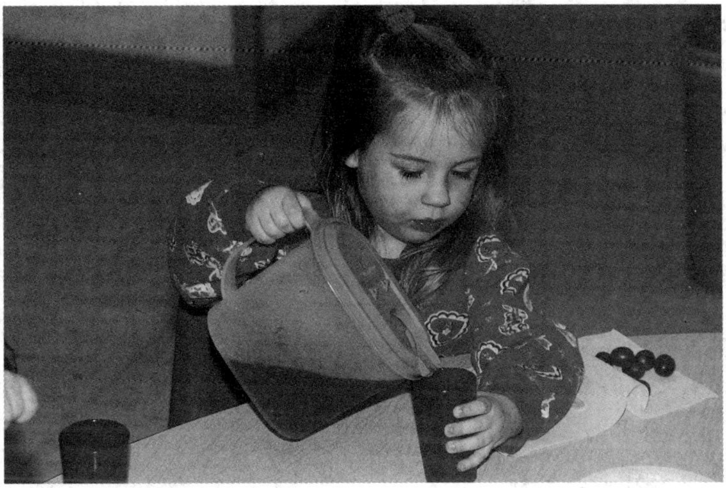

儿童的自助行为

离开是他对离开积木区之前的某个刺激的反应。这种解释水平很普遍，因为我们无时无刻不在对环境提出的需要作出反应。

第二种解释水平超越当前情境而研究历史原因。另一个儿童可能对比利的命令“走开”作出不同的反应，他也许会让比利走开，甚至打比利。对约翰尼的反应，可以通过他的以往经验来解释。也许他父母曾经告诉他，遇到攻击性行为时就走开；或者，在以前遇到有攻击性的孩子时，约翰尼打输了，或者没有在争执中占据上风，所以，他尽量避开这样的情境。这种解释水平与斯劳菲和库珀（Sroufe & Cooper，1988）所提出的用以解释发展变化的第二个因素有关，即当前的发展依赖于以前的发展，而将来的发展又依赖于当前的发展，等等。

然而，马森和他的同事指出，上述两种解释都不能说明“儿童行为的目的”。要解释行为的目的，我们必须弄清楚行为产生的原因，以及这种行为如何帮助儿童在当时的物理、社会环境中，或在其气质与个性限制下发挥作用。在约翰尼和比利的例子中，对约翰尼的离开，我们可以提出多种可能的理由。他的父母或教师可能告诫过他不要打架，而如果他违背了父母或教师的教导，就可能产生一种犯罪感，所以他离开就是想要避免产生这种犯罪感；或者，他不想因为打架而受到父母或教师的惩罚；或者，他害怕打架，因为过去打架的时候他曾经被其他儿童打伤，所以他不想再次被打。

最后一个水平是根据进化论观点作出解释。进化论的理由涉及：人类如何成为现在这样？为什么会在特定的情境中做出某种行为？马森等人（Mussen et al.，1979）举了一个例子，这个例子包含丰富的信息，但却有点令人不安。它说的是婴儿在受惩罚时大哭（令人不安的地方就在于有些人认为不应该惩罚婴儿），而年幼的猴子在受到父母惩罚时会打哆嗦并表现出顺从的样子。根据马森等人的观点，这里的关键是，人类和猴子这两个物种对惩罚的不同反应要归因于基因在我们各自进化历史中的作用。同样不能忽略的是，每一个物种都具有一些其他物种绝对不可能具备的行为、能力和学习。最为经典的例子是语言的学习，尽管有一些动物可以通过符号和信号互相交流，但真正的语言能力只可能在人类身上才有。

小结

我们只是简要概括了一些与你的观察目的或目标息息相关的发展理论和观点。本章开始部分简要讨论了发展心理学家日渐达成共识的六个议题。这些议题就是如下六条基本准则（Papalia et al.，1999）：

1. 各个发展领域相互关联。
2. 发展具有明显的个体差异性。
3. 发展是相互作用的。
4. 发展受其情境或环境的影响。
5. 儿童的发展具有一定的可修复性，不会因单一事件或经验而受到永久性的影响。
6. 发展具有累积性。

我们讨论了发展的基本含义和概念。从本质上讲，发展是指随时间变化而发生的有顺序的、可预测的变化。变化既可以是量变，也可以是质变。我们根据这两种变化区分了生长和发展。生长的显著特征是量变，它表示同类事物在数量上的增长，比如，儿童通过骨骼组织的增长而长高。质变是发展的主要表现，它带来行为结构和认知结构的重新组织或重新塑造。因此，量变是在程度或数量的变化，而质变是种类的变化。

我们还讨论了各种发展模式。有四个基本问题与这些模式相关。第一个问题是：人类的本质是什么？对这一问题有三种观点或模式：机械论、机能主义和情境主义。第二个问题是：遗传和环境哪个是发展的主要动力？第三个问题是：发展是质变还是量变？第四个问题是：是什么在发展？或者说：发展领域有哪些？还有一个问题是：发展是不是分阶段进行的？阶段性的概念与机械论发展模式和机能主义发展模式密切相关。

本章我们还回顾了一些发展理论。借用帕普利亚等人（Papalia et al.，1999）用于讨论各种理论的简单框架，我们把这些理论按其所属流派组织起来讨论。精神分析理论的代表是弗洛伊德和埃里克森。我们介绍了弗洛伊德的本我、自我和超我的概念，以及这三种人格成分在儿童人格发展中的作用；我们还讨论了埃里克森提出的心理社会危机的概念。

学习理论包括经典条件反射、操作性条件反射和社会学习理论。我们简要界定了操作和强化的定义。在讨论社会学习理论时，我们简要解释了观察学习（模仿）、替代性强化和替代性惩罚的概念。

认知理论包括皮亚杰和维果茨基的理论。我们详细讨论了皮亚杰的同化和顺应的概念，简要讨论了维果茨基的社会文化理论框架。

思考题

1. 生长与发展的主要区别是什么？你认为，这种区别对观察和理解儿童是否重要？为什么？

2. 马森和他的同事提出了解释的四种水平：即时的、历史的、适宜的、进化论的。请想象出能运用前三种水平来理解或解释儿童行为的三种观察情境。

3. 用自己的话说明“解释要努力进入某一现象背后”的含义，并说明这种说法与观察和解释儿童行为有何关系？

4. 一位教师认为儿童的发展是消极被动的，另一位教师认为儿童的发展是积极主动的。当你在两位教师的教室内观察时，你可能观察到哪些不同的地方？这两种情境中分别会发生怎样的交往？

5. 对个体差异性和一般发展模式这两个概念，你认为以哪一个为依据更容易对你观察的儿童行为作出结论？

实践练习

尽管本章可能算是本书中相对比较难的部分，但我们还是希望你至少能对生长和发展背后的基本原则及本章讨论的发展模式有基本的理解。

第 14～18 章的每一个实践练习，多少都需要理解和运用这些发展原则，尤其在说明你观察到的行为时。解释也需要借助某种理论情境，因为发展理论的目的就是为理解和解释行为以及行为如何随时间变化而变化（发展）提供基础。另外，要提出一个涵盖本章所有概念的练习是非常困难的，所以我们把重点放在第 33～41 页所讨论的三种发展理论流派。

观察并尽可能详细地记录一个 3～5 岁儿童的行为。不用提前确定你要观察哪些行为，只需选一个行为令你感兴趣的儿童，以叙事的形式记录你所观察到的。每次观察和记录约 5 分钟。如果有必要，再读一读教科书中关于精神分析理论、学习理论、认知理论的内容，然后根据每一种理论尝试解释或说明你的观察结果。最后，尝试回答以下问题：

1. 你的哪种解释最有意义？

2. 对于你尝试解释的观察数据，哪种理论最可信或最有用？

3. 如果不用这三种理论，你是否能解释或说明你的数据？

4. 本章讨论的其他概念对解释数据有用吗?

5. 不用本章讨论的概念，你能解释你观察到的行为吗?

6. 你对观察信息的解释能帮助你更好地理解儿童的行为吗?

第 3 章　观察儿童的一般原则

目标

通过阅读本章，你可以：

- 了解准备观察的必备步骤
- 分析职业道德在观察中的作用
- 认识观察中的三类错误
- 对评价儿童行为价值的潜在危害性进行分析
- 了解观察群体的多种方法
- 讨论隐蔽性对观察儿童的重要作用
- 明确观察的影响因素
- 讨论影响观察准确性和可靠性的三个问题
- 区分各种类型的群体

关键词

事件 event
隐蔽观察 inconspicuous observation
保密 confidentiaity
多记 errors of commission
客观描述 objective description
群体 group
参与式观察 participant observation
职业道德 professional ethics
漏记 errors of omission
变序 errors of transmission
群体观察 group observation

下面这些指南为你提供了一个框架，你可以在这个框架范围内，根据不同的观察情境形成自己的想法和行为。

观察的准备：一般性的观点

准备是指你在进入观察情境之前必须做好的各种组织工作。

观察的目标是什么？

观察儿童的理由有很多，你要清楚自己为什么要观察。确定观察目标是一个核心任务，因为其他事都依赖丁目标的确定。日标必须非常明确，这样才易于监控观察活动。勃

教师观察儿童有多种原因，这位教师观察的目标是什么呢？

兰特（Brandt，1972）强调了这一问题的重要性，他指出，自然情境中的行为非常复杂，一个人无法在某一时间观察或研究情境中的所有方面。他还进一步指出，观察者（调查者）的任务不是同时收集情境中的所有方面，而是挑选和研究整个情境中最重要的要素。这一观点指出了本书第1章的基本观点：科学的观察不仅仅是看事物，而是探寻事物。

观察的目标多种多样。一方面可能是通过观察各种年龄的儿童，积累观察经验。另一方面，积累观察经验最终又有助于形成更深层次的、更加具体和明确的目标。例如，了解儿童在特定情境中如何行为以及行为的原因，这就是更深层次的目标。你可以利用这些信息，改变活动室里的设备、材料及其布局。比如，一位教师在讲故事时发现有些儿童坐在一起时总爱争吵，或是不注意听教师在说什么，那么，教师可以根据这一信息调整儿童的座位。再比如，一位教师和她的助手正在帮助一个4岁男孩克服害羞的倾向，她们鼓励这个男孩更多地与小朋友交往，并且想评价这些帮助效果如何。有一些观察无法事先确定目标，但由于教师及其助手知道观察的总目标是要促进儿童健康发展，因此他们会对某些行为和事件给予特别关注，比如儿童在讲故事时间做出破坏性行为的例子。

如果你要进行本书设计的观察练习，你还必须思考以下问题。

你到某个观察场景的原因是什么？你希望在那里看到什么？

能否成功地发现你要找的事件，只是部分地取决于你的知识、价值观、经验和技能。重要的是你的观察目标必须与你拥有的资源、你的观察场景以及你的记录方法相匹配。例如，如果你要练习观察婴儿的反射行为，那么观察幼儿就不合适。如果你要观察一些不经常发生的行为，那么采用时间取样法就不合适，因为时间取样法最适用于观察经常发生的行为（参见第 7 章）。

此外，在观察之前还必须回答其他一些问题。

你的观察重点是哪些发展领域或行为？

你要观察社会行为、语言行为还是身体动作技能？答案取决于你所观察的儿童的年龄。你可以观察婴儿的反射行为，但这不会是观察 3 岁儿童的重点。同理，如果你要观察社会行为，你的观察对象就不会是 4 个月大的婴儿，而是 3 岁儿童。

你要用多长时间观察你所选定的行为？

你要观察几分钟、一小时，还是行为持续多久就观察多久？答案取决于多种因素。你必须区分你待在观察环境中的时间和你实际观察和记录行为的时间。例如，你可能在教室里待了几个小时，但实际上观察和记录行为的时间仅有 20～30 分钟。同时，你运用的记录方法也会影响你的观察时间。如果你在一个有 15 个儿童的班级里运用时间取样法观察儿童，那么你对每个儿童只能观察 1～2 分钟。但如果你运用叙述性描述，就需要对每个儿童观察 5～10 分钟，这取决于某一特定行为或一系列行为所持续的时间，你在这么长时间里连续记录的能力，以及其他一些因素。

你要观察谁？

答案似乎显而易见，但你必须认真思考这个问题。首先，你要保证儿童的发展水平与你想要观察的行为相匹配。例如，你不会去观察两岁儿童的合作游戏，也不会去观察两个月大的婴儿穿珠子或用拇指和食指拣起细小物体等精细动作。其次，你还要想清楚你是要观察一个儿童还是一组儿童？如果是一个，那么是任意一个儿童都可以呢，还是必须观察特定的儿童？如果你要观察一组儿童，那么是观察任意一组呢，还是观察特定的一组？

当然，观察对象还受制于特定的儿童保育中心所招收的儿童群体。例如，如果你所观察的机构只招收两岁儿童，那么你必须使你的检核表、时间取样、频数、事件取样等记录工具适应两岁儿童的行为能力和发展水平。而运用叙述性描述则不需要这样的事先计划，因为在这种记录形式下，儿童所做的每件事情都可以成为你分析的问题。这将我们带入下一个问题的探讨。

你打算怎样记录（检核表、持续记录、叙述性描述、事件抽样、时间抽样等）？

对上一个问题的讨论已经在某种程度上回答了这个问题，但是，除了儿童的年龄和发展水平，还必须考虑其他因素。如果你要保留原始数据，那么采用叙述性描述、事件抽样、轶事记录或日记就比较合适；如果你只想了解某个行为是否发生，或者儿童是否掌握了某种技能，并且你对细节或行为、技能产生的情境不是很感兴趣，那么你就可以采用时间抽样、检核表或持续记录。此外，你还要考虑要记录多长时间，记录方法是不是很容易使用，以及采用每种方法之前你需要做多少准备，等等。例如，叙述性描述和事件抽样就需要事先作计划，你要计划观察谁、什么时候观察以及到哪里观察。不过，做这些工作要比设计一个合适的表格或时间抽样工具省事。

你将作出怎样的解释（根据特定的理论还是根据观察场景中已经发生的事件）？

本书并不专门介绍如何解释观察数据。因为观察数据多种多样，或者是开放性的，所以你不可能预料到自己的观察数据会产生怎样的信息。而且，只有通过多次反复的观察，在观察过程中考虑儿童所处的环境、儿童的经验以及发展水平等因素，你才能作出准确或有效的解释。

但是，你要了解至少两种基本的解释框架：根据特定的理论进行解释，或根据观察场景中已经发生的事件来进行解释，再或者将二者结合进行解释。正如我们在本书其他地方所阐述的，观察可以帮助你理解正在学习的儿童发展理论知识；反过来，你所学习的理论知识又会帮助你理解和解释你的观察。在作者看来，问题主要在于你想或者需要强调这两个框架中的哪一个。

上述这些问题与你运用的具体记录方法直接相关。以观察多长时间的问题为例，时间抽样要求间歇性地观察，每次观察时间一样，时间相对较短，通常几秒种或几分钟；事件抽样和叙述性描述要求长时间观察。运用事件抽样时，观察和记录的时间取决于儿童表现你期望的行为或者**事件**（**event**）持续了多长时间。采用叙述性描述时，观察和记录的时间主要取决于你想或需要获取多少信息，以及你的身体和心理能承受多长时间，等等。在后面学习如何进行叙述性记录时，你会了解到，叙述性记录往往需要尽可能多地获取信息，因为观察者事先无法判断或决定哪些信息合适，哪些信息不合适。

事件 event

能够被归入某个特定类别的行为。例如，夺走另一名儿童玩具的行为可以被归入“工具性攻击”这一类别。

你要在哪里观察？

观察地点与观察目标有关，观察目标改变了，观察地点也随之改变。如果能去观察的机构有限，那么观察或观察的某些方面也会受到限制。受这些条件限制，你的观察必须适合观察场景的实际情况。例如，如果你要观察的唯一一个有组织的环境是当地的一个儿童保育中心，而这个中心只招收 3～5 岁的儿童，那么你就不能在这里观察两岁的儿童。你能接触到哪些儿童，以及你能接触到的儿童的年龄特征和能力水平等都制约你的观察。也许你有很多机会或有很多设备到多种场所去观察，如儿童保育中心、托儿所、幼儿园、小学、公共游乐场等，这些场所儿童年龄跨度大，环境多样。在这样的条件下，你具有更大的灵活性。你需要仔细考虑，使特定场景与你的观察练习和目标相匹配。

观察可以在活动室中进行

在观察场景中你将做什么？

要知道你为什么来这里观察，了解在这里你可以做什么和不可以做什么。一些观察场景的自由度很大，你可以做实现目标所需要的任何事；有一些观察场景可能比较正式，不容许你做某些事。例如，一些日托中心的领导或教师可能只让你坐在一边观察和记录，不让你做其他任何事情；相反，有些教师可能会让你在儿童上厕所、吃点心、要去户外活动时帮助儿童，他们可能让你走出教室，到户外做记录，这样，你必须依靠记忆，直到你能拿到笔记本来记录数据。你所选择的记录方法也会影响你所做的事。

例如，运用检核表就不大会妨碍你参与儿童的活动。一个教师对在班级教室中运用检核表做记录，就比运用比较复杂的叙述性描述更方便。你需要在观察之前了解人们允许和期望你这个观察者做些什么。这一点非常重要，因为儿童保育中心领导、学校校长、教师对于什么样的行为可以被接受可能有不同的想法。

有时，可能因场景所限，你会在观察过程中遇到各种困难，因此，如果有其他选择，你可能要选择一个更容易相处的观察场景。

还有一个问题影响你在观察环境中可以做什么。在很多儿童保育中心、学校，如果你没有与这个机构建立官方联系，你就必须先办理通行证，然后才能被允许进入该机构进行观察或做其他事情，所以你必须事先有所考虑并作好相应的计划。

隐蔽观察

inconspicuous observation

这种观察不向观察场景和情景（情境）施加或带入任何事物，除非是实现合理目标所需要的影响。

隐蔽观察（inconspicuous observation）

为什么要保持隐蔽　一般认为，观察某个现象会使该现象有所改变，观察一个人可能会使这个人的行为有所改变，尽管我们不知道这种改变有多少。如果被观察的人知道有观察者在场，那么他们就会分散注意，或按照他们认

这名观察者正在进行参与式观察，通过参与儿童的活动，其观察者身份被掩盖起来

参与式观察

participant observation

观察者成为所观察群体的一分子，并以适当的方式尽可能多地参与该群体的活动，其目标在于减少观察对该群体行为的影响。

为能取悦观察者的方式表现。专门研究族群、家庭或非工业化社会等群体的研究者特别关注由观察引起的行为变化。这些研究者，例如人类学家、社会学家等，通常通过**参与式观察**（**participant observation**）把这些不必要的影响减到最小程度。这意味着，观察者成为群体的一分子，并尽可能多地以与该群体相适应的方式参与群体活动。教师自然是一个参与式观察者，并且儿童都能接受教师，使得教师能够在不违背儿童保育中心的教育目的和预定目标，以及不对儿童行为造成“不当”影响的情况下观察儿童。尽管教育活动必然会带来行为的变化，就像与人交流必然会影响我们一样，但是刚才我们所用的“不当”一词，是指我们不期望出现的社会化影响。一个不熟悉的人出现在保育中心或教室，这可能会对儿童的行为、情感、表现等造成影响，而这种影响往往是不符合儿童养育机构的最大利益或预定目标的。当一个外来的观察者在某个群体或场景中出现，有时候还来来去去，肯定会对儿童的行为、情绪等带来很多影响。一些人认为，如果观察者最终能融入群体，被群体成员接受，这样可以减轻由外部观察者观察而造成的影响。有人则提出，观察者不可能把自己身处群体的原因掩饰得天衣无缝，以至群体成员会忽略观察者的来意。总而言之，争论仍在进行，而那些被观察的人们将一直为观察他们的人表演。

关于保持隐蔽，还有一个问题值得进一步思考。每个早期儿童保育中心或教室都包含两种环境：一般性环境和发展性环境。本特森和弗罗斯特（Bentzen & Frost，2003）对这两种环境界定如下。

一般性环境　是相对固定和持久不变的。它由设备、材料及其空间布局共同组成。一般性环境包含儿童和成人能够作出反应的线索或刺激。它在人们进入保育中心或教室之前，就已经存在，是一个客观的环境。

发展性环境　存在于一般性环境中，是一个活动着的环境。一般性环境一旦建立，就不再依赖任何人和任何事

（除非遇到非常明显的变动，比如替换受损或弄丢的设备和材料，增加新设备，或重新布置这些设备和材料）。发展性环境是动态的，不断变化的。例如，积木作为一般性环境的一部分，基本保持不变，但作为发展性环境的一部分，有多少儿童玩积木，积木就有多少种意义和用途。从客观上讲，积木是什么就是什么；而从主观上讲，儿童让积木是什么样，它们就是什么样。因此，发展性环境具有高度的主观性。

当然，观察的这种影响也有一些例外。桑代克和黑根（Thorndike & Hagan，1977）认为，年幼儿童与大一点的儿童和成人不同，他们还不太会掩饰自己，或避开公众的审视，所以，用观察法观察年幼儿童，往往比观察大一点的儿童和成人能获得更多的信息。隐蔽观察试图消除或尽量减少对行为造成不期望的影响，这里最重要的术语是"对行为造成不期望的影响"。教师作为理论上的参与式观察者，他们的目标是以符合预定目标和儿童保育中心教育意图的方式影响儿童行为，因此不大会给儿童行为造成不期望的影响。然而，学生或其他不属于某个场景的个体，可能因为与儿童的交往而成为发展性环境的组成部分。正是儿童与这些偶然出现的观察者之间的交往，才可能有不符合儿童保育中心目标的影响存在。也正是由于这些不期望的影响（不管这些影响是真实存在的还是潜在的），才要求观察者尽可能保持隐蔽。我们必须指出，保持隐蔽并不是一定要让儿童看不到或听不到，尽管儿童能够看到或听到的人或事都有可能成为其发展性环境的一部分，成为影响其行为的因素。还有一个有争议的问题是，当观察者已经成为群体一员而被群体接受时，儿童的行为是否会受到观察的影响。对于这个问题的回答，轶事研究报告已经在一定程度上作出了说明，年幼儿童能很好地适应陌生人的出现。也许明智的做法是，观察者要用证据来确定特定情境下的儿童是否适应了陌生人的出现。这可以指导或至少有助于你对自己的观察作进一步的决策。

考虑隐蔽性问题的最大意义就是避免你的出现和行为与保育中心目标相冲突，从而避免对儿童发展和健康造成消极影响。

保持隐蔽的困难　保持隐蔽并不是件容易的事情。任何一个不熟悉的人出现在教室中，都可能吸引儿童的注意，直到这种新异感消失。有时候，观察者会在一个隔间里观察，这样观察对象就不会看到观察者（运用双向玻璃镜）。运用这种方法的基本假设是，儿童不知道镜子后面有人，或者，即使他们知道镜后有人，那么相比于可见的观察而言，不可见的观察对其行为的干扰也会少一些。笔者的经验是，儿童很快会发现观察隔间的存在，以及是否有人在里边观察他们。但如果儿童沉浸在游戏中，那么他们可能很快就会忘记有人在隔间观察他们，或者甚至忘记还有一个隔间。在此，我们并不想过多讨论这一问题。

看到有人往笔记本上写东西，儿童也会非常好奇，尤其是在此之前他们不经常看到其

有些学校有专门的观察室，配有单向玻璃和桌子

他熟悉的成人在笔记本上写东西，就会更加好奇。我们能给出的最佳建议是，如果儿童问你在做什么，你就简单回答说“我在工作”，或者其他一些类似的简短而正确的说明。不要告诉儿童你正在观察他，正在写下他所做的一切。这不仅无益于你实现合理的观察目标，而且会让儿童感觉紧张、害羞，或给他们带来不必要的不自在。

另外，如果实现观察目标需要记录一些难以观察的行为，那么也会产生问题。例如，观察言语行为的时候，观察者需要离说话的人特别近，这样才能听到他说什么。但如果离得太近，又必须做笔记（如果对方允许，还要录音），那么自然会增加观察对象转移注意的可能性。当你不确定你是否要介入某个情境时，问题也会产生。这对参与式观察者特别明显。教师、园长、职工及其他类似个体必然会在某个时候成为参与式观察者，由此带来一个潜在的问题是，如何在履行对儿童应承担的责任的同时，又对儿童行为做必要的观察和记录。而对非参与式的观察者而言，他们可能不会遇到这个问题。克罗（Krogh，1994）强调了教师在班级观察儿童的重要性，同时也指出了其中的一个难题。她写道：

要充分利用观察儿童的每一次机会。观察可以是正规的：把你看到的记下来，并保存记录，以备将来参考。但大多时候，进行正规的观察是不可能的，因为你要与班级互动，而且这种互动往往是必需的，也是人们所期望的。(p. 89)

怎样保持隐蔽、什么时候保持隐蔽　虽然保持隐蔽存在上述一些困难，但我们还是可以在特定情境的需要和限制之内，进行可靠的隐蔽观察。笔者以为，进行隐蔽观察的一个非常重要的因素是尽可能或者在必要的范围内，与儿童以及他们的活动保持分离。但这并不意味着你要装出非常冷酷、冷淡的样子，你只要不超出观察目标的要求，不去影响儿童的行为，或做出一些没有得到别人许可的事情。这一点还要根据观察的意图以及它所适用的环境而定。例如，自然（或非正式的）观察有赖于研究被试自发的行为表现，而不能靠观察者来诱发。但也有一些例外，比如在测验情境或正式的研究中，观察者也会要求儿童以某些特定方式表现行为。在这些情境中，观察者必须根据研究或测验目标介入儿童的环境。然而，更普遍的现象是，几乎每一个环境都要求环境中的个体表现出某些特定的行为。例如，大多数环境都要求个体按照社会认可的方式行动，即使是年幼儿童，也不得不学习如何与各种环境要求保持一致。他们只是自然地学习在什么样的情形下什么样的行为是适宜的，如什么时候可以跑和大喊，什么时候到什么地方去如厕，等等。但笔者认为，在最早的发展阶段，儿童只是开始理解哪些行为是社会认可的，哪些行为是社会不认可的。成人的要求要与儿童达到这些要求的能力相匹配，成人的期望应该具有发展适宜性。

莫里森（Morrison，1995）在讨论成人为儿童树立模仿的榜样时，谈到了上面这个问题。他提出，幼儿教师可以运用四种特殊的方法来“帮助儿童进行模仿学习”。我们将讨论其中两种方法，即示范和监督。简要地说，“当教师做出他期望儿童做出的行为时，示范就发生了”，而监督则是“考察、坚持、维持标准、继续执行的过程”（p. 480）。因此，不管在哪一个早期保育环境中，成人都对儿童的行为抱有某些期望。还有一个重要问题需要铭记，当你在这种环境中观察儿童时，这些成人也会对你的行为抱有各种期望。

对于怎样保持隐蔽性，还可以根据观察的目的和情境特征提出一些要求。换句话说，人们总是以某种方式组织建构我们的行动，行动总是发生在某些可接受的范围内。只要不对已成为某个情境组成部分的儿童行为产生实质性的影响，就可以进行隐蔽观察。

假设你要观察儿童的语言行为。这可能要求你逐字逐句记录儿童说了什么，他在和谁说话，以及其他与儿童运用语言有关的重要情况。但是，语言是一个复杂的现象。人们可以只研究语言本身，比如词汇、语言结构以及句子长短等。同时还可以考察儿童运用语言的条件和目的，如寻求帮助、发出指令、提问、对行为进行自我调节、说服他人等，所有这些都属于语言发展和运用方面的内容。

例如，如果你想了解朱尼恩在自然条件或非测验条件下是如何运用语言的，那么你就要让她的语言自发产生。结果你可能发现，朱尼恩很少说话，即便是说了，也说得非常少。如果是这样，你就无法详细说明朱尼恩的语言熟练程度，而更多说明的是她的语言发展的社会和心理因素，如她在什么情况下说话，对谁说话，以及是怎样结束说话的，等等。在这种情况下，你会做什么呢？

你可以把朱尼恩的语言行为看作是一种自然发生的现象加以接受，以此保持观察的隐蔽性。但如果条件允许，你也可以诱导朱尼恩对话，设法让她说出之前没有说过的语句，以此对她的语言进行检测。在这个例子中，你要设法确定朱尼恩的语言发展水平，即她能用语言进行交流的水平。这里需要区分学习（能力、技能）和实际表现，这种区分非常重要，也很有用，因为它可以表明儿童也许知道该怎样做某件事情，但他不一定有所表现。就好像我们大多数人知道怎样打人但却没有去打人，我们一般不表现这种技能。

当你以某种方式测验儿童行为，而测验又不符合你的观察目标时，你就必然要牺牲隐蔽性。你以这种方式进入环境之中，其实就已经改变了其中发生的一切。而且，仅仅是观察者在某个观察环境中出现，就已经牺牲了某些隐蔽性。需要同样关注的问题是，在以某种方式测验或干预正在发生的事情时，你的自由度有多大。例如，在幼儿园里，教师可能不让你与儿童交往，你只能做一名非参与式的观察者。自由度的问题与你之前的准备过程直接相关。在准备的过程中，你应该了解到：你被允许参与的程度，或者你被允许施加影响的程度。参与是观察的一个方面，所以在开始观察之前，你就应该经常与管理观察情境的人交涉。

总之，要把隐蔽观察看成是一种实现目标所必需的、不对观察场景中的人和事带来任何影响的观察。你的目标绝不能与幼儿园、学校或者其他任何一个你正在观察的场景的目标、观念或工作程序相冲突，你的目标和工作程序也不能损害任何个人或群体的权益。有一些场所的限制比私立机构少一些，像政府机关、游乐场、公园等公共场所，都受法律、规章制度甚至某种哲学观的支配，但这些规章制度和哲学观与儿童保育机构的规章制度和哲学观是不同的，后者有特定的目标，比如养育儿童，增进其生长、发展，保证其人身和心理安全等。

上述我们讨论的话题同样适用于职业道德与保密问题。

职业道德（professional ethics）与保密（confidentiaity）

职业道德和保密与所有观察活动都密不可分。在某些

职业道德 professional ethics
行为规则，在观察儿童的过程中，意味着保护观察对象或研究对象的隐私、秘密、权利和安全。

保密 confidentiaity
一种研究和观察状态，在这种状态下，观察者和研究者不向任何人透露有关任何个体的信息。

情况下，当你进入某个场所的时候，你是一位客人（比如在一个私立幼儿园，或者一所公立小学）。如果你是一名学生，那么你的行为不仅代表你自己，也代表你所在的学校和系所；如果你不是学生，你也要对你正在观察的人负责。有一些人在你之前来到这里，为观察和研究活动做了必要的准备，你对这些人也要负责；你还需要对那些在你之后来到的人负责，因为一个人的不适宜行为可能破坏其他人的行为。

尽管道德行为至关重要，但它涉及广泛，本书不可能覆盖其中的所有问题，你可以参照全美幼教协会的文件。当你身处儿童保育中心或者任何一个与儿童有关的环境中而不知道该如何做的时候，都可以参照这一文件。

接下来我们将简要探讨职业道德与保密问题，我们相信，了解这些信息足以让你开始观察活动。但仍要记住，每一个儿童保育机构都有自己的一套原则，你必须依据这些原则行事，而且，这些原则都与特定环境中的独特氛围密切相关。当然，我们希望，如果你身处正规的儿童保育机构，那里的教师熟知道德行为的内容，可以指导你做出适宜的行为。

遵守职业道德的必要性　如今，把人作为被试的研究日益受到人们的强烈批判。一个研究者以科学的名义，想做什么就做什么的时代已经一去不复返了。研究过程中，个人的权利、安全（生理和心理的）以及隐私，都是极其重要的问题。有时，这些限制会让人们难以研究人类行为，但对权利和安全的维护是必须要坚持的，因此，研究中理所当然地存在一些困难。严格地说，你的观察就是一种研究，观察为回答你所要研究的问题提供了方法和数据。你正在努力了解儿童，理解他们的行为及他们如何随时间而改变。当你这么做的时候，你会问自己一些问题；你要在纸上记录一些儿童在各种情境中做什么；你还要解释甚至评价他们的行为。总之，你正在收集有关人的各种信息，为此你必须仔细而敏感。而要做到这一点，就必须保持客观，尽量不主观。相对于判断行为的满意度或价值，人们更喜欢准确地描述行为，即简单地告诉人们发生了什么，说了什么，有什么行为表现。然而必须记住的是，即使是所谓的客观描述，有时也会揭示一些可能令人难堪的信息，或者可能被误用来揭示某个个体或群体的不良特征，这在任何情形下都是让人无法接受的。而且即使是积极的或看起来没有害处的信息，也可能让儿童或他们的行为成为人们关注的焦点，从而使一些父母和教师感觉不舒服，甚至担忧。如果你不用儿童的真实姓名，并向父母和教师保证你不会在观察报告中暴露儿童的真实身份，那么可能会在某种程度上缓和这一问题。因此，为了避免有关隐私和保密等伦理问题，要尽量做到这一点。

伦理还涉及其他一些问题。对父母而言，一旦外来观察者发现自己孩子身上的缺点，他们就可能感到沮丧。父母经常把自己的孩子与其他孩子作对比，比如阿莱莎的家人也许会问："阿莱莎说话说得与他的同龄伙伴一样好吗？"卡尔的父亲也许会关心，卡尔的身体协调性是不是与幼儿园的其他小朋友一样好，特别是与其他男孩一样好。雷内的妈妈也许会问，雷内在社会交往中是否是一个受欢迎的领导者，或者是否引人注目。父母会对来自学校教师以外的、观察和记录自己孩子行为和发展进程的人，保持高度的敏感性。尤其是当孩子因为某些特质而与其他人孤立起来时，父母会尤其敏感。作为观察者，要具有与父母同等的敏感性，甚至比父母更敏感，必须时刻保护儿童和父母的隐私，并认真考虑他们的感受。

有一条指导原则值得关注。虽然人们很容易违背它，但它涵盖了许多观察情境的基本伦理。这个原则是：除了与允许你观察的人交流之外，不要与其他任何人（包括你的室友、最要好的朋友、父母……）交流（谈论、写作、运用非言语手段等）关于任何儿童的信息。进一步说，如果你在与某个恰当的人一起谈论一名儿童，那么你要确保你们的谈话不会被其他任何儿童和成人听到。请记住，一旦涉及年幼儿童，都是“小孩子耳朵长”，注意别让孩子听到。

在下面这样的情形中，这条原则同样应该遵循：为了帮助你更好地理解那个你所观察的儿童或观察过程，或者为了帮助你解决在观察过程中遇到的问题，你可以私下或在一个正式的教室环境中与教师讨论儿童的情况，这种情况也应做到不侵犯儿童及其父母的秘密和隐私权。

隐私、秘密、权利等所涉及的范围，还包括父母有权不让自己的孩子成为观察对象。因此，如果任何一个父母不想让自己的孩子被别人观察，或者不想让别人记录自己孩子的信息，那么你就不能这么做。如果一个孩子不想让别人观察自己，那么这条原则也同样适用，这也许不像父母拒绝孩子被观察那么明显。由此引出了征求同意的问题。

征求同意不仅仅针对观察和研究对象。你不应该，实际上也不可能，在没有得到通知和邀请的情况下进入班级开展观察练习。事先征得同意总是很有必要的，至少，这是对教师、员工和儿童的礼貌和尊重。有时候，未经允许就进入班级可能被视为非法侵犯私有财产。甘德和加德纳（Gander & Gardner，1981）建议，在学校观察的时候，要获得书面许可。这些书面许可可以由学区督学或校长、教师提供，他们还指出，学校工作人员可代表父母发表意见，因此没有必要征得父母的许可。有些学校会让父母签署一份文件，声明是否允许外来观察者观察他们的孩子。这些文件最好保存在儿童保育中心或班级文件夹中。

甘德和加德纳建议，在那些成人角色不像学校那么明确的场所（如俱乐部、主日学校及其他类似机构），观察者需要获得主要负责人或家长签署的书面许可。如果你在一个公共场所，如公园、游泳池、游乐场，那就不一定非要获得许可。不过，即使是在公共场合，你也要谦恭有礼；你不能打扰别人，或让儿童为你刻意表现；你不能以其他任何一种方式侵犯该情境下的其他人的权利。甘德和加德纳还进一步建议，如果你要记录儿童的行为，并且他们的父母正在现场，那么你要向家长解释你在做什么，并征得家长的同意（Gander & Gardner，1981）。请求是一种谦恭有礼的表现，它有助于消除对方的怀疑。

职业行为　职业道德要求你时刻以职业化的方式行事。这是你的重要责任，而且意义重大，因为它要求你在必要的时候放弃个人偏好和愿望。你要一直根据以下四方面的要求和期望采取行动：（1）观察情境；（2）情境中的人，对幼儿来说则是负责照看他们的人；（3）你所在的学院和系所；（4）观察活动本身。最后一条是指你在做观察练习时必须诚实。换句话说，你要忠于你的观察所属的学科和主题事件。

观察的影响因素

观察就是根据特定的目的来看某些事物，并记录你所看到的。进行有意义和有用的观察很不容易，因为观察过程会受到很多因素的影响。

敏感性和意识　我们先前讨论过对儿童的敏感性会随着经验和训练而改变，经验和训练是影响敏感性和意识的长效因素。此外，还有一些即时存在的因素也会影响你的敏感性和意识，使你的观察数据和解释出现偏差。在观察的那个时刻，你所拥有的特定的理解，或者如莱和多普耶拉（Lay & Dopyera，1977）指出的："一套你可能对你所碰到的每个儿童都作出的理解或判断。"这种即时的敏感性和意识，会影响你的观察过程和效果。（p. 70）不管你的技能或理解水平怎样，总有一些时刻和一些情况，使你不能按照你能够发挥的水平去观察，某些事物会影响你如何看待你的观察对象。

疲劳、疾病和身体不适　疲劳同疾病、身体不适、心理紊乱一样，都是明显的限制性因素。这些因素会干扰你，让你不能专注于手头的任务。你还可能因心理紊乱而分心，如个人问题、焦虑、恐惧，或试图在某一时间做过多的事。有的时候，紊乱来自外部环境并可能限制你的知觉，例如噪音、极端气温、光线太暗、拥挤，等等。其中很多因素超出了你的控制，但你要能识别这些因素对你的影响，这种能力非常重要。至少，你要能够判断哪些因素可能使你分心和犯错误，而且尽可能消除这些不利影响。

消除这些影响的一个办法是尽量避开这些因素。例如，在疲劳、疾病、身体不适的情况下，你可以推迟你的观察，直到这些状况消除。如果无法推迟，那么你也可以尝试在不同时间进行多次观察。这些做法都会使你的观察和书面报告更加客观和准确。请记住，儿童也会因疲劳、疾病、身体不适而受到不利影响。尽管这些不利状态是人所共有的，所有早期教育工作者和其他儿童保育专业工作者都会关注这一问题，但它们给儿童行为和整体机能带来的不利影响还是会阻碍你实现观察目标。当然，采取上面提供的措施将有可能缓解这种状况。

自我或个性的影响 也许，对观察影响最大的因素之一是你的自我或个性，莱和多普耶拉（Lay & Dopyera，1977）把这个问题看作是“把‘你’和你所认为的区分开”。事实上，我们的个人经验、态度、需要、愿望、恐惧像过滤器一样，我们不仅通过它来加工所观察到的事物，而且它也会影响我们首先注意到什么。每个观察者都倾向于把自己的个人感受投射到儿童身上。例如，他可能认为，儿童感觉到的，是自己在幼年曾经感觉到的，或者是在当前情境下，自己可能感觉到的。再如，一个教师可能喜欢或不喜欢具有某种特征或表现某种行为的儿童。这些偏见可能影响教师或观察者，使他们关注不到或过多关注儿童行为或个性的某些方面，忽略其他同样重要的特征。当某些行为或特征为观察者所不喜欢，或被认为应该受到禁止时，这种偏见的影响会更加明显。在这种情况下，表现出这些特征的儿童可能会避开观察。这种消极反应会对你如何看待和解释这个儿童的行为产生重要的影响。这在评价环节也很重要。

控制我们的偏见 所有人都有偏见。尽管我们不能完全消除它，但我们能够意识到偏见的存在，并采取措施予以控制。有一个十分重要的问题是，不要让那些我们喜欢或不喜欢、容易接受或不容易接受的品质或特征影响我们，使我们失去客观性。特别重要的是，不要把某种判断强加于儿童，或对儿童的性格或价值作出简单的评价。

例如，说某个儿童具有攻击性或依赖性强，这就意味着他今后永远具有攻击性或依赖性强的个性品质，这样的判断不属于你的观察练习内容。但是，你可以在儿童表现攻击或依赖行为时描述这种行为，并给父母提出建议，以显示对该类行为的关注。这条建议主要指导父母如何对儿童的不良行为作出反应：不要告诉儿童她是一个坏女孩，而要告诉她哪里做错了。批评的焦点是行为，而不是个体的基本价值和特征。不管儿童身上有多少成人不愿意看到的小失误，成人总是应该在儿童头脑中强化他们积极的自尊感。

虽然前文曾提及“我们能够意识到我们的偏见，并采取措施予以控制”，但还有一点必须说明，偏见不会自己冒出来让我们发现。它们通常在我们的意识之外发挥作用。这就好像我们可能经常批判或讽刺他人，但当一个朋友（或敌人）告诉我们，我们就是经常批判和讽刺别人时，我们会感到惊讶和难以置信。我们不可能（或不太容易）总能认识到我们的偏见或产生偏见的原因。但有时候，认识并解决由无意识偏见引起的行为，比消除这种偏见更重要。

例如，假设不管什么原因，你特别不喜欢有攻击性的儿童，不喜欢任何攻击性行为（或者，你特别讨厌依赖性的行为；又或者，你不喜欢看到儿童到校时不整洁的样子。检查一下，自己是不是存在某些偏见）。那么，你就可能过度夸大某个儿童的攻击性行为，给这个儿童贴上攻击性（或依赖性，或不爱干净）的标签。换句话说，你已经从观察儿童的攻击性事件，发展到对儿童的个性或特点作出判断。尽管你可能不明白为什么你不喜欢攻击性行为，但你总能够发现你的某些语言表明，你在根据非常有限的证据得出过于草率或过于夸大的结论。

场景或情景的影响　其他一些影响观察的因素是由观察场景及其中的人强加于你的。其中包括：物理空间的大小和布局；儿童或者是你自己可以利用的设备和材料；儿童的特征、技能、个性等。空间大小和布局会限制你的观察，让你很难接近某个儿童，或者让你很难保持隐蔽。设备和材料为儿童练习技能和从事自己感兴趣的活动提供了工具。儿童的特征影响你在观察场景中能做什么，因为它们决定儿童可能表现哪些类型的行为。一些儿童很活跃，另一些可能被动、不活跃；一些儿童滔滔不绝，另一些则沉默寡言；一些儿童与同伴交往频繁，另一些则几乎不与同伴交往。儿童表现出的多种行为可以为你提供各种观察场景的范例。某种行为的缺失是否会对你的观察带来不利影响，这取决于你的观察目标。例如，塔莎总是避开她的同伴，这种表现会为你了解她的自我概念、社交技能或她在同伴中的地位等提供非常有价值的信息，但如果你的目标是观察正常的或更广泛的社交行为和互动，那你可能只好选择其他儿童。

观察记录的错误类型

记录观察数据时，可能犯三种错误：（1）漏记；（2）多记；（3）变序（Richarz，1980）。

漏记 errors of omission

观察和记录过程中常犯的错误之一。指你遗漏了对于理解儿童行为有益的或必要的信息。

漏记（errors of omission）　有一些信息有益于理解儿童的行为，或者对理解儿童行为十分必要，如果你把这些信息省略了，那你就犯了漏记的错误。为了实现观察目标，你应该尽量多地搜集信息，完整描绘在一个行为事件中都发生了什么。这样的描绘往往更有助于你对某个特定的儿童形成更为全面而概括化的理解。请看下面的例子。

米勒德（4岁），正在沙箱边独自玩一个小翻斗卡车。就在他玩的时候，肯特走了过来，一句话没说，就把小卡车从米勒德手里抢了过来。随后，正当米勒德打了肯特，并夺回卡车的时候，你碰巧朝沙箱这边看。你会怎样描述和解释这个情节呢？你可能认为米勒德对肯特的行为具有攻击性，并且你会继续观察他们两个人的行为。如果这时你只从表面上接受这件事，那么你就遗漏了一些重要信息。你把米勒德的行为解释为攻击性，这种解释有点草率，不十分正确，因为你可能忽略了一个关键事件，即肯特诱发了攻击性行为的产生。而另外一些人会认为米勒德的行为是自信的表现。遗漏某一行为或交往中的某些部分，可能不会使你的客观描述无效，你可以非常准确地记录你碰巧遇见的行为和事件。但是，记住一点，重要的不是描述，而是描述必须具有意义，能帮助你理解这个儿童和他的行为。在米勒德的例子中，如果遗漏了行为中的关键部分，那么米勒德对肯特发出的行为，其意义不是被曲解，就是被严重篡改。你将出于某种目的描述儿童行为，包括理解行为所发生的广阔背景。

漏记的原因有很多：分心、漏掉先前发生的行为（如前面的例子），或者记不好笔记。时间不够会严重影响记笔记的情况。观察时，你可能无法记很多笔记（或根本不能做任何笔记），因此，你不得不依靠记忆。你等待记录观察数据的时间越长，就越容易遗忘。自然地，这对你记笔记的速度提出了更高的要求。在这里，一个需要重点关注的因素是如何看待你所观察的东西：你感知了什么，感知了多少；你记下的内容对你是否有意义，是否值得记录；你所看到的与你当时的观察目标之间是什么样的关系。

多记 errors of commission

观察和记录过程中常犯的错误之一。指你记下的信息超出了某情景中实际发生的信息，如报告了并未发生的行为和互动，或者记录了并不在场的人。

变序 errors of transmission

观察和记录过程中常犯的错误之一。指你按照错误的顺序记录了所观察的行为。

多记（errors of commission）　如果你记下的信息超出了实际发生的信息，你就犯了多记的错误。这包括，记录一些实际上没有发生的行为、语言或互动，或者记录了当时不在场的某些人，等等。产生这些错误的原因也是多方面的，包括注意不集中，依靠错误的记忆，以及上面所说的可能导致漏记的因素。要发现这些错误并不是很容易，尤其是只有你一个人观察的时候。我们的感知觉和理解之间总是有差距的，这种差距就像是不同的人会以不同的方式看待事物。

变序（errors of transmission）　第三类错误是变序。这种

错误表现为，你记录了所观察的行为，但将行为发生的先后顺序弄错了。这可能是一种严重的错误，因为事件的先后顺序使事件具有某种意义：比如上午 9：20 发生的事情会影响上午 9：35 发生的事情。如果你在记录某个行为的时候写下该行为发生的时间，那就可以减少这种错误。有时，你还可以分别记录某个行为发生和结束的时刻，或者记录你开始观察记录以及结束观察记录的时间。你可以在整个观察期间对你所观察的每一个行为、事件和互动都这么做。记录行为的起止时间不仅可以减少变序错误的发生，而且可以让你了解儿童的注意保持时间和他们从事不同活动的时间比例。

观察过程的三个方面

如果你很小心地避免上述错误，那么你的观察就有可能非常准确和可靠。观察过程包括三个方面，如果你能够清楚牢记这三个方面，那么就会增加你观察的准确性和可靠性。这三个方面是：（1）客观描述；（2）解释（推理或说明）；（3）评价。

客观描述
objective description
对行为和事件的描述，不包含解释、主观印象或推测，仅仅描述你所看到和听到的，这样做以便其他观察者认同你的报告。

客观描述（objective description）　客观描述是观察的基础，因为其他很多工作都依赖于客观描述。客观描述要像报告一样，要对你所看到的东西做尽可能准确、全面的记录。“全面”一词与你的具体观察目的有关。有时，你需要很多信息，所以，你要记录很多内容。而有时，你只要记录某个反应是否发生就可以了，比如记录儿童表现“攻击性”的频率。这里的关键词是“客观”。《美国传统会话大词典》把“客观”界定为：“真正存在的或现实的……不受情绪或个人偏见影响的，如：一种客观的评论。”客观的报告不包括你的解释、评价、印象、猜测，其他观察同样情境的人们会认同你对所见所闻的描述。例如，“卡利提亚爬上一辆三轮车，在屋子里骑了大约十英尺。后来三轮车翻倒了，卡利提亚哭了起来”，这种描述就是一种客观描述。其他观察者可以用同样的方式描述这个事件。有一点非常重要，绝对的客观性是不可能的。我们每个人都可能从某种有别于其他人的偏见或观点出发来审视世界。在卡利提亚的例子中，仅仅描述卡利提亚“在屋子里骑三轮车”，就需要具备有关三轮车的知识，以及知道“骑”是什么意思。然而，我们可以达到某种可接受的客观性水平，因为我们生活在同样的文化背景下，分享共同的语言、价值观、规范和经验，因此，我们大多数人能理解“骑三轮车”是什么意思。

怎样才能做到客观描述呢？当你运用叙述性描述、事件抽样、轶事记录、日记描述等方法真实记录行为时，你实际上就做到了客观描述。运用这些方法需要你尽可能详细地描述你的所见所闻，而且只能是记录你的所见所闻，不能掺杂任何修饰或解释。几个观察者的描述保持高度一致也可以取得一定的客观性。如果你运用检核表、等级评定、频次记录、持续记录等记录方式，你需要在设计记录工具时就做到客观。例如，检核表中的各个项目必须描述或代表一些可以直接观察的行为，而不是诸如情绪、情感、意图或动机之类的不能被直接观察，必须依靠对直接观察进行推断的事物。

解释或说明　解释意味着超越客观描述而对其赋予意义。在卡利提亚的例子中，如果你加一句“因为她受伤了”，那么这就是一种解释，尤其是卡利提亚自己没有表明她受伤时。“因为她受伤了”这句话之所以是一种解释（可能是一个准确的解释），是因为它不仅仅是简单的描述。例如，你和你的室友可能在卡利提亚是否受伤这个问题上存在意见分歧，你的室友可能认为卡利提亚哭是因为她感到害怕，或者觉得受到了挫折，而不是由于疼痛或受伤。

解释或说明需要努力挖掘某种行为或事件的原因，明确个体行为的动机，确定做出某种行为的目标，总之，就是提供各种附加信息，让你客观描述的情况更具有意义。这种附加信息蕴涵个人的有关儿童发展及发展理论的知识。理论的作用显而易见。例如，在作解释的时候，人们总在试图说明儿童行为的可能原因或理由。关键问题在于，无论信息来自哪里，它都将观察者的注意从已经观察到的现象转移到对行为意义的更深入的理解。

什么时候进行解释？解释可以在任何时间进行，这取决于你采用哪种记录方法。例如，运用叙述性描述就只有在客观记录行为之后，才可以进行解释，因为在这种描述中，所有行为都理应成为你的观察焦点。所以，你只有在记录观察数据之后，才可能想或需要解释儿童行为的意义，包括儿童的发展进程、对特定情境的适应，或其他适宜的理由。

运用事件抽样、轶事记录、日记描述等方法，可能需要在实际记录之前就作一些解释。你必须确定你要观察、记录的行为是否符合你对事件（事件抽样）的界定；是否非常特别，足以让你进行记录（轶事记录）；是不是一种可以表明儿童发展进程的新行为（日记描述）。

如果运用其他记录方法（检核表、等级量表、频次记录、持续记录），在记录过程中也需要解释。你必须确定你所观察的行为与你所选择的记录工具上的哪些类别相吻合。当然，如果你想用你的数据确定儿童的整体发展进程，或者简要理解儿童行为在特定情境中的意义，那么你可能还需要作进一步的解释。

评价　评价是观察过程的第三个方面，它可能是最危险的一个方面，因为此时你要运用你的价值观和态度来评价儿童的行为、特征和个性。评价是指对事物的价值作出判断。不幸的是，我们太容易作出草率的判断或对某事物形成刻板的印象。一旦我们形成了某种刻板印象，就好像不再需要更多地了解个体，不再需要根据进一步的接触和交往来调整我们业已形成的对于这个个体的认识。

观察和记录是评价的基础，因为正是在观察和记录的过程中，人们才会运用一些词语，比如“依赖性”“攻击性”“焦虑”等来描述和解释儿童的行为。但关键问题是，人们对这些词语的运用往往不是很严谨。这些概念是很正统的，但它们应该与可观察的行为联系起来。例如，说一个孩子懒惰，并不是在解释这个儿童或这个儿童的行为。“懒惰”一词概括了一个人对于一个儿童的观点或态度。你要描述的是认为他懒惰的行为表现，而你要解释的则是导致这些行为发生的原因。

一些贬义的说法，如懒惰、迟钝、讨厌等不应该出现在观察者的书面记录中。对儿童的一般特征或品质所下的结论都必须以儿童经常表现的、具有典型性的、已被客观描述的行为实例为根据。这一建议既适用于积极品质也适用于消极品质。

什么时候评价？评价几乎总是在获得观察数据之后才进行，因为你需要时间解释数据，以作出决定或得出结论。评价不仅仅是对某个儿童的个性或能力形成某种印象，并用依赖性、攻击性或其他类似的词语来给儿童“贴标签”。我们还需要知道，人有一种自然倾向，即运用简便的描述性词语概括对他人的知觉和印象。为此，我们可能说一些人有魅力、聪明伶俐，而说另一些人单调和愚钝。对于年幼儿童，至关重要的是不能给他们“贴标签”，尤其一些消极、贬义的标签。这些标签就像刻板印象一样，常常是对某个人或某个群体草率作出的错误或片面的结论。这些结论至多就是根据轶事记录得出的。“贴标签”或刻板印象还可能造成一个我们不想看到的后果，即让我们不想更详细地了解个人或群体，或不想去寻找一些可能与我们业已形成的草率、错误、片面的感觉或印象相冲突的证据。而这也正说明了多次观察对了解儿童个性、能力和发展进程的重要性。

课程方案的决策要考虑什么样的经验和环境最能促进儿童健康生长和发展，评价对这种决策很有用，也很适宜。为此，你就可以理解为什么评价必须在掌握一定质和量的观察信息之后才可以进行。

群体观察或个体观察

区分个体观察和**群体观察（group observation）**之间的差异很重要，它代表了两种使用目的截然不同的数据之间的差异。

群体观察 group observation 这种观察是指：（1）在群体情境中观察个体，并记录他参加不同群体时行为发生的变化；（2）将群体本身视为一个单独的整体或单元，观察和记录其行为。

群体观察的局限性

首先，你实际上不可能观察一个群体并获得关于其中各个个体的重要信息。对特定个体的有意义的观察就如同一次有意义的对话。你一次只能听一个人说话，同一时刻只能对一个人说，否则，对话就难以理解。如果你希望同时观察两名以上的儿童，你就必须先观察一个，再观察另一个，在两名儿童之间不断转移你的注意。

一次观察多名儿童的时候，只有儿童之间进行互动，你的观察才有意义。同时，当两名儿童互相影响或互相反应时，这种互动及其发生的情境也变得非常重要，行为与其发生的情境是不可分离的。行为受到情境特征的影响和制约，包括情境的本质、目的、互动发生的场所和参与其中的具体人物。同时，你在对话中所说的话在一定程度上也受他人意见、对话场合、对话主题的制约。

记住，观察群体时，你就不能获得太多有关个体的信息。你可以研究群体的行为，也可以研究群体中的个体行为，但是你必须考虑它们之间的区别。我们刚刚说到的一些问题可以通过当今一些通用的技术来解决。例如，录像就使我们可以多次观察一个群体（或一名儿童）的行为和活动。录像机具有倒带功能，你可以集中观察群体中的每名儿童的行为，而且你想什么时候看就什么时候看。在现场观察时，你必须在不同的儿童之间来回转移注意，这就可能使你丢失一些信息，而运用摄像机可以避免这种丢失。但是，我们还是要指出，在观看录像时，每一次倒带和重放也代表着你的注意力已经从一名儿童转移到另一名儿童。录像只是极大地扩展了你可以用来转移注意的时间，使你有足够的时间来观察和获得你想要或需要的信息。例如，希克丹兹（Schickedanz）、汉森（Hansen）和福赛思（Forsyth）对运用样本记录法（叙述性描述）记录观察信息进行了讨论，证实了录像的这种优势。他们写道："如果没有录音和录像技术让研究者可以反复观察儿童生命周期的某个阶段，那么就很难运用样本记录法。"（Schickedanz，Hansen，& Forsyth，

1993，p. 26）

但是需要提醒大家的是，人们很容易迷信技术，尤其当这种技术看起来能让我们的工作更容易，或者让我们获得更深更广的数据，而这些数据又很难通过其他方式获得的时候。但我们认为，不管技术最终可能发展到多么精密复杂的程度，录像永远不能取代技能熟练的观察者。录像带对于儿童保育中心内儿童行为的记录，并不会比人的观察更高明。最终看或听的不是摄像机，而是人的眼睛和耳朵，是人的大脑在对摄像机所捕捉到的内容赋予意义。观察者可以“随时走动”，具有一定的自由度和灵活性，相对于此，摄像机就有很大的局限性。我们很难并且有时候不可能带着摄像机进入所有的观察情境，而且我们也不希望总这样做。你可以用摄像机对一系列行为中的一个较小的片段定格，但你不能对整个行为流定格，这样录像也就比普通的观察技术高明不了多少。对行为定格并不是观察的目的。我们最希望的是找到能代表儿童行为的样本，使我们可以根据它来得出合理而有意义的结论，帮助我们更好地理解我们所照看的儿童。

在最后的分析中，你必须去观察，而不是用摄像机拍摄。无论录像技术对观察儿童有怎样的作用，在笔者看来，在获得和提高个人观察技能方面，摄像机的使用最多只能排第二位。

群体 group

围绕一个共同目的而组织起来的一群个体。有些群体由外部机构或权威组建，例如学校系统或教堂，它们被称为机构群体；有些群体则基于共同的兴趣和特征自发形成，它们被称为同伴群体。

群体（group）是什么？观点一　有时人们将群体界定为同时处于特定场所的个体的集合。这是一种最简单的群体，没有正式的组建目的，它只是包括一些恰好在相同时间出现在相同地点的人。但是你会发现，他们是为一些共同的原因聚集在一起的，比如去商店购物或看体育比赛。我们更有兴趣探讨的是真正的群体，它是一些个体围绕一个共同的目标而组织在一起的集体，具有明确的社会结构。

有一些群体是由外部权威或机构组建。比如，学校系统建立幼儿园、小学、中学；社区机构、教堂或家长建立保育学校；等等。这些群体是机构群体（Brandt，1972），是正式的群体。这种正式的群体包含由群体成员自发形成的亚群体，群体成员往往具有共同的兴趣和特征，也包括相近的年龄和发展水平，布凯科和戴勒（Bukatko & Daehler，1995）在界定同伴的定义时，提出了这两个因素，他们将同伴界定为“年龄和发展水平最接近的伙伴”（p. 564），并对同伴、同伴群体作出了进一步的解释：

同伴，通常彼此平等地相互作用，而正是基于这种平等，人们之间才可能形成协商、竞争、合作等社会技能。因此，同伴交往经验为儿童提供了独特的发展机会，让他们可以建构社会理解和发展社会技能。（p. 564）

这种描述适用于儿童在年龄和发展水平方面趋于同质的一些情境。但这种同质性并不总是很普遍，因此限制了同伴群体这一概念的适用性。

例如，幼儿园、学前班或小学的一个班级都是机构群体，因为它们隶属于教育系统。来自两所城市学校的两个三年级班级可以组成同伴群体。而在马丁夫人的幼儿园里一起玩耍的三个小朋友也是一个同伴群体。这种群体可能是你的观察重点。

接下来关于“群体是什么？观点二”的讨论可能需要一些背景知识或兴趣，这是部分读者所欠缺的。这部分读者可以略过马丁（Martin）和奥康纳（O'Connor）对群体的系统论研究，这不会影响读者对群体的整体理解，也不会影响读者观察群体的能力。对那些想要更加深入地钻研群体工作动力系统的读者，我们提供了较长篇幅的讨论，说明如何观察群体的特征。

群体是什么？观点二　另一种界定或看待群体概念的方法，值得我们讨论。马丁和奥康纳运用系统论的观点研究社会现象，提出了群体四要素，来说明小群体的基本特征。我们之所以对这四个要素感兴趣，是因为它们能为你观察儿童群体的行为提供一个框架。这四个要素内容涉及广泛，略带理论性，我们对此略作调整，以使其适合对儿童的研究。

这是一个同伴群体

群体要素

要素一：成员的特征

"成员的特征是指属于某个群体的各个个体的特质或特性。"（Martin & O'Connor，1989，p. 165）他们列举了许多个体特征，对儿童观察者而言都非常重要。

人口学特征包括年龄、性别、种族、民族、文化传统和宗教信仰。同时他们还提到极其重要的因素，如"独特的家庭和发展史，与众不同的心理结构和风格"（p. 165）。另外，成员特征还包括"自我概念或自尊感"（p. 165）。这些感受将引起儿童自信表现方面的差异，如儿童说话声音有多大，态度有多坚决。儿童属于特定群体的时间长短也非常重要，它能够影响儿童在群体中的行为方式。

这里的前提是，成员特征影响群体参与各种活动的方式，也影响活动过程的结果。这个前提意味着，引起群体反应的刺激、群体作为一个整体所表现出的行为等都主要取决于各个成员的特征、能力和个性，等等。这些特征如同过滤器一样影响着群体输入和输出的东西。你可以这样想：不会跑的人不可能组成田径队。如果一组儿童没有条件来完成实现目标所必需的特质，他们就不能组成一个追求同一目标的群体。

请思考以下例子：一个由 4 岁儿童组成的群体，想玩假想游戏，其中一人扮医生，一人扮护士，另外两人扮病人。此时几乎不需要考虑儿童是否准确了解医生和护士应该做什么工作，毕竟这是他们的想象，他们不必与现实完全保持一致。"医生"可以做他认为医生该做的事。但是，他们能够就谁扮演哪个角色达成一致，这对于游戏的成功非常重要。如果每个儿童都想当医生、护士，或是病人，而且都固执地要扮演某个角色，那么这个假想游戏就不可能发生。这就阐释了"群体所表现的所有行为都取决于其个体成员的特征、能力和个性，等等"。

要素二：成员的行为

马丁和奥康纳（Martin & O'Connor，1989）将成员的行为简单界定为"群体中的个体的行动"，他们后来又加上了"在群体集会期间"（p. 165）这个要素，我们可以把后面这个词组改为"在群体活动期间"或者"在群体互动期间"。马丁和奥康纳强调，成员的行为会根据群体的基本目的不同而有所不同。例如，任务型群体和游戏型群体就不同。马丁和奥康纳认为，有必要说明的是，"成员的行为对群体发展十分必要"，并且"没有成员的行为，个体之间就相互隔绝，群体也不可能形成"（p. 165）。

成员的行为是一个如此基本的必要条件，所以你不必奇怪，为什么马丁和奥康纳会提及它。我们的目的只是希望你记住，不是任何一个由个体组成的集合都能组成一个群体。个体成员之间必须存在一些一致的行为，这些行为通过某种有意义的方式"连接"群体成员。我们之后还要讨论，群体的一个重要特征就是关系或关系模式，这些关系最终促成群体的形成，不但使群体与群体之间互相区分，而且使群体和非群体之间互相区分。

要素三：群体的情境特征

群体的情境特征指群体作为一个系统而具备的相对稳定和持久的特性，这些特征包括“在成员个体及成员之间的行为中产生的社会性的、关系的、过程性的现象”（p. 167）。

群体的情境特征取决于群体成员之间的互动，它带来了“群体目标、规则、程序、认同感、各成员用以检测个体或群体行动和进程的共同的评价标准等”（p. 167）的发展。马丁和奥康纳提出了群体的三个情境特征，即“群体的行为准则、群体氛围、群体的常规”（p. 167）。这些都值得讨论一番。

群体的行为准则是指群体成员共同认可的适宜行为的标准。正如马丁和奥康纳指出的：“准则具有应然的特点。”有必要指出的是，准则经常与角色联系在一起，是与个体在群体中的地位相联系的重复发生的行为模式。例如，教师的社会地位要求其角色行为有教学、布置作业、评分等。马丁和奥康纳认为：“群体成员角色的某些方面是规范性的，必需的，因为群体成员行为具有共同的期望，其他的方面则不是这样。”（p. 167）这一点对年幼儿童的观察者特别重要。例如，幼儿群体可能面临的一个（成人提出的）期望是，不能做推搡或其他形式的攻击性行为，但在群体可以开展的游戏或其他活动方面则没有明确的期望。

群体氛围的含义与场景、情景及情境等概念十分接近。马丁和奥康纳将群体的氛围界定为“一个群体共有的社会情绪气氛或情绪状态”（p. 168）。你会发现，群体氛围能够保持相对稳定，也能够不断变化。变化可能是群体内所发生的事件的结果，也可能源于对群体有所影响的环境因素（Martin & O’Connor，1989，p. 168）。例如，一个具有支配欲望的儿童可能离开群体，群体因此失去一个有效的领导者。这种情境的具体影响取决于多种因素，但最深远的影响可能是群体行为、群体所确立的目标或任务等发生戏剧性的改变，这种改变甚至影响到群体最终是否继续聚集在一起。

改变群体的环境（氛围）可能促使群体的动力机制和关系模式朝着更好或更坏的方向发展。例如，在新情境中增加的新的设备和材料可能改变群体的行为，甚至影响群体的领导结构。在以前的情境中，一个儿童可能因擅长使用某种设备而处于领导地位。而到了新的情境中，另一个儿童可能特别擅长操作另一种设备，由此在这种设备的使用方面，这个儿童就会赢得群体的遵从。这种可能性非常大。

根据马丁和奥康纳的观点，群体的常规是指“一个群体用以实现其目标的例行程序或活动”（p. 168）。幼儿群体可以建立某种活动常规，只要这些常规存在的时间够长，能使群体成员建立并遵守这些常规。当然，也有一种可能是，一位重要的新成员的加入，甚至仅仅是出现就改变了群体的常规。也就是说，群体的常规既受群体目标的影响，也受我们刚刚讨论的所有要素的影响。

要素四：群体事件

马丁和奥康纳（Martin & O'Connor，1989）认为，群体事件是指“群体共有的、系统层面的事件、突发事件，或者发生于群体内部的持续活动”（p. 168）。马丁和奥康纳探讨群体事件时做了一个类比。他们写道：“群体事件如同戏剧里的各个场景，各个场景的内容和含义差别迥异，你只有把这些场景与整个戏剧或群体情境联系在一起，才能充分理解其内容和含义。”（p. 168）群体事件的概念说明，行为发生的情境对理解行为极其重要。实际上，也可以这样说，个体的行为只有被置于这种或那种社会情境中才会具有意义。因为人类很少能够把自己完全孤立于社会环境，或孤立于这种环境的既定影响。

群体事件是“群体共有的一系列事件”，它“超越了成员个体的单个行动和行为”（Martin & O'Connor，1989，p. 168）。从本质上讲，这意味着群体事件的含义或意义取决于群体成员之间的相互关系，而不是群体中的某一个或某几个人。马丁和奥康纳认为，群体事件极其重要，它“为成员的行为赋予意义，帮助成员解释和理解自己所说的话和所做的事”（p. 168）。

做观察练习时，你会用到群体事件的概念。根据这个概念，只有从更大的群体及其对每个个体成员的影响的角度出发来理解儿童的行为，儿童的行为才具有意义。每个成员的行为都与其他成员的行为相互联系，由此形成了关系。最终，一个关系网络建成，许多个体的行为在其中结合或相互作用，产生了我们所谓的群体。比如，萨拉在一个群体里的行为受到马克行为的影响。按照马丁和奥康纳的类比，萨拉和马克是一部剧里的演员。一个人所做或所说的就是另一个人所做或所说的结果，就像是按照剧本要求在表演一样。最重要的是，萨拉作为一个个体，只有将她的行为与马克的行为联系起来进行理解，其行为才具有意义。这种关系就是一种群体事件，或者它组成了更大的群体事件的一部分。同时，关系也让行为具有社会性；没有关系的存在，行为就不具有社会性。

群体观察的方法

阿尔米和吉尼希（Almy & Genishi，1979）指出：“教师始终知道每个儿童群体都具有自己的独特性。群体或班级与个体一样，都是独一无二的。”每个群体对其成员的影响也是独特的，因此，群体是环境的一部分。请看如下的例子。

朱莉、埃里卡和弗洛伊德经常组成一个游戏群体。他们的活动从表演游戏到搭大积木，多种多样。在表演游戏中，弗洛伊德总是扮演爸爸，朱莉和埃里卡轮流扮演妈妈。而在搭建大积木的游戏中，他们三个之间没有固定的或始终如一的互动模式。他们很少争吵，即使有意见不一致的地方，时间也很短暂。并且，三名儿童看起来都不像是领导者。

有时，埃里卡会加入到另一个群体，这个群体包括她、罗杰和坦亚。但这三个孩子的活动似乎很有限。他们很少玩娃娃家游戏，因为埃里卡和坦亚总是在争吵谁当妈妈。罗杰不喜欢搭积木，而两个女孩也不是特别想玩这个游戏。坦亚更像一个领导而不像一个追随者，尽管埃里卡有时会挑战她的领导地位。所以可以看出，第二个群体与第一个群体不一样，第一个群体能够在一起游戏的时间相对较长。

如何理解这两种不同的情境呢？

第一种方法是，把儿童看作一个个体，集中关注每个儿童的行为。你可以注意不同的反应、游戏模式和同伴关系，但是这些行为只能放在个体情境下。由此，你分别描述埃里卡在两个群体里的行为：她说了什么，怎样说的，她的大肌肉和小肌肉活动，她的社会和情绪反应，等等。

第二种方法，与前面一样，也是观察儿童个体的行为，但要把这些行为放在行为所发生的三人群体这个比较大的框架中。这样，你要根据群体的情境来审视埃里卡的行为。例如，你会发现，埃里卡的语言运用能力会因她所处群体的不同而有所不同，你可能会描述她的语言运用与群体特征及群体成员之间的关系。你还可以检验其他的交往模式，并根据儿童的个性品质或教师对待两个群体的不同方式来解释这些交往模式。

第三种方法主要观察群体本身，较少关注单个成员的行为，更多关注的是三名儿童作为一个整体的行为。你可以把群体当作一个个体来描述，赋予它某种特征或品质：是友好的群体、充满敌意的群体，还是勤恳的群体。

儿童的行为可能受到群体的重要影响，尽管这种影响并不总是那么明显。有一些儿童很少参与同伴的群体活动，似乎更喜欢把自己的注意和精力集中于取悦成人（Almy & Genishi，1979）。群体对各个个体的反应也不尽相同。一些儿童无法被某个群体接纳，另一些儿童不仅被群体接纳，而且很快成为群体的领导者。正如我们先前所举的例子，儿童在不同群体和不同情境中的行为方式也不尽相同。我们都知道有的人会表现出一些与我们的预期大相径庭的行为，对此我们可以理解为可能是同伴使他的个性发生了变化。

你的群体观察的目标　前面我们强调了在情境中观察儿童的必要性，也指出了儿童的行为如何随情境变化而变化。我们都属于某些群体，如家庭、学校、工作单位、社会组织等，我们在不同群体中的地位和行为也各不相同。

观察群体的目标多种多样，这取决于你想了解什么。你的目标可以是考察儿童在不同群体中的行为差异。而我们认为，在不同群体中，领导与追随者之间的行为模式就是一个非常值得观察的主题。因为在人类群体中，领导者要么自然产生，要么被大家选举来领导群体。之所以这样，是因为领导者必须具备一些有别于跟随者的特征。比如，一名儿童可能很有“魅力”，《美国传统会话大词典》(1995) 将其界定为“领导者身上具备的常人少有的个人品质，能激发强烈的、广受欢迎的投入和热情”。这个界定对儿童也许有些夸张，但基本意思仍然适用。儿童担任领导者的角色，可能是因为他的体形和力气比别人大，或者由于他有特殊的技能技巧，或者他具备一些受其他儿童欢迎的个性特征（友好、慷慨大方、开朗、好交际等）。严格地讲，我们认为，说儿童具备成人领导者所具备的某种特征是不准确的。另外，对领导角色的认识必须在其所属的情境中进行。因此，根据定义或描述成人领导者角色的情境和特征来考察儿童的领导角色，也同样不准确。同样，在考察跟随行为的行为模式以及在特定情境中表现为跟随者的儿童的特征时，也必须结合情境，不能套用成人模式。

通过观察，你可以理清以下问题：不同情境和不同群体中的领导者是怎样产生的？某个群体的领导如何变化？某名儿童如何展现他或她的领导才能（例如，通过体形大小和力气、社会管理技能等）？这名儿童在所有情境中都是领导者，还是只在某些情境中如此？当一名儿童试图成为一个领导者时，其他儿童有什么反应？有些儿童想当领导但失败了，你能否确定他的具体行为或方法？什么原因使其他儿童不愿付出那些想当领导的儿童所付出的努力？什么样的行为或方法对某名儿童最有效？

群体的行为模式有时也能引起人们的兴趣。你可以通过频次检核表来考察这些行为模式，记录有多少儿童使用了某个空间或参与了某项活动（参见附录 V）。检核表不会告诉你群体互动的动力机制，但它能告诉你教室的哪个区域或哪个活动最受欢迎，最容易出现拥堵。这个信息对你设计下一步活动或安排教室的物理空间十分重要。记录某个儿童所参与的区域和活动也可以让你获得非常有用的信息。例如，教师会发现，乔纳森在自由活动时间总是到大积木区玩。多次观察表明，乔纳森的小肌肉协调动作发展较弱。因此，在参与一些需要熟练的手眼协调能力的活动时，乔纳森常会感到不舒服，最后导致他总玩一些需要大肌肉动作的设备和材料。从这个例子你可以看到儿童是如何将自己的能力与既定环境提供的条件相匹配的。如果教师过早地得出结论说乔纳森在大积木区玩是因为其他儿童也在那里玩，那么这个信息就与群体观察有关了。换句话说，教师可能从群体成员的角度，而不是从个体的角度来理解和解释行为，因此没有以乔纳森完成小肌肉动作任务遇到的困难为依据，错误地解释了乔纳森的游戏行为和社交行为。

群体行为和群体内的个体行为是理解儿童的重要方面。你的观察总目标将决定你在什么时候以及什么地方需要观察群体。

小结

在进入观察场景之前必须做很多准备，其中最重要的一步是确定你的观察目标。观察目标影响你所做的其他每件事情。准备时还要选择你的观察地点，明确你要在观察场景中做什么。

在你进入观察场景之前，你必须提出并回答如下问题。

1. 你要重点观察哪个发展领域或哪些行为（身体和动作、社会、语言，等等）？

2. 你要花多长时间观察你所选的行为（几分钟、一小时，或者行为持续多久就观察多久）？

3. 你要观察谁（群体中的每名儿童、一个群体、某名特殊的儿童、几名特殊的儿童）？

4. 你要怎样记录你的观察（检核表、持续记录、叙述性描述、时间抽样、事件抽样）？

5. 你打算作什么样的解释（根据特定的理论，还是根据情境中已经发生的事件）？

在观察情境中保持隐蔽十分重要。自然观察要求尽可能少干扰儿童的行为，但是在测验或正式的研究中，我们会要求儿童以特定的方式做出行为表现。你的观察总目标将决定你对儿童的行为是保持完全中立，还是以某种方式介入其中。

对职业道德的重要性怎么强调都不为过。职业道德和保密性能够保护那些与你的观察息息相关的每个人的权益。我们从一般性的职业行为角度对职业道德问题做了讨论。

进行有意义的观察并不容易，我们对很多影响观察的因素进行了讨论。对儿童的敏感性，疲劳、疾病和身体不适等都会影响你观察儿童时的发现。其中最难处理的一个影响因素是你的个性，即你的价值观、态度、经验、知识等。这些个性特征就如同过滤器，你要通过它们来处理你所观察到的现象，它们会决定你最先注意什么。

我们还讨论了观察的场景和情景对观察的影响，这些因素包括空间大小及空间里的设备、材料、人员及其布局等。

本章我们还讨论了观察记录的三类错误：漏记、多记和变序。这些错误会影响观察数据的准确性和可靠性。然而，尽管有可能犯错误，但我们的观察还是能够取得一定的准确性和可靠性。为此，我们讨论了观察的三个方面：客观描述、解释、评价。评价可能是观察过程中最需要慎重对待的方面。在评价一名儿童的时候，你要对他的行为、特征，甚至他是否可以作为一个个体作出价值判断。我们建议评价时要特别谨慎，即使是积极的评价，也要以频繁出现的、典型的、客观的行为样本作为支持。无论什么情况，都绝不能在观察记录中对儿童作贬义的概括和描述。

本章区分了个体观察和群体观察。我们讨论了群体观察的局限性，其中最大的局限性是可能漏掉关于各个体的信息。你可以研究群体行为，也可以研究群体里的个体行为，但你必须明确二者的不同。我们还界定了多种类型的群体，其中，同伴群体最有可能成为你的观察重点。我们讨论了一些观察群体的方法。观察群体的目标包括记录儿童在不同群体中的行为变化，各种群体中领导者和跟随者的行为模式，以及检测群体对某名特殊儿童行为的影响。

最后我们根据群体的四个组成要素讨论了群体的概念。这四个要素是：(1) 成员的特征；(2) 成员的行为；(3) 群体的情境特征；(4) 群体事件。我们还讨论了群体的三种情境特征：(1) 群体的行为准则；(2) 群体氛围；(3) 群体的常规。

思考题

1. 你的观察总目标是确保观察成功的关键因素。请说明并讨论：如果一名观察者在进入观察情境之前没有确立明确的观察目标，他可能遇到哪些问题。

2. 你认为在进入幼儿园开始观察之前，有哪些与职业行为有关的问题需要回答。请列举这些问题，并尝试回答。

3. 解释和评价之间的关系是什么？应该先做哪个，为什么？

4. 为什么客观描述对于保证观察的准确性和可靠性十分重要？

5. 请举例说明在什么情况下进行群体观察比个体观察更有意义。你打算如何观察。

实践练习

本章包括大量重要信息，但大部分很容易掌握。唯一不好把握、可能引发很多问题的是群体，以及如何观察群体中发生的行为。因此，你最好先在这方面完成一项实践作业，然后再做本书后面比较正规的观察练习。

在本书的第 74～75 页，我们分别描述了两个群体，每个群体都有三名儿童。其中一个由朱莉、埃里卡和弗洛伊德组成，另一个由埃里卡、罗杰和坦亚组成。此处的关键问题是，埃里卡同时属于两个群体，而其他人则只属于一个群体。我们讨论了三种可用来研究这两个群体及其所属情境的方法：(1) 把每名儿童作为一个个体来观察他们各自的行为；(2) 把个体行为置于三人群体的背景下进行观察；(3) 主要观察小组本身的行为，不关注个体成员的行为。

做实践练习的时候可以遵循如下步骤。进入一个可能形成群体的场景中，确定两个群体，每个群体由三四名儿童组成。注意不要选择太大的群体，否则很难完成观察和记录任务。一个关键的问题是确保其中一名儿童要同时归属于这两个群体。这样，在需要或允许的情形下，他就会以某种方式在两个群体之间来来往往。

完成基础工作后，尝试运用上述三种方法进行观察。再读读本书第 75 页对这些方法的详细介绍，这样你对于每种方法的运用会形成完整的认识。与那些和你做同样练习的人讨论，对比你们的发现及你们遇到的问题，这会非常有用。

其他练习

观察的指导原则为我们观察和记录行为提供了一个整体框架。这些框架说明了如下一些问题：(1) 每个人必须坚持的职业或伦理标准；(2) 观察者所创造的条件是符合还是违背儿童的最高利益和儿童保育机构的使命（例如，观察的隐蔽性问题）；(3) 影响观察数据效度和信度的因素（如观察者的偏见、个性、情绪、身体条件、各种记录错误等）。换个角度说，观察练习和记录技术本身都只是工具，我们运用这些工具来创造恰当运用它们所需要的条件。而后面提到的这些原则就是一些必要的条件。

针对本章的内容，我们还设计了如下一些额外练习。从本章讨论的原则中挑出几个，想一想不遵循这些原则会产生怎样的后果。例如，在身体疲惫或情绪低落时观察和记录一个儿童的行为可能产生怎样的后果？或者，出现在教室的方式太引人注目，不符合观察任务本身的要求或没有得到儿童保育机构的允许，这样做的后果是什么？也就是说，你出现时特别引人注目，这样做会对儿童的行为、你的观察数据、儿童保育中心的正常活动造成怎样的不利后果？想一想以哪些方式出现会不恰当地引起儿童注意？在什么情形下，你的出现或行为不会引起儿童太多的注意？

第二部分
观察的基本要素

入门和准备

观察作为一个真实的、实践性的活动，是“面面俱到”的：它拥有自身的完整性或统一性，尤其是当你运用一定的技巧来观察时，这一点尤为突出。但是，与任何一个活动过程一样，观察也包含多个部分或多种要素，其中每个部分或每个要素都必须与其他部分相互配合，这样，观察才能成功完成。

第二部分包括的11章内容讨论了我们所选择的观察要素。我们认为将第一部分和第二部分区分开，是有一定的主观性的，因为，发展理论和观察的一般原则包含了所有的观察要素和所有的记录方法。但“要素”一词特别适用于这个部分，因为它描述了观察的特定组成部分，这些组成部分让我们有可能客观地记录行为并或多或少地永久保存这些记录。而如果没有这些要素，那么观察就只能像坐在公园长椅上或坐在饭馆里那样随意地观看。同样，如果缺少预先设计的观察计划，并出现了记忆错误，观察也会变成随意的观看。

第二部分的目的是为读者介绍至少八种记录方法，供读者在实际观察情境中运用。但我们必须强调，如果没有先前的认真准备，那么哪种方法都不会有很大用处。观察前的准备包括确定你的观察地点，理解儿童如何发展，熟悉你所选择的方法以及了解如何适当而有效地运用这种方法等。

如果这些都做到了，我们相信，认真学习、恰当掌握、坚持运用这些观察要素将使你成为一名熟练而机敏的儿童行为观察者。

第 4 章　方法、行为、计划、情境

目标

通过阅读本章，你可以：

- 将方法的概念与观察联系起来
- 明确行为在观察中的角色作用
- 解释观察计划和观察之间的关系
- 分析观察和观察情境之间的关系

关键词

方法 methods
行为 behavior
场景 setting
情景 situation
情境 context
地位 status
角色 roles

如何做：一些初步的观点和注意事项

方法 methods

一系列操作指南，详细说明完成某项任务必须做什么，也可能描述怎样去做这些需要完成的工作。

本章讨论观察和记录儿童行为的方法的概念。**方法（methods）**指观察过程中“如何做”的问题。

方法的运用贯穿我们的生活。我们总是运用这样或那样的方法完成任务。任何一种方法在某种程度上都类似于观察，即它的成功取决于个体的技能、知识、经验，以及其他一些使一个人成为他自己的因素。同时，正如观察不仅仅是我们用眼睛看一样，方法也不仅仅指我们在书本上读到的或是从老师那里听到的。

方法是一种做事的方式。《美国传统会话大词典》（1995）界定了方法的概念，指出了方法的一些重要特征，即："一套程序性的手段或方式，尤其是完成某件事情的一套规范而系统的方式"。"规范"和"系统"这两个词说明了本书所讨论的观察方法的基本特征。同时，"方法论"一词也有助于理解方法的概念。《美国传统会话大词典》(1995) 将方法论界定为："为实现某个目标而对过程或步骤进行的有序组织和安排……是某一学科或知识领域的程序和技术特征。"

根据上述界定，方法论实际上是指全部观察过程，其中包括成功观察和记录儿童行为所必须采取的所有准备步骤；方法则是指所运用的具体的记录技术。因此，一种方法说明一种程序，人们运用某一种程序实现某一目标。本书中，方法是具有两方面特征的一系列操作指南：(1) 它必须说明实现某一目标必须做什么；(2) 它还必须说明怎样去做这些必须做的事情。"做什么"提出了目标，"怎样做"则描述了实现目标所要采取的行动或步骤。简言之，方法的设计，就是让人获得实现某一目标所必须具备的技能和知识。

在完成某一目标或任务的过程中，总是要运用各种方法。方法可以是简单的，也可以是相对比较复杂的。斯波德克和萨拉乔 (Spodeck & Saracho，1994) 指出："可以运用一些方法概括一名好老师的特征，比如，指出好老师知道什么，以及他们应该能够做什么。"(p. 3) 这里的"能够做"说明需要某种方法或者是斯波德克和萨拉乔所谓的"技术"。同时他们还说明要成为一名好老师，应具备四个至关重要的知识领域："基本的健康和安全措施、给儿童介绍活动的技术、课堂管理技术、早期课程内容。"(pp. 3-5)

保护儿童安全和健康的方法实施起来相对比较简单，即使这种方法所依据的知识也许比较复杂。正如斯波德克和萨拉乔所述："教师必须懂得疾病和传染病的特点，加工处理食物和材料的正确方法，以及正确的清洁程序尤其是厕所的清洁程序。"(p. 3) 能够做必须做的事，比如保持食品准备区的卫生，就涉及一定的方法，但也许是十分简单的方法。

再举一个比较复杂的例子，假设你进入了一个儿童看护中心。你第一天来到这个中心时，发现玛格丽特 (4 岁) 的行为极具干扰性，可能损害其他儿童。进一步假设这个中心运用行为矫正原则和技术来改造儿童身上不受欢迎的行为，并帮助儿童发展教师期望出现的行为。主班教师告诉你：首先，你要确定玛格丽特的目标行为的频次基线；然后，她指导你运用不予强化的方法来减少或消除目标行为；最后，她告诉你，先进行连续强化，再通过变化频率进行强化，由此逐渐建立一种新的行为。你能做到这个吗？当然，这取决于你对一些概念的理解，比如频次基线；这还进一步取决于你实施或运用相应的原则，以及把这些原则转化为实践的能力。

因此，有关如何观察和记录儿童行为的说明，只有在你理解其意思和如何实施，并了解运用这些方法所指向的对象之后，才能真正发挥作用。你必须具有获取更多知识的知识，以及掌握更多技能的技能。了解了观察的方法，并不能保证观察的成功；也没有哪些技术能不证自明，甚至对观察专家也是如此。操作指南可以帮助你发展运用某种观察或记录方法所需的技能和知识。如果运用这种观察和记录方法已成为你的一个自然过程，那么你对观察方法的学习就取得了成功。

此外，你与你所看到的，以及你与你的活动方式之间，存在着十分重要的相互关系。

行为：观察和记录的核心要素

行为（behavior）是你观察和记录的主要目标或焦点。首先需要明确的是，你在观察时要关注儿童对各种刺激作出反应的具体行动，这些刺激有的来自儿童之外，有的来自他们自己的身体或心理。皮勒里（Pillari，1988），一名社会工作者，她将行为界定为“与人或事件有关的具有潜在可观察性的一切活动”（p. 2）。从我们的目的出发，她的这个界定抓住了行为的本质。最简单地说，行为是个体所做的能够被直接看到、听到、闻到、尝到或触摸到的一切。“直接”一词的意思是，你正在观察的行为就在此时此地出现，走、跑、吃东西、说话等都是直接可观察的行为，它们包含视觉或肌肉动作，或听觉反应。你所观察的正是行为：一个儿童在屋里走来走去，和一个好朋友说话，或者在画架上涂画。

> **行为 behavior**
> 个体所做的，能够被直接看到、听到、闻到、尝到或触摸到的一切。

> **行为抽样 behavior sampling**
> 这是所有观察必须进行的步骤。抽样要求从个体的行为流中抽取一部分行为（样本）。不同的观察记录方法要求抽取的样本大小不同，样本所提供的信息量和信息类型也不同。

> **观察计划 observation plan**
> 指导观察过程所有阶段的计划。它决定观察行为的种类、数量、方法及步骤。

> **行为流 behavior stream**
> 赫伯特·赖特（Herbert Wright）所做的一个隐喻，用来说明行为的连续性。行为是一个持续终身的连续体，是一种永远看不到整体的流。

行为抽样（behavior sampling）和观察计划（observation plan）　行为有一个重要的特征：只要人活着，行为就连续发生，不会停止。即使睡觉，也是一种行为，尽管它不像曲棍球比赛那样让人兴奋。赫伯特·F·赖特（Herbert F. Wright）把行为看成是一种“流”，即**行为流（behavior stream）**，他的观点抓住了行为的连续性特征。他写道：“人的行为是一个持续终身的连续体。它的本质是一种‘流’，人们永远都无法看到它的整体。”（Wright，1960，p. 73）

赖特把行为看成是流，这种比喻非常有益。观察就是在某个点进入到流当中，并从中抽取流动的行为样本。这在某种程度上如同逛商店买东西，你要有计划，才能成功

观察场景——一个幼儿园，孩子们正在里面活动

完成。买东西的时候，你要决定买什么，到哪里买，这就类似于你要决定观察儿童的什么行为（攻击性、依赖性、语言）；到哪里观察，是在幼儿园班级，还是公共场合。你还要决定花多少钱来买这样东西，而这就如同你要决定你在特定场合观察多少行为流。最后，你还必须决定怎样去商店，以及怎样把买来的商品带回家。这就类似于你要选择哪一种观察方法，即用什么样的方式进入儿童的行为流中，并从中抽取你想要的行为样本。

也许读者会产生疑问，是什么在驱动或激励人们去实现观察目标。也许有人认为，在任何一个儿童保育中心或早期教育场景中，儿童的需要决定人们观察谁或为什么观察。但观察的目的并不局限于此，因为它只强调满足儿童的即时需要，而说明不了观察的合理目的。实际上，儿童保育中心的教师有责任把儿童的需要作为他们的基本关注点，并且，他们的很多观察将指向这一结果。然而，有一些学生是为了学习如何观察以及如何更好地观察，才去观察儿童的行为；有时，甚至是专业的早期儿童保教工作者，也可能为提高和锻炼自己的观察技能和技巧而需要观察和记录儿童的行为。仍以上述逛街买东西为例，父母可能为孩子而购买食物和衣服，这些需要决定了父母的购买清单；但同样存在一种可能，父母有时也会为满足自己的需要而逛商店。

你所选择的方法决定了还有哪些细节问题需要计划，比如你要观察多少行为流，观察数据将采用什么样的格式等。例如：叙述性描述需要大段记录儿童的行为流，同时数据格式就要求是叙述性的或粗略的表格；而时间抽样就只需要记录一小段行为流，并且最终的数据可以只是一个符号，标明某个或某类行为是否发生过。

总之，首先要有个整体计划，其他的决定都根据计划而确定。

场景和情景

场景 setting

观察的物理环境。包括：物理空间、空间中的物体，以及影响人们以某种方式做出行为的机会和资源。

情景 situation

特定场景中存在的社会、心理特点和条件。比如：儿童游戏的本质是什么，发生了什么事件可能会改变正在进行的活动的特点，等等。

场景（**setting**）和**情景**（**situation**）的含义不同。场景，在某种程度上指一些可触摸的有形因素，比如物理空间、空间中的物体，以及影响个体以某种方式做出行为的各种机会和资源。一个幼儿园教室就是一个场景，因为它置于某个特定地点，具有可观察和可测量的物理空间。教室场景包括儿童可以用来完成某种行为的设备和材料，比如用来搭建事物的积木、用来骑的三轮车、用来阅读的书等。进一步的参考资料，请参阅全美幼教协会出版的《发展适宜性实践》（*Developmentally Appropriate Practice*）（Bredekamp & Copple，1997）。

相比较而言，情景主要指场景中的社会和心理条件。儿童游戏的本质是什么？是积极的、合作的，还是积极的、个体性的？教师（或者儿童自己）鼓励儿童做哪些类型的活动？哪些人们没有预料到的事物会暂时吸引儿童注意，由此改变正在流动的行为流？

场景和情景以一种特定的方式相互关联，情景发生在场景中。场景同时具有物理和社会心理两方面的特征。物理空间激发我们的情感。我们对各种环境的反应不尽相同，不同的人会营造不同的氛围。

一个讲故事的情景可能会占据你很多的注意力

赖特（Wright，1960）对场景与情景之间的关系做了三个假设。首先，他认为，某些场景比其他场景更能影响某些情景。例如，有些场景能够比其他场景更好地促进某种社会互动。有些情形，比如像座位安排这样的简单情形，可能促进或妨碍儿童与他人的谈话。

第二，赖特认为场景和情景之间的关系是不固定的。他指出，同样的场景可以支持不同的情景，不同的场景可能产生同样的情景。例如，两组儿童可以在不同的时间在同样的场景中活动，而且两组都表现得主动、友好、合作。或者，相反，其中一组可能受到抑制，变得退缩，很少与材料互动，或者小组成员之间也很少进行互动。

下面的例子可以说明不同的场景可能产生同样的情景。想一想提前开端项目（Head Start）中的两个班级，各有不同的场景，但两个班却可以开展很多同样的活动，并使两个情景同样具有温暖和支持性的气氛。

最后，赖特认为："实际上，儿童在某个时间做出的行为更直接地取决于情景，而不是情景所发生的场景。"（p. 77）对于作为观察者的我们而言，赖特的这一观点很有启发。

情境（**context**）对于观察来说，用情境比场景或情景更适宜，因为情境包括场景和情景。情境包括了地点、时间、情形、其他人物，甚至还包括心理和物理条件。地点、时间和人物决定或影响我们的行为方式和我们的感觉，地点允许某些行为而不是其他行为发生，对比你在沙滩上与在办公室里可以做的事情就理解了。物理空间允许某些活动发生，而不适合其他活动，比如，你能在一个保龄球球道上游泳吗？此外，情境也会影响人际交往。个体总是在社会群体中占据一定的地位，这些**地位**（**status**）要求特定的行为或**角色**（**roles**），地位和角色调节个体对他人做出的行为，想一想教师与学生之间的关系吧。教师的地位需要教师做出某种角色行为，比如教学、评分、辅导学生；学生则处在不同的地位，扮演不同的角色行为，比如上学、

情境 context

综合了场景和情景的一个术语，它包含环境的各个方面，如时间、地点、情形、其他人物以及物理条件和心理条件。

地位 status

社会群体或组织中的一个位置。例如，教师、学生、儿童、成人、校长和父母都代表一种地位。

角色 role

与特定地位相联系的反复发生的行为和行为模式。例如，教师的角色行为包括教学、评分、辅导学生；父母的角色行为包括养育、保护、使孩子适应社会生活。

做作业。而师生互动的性质主要取决于他们各自的地位和角色。

如果在幼儿园活动室里观察儿童，那么这个活动室就是儿童行为发生的广阔情境。但是，在活动室整体情境下，还存在着较小的场景和情景，观察时，你很可能将注意力放在这些小场景上。吃点心时间、讲故事时间、自由游戏时间、午睡时间，以及积木区、艺术活动区、沙箱游戏区等就是这些比较小的物理和社会环境。这些小的情境可以决定儿童可以做什么以及他们实际表现出哪些行为。

小结

本章讨论了方法的概念，并将方法界定为一系列操作指南，它告诉我们要做什么才能完成任务或实现目标。但是，我们也指出，方法并不会保证成功。任何一种方法的有效性都取决于个体运用这种方法的技能和知识。因此，要获得某种知识和技能，个体就必须已经具备一些与此相关的知识和技能。

行为是所有观察中的核心要素。行为是一个人所做的，能够被直接看到、闻到、尝到或触摸到的任何一种事物。我们还将行为比拟成一种流，只要人活着，这种流就会永远流动，永不停歇。抽样是指，进入儿童的行为流并从中截取一小段正在流动的行为。计划则是事先安排好的步骤，人们根据这些步骤进入到行为流中，从中抽取所期望看到的行为。

本章还讨论了场景和情景的问题。场景指环境中的物理因素；情景则指环境中的社会和心理特征。这两个词结合，统一于总体的“情境”一词，情境包括了与场景和情景有关的所有因素。

思考题

1. 描述你在日常生活中运用的一种方法。运用这种方法需要你具备哪些技能和知识？这种方法与观察方法有多大相似性？它们有哪些共性？

2. 为什么是可见的行为而不是诸如思维或情感之类的事物才能成为观察的核心？

3. 计划和方法之间的关系是什么？它们一样吗？相同之处是什么？不同之处又是什么？

4. 描述一个假想的情境。这种情境的特征会怎样影响你的观察行为？

5. 如果你想观察思维或情感，你必须怎样做？为了使这种观察和记录成为可能，你必须做什么？

实践练习

我们设计如下练习，以帮助你更好地理解本章所讨论的关键概念。

思考一种行为或一个功能领域（这里的“功能领域”指社会性、情绪、语言和动作等方面），描述这种行为的实际表现。做这个练习时，不要观察儿童，只是想象你可能会看到儿童做什么或听到儿童说什么，以此描述儿童的社会或情绪行为。场景和情景（总称为情境）具备的哪些特征会促进或影响这类行为？在哪种情境中，你不太可能看到你已经描述过的行为？这些行为必须具备哪些特征才能被直接观察到？有哪些行为你无法直接观察，但仍与社会或情绪行为及儿童的发展相关联？

对上述行为，你还会运用哪种记录方法来获得最有用的信息？你最好在完成这部分练习之前，先阅读有关记录方法或技巧的章节。你可以发挥自己的聪明才智，根据你自己的目的，设计一种观察技巧或方法。如果你已经阅读过这些章节，那么最好尝试设计一种这里没有专门讨论过的方法。

最后，你打算怎样计划你的观察以使它取得最佳效果？在你的计划中，你必须说明哪些要素？在哪种情况下你可以没有事先计划就观察和记录儿童的行为？对这种没有计划的观察，你认为采用哪种记录方法最合适？哪种记录方法最不合适？

第 5 章　观察和记录方法简介

目标

通过阅读本章，你可以：

- 讨论正式与非正式观察之间的差异
- 比较开放式的记录方法与封闭式的记录方法
- 说明选择度与行为记录方法之间的关系
- 明确观察过程中推论或解释的作用

关键词

正式观察方法 formal observation method
非正式观察方法 informal observation method
原始数据 raw data
选择度 degree of selectivity
推论 inference
开放式观察法 open method
封闭式观察法 closed method

观察和记录行为的方法：基本特征

本书介绍了八种观察和记录方法：(1) 叙述性描述；(2) 时间抽样；(3) 事件抽样；(4) 轶事记录；(5) 日记记录；(6) 频次统计；(7) 检核表；(8) 等级评定量表。每种方法都有自己的特点、使用方法以及利弊，并且每种方法都只有在某些特定条件下，针对某些特定目标使用，才能达到最佳效果。在了解每一种方法之前，有必要探讨观察方法的一些基本特征。

古德温和德里斯科尔（Goodwin & Driscoll，1980）等对正式和非正式观察的多种方法进行了区分。他们还描述了各种正式观察之间的差别，包括：(1) 开放性对封闭性；(2) 选择度；(3) 在多大程度上需要观察者作出推论。

了解各种观察方法非常重要，下面将讨论正式和非正式观察的一般特征，以及各种正式观察之间的异同。

正式与非正式观察

正式与非正式观察的主要区别在于两种方法使用条件的严格程度。**正式观察（formal observation method）**以高度结构化的方式完成，这也是为什么人们总会选择这种方法来开展正式的研究。古德温和德里斯科尔（Goodwin & Driscoll，1980）简要说明了在研究环境中运用正式观察方法所涉及的一些因素。他们指出，研究主要包括对类别的认真界定、设计复杂的表格、训练观察者并保证观察者之间的可信度，以及设计复杂的过程来记录、分析和解释研究数据。

正式观察方法
formal observation method
一种高度结构化、高度控制的观察和记录行为的方法。它一般涉及大量的预先准备工作，包括设计详细的数据表格以及训练观察者。在研究中常常使用正式的方法。

正式观察和研究之间的关系可以通过"被控制的"一词来说明，"被控制的"可以替换"正式的"一词。研究是被高度控制的活动，并且，当观察被运用于研究的时候，观察也被控制了。

相比而言，**非正式的方法（informal observation method）**"是一种非结构化的、不十分精细的观察方法"（Goodwin & Driscoll，1980）。非正式观察不需要严格控制研究形式，因此，更适合于"教育方案的计划和日常操作"，同时也比正式的方法更适合于即时运用、更加依靠直觉。但这并不意味着运用非正式观察时可以牺牲方法的准确性和可靠性等基本特征。但与正式观察相比，非正式观察确实比较容易，并且更适宜于在某些情况下使用。非正式观察也称为自然主义观察，这个名称抓住了非正式观察容易使用以及无须严格控制的特点。

非正式观察方法
informal observation method
一种观察和记录行为的方法，它缺乏正式方法的严格研究形式，比正式方法更少结构化，适合教师和其他人直接使用。这种方法可用于日常的课程和教学中，也可即时运用于与儿童的互动中。

开放性对封闭性

可以根据记录方法是开放的还是封闭的对其进行分类（Wright，1960；Goodwin & Driscoll，1980）。开放和封闭两种特征的区别在于它们是否保留**原始数据（raw data）**，以用于以后分析。所以有必要对二者进行区分。原始数据描述行为和事件最初发生时的情况。皮勒里（Pillari，1988）引用库姆斯（Coombs，1964）的观点，将原始数据描述为"一些经过研究者选择和结构化的信息，这些信息

原始数据 raw data
对行为和事件最初发生情况进行的描述。

被看作是实证性的事实，服务于进一步的分析”（p. 2）。而数据则是“由研究者根据自己选择的方法进行解释的大量事实”（p. 2）。例如，运用叙述性描述方法描述两个儿童正在大积木区一起游戏，这就是原始数据。但是如果把这种描述简化，只在观察表上打勾，那么，尽管根据皮勒里的定义，你已经保留了数据，但这种打勾的数据就不是原始数据了。总之，开放的方法保留原始数据，而封闭的方法不保留原始数据。

同时请注意，数据、方法与解释之间相互联系，并且这种联系非常重要。尽管人们可能会对原始数据作出不同的解释，并因此产生不同系列的数据，但是，保留原始数据也是非常重要的事情。如果没有原始数据，除了研究者或观察者运用某些方法解释过的数据外，其他所有的数据都会丢失。

封闭式观察法 closed method
这类方法的特点是不保留原始数据，即对行为和事件最初发生情况的描述。

开放式观察法 open method
这种方法的特点是保留对行为和事件最初发生情况的描述。

可以将**开放式观察法**（**open method**）与**封闭式观察法**（**closed method**）比作两本书。想象一下，其中一本书里记录了有关儿童的信息。然后再进一步想象，尽管你获得了允许，可以看这本书，学习里面的内容，但你却只能在限定的时间里学习。因此，你能做的最好的事情，就是运用一套编码来简要总结一些信息。一旦你放下这本书，书页就合上且上了“锁”，你不能再去阅读。之后，你查看你的笔记，发现这本书 13 次提到攻击性行为，8 次提到依赖性行为，但只字未提语言行为。同时，你的总结记录里可能会提到一些儿童的姓名，但却没有描述攻击性行为是如何表现的。而这时你又不能再重新回到书中，也回忆不出你是怎样得出结论的，将梅林达打约翰尼的事件看成是一个攻击性事件。而实际上，你根本没有记录梅林达打约翰尼的事件，你只是打了个“√”，表明这个攻击性行为发生了。因此，你没有获得与这一行为有关的详细情况。你的这种描述就是一种封闭式的方法，原始数据仍在书里，你却没有拿到。

再想象另一本书，与第一本书一样，里面也记录了有关儿童的信息。同样你也获得允许，可以使用这本书。但是，这次你可以阅读更长时间。与简要总结不同的是，这次你要尽可能详细地记录你所读到的一切。同时，你还要描述攻击性行为，包括谁对谁发出攻击性行为、这种攻击性行为是在怎样特定的场景和情景下发生的，行为的后果如何，等等，而不是记录一个儿童对另一个儿童发出攻击性行为的频次。

当你放下第二本书的时候，这本书对你来说仍然是开放的。你从第二本书里获得了非常多的信息，可以不断检验你的记录和笔记。你可以对儿童和他们的行为下结论，而这是你在阅读第一本书时用的简要总结的方法所不可能做到的。阅读第二本书使用的是一种开放式的方法，即原始数据在你手上，你随时可用，想用就用。

选择度

选择度 degree of selectivity 观察和记录方法的一种特征，它决定有多少行为可作为观察和记录的目标。方法从完全没有选择性（样本记录）到具有高度选择性（如事件抽样），情况不一。

选择度（**degree of selectivity**）与开放性和封闭性密切相关，它决定你可以观察和记录多少目标行为。有一些方法没有选择性，也没有特定的行为可以事先选择，运用这些方法时，几乎所有发生的事情都可以观察和记录。而另一些方法则相反，运用这些方法时，观察者只记录他在进入观察场景之前已经选择好的特定行为。例如，运用封闭的观察方法时，观察者也许只记录依赖行为或儿童与成人之间的人际交往行为，而有关动作行为的实例可能就不去观察和记录。

选择度就如同渔网上网洞的大小。如果洞很小，那么你可以网住所有尺寸和种类的鱼。而如果这个洞很大，那么你只能抓住大一点的鱼，小一点的鱼就会从比它们身体大的洞孔跑出去。同样，如果观察方法的选择度很低，那么它就如同用小网洞的渔网捕鱼一样。你可以网罗行为、情境和系列事件的微小细节。而如果选择度很高的话，那么观察网的洞孔就很大，因此你也只能捕捉到某些行为。

上述这个类比还指出了选择度与开放性和封闭性之间的密切关系。运用某种特定方法记录的细节数量，就如同用特定的渔网捕鱼的数量一样。网的洞孔越大，网住鱼的数量就越少；而洞孔越小，网住鱼的数量就越多，因为它不仅能网住大鱼，也能网住小鱼。

在多大程度上需要观察者进行推论

推论 inference

根据可以直接观察的数据、前提假设或证据得出的结论。推论本身不可直接观察，它是通过心理加工过程得出来的。

推论（**inference**）指根据数据、前提假设或证据得出结论。从我们的角度来说，推论意味着解释某事，或者给某事赋予意义。从本质上讲，推论或解释都是根据直接观察的数据得出结论，但推论本身不能直接观察。结论是通过心理加工过程得出来的；关系是在那些能直接用感官感知到的信息与不能用感官直接感知到的其他条件之间建立起来的。

你对一个朋友说“你好”，她却毫无反应。这时，你可能对她的行为做出推论，即解释她的行为，认为她：（1）对你很生气；（2）对其他人很生气；（3）正全神贯注做某事；（4）生病了；（5）在取笑捉弄你……不管哪种情况，生气、全神贯注、生病或在取笑你，这些都不是你观察到的。你只能观察到这样的事实，即她走过去，没有和你说话，而其他就是推论了。

在观察儿童的情境下，想一想儿童曾经在某一天做出一些他不常表现的行为。他可能表现不活跃；或者比较冷漠，对什么都缺乏兴趣；或者也可能表现得有点过度兴奋，活动水平显著高于平时。针对这些，你会做什么？你会想什么？几乎可以确定的一点是，至少你会去尝试理解儿童的这个不寻常行为。你想知道这种行为背后的原因是什么。我们假设，这个儿童之所以没精打采，是因为在他来保育中心之前，他的父母吵了一架。但你应该明白，你看到的不是他父母的争吵，而是这个儿童对争吵行为的反应。尽管了解父母争吵这一事件可以帮助你理解儿童的行为，但是这种了解仍然是你的推论，除非你从儿童那里掌握了第一手资料，得知他为什么没精打采或过度兴奋（或这个儿童表现出来的任何一种情绪）。

不同的方法需要不同程度的推论。在观察过程中，什么时候必须作推论，各个方法之间也不尽相同。有一些方法不需要一开始就作出推论，因为它们不需要事先选择要记录的行为。如果你想在记录之后解释行为，那么你可能就要进行一定程度的推论。这样，推论就发生在事实之后。这时，你不需要在观察过程中决定记录哪些行为，或者应该将行为划分到哪些类别中。有一些方法需要在最初观察和记录的时候就进行推论。在记录过程中进行推论不排除以后你还要继续推论。观察和记录过程中的推论以及这之后的推论分别发挥着不同的作用。

如果你不关心捕捉到的鱼是哪种鱼，那么你就要用一个能让你网住所有种类鱼的渔网，并且捕鱼的时候，你也没有必要挑挑拣拣。一旦你已经开始拖拽渔网，那么你可能就要检查你捕捉到的鱼了。渔网里有哪种鱼？在这些特定的水域里、特定的条件下，捕捉到这些鱼意味着什么？在同一水域里，既发现这种鱼又发现那种鱼，这又有什么意义？

假设你关心捕捉到的是哪种鱼，你想得到某些特定品种的鱼。那么，你就必须了解这种鱼；当你看到它的时候，能够识别它。你会在这种鱼游过来的时候，撒网捕鱼。你能看出这与观察方法及在多大程度需要推论之间的相似性吗？运用开放式的、非选择性的方法，你不用担心捕捉到了哪些行为，实际上，你是尽可能多地捕捉或记录更多的行为。并且如果你愿意的话，你还可以检查你的数据，并在捕鱼之后作出推论。但是，运用封闭式的、选择性的方法，你就要在现场作出决策或推论，比如推断贝齐从苏珊那里拿走了一个玩具，这种行为到底是不是攻击性行为。它是你要捕捉的那种“鱼”吗？如果是，你就记录下来，并且一旦你捕捉到了这种鱼及其他类似的鱼，那么你就可以分析和运用这一数据了。例如，你可以根据众多儿童所表现出来的攻击性行为的次数，在班上制定一个行为矫正方案。如果观察记录（例如频次）显示某个儿童频繁做出攻击性行为，那么教师就可以根据这个可测的数据，判断她尝试消除攻击性行为的做法是否成功。

尽管你不能完全排除推论，但你却可以通过认真界定你的目标行为，让你的推论达到最大限度的准确性。为此，你要对某一个行为下操作性定义。例如，在贝齐从苏珊那里拿走玩具的例子中，从另一个儿童那里拿走玩具的行为，就可以作为攻击性行为的操作性定义。并且，在你进入观察场景之前，你就要界定攻击性行为或攻击性。如果进入观察场景之前，你对攻击性行为知之甚少或根本不知道，那么你就很难确定贝齐从苏珊那里拿走玩具的行为是不是攻击性行为。

实际上，观察过程中想完全避免推论，是非常困难的。可能很多观察者都观察了贝齐的行为，但他们对这种行为的解释却不一致。其中一个观察者可能认为贝齐真的没有从苏珊那里拿走玩具，实际上是苏珊要把玩具给贝齐，这样的话，贝齐的行为就不具有攻击性。这就如同一个父亲，他看到他的小儿子把另一个小男孩推倒了，但他却认为他的儿子没有攻击性，只是在维护自己的权益而已。

第 12 章的表 12-1 和表 12-2 都是检核表的实例，其中附有一些发展指标，并且两个表都说明了完成这样的表格需要多大程度的推论，看看其中的说明可能会有一定帮助。例如，表 12-1 中第一项写道："精力充沛、充满活力地投入一项活动。"很明显，"精力充沛"和"充满活力"这种行为描述是需要观察者进行一定程度的推论的。其他一些观察者就可能不认同这个儿童参加活动时"精力充沛"和"充满活力"。与表 12-1 不同的是，表 12-2 的第一项是"用 3 块拼图板拼图"，这种说明相对不需要太多的推论。每个儿童要么能拼图，要么不能拼图。所以，表 12-2 中的这种选项不会像表 12-1 那样容易造成意见不统一。

有关在观察过程中进行推论的问题，我们还将在介绍各种方法的时候进行讨论。

小结

本章讨论了观察和记录方法的一些重要特征。我们讨论了正式和非正式这两类观察的方法。这两类方法的主要区别在于使用条件的限定性。正式观察的方法事先要经过认真准备，严格控制观察和记录过程中的所有方面和所有阶段；非正式观察相对缺乏结构化，不是特别精细，常被教师在课堂上使用。

各种正式观察方法的差别主要体现在开放性对封闭性、选择度、在多大程度上需要进行推论等方面。开放性与封闭性的区别在于这两种方法是否保留了原始观察数据。开放式观察就如同这样阅读一本书：你可以阅读并广泛做笔记以备以后使用，笔记保留了原书的大量内容（原始数据）。封闭式观察也如同阅读一本书，但你只能在限定时间里阅读，因此你需要以编码的形式简要做笔记，这样的笔记遗漏了书中的详细信息，因此不能保留原始数据。选择度指观察者是记录在观察过程中发生的任何事情，还是只记录某些事先确定好的行为和事件。我们把选择度比作具有不同大小洞孔的渔网，网洞越大，选择度就越大，网洞越小，选择度就越小。至于在多大程度上需要推论，我们主要讨论了是在观察和记录开始时推论，还是在这之后进行。有一些方法需要在记录时即刻进行推论，另外一些方法则是在观察和记录结束时才进行推论。

思考题

1. 正式与非正式观察中的"正式"和"非正式"的含义是什么？这两个词在形容社交集会时指什么意思？两种情景中的含义相似吗？

2. 除了观察和记录方法，开放性对封闭性这两个特点还可以运用于哪些方法？在各种不同的运用中，二者的基本含义发生变化了吗？

3. 开放性对封闭性与选择度的关系是什么？它们互相独立吗？也就是说，是否有某种方法既具有封闭性又不要求选择，或既具有开放性又要求选择？

4. 观察和解释之间的不同是什么？

5. 为什么说区分“原始数据”和“数据”非常重要？对于你，也就是观察者而言，区分这两种数据的不同有何意义？这两种数据在你自己的观察活动中扮演何种角色？

6. 操作定义指什么？它在推论或解释过程中的作用是什么？

实践练习

假定你还没有读过任何有关记录方法的文献。本练习的目的是想明确：各种记录方法的名称本身能不能让你一眼就看出来如何操作、组织架构或使用这种方法。例如，“时间抽样”或者“叙事性描述”，你能否只从名称就看出它的观察目的以及如何在真实的观察情境中使用这种方法。

选择一种或多种记录方法（建议最少选择两种），想象你正在托幼机构观察一组 3 岁儿童，以一种特殊行为或者活动（例如，游戏、攻击性行为、或者谈话活动）作为对象。运用你所选择的记录方法，设计表格，在表格中填入想象或假设的数据。换句话说，倘若你选择了叙事性描述，你想观察一些 3 岁儿童的游戏行为，那么你会怎样呈现观察数据？你会在最后的观察报告中用怎样的表格来呈现这些数据？

建议你保存这些假想的观察记录，最终与第 6 章到第 12 章的观察练习中已经完成的真实的观察报告进行对比。

第 6 章　叙述性描述

目标

通过阅读本章，你可以：

- 明确叙述性描述在观察中的作用
- 描述叙述性描述的记录方法与选择度之间的关系
- 明确叙述性描述的局限性
- 说明推论在叙述性描述中的作用
- 了解叙述性描述的优缺点

关键词

叙述性描述 narrative description　　样本记录 specimen record

结构 structure　　控制 control

引言

在介绍叙事描述之前，我们先对本书讨论的所有记录方法做一个总体说明。任何一个观察记录的信息，无论你是怎么获得的，都可能帮助家长更好地理解他们的孩子，也有益于儿童教育机构的老师们制订更加宽泛的课程计划，或者在有限的范围内设计一些特定的活动或学习经验。本文讨论的这些观察记录方法主要服务于两种目的。第一个也是最根本的目的，是锻炼和提升个人的观察记录技能。从这一点来看，观察和记录行为服务于学习者个人，没有其他目标；长远来看，对他人也并没有多大意义和作用。第二个目的则具有更加宽泛的意义，即收集对父母和幼儿园教师而言实用又有效的信息。

观察儿童行为的最终目的是理解儿童，追踪描绘他们的成长和发展轨迹，并运用所收集到的信息促进他们的成长和发展，同时也帮助父母这样去做。也就是说，不论你是什么身份，是父母也好，教师也好，做观察、记录的动机和目标就是要满足孩子们的需求。不管这些需求是出现在专业的保教机构还是在其他场合、是孩子们表现出来的还是我们发现的。

鉴于此，我们提出一个基本原则：有益于教师设计课程的观察数据，同样会有助于父母理解自己孩子的成长和发展。相反，对父母有用的任何观察数据，也同样有益于教师设计和实施课程。

概述

我们讨论的第一种正式的观察方法，其名称一度很混乱。我们称其为**叙述性描述**（**narrative description**），也有人称其为**样本记录**（**specimen record**），有时候，如果不做细致区分的话，也叫实况记录。对我们而言，叙述性描述和样本记录一样，但本章我们只用叙述性描述这个词。之所以提出样本记录这个词，是想避免你在阅读其他文章时因遇到这个词而产生混乱。其他名称与我们的目的没有太大关系，所以不再详述。但需要指出的是，我们用的“叙述性描述”一词是根据莱-多普耶拉和多普耶拉（Lay-Dopyera & Dopyera，1982）提出的“描述性叙述”调整而来的，而“描述性叙述”是他们对样本记录的提法。我们之所以做出这种调整，是因为我们希望能尽可能清楚地强调这种方法的本质特征：它的基本形式首先是一种*叙述*，然后才是*描述*行为。

叙述性描述是一种正式的记录方法，因为它需要欧文和布什内尔（Irwin & Bushnell，1980）所说的“更严格的细节和事先确定好的标准”（p. 103）。而正是这种严格的细节和事先确定好的标准，才使叙述性描述具有了**结构**和**控制**，而这正是正式性的表现。与叙述性描述相对的非正式方法就是实况记录，即“教师运用的课堂观察技术，它是在行为发生时对行为做现场记录”（Irwin & Bushnell，1980，p. 100）。叙述性描述也是在行为发生时做现场记录。因此，实况记录与叙述性描述之间的区别非常微小，在实际操作过程中也很难区分二者，甚至没有必要去区分。尽管本书中我们不用“实况记录”这个词，但对我们而言，叙述性描述与实况记录之间的主要区别就在于它具有正式性。根据定义，叙述性描述需要事先了解观察的时间、地点、对象、方式以及原因。实况记录更多自发产生，并且

叙述性描述 narrative description
一种正式的观察和记录方法，它要求你尽可能详细且连续不断地记录儿童独自活动或与其他人或物互动时做了什么、说了什么。（参见**样本记录**）

样本记录 specimen record
一种正式的观察和记录方法，它要求你尽可能详细且连续不断地记录儿童独自活动或与其他人或物互动时都做了什么、说了什么。（参见**叙述性描述**）

结构 structure
在观察情境中，结构是指以系统的、模式化的方法观察和记录行为，观察者知道自己为何处于这一观察场景中以及通过什么方法记录感兴趣的行为。

控制 control
与结构类似，控制也是指以系统的、模式化的方法观察儿童，观察者控制着观察过程，明确自己的观察目标，并能在很大程度上实现观察目标。

更多根据直觉需要而不是事先的计划。但是，实况记录和叙述性描述也有一些共性，即二者都要丰富、详细和连续地记录在某一段时间内发生的行为。简言之，可以把实况记录看作是叙述性描述的一种非正式运用，或者一种自发的叙述性描述。

两位希克丹兹（Schickedanz）、汉森（Hansen）以及福赛思（Forsyth）写道："样本记录（叙述性描述）主要用于详细描绘儿童日常行为中的某些方面。"（Schickedanz，Schickedanz，Hansen，& Forsyth，1993，p. 26）而本书中的叙述性描述，不仅指对儿童的日常行为做详细描绘，而且在需要和条件允许的情况下，还对"日常行为"以外的反常或不常出现的行为做详细描绘。从实践的角度，我们建议叙述性描述的格式和意图要遵照欧文和布什内尔（Irwin & Bushnell，1980）的观点，即叙述性描述通常要有事先确定的标准，如一天中的哪个时间段、观察谁以及具体的观察场景等。我们认为，如果观察练习采用了这些标准，那么从技术上看，称做叙述性描述要比实况记录更加准确。

上面提到的事先确定的标准指观察的时间、地点、对象、方式以及原因（通过第 3 章的讨论，我们知道这些问题都将在计划过程中解决）。对叙述性描述的非正式运用不需要预先弄清这些问题。很明显，一位儿童保教工作者要直接参与本机构的活动并对儿童的幸福负责，她可能只有在注意到某个儿童个体或群体的行为值得进一步关注时，才发现自己在观察谁。

无论怎样，运用叙述性描述时，你要尽可能详细、连续不断地记录儿童说了什么和做了什么，以及他与其他人或物的互动。叙述性描述的主要目标是详细、客观地描述行为，而不是进行推论、解释或评价。它的一个重要特征是，它不仅详细描述行为，而且详细描述行为所发生的情境（场景和情景），以及行为发生的先后顺序。还有一点很重要，要具体地描述行为，而不是用一些泛泛的词语来简单叙述。一个好的描述可以让读者闭上眼睛就想象出一幅现场画面。例如，描述"约翰玩大积木大约 20 分钟"，这对约翰、大积木、玩或者所有这些事件的发生地点等，都描述得太少。古德温和德里斯科尔曾指出，独立使用录像带、录音带或电影胶片，或者把它们与记笔记结合，可以持久地记录儿童的行为。他们的这种观点把握了叙述性描述潜在的完整性和包容性的特点。用纸笔进行叙述性描述，虽然不能像电影胶片或录像带那样反映最初的原始观察数据，但也能获得丰富而详细的信息。叙述性描述能提供持久的、完整的、客观的和描述性的行为记录（Goodwin & Driscoll，1980）（参见表 6-1）。

从理论上讲，叙述性描述没有时间限制。但实践中会遇到一些问题，比如疲劳等。任何一个观察者，如果独自完成叙述性描述，都会受到这些问题的限制。因此，在实践中，叙述性描述的观察时间一般限制在一小时左右。在这一小时之内，观察和记录是连续进行的。如果有多位观察者参与，他们可以轮流记录，这样记录的时间就可以更长。

开放性对封闭性

叙述性描述对所有观察者都是开放的。这种开放性来自于它的非选择性以及它能使你获得的信息量。这种记录保留了对行为、事件顺序及情境的描述。因为它保留了原始的、未经加工的数据，可以用于进一步的检验和分析。

选择度

叙述性描述根本不具有选择性。对记录者的笔来说，在观察期间发生的每一件事情都是要记录的。如果一个人用小洞孔渔网观察和记录，那么他肯定非常想要捕捉到所发生的任何一种行为。

但仍需要强调的是，严格地讲，选择性是所有记录方法内在固有的。因为一个观察者不可能看到每一件事情，他必须在众多的人和事件当中确定他到底要观察谁或观察什么。因此，选择度是相对的，它取决于你所运用的特定的记录方法。但我们说叙述性描述根本不具有选择性，这只是说同其他方法相比，叙述性描述对选择性的要求相对小得多。

在多大程度上需要推论

运用叙述性描述方法进行观察和记录的时候几乎不需要进行推论，因为所发生的每一件事情都是要记录的目标行为。观察时，你不必考虑这个行为或情境是不是你要记录的，就如同你用一个小洞孔的渔网捕鱼一样，你不用考虑捕捞到的是大鲤鱼还是小杂鱼，哪个都一样。但是，记录事实之后就需要你尝试着解释。如果你要在客观描述之外赋予原始数据一定的意义，那么你就有必要进行推论。换句话说，一旦你把你捕捉到的鱼放到船里，你就要检查这些鱼了。也许你想知道为什么会同时捕捉到鲤鱼和小杂鱼。或者你想要检查你的描述，试图弄清楚为什么贝思对胡安很友好，而在同样的情境下对海基姆却充满敌意。在这里，你的“记录网”同时“捕捉”到了贝思的两种不同行为：友好和敌意。你要发掘这两种行为的可能原因，就需要对一些相关的儿童或者所有儿童加以考察。

优点

在讨论叙述性描述的优点之前，我们先来介绍一下它的主要特性，解释为什么它会被称为记录方法之“女王”。

叙述性描述的首要特征，一个看似寻常却很实用的特征，是它可以和其他任何一种记录方法结合使用（或者反过来说，其他任何一种记录方法都可以和叙述性描述结合使用）。下文中我们会进一步深入探讨这一特点。

其次，其他记录方法必须与叙述性描述相结合，才能有效地使用。因为行为（或者我们所谓的“行为流”）不是出现在检核表或时间抽样中的符号标记，而是不断流动的，它是一个持续流动的连续体，即使我们的观察很短暂，或者根本就没去观察，但行为连续体及其情境将始终存在。

表 6-1　叙述性描述

观察者姓名　艾丽斯·汤普森（教师）
被观察儿童姓名　梅利莎
儿童的年龄　4 岁 3 个月　　　　儿童的性别　女
观察情境（家庭、儿童保育中心、幼儿园、学校）　欢乐时光儿童保育中心
观察日期　2008 年 2 月 25 日　观察开始时间　上午 9：20　观察结束时间　上午 9：30
简要描述观察地点的物理特点和社会特点：

孩子们都在忙着玩各种自由游戏活动，整体情绪看起来比较开心。平时班上一般有 15 个孩子，今天只来了 12 个。根据早上家长与园长的电话沟通了解到，另 3 名孩子生病了。尽管孩子们整体情绪很好，但他们比平时都更安静，不像往常那么大声说话。

目标行为描述（OBD）与解释：
叙述性描述

OBD1：[开始时间　上午 9：20　结束时间　上午 9：22]

梅利莎比其他孩子晚到 35 分钟，她到的时候其他孩子都到了并已经开始各自的活动。她把衣服放到她的小柜子里，然后站在教室门口四处张望。她站了大约半分钟，只是眼睛转来转去地看其他孩子和他们的活动。

解释 1：

梅利莎看起来很羞涩，几乎有点退缩。从到活动室开始，她看起来就不太愿意做事情。这可能是因为她开始就不愿意来。她的妈妈几天前提到过她不太愿意来，没有其他的特别原因。

OBD2：[开始时间　上午 9：22　结束时间　上午 9：24]

梅利莎从走廊走向教室一角的图书区。她走的时候，每走一步右脚尖都要蹭一下地，这样大概走了 5 步。她路过智力拼图桌时，那里有两个孩子，但她没与他们交流。她又走到摆有几本书的桌子旁。蒂纳、乔斯和米格尔坐在桌旁，乔斯和米格尔两个人合看一本书，蒂纳看他们两个“读书”。梅利莎坐下来，没有与那三个孩子说话。

解释 2：

梅利莎看起来仍然犹豫不定，她的动作甚至看上去有些局促。她走得很慢，慢吞吞地踱步，好像对自己没信心，不确定自己与其他孩子的关系以及自己与所处环境的关系。她好像很难决定自己要做什么。她没有任何交流，不向任何孩子发起交往。

OBD3：[开始时间　上午 9：24　结束时间　上午 9：29]

乔斯和米格尔没有抬头看梅利莎，也没有向梅利莎做出任何表示。蒂纳说：“嘿，梅利莎，想和我一块儿读吗？”梅利莎歪一下脑袋，说：“我不知道怎么读。”蒂纳回答说：“我们可以一起看图画。”梅利莎朝大积木区看了看，没有看着蒂纳，说：“好的！”蒂纳笑了笑，走到一个放了很多书的书架前。

续表

梅利莎从桌子上拿起一本书，浏览了一下。这时蒂纳拿着一本书回来，说："我喜欢这本书，一起看这本吧。"梅利莎只是点了点头。然后蒂纳挨着梅利莎坐下来，但梅利莎稍微挪开了一下，与蒂纳大概保持了6～8英寸的距离。 解释3： 梅利莎来的时候，蒂纳看起来对她很友好，愿意与她交往。但梅利莎仍然不怎么说话，看起来很羞涩，说话也轻声细语，好像害怕别人听见似的。尽管梅利莎看起来缺乏热情，但蒂纳还是坚持与她玩。梅利莎看起来有点分心，注意力不集中。蒂纳想与她坐得近一点，但她很害羞地挪开了。蒂纳也很快挪开，但是显得比梅利莎活跃得多。 OBD4：[开始时间　上午9：29　结束时间　上午9：30] 乔斯抬头看了看，说道："嘿，你们两个在做什么？"蒂纳微微扬头，抬起下巴说："没什么，我们正忙着呢。"梅利莎没说什么，但从桌子旁站起，走向了大积木区。米格尔继续读书。 解释4： 蒂纳比梅利莎更乐于交往，对自己也很自信。蒂纳没有过多地与乔斯和米格尔互动，可能是感觉他们两个没让她参与他们的活动。蒂纳看到米格尔确实很高兴，她并没有对米格尔的"不善交往"行为表示不喜欢。蒂纳对乔斯的反应很坚定但也很友好。她几乎就是把梅利莎当成自己的玩伴，也许是想报复两个男孩先前曾忽略了她。梅利莎看起来仍然没有兴趣，甚至不确定要做什么。

因此，检核表上一个简单的、用于标记某种特定技能是否出现的符号，其实是依据行为作出的判断。而行为本身，无论是在你做标记之前，还是之后，都一直存在。从某种程度上讲，当我们观察和记录行为时，其实就是在头脑中进行叙述性描述，思考着记录行为时首先需要做什么。这就是为什么我们会称叙述性描述为记录方法之"女王"。

叙述性描述的几个具体优点

叙述性描述的优点恰恰源自于它的开放性和非选择性。正因为有这些特征，所以当你在儿童的行为流中观察时，叙述性描述能够完整描述当时发生的所有事情。叙述性描述还有一个重要优点，它能够捕捉伴随行为发生的情境（场景和情景）。赖特认为这种结合非常重要："每个人都知道，至少直觉上能感觉到，行动的含义和意义甚至它的发生，都直接取决于同时发生的情境。"（Wright，1960，p. 87）如果你要尝试理解个体儿童以及他们在各种不同情境中是如何表现的，那么有些信息就十分重要，比如，发生了什么以及在哪里发生等。众所周知，每个儿童都有自己独特的风格、态度和能力。叙述性描述就如同一个小洞孔的渔网，能够捕捉到儿童行为中的这些不同和细微差别，并且能够永久保留这些信息。而且，叙述性描述能在自然条件下，在没有实验室的人为因素影响下，捕捉到所有这些行为、情境和风格。

叙述性描述的多种用途　叙述性描述的一个显著优势是它的多种用途，这一点可以从多方面加以说明。除了叙述性描述之外，本书讨论的其余记录方法，比如事件取样、日记描述和轶事记录，都会或多或少涉及到叙述性描述。同时，叙述性描述或连续记录，可以与时间抽样（第 7 章）结合使用，可以与频次计数或持续时间记录（第 11 章）结合使用，也可以与检核表和等级评定量表（第 12 章）结合使用。总之，在各种观察记录中，随处可见叙事性描述的影子。

表 6-2　叙述性描述——在自由游戏中

观察者姓名　埃斯特尔·吉本斯（中心教师） 被观察儿童姓名　卡桑德拉、卡拉、米歇尔 儿童的年龄　4 岁 8 个月、4 岁 9 个月、4 岁 6 个月 儿童的性别　女、女、女 观察情境（家庭、儿童保育中心、幼儿园、学校）　欢乐时光儿童保育中心 观察日期　2008 年 4 月 24 日 观察开始时间　上午 9：05　观察结束时间　上午 9：55 简要描述观察地点的物理特点和社会特点： 今天这几个孩子看起来心情不错，教师和助手也似乎与孩子们分享着他们的好心情。外面在下雨。当孩子们知道自己不能出去玩的时候，他们就把充沛的体力都用在活动区，活动区看起来已有些秩序混乱。总体上看，今天的情绪氛围与昨天形成鲜明对比。
目标行为描述（OBDs）与解释：叙述性描述
OBD1：[开始时间　上午 9：05　结束时间　上午 9：07] 卡桑德拉今天很早就来了。她把大衣挂在衣柜里，立刻走到大积木区，碰巧，我站在那里。她跟我打了声招呼“嗨”，然后拿了三块积木，一块一块地往上搭。这时，卡拉和米歇尔走进教室。看到她们，卡桑德拉离开大积木区，走过去。 解释 1： 卡桑德拉今天看起来特别活泼，尽管外面天气阴沉。她步履轻快，向我打招呼时也很高兴。搭积木的时候，她似乎早已有想法，但是很明显，她更喜欢和两个亲密的伙伴一起玩，而不是一个人在大积木区玩。 OBD2：[开始时间　上午 9：08　结束时间　上午 9：17] 卡桑德拉向卡拉和米歇尔打了声招呼。三个人简短聊了几句后，径直走到拼图区。卡桑德拉从架子上拿了一套拼图，三个女孩一起在一张桌子旁坐下。卡桑德拉把拼板摊在桌子上，三个孩子开始一起玩拼板。拼板有 50 块，用这些拼板，可以拼成一幅一只小熊坐在一棵大树底下的图画。三个女孩低声细语，互相交谈，有时，她们请对方递一块拼板，或让对方把一块拼板放到某个地方。例如，卡

续表

桑德拉对米歇尔说："米歇尔，把那块放在那边，它看起来好像小熊的头部。"米歇尔回答说："哦，对了，我就放在这儿。"有一些拼板很小，但是这几个孩子却能用大拇指和食指像钳子那样捏起小拼板。 解释 2： 这三个孩子共同完成任务，彼此交往，表现得非常友善、合作。卡桑德拉的形状知觉似乎发展得特别好，她比卡拉和米歇尔更多地看出某个拼板适合哪个位置。卡桑德拉似乎在指导整个活动流程，她做得十分巧妙，没有任何跋扈或压迫的痕迹。这是一个无法验证的假设，但如果是卡桑德拉最先发起这个活动，那我一点都不会惊讶。卡桑德拉摆弄各种拼板时表现出她的小肌肉精细动作十分精准和协调。 OBD3：[开始时间 上午 9：18 结束时间 上午 9：30] 卡桑德拉离开拼图桌，走向皮尔逊夫人（一名教师）："皮尔逊夫人，我可以和卡拉、米歇尔一起玩手指画吗？"皮尔逊夫人同意了。卡桑德拉回到拼图桌，和卡拉、米歇尔简短地说了几句，然后三个孩子一起走到涂鸦区。卡桑德拉支起一个画架，告诉卡拉和米歇尔也这样做。接着，卡桑德拉给她们各发一件工作服，自己拿了一件穿上。"我要画一幅大海的画，"卡桑德拉说道，"你们画什么？"卡桑德拉没等卡拉和米歇尔回答，就从画架上取了一些颜料回到画板前。 解释 3： 卡桑德拉在这个片段里明显扮演着领导者的角色，她的做法大多数时候很注重实际。没有迹象表明卡拉和米歇尔为此而烦恼。卡桑德拉的行为看起来目标很明确，她似乎确切知道自己想做什么和想怎么做。我还有一种印象，卡桑德拉似乎从她的两个伙伴身上获得了某种能量。 OBD4：[开始时间 上午 9：32 结束时间 上午 9：40] 卡桑德拉用右手在颜料池里蘸了蘸，然后用手从左到右在画架上的纸上涂了一下。她的动作几乎覆盖了整张纸，颜料是混合色的。画完之后，她对着最后的作品说："这是一片独特的海洋，看起来像彩虹。"然后，她抬头看了看卡拉和米歇尔的画，皱皱眉头，问："那是什么？"卡拉回答说："是一只鸟，你喜欢吗？""哦，很好。"卡桑德拉说道。米歇尔没做任何反应，继续在纸上涂画。 解释 4： 卡桑德拉的手臂动作十分流畅、协调。她运用精准的手指动作，在图画的各个部分添加少量颜料。卡拉和米歇尔的手臂动作发展也很协调。尽管卡拉并没有像卡桑德拉那样表现出精细的手指动作，但我认为这不是因为卡拉不能这样做。米歇尔运用的大、小肌肉动作与卡桑德拉一样多。

叙述性描述的多种用途还体现在我们可以从目标行为描述和解释中提取观察信息。例如，假设你要将叙述性描述作为一种正式的观察记录方法，来观察记录儿童在某几天当中的几段自由游戏行为。你对某一目标行为（OBDs）的描述，经过恰当的解释和处理，就能获得与时间抽样、检核表、等级评定量表、频次计数或持续记录同样的信息。目标行为

及解释能提供有关谈话、社交行为（或者任何其他你感兴趣的行为）的信息。如，你可以记录社会互动多久发生一次（频率统计），在每个行为事件中社会互动能持续多久（持续时间记录），谁发起的这些互动，以及和谁一起互动（类似于检核表中的信息），等等。另外，你也可能会对社交行为及其发生的情境进行十分详细的描述，而这些恰恰是其他几种方法各自单独使用无法做到的。下面我们来解释一下如何用叙述性描述数据丰富和补充检核表和时间抽样中的信息。

我们尝试采用第 12 章的检核表样例，描述、记录表 6-2 中前两个目标行为，看看同样的行为，在叙述性描述和检核表记录中，各是什么样子的。假想的观察记录从 9：05 到 9：17，持续 12 分钟。我们尽可能不遗漏任意一个目标行为（如有遗漏，请补上），表中的具体条目也会根据所观察的行为有所变化。为节约空间，在“观察结果”一栏中，可记录多名儿童，哪名儿童出现了某个行为，就在代表她的数字上画圈。

表 6-3　欢乐时光儿童保育中心的社会行为评价检核表

社会行为	观察结果		
	是	否	有时
友好的	①		
在大部分活动区，能与大多数孩子一起玩		①②③	
在特定的活动区，与特定的几个同伴玩	①②③		
寻求成人的支持			
寻求同伴的支持			
愿意轮流			
容易从一个活动转向另一个活动	①②③		
容易转向新的、不熟悉的活动			
独立的	①		
表现出明显的情绪变化			
恰当的自主性	①		
在社会交往过程中表现出较强的语言能力	①②		

观察对象：1. 卡桑德拉　2. 米歇尔　3. 卡拉

注意：我们建议你分析表 6-2 的余下的目标行为及解释，并根据表 6-3 的检核条目，分析卡桑德拉、米歇尔、卡拉相关的社会行为，填写完成表 6-3。

现在，再让我们来看看，如果采用时间抽样记录，表 6-2 中记录的行为及解释，会呈现出什么样子。

下表是由 6-2 中的叙述性描述演变而来的时间抽样记录。尽管简单，但是能将时间抽样和叙述性描述作一个比较。

表 6-4　三名儿童的社会交往时间取样

行为类别	时间间隔							
	1	2	3	4	5	6	7	8
对区域的总体反应 1. 很乐意进入区域活动（包括大积木区 BBA，阅读区 RA 等） 2. 不太愿意进入活动区 3. 拒绝进入活动区	① 1	② 1	③ 1	① 1				
对环境的总体反应 4. 自由地运用设备和材料 5. 有限地使用设备和材料 6. 没有使用设备和材料	① 4	② 4	③ 4	① 4				
对他人的总体反应 7. 寻找或联系同伴 8. 寻找或联系成人 9. 避免中止和同伴的联系 10. 避免终止和成人的联系 11. 不愿意和同伴联系，缺乏与他人建立联系的主动性，或是不专注于建立联系 12. 不愿意和成人联系，联系缺乏主动性，或者不关注是否建立联系	① 7	② 7	③ 7	① 8				

观察对象：1. 卡桑德拉　2. 卡拉　3. 米歇尔

观察区域：BBA——大积木区；RA——阅读区；FP——涂鸦区。

叙述性描述的随机性　叙述性描述的第二个优点是，它的使用比较随机，不必局限在某些特定的条件或情境下。尽管欧文和布什内尔（IEwin & Bushnell，1980）认为叙述性描述是一种正式的记录方法，强调它根本不是随机的，但我们仍然认为它具有随机性。而且实践中开展叙述性描述大多具有十分强烈的随机性成分。比如你抓住一个或几个儿童的行为（行为流）瞬间，并尽可能记录所发生的一切，这种观察记录本身通常是没有经过特别选择，并没有特指是何种行为或何种情境的。（与此相对，在第 8 章你就会发现，事件抽样就一点儿也不随机。因为只有当某个特定的预选行为或者事件出现时，你才会开始做观察记录。）这种可以广泛记录各种行为和情境特点的随机性，使得叙述性描述具有一个明显的优势：它可以捕捉到一天当中任何时间或者任何情境下儿童的行为。因此，你会收集到大量丰富的叙述性描述数据，而有了这些数据，就可以获取各种不同情境中具有代表性的儿童行为样本。但请记住一点，必须进入不同节点去记录行为，这样才能充分理解你所关注的儿童。这种代表性会让父母和教师都能更全面地了解儿童是如何发展和成长的。

总之，叙述性描述可以用于多种情境和条件。这就是我们为什么称之为“通用的”或者“普遍的”记录方法。它不要求事先准备观察表格或者编码方法，也没有特殊的语言或专业术语。它用朴素平实的语言来描述丰富和细致的内容，尽管这种优势要依赖于观察者的语言技巧。

叙述性描述的持久性 叙述性描述的第三个优点是它的持久性，而且记录保留的时间越长就越有价值。你可以把早些时间获得的叙述性描述与最近的记录进行对比，这样做非常有用。通过这种对比，你可以了解儿童的行为和发展是如何随时间和地点的变化而变化的（Wright，1960；Gaver & Richards，1979）。

此外，叙述性描述还允许你灵活多样地调整你在儿童行为流中的观察时间。你可以观察几秒钟，也可以观察 12 个小时或者更多（Barker & Wright，1951）。但如果长时间记录，通常就需要几位观察者轮流记录。

缺点

叙述性描述要耗费观察人员大量的时间和精力。如果你需要很快获得儿童行为的典型样本，那么这种方法的效率就很低。效率很低的部分原因在于没有提前准备一个已经制定好的编码对照表，因而不能把行为数据量化。例如，当你观察某一行为的时候，你无法记录这个行为的频次。当然，你也可以分析叙述性描述，考察行为的频次，但是这些分析只能在观察之后进行。而且这种分析也要耗费一定的时间。

叙述性描述就是要记录大量细节，因此观察者需要有一定的技能和能力，使自己能够关注到这些细节并在纸上记录下来。莱-多普耶拉和多普耶拉（Lay-Dopyera & Dopyera，1982）认为，也许这种观察仅限于在相对短暂的一个时间段内，因为写的强度实在太大了，因此可以考虑时间取样。

叙述性描述运用简介

叙述性描述的优点和用处很多，这里不能逐一详细介绍。下面我们会举个例子，简要说明如何将叙述性描述转换成检核表数据。不可否认，将叙述性描述转换成检核表数据

(或者转换成其他任何需要编码的记录方法)，这样做不如在一开始就使用检核表高效。但尽管效率相对较低，我们仍强烈建议使用。我们可以在所付出的时间和精力，与它所能提供的丰富的、完整的数据之间，做一个权衡。换句话说，看你的观察目标是什么，依据观察目标来决定是否使用、什么时候使用。

贾龙格和艾森伯格（Jalongo & Isenberg，2000）称叙述性描述为抽样记录，认为它是“通过研究事件发生的始末来发现行为产生的原因和后果”（p. 292）。贝蒂（Beaty，2002）也回应赞同这一点，认为可以用这种方法来“发现行为产生的原因和后果”，但同时她也指出用这种方法的另一个目的是“研究儿童发展”（p. 34）。

不难看出，叙述性描述能够解释“原因与后果”之间的关系。因为它能够：(1) 不受任何时间、情境或行为的限制；(2) 强调获取有关儿童自然的行为流及其连续体的全部详细资料。基于这两点，也就能解释原因与后果了。

要使用叙述性描述吗？和弗洛伦丝的第一次探访

我们假想一个人物，名为弗洛伦丝（Florence），正如本书的其他读者一样，她是一个正在学习如何观察和记录儿童行为的学生。但弗洛伦丝也可以代表任何一个专业人士或者是与儿童有密切关系的人。她将和我们一起讨论从第 6 章到第 12 章的各种记录方法。

照看儿童如同戏剧表演 我们把弗洛伦丝看作是观察者，或者是一个观看演出的人。儿童保育中心或者早期教育的活动室就像是在演一出戏，只要儿童出现在剧院，不管待多久，就意味着剧院里的戏在持续上演。专业教师出品整出戏，为戏剧表演提供必要的资源，包括物质空间/位置、设备和材料以及决定或影响空间和设备如何被使用的课程。反过来，儿童是剧本的编剧和演员。剧本在很大程度上是自发形成的：剧本可以随时修改，其中囊括了儿童所说的一切以及他们是如何说的，他们做过的所有事情以及他们是怎么做到的。最后儿童进行表演，营造表演所在的场景。

例如，早上 9：05，儿童刚到保育中心 5 分钟，乔治和乔斯走到沙箱旁，一起玩卡车，假装摆在沙子上面的长长的积木就是道路；9：08 分他们突然停止游戏，走到涂鸦区，穿上塑料围裙，在画架上的一大叠纸上涂抹各种不同色彩的颜料。活动从 9：09 持续到了 9：12。整个这一段活动都可以被看作是整出戏剧的第一幕，名为自由游戏。第一幕的第一个场景是乔治和乔斯在玩沙箱游戏，第二个场景是两个人物在涂鸦区创作。只要自由游戏（第一幕）一直持续，不管地点有没有变化，行为有没有变化，都可以将其视为第一幕的某个部分。而一旦自由游戏结束，开始吃点心，戏剧表演的第二幕就拉开了。只要孩子们在保育中心待着，这种行为和场景的转换就会一直持续下去。

作为观察者，你在观众席观看表演，并尝试观察和记录这些行为和场景的变化，同时也观察儿童（表演者）自发融入剧本里的行为和对话。但你不是作为戏剧评论家而是作为观众去看表演的。你的目的不是去判断表演的好坏，或是评判表演者台词说得如何、人物刻画得怎样。你的目的是了解儿童如何随时间变化而变化，以及他们是怎样做的、为什么会这样做。基于此，才可能解释很多问题的原因，尽管这些解释已经是二手的间接资料了，但却是非常重要的。

如果你是孩子的父母，你想要尽可能多地了解孩子在儿童保育机构中的发展和表现。比如，露辛达和同伴一起相处得好吗？罗伯特有没有变得不像以前那么害羞了？格雷琴的运动技能提高了吗？她是否更愿意做穿珠子或者玩小拼图之类的小肌肉活动？威拉德的语言发展怎样？他能否说出更多的完整句？如果你是这里的一名教师，父母关心的事情，往往也是你关心的。当然，不同的是，教师的关注可能指向于儿童保育中心或早期教育场所里的日常活动。

在我们的剧本中，弗洛伦丝是一个学习如何观察和记录儿童行为的学生。我们想要揭示的是：当弗洛伦丝思考使用哪个观察记录方法时，她的思考过程是怎样的，她是怎么想的。我们做了适当的限制，这一限制会逐渐减少：她出现在哪一章，她就只拥有那一章所介绍的知识和方法，以及前几章讲过的知识和方法。这就意味着随着章节的推进，弗洛伦丝会知道得越来越多，并能更好地确定在某些特定情境中使用哪种记录方法更好，做出更明智的选择。也就是说，在本章，她仅仅学习了叙述性描述的有关知识，而在下一章，她就知道叙述性描述和时间抽样两章的知识，并可以运用这两种记录方法，直至最后可以运用所有章节的记录方法。

希望通过分析弗洛伦丝的思考过程，能揭示每一种记录方法的使用策略。请牢记，虽然她在哪一章出现，她就会选择属于这一章节的记录方法，但同时她还会比较各种记录方法，然后告诉自己（其实就是你，读者），依据什么做出最终的决定。下面我们来看一看弗洛伦丝是怎么想的。

弗洛伦丝与叙述性描述

弗洛伦丝的任务是观察和记录一组三岁儿童的行为。她已经学习了叙述性描述方法，并且截至目前，她只了解叙述性描述。她的首要任务是研究叙述性描述法能给她提供哪种信息。与此相关的一个问题是：获取相关信息后，她会用来做什么。这就是她进行自我推理的过程。（请注意，如下所呈现的弗洛伦丝的想法，其实是经过文学化处理的。现实生活中不可能有人像弗洛伦丝那样用如此完整的、语法正确的句子来表达自己的所思所想。我们更感兴趣的是给读者传递一些有用的信息，而不是准确重复再现某个人的想法。）

我要观察 15 个 3 岁儿童，但到目前为止，有关儿童发展的观察方法，我只了解叙述性描述。本书的作者称叙述性描述为所有记录方法中的“女王”，让我明白用这种观察方

法可以收集有关儿童行为的所有种类的信息。

但我认为重要的是用它可以收集到尽可能多的细节信息，以及行为发生的物理环境和心理情境，从而让我们能够明白行为发生的情境，而情境就是背景。另外，如果我想尽可能多地收集儿童行为的信息，就需要做大量书写记录工作。很显然，在这种情况下，一次只能观察一小部分儿童，而如果要观察所有儿童，就要在一段时间内做一系列的叙述性描述记录。不过这样也好，因为我做的记录越多，就越能给父母和教师提供更加准确、有用的信息。父母和教师通常比较关心儿童是如何成长和发展的，掌握了哪些新的技能和能力。我想叙述性描述恰巧能有效收集到有关儿童参与活动和互动的信息，而这些往往是父母在家中难以收集到的。如果我的描述十分详细和完整，分析解释合理且有见解，那么父母和教师就会获得一系列有关儿童的“成长快照”，从而帮助他们更好地了解孩子在各种条件和情境下的发展状况。如果我所观察的儿童保育中心的教师或者其他人问我，该如何利用叙述性描述信息，我应该如何回答？我想最显而易见的用途之一是为教师会议以及教师—家长会议服务。贾隆格、伊森伯格以及贝蒂曾指出叙述性描述有利于获得有关因果关系的信息。如果我们要观察某个儿童身上偶然出现的攻击性行为，那么就可以运用叙述性描述了解导致儿童攻击性行为发生和终止的情境或互动行为是什么（有可能就是原因）。这种信息对于规划孩子的活动或游戏伙伴非常有帮助。不过我现在最好还是停止思考，行动起来，准备观察吧。

小结

叙述性描述是一种正式的观察方法。运用这种方法，你可以尽可能详细地记录每一个行为及其情境。叙述性描述的记录是客观的，不掺杂任何评价或解释。叙述性描述是所有观察方法中最开放的一种，它根本不要求选择性，在开始记录的时候也不需要做任何推论。

叙述性描述有很多优点。它可以丰富、详细地记录儿童的行为以及行为所发生的情境。这种记录可以永久保留，并可以同以后的记录做比较。但是，这种方法要花费一定的时间，付出一定的努力，并且它无法高效、快速地搜集典型的行为样本。另外，运用这种方法也需要一定的技能，因为叙述性描述要求记录很多细节。

思考题

1. 叙述性描述的显著特征是什么？它的优缺点各是什么？
2. 叙述性描述的选择度是怎样影响你记录观察数据的特定方式的？
3. 在什么情况下你不想运用叙述性描述？什么情况下想运用？
4. 在叙述性描述中，解释的作用是什么？什么时候最需要解释？

5. 在什么情况下，你所进行的叙述性描述实际变成了实况记录？用这两种叙述方法搜集到的数据会有显著不同吗？

实践练习

观察并记录两个个体的行为，一个是你不了解的儿童，另一个是成人——最好和你同龄，是你非常了解并且经常在一起的人，如室友、好朋友、家庭成员等。练习的目的是揭示行为解释的机制。

做这个练习的一个潜在假设是，解释一个你不了解的儿童的行为，与解释一个你非常了解的成人的行为，二者之间是有明显区别的。进一步还可以假设认为，因为你也是成人，所以相较于解释儿童的行为，尤其是你从未见过或观察过的儿童，你更容易理解其他成人行为的意义。换句话说，你可能会一直持续不断地去验证本书作者的假设，即理解儿童的行为，或者对其行为进行意义解释，这些都取决于你对儿童的逐渐了解，以及长时间、在不同情境中的观察。实际上，熟悉了解儿童有助于走进他们的内心，了解其思维方式，更清楚他们是怎么想的以及为什么这样做。当然，这种熟悉仍取决于你对儿童成长和发展了解多少——即你的儿童发展知识有多少。

观察和记录一个成人的行为大概需要 10～15 分钟，或者你认为可能完成的、比较合适的时间。接下来的问题就是，如何解释他的行为？对他的行为做出怎样的说明？其行为动机、意图以及当时的情绪状态应归因于什么？观察结束后，立刻询问其行为动机、意图或感受。看一看你的分析解释够准确吗？

按照同样的程序观察某个儿童。选择一个 3～5 岁的儿童。在正规的儿童保育中心观察，这样效果更好。同时邀请某个教师和你一起观察。数据收集基本完成后，与跟你一起观察的教师分享彼此的解释。比较一下，二者有何异同？

第7章 时间抽样

目标

通过阅读本章，你可以：

- 了解行为代表性对时间抽样的重要性
- 明确对特定的时间抽样观察最适宜的编码系统
- 从开放性对封闭性、选择度、在多大程度上需要推论等方面明确时间抽样法的特点
- 分析时间抽样的优缺点

关键词

时间抽样 time sampling
代表性 representativeness
观察者间一致性信度 inter-observer reliability

概述

如果一个盒子里装着50块糖，你从中选择了1块糖，那么这1块糖就是你的抽样。这种抽样的目的之一是，帮助你确定你是否会喜欢1块你还没有品尝过（或抽样过）的糖。通过抽样，你不必尝遍整个盒子里的所有糖块儿，你可以根据你吃过的这块糖的质量，来判断整盒糖的质量。因此，抽样可以节约很多时间和精力。

时间抽样 time sampling

一种正式的观察和记录方法。它要求记录在预先确定的、统一的时间段内发生的特定行为，有规律地间隔或随机间隔一段时间再重复观察和记录。

同样的原则适用于**时间抽样（time sampling）**：当儿童身处观察场景时，观察者从全部时间中选择或抽取相对较短的一个时间段，观察儿童在这一期间的表现。但你必须明确，你不仅要进行时间抽样，同时还要进行行为抽样，因为你观察的目的就是要检验某种特定的行为是否发生。

因此，时间抽样和行为抽样必须同时进行。也就是说，只有在事先选择好的时间段内，观察到某种行为发生，你才会记录这一行为。如果这种行为发生在所选择的时间段之外，那么就忽略不记。例如，你想观察 15 名儿童，每名儿童观察 1 分钟，并且用记号标记儿童表现出的所有攻击性行为。如果在你观察萨拉的时候，她表现出攻击性行为，那么你就要在你的时间抽样观察表中做标记。但是，如果在你观察卡尔的时候，碰巧看到萨拉表现出了攻击性行为，那么你就不能记录萨拉的攻击性表现，因为此时你的关注点是卡尔而不是萨拉，而且，萨拉的攻击性行为也没有发生在你事先选择的观察她的时间段内。

欧文和布什内尔（Irwin & Bushnell，1980）曾经就时间抽样展开讨论，虽然他们的讨论看起来有些陈旧，但仍然见解独到，十分有价值。首先，他们饶有趣味地解释了时间抽样的含义。他们写道："运用观察来*抽取行为而不是描述行为*。"（p. 148）区分二者至关重要，因为你必须理解：（1）前者指只有在特定行为发生时才在表格上做记号；（2）后者指以大量的细节描述行为（同叙述性描述一样）。欧文和布什内尔还补充指出："有必要对所要观察的事物作一些限定"（p. 148）。在他们所说的限定条件中，有一条是"这种行为经常发生，足以使观察者确信自己能看到这种行为"（p. 148）。他们还引用更早一些的研究，写道："如果在 15 分钟内，所观察的行为平均出现的次数少于一次，那么就不应运用时间抽样。"（pp. 148-149）笔者认为，这一原则是很合理的。而上述这些说法，实际上都与**代表性**（**representativeness**）有关。

代表性 representativeness
期望行为样本具有的一种特征。有代表性的样本是总体的一个典型代表或反映总体的典型特征。

时间抽样的代表性极其重要，"观察时间的长度、间隔、数量都要设计得能确保对目标现象进行有代表性的**时间抽样**"（Wright，1960）。勃兰特也表达了同样的观点，他认为，可以选择小的行为样本来反映该样本所属总体的特征。同时，他也指出，代表性只可能适用于频繁发生的行为。

代表性不仅对时间抽样很重要，它也会影响儿童保教工作者工作的各个方面。少量出现的、孤立的儿童行为样本可能很有趣，但是与儿童的典型行为相比，这些行为样本即使能揭示什么，往往也不会具有代表性。你在餐馆里点了一份牛排，牛排要么很好吃要么很难吃，如果你能根据你点的牛排得出结论，判断其他的食物是否好吃，那么，这种好吃或难吃的牛排就成为你所吃食物的一个典型代表。

记录行为时，你希望通过你的记录技术能捕捉到一些具有代表性的行为。如果你能够捕捉到，那么你就可以通过这些行为了解你无法观察和记录到的行为。换句话说，你完全可以预测其他行为可能是什么样，就好像你已经观察它们了。

估计或预测各种行为的发生概率并不是十分困难，欧文和布什内尔的研究对我们估计或预测十分有帮助。他们确定了一些不常出现但具有一定意义的行为，比如悲伤、歇斯底里以及爬树等，他们也指出了一些相对经常出现的行为，比如谈话、吃东西、微笑和游戏等（Irwin & Bushnell，1980，p. 149）。他们还指出，观察者如果对各种行为的相对发生频率不是很确定，就要事先进行预观察，以便确定哪些行为适合运用时间抽样来记录。

可以采用如下方式组织一次时间抽样。观察者观察幼儿园班级里的 15 名儿童，每名儿童观察 3 分钟。她先观察第一名儿童，观察 3 分钟。其间运用事先编码的观察表格，记录儿童所表现出来的依赖或合作行为实例。接着，观察第二名儿童，重复前一次的过程，直到她观察和记录了 15 名儿童的依赖和合作行为。

时间抽样的程序多种多样。这些多样性可能不仅仅在于观察时间的长短和分布情况，还包括记录方法。例如，一名观察者决定对每一名儿童观察 6 分钟，但她采用的是间歇—观察—记录交替的做法。这种方法尤其适用于将编码表和叙述性描述结合起来的情况。观察者先观察儿童 1 分钟，只标注目标行为是否出现。接下来的 1 分钟对儿童的行为及其情境做简要的叙述性描述。再随后的 1 分钟则用于间歇，如此反复，直到完成 6 分钟的观察。时间间隔的划分可以采取其他方式，例如，观察 10 秒，记录 50 秒。古德温和德里斯科尔曾经报告在他们的研究中提到了时间抽样的多样性，比如每隔 3 秒或 6 秒进行一次观察和记录。

有些行为经常被选作观察目标，例如，儿童的依赖行为、语句表达、对任务的专注情况，等等。编码表经常与时间抽样一起使用。使用编码表的过程中，当儿童表现出你感兴趣的行为时，你就要在观察表中做适当的标记。编码系统有两类：类别系统和符号系统（Irwin & Bushnell，1980；Goodwin & Driscoll，1980，1982，p. 154）。欧文和布什内尔指出，符号系统“要求行为类别之间相互排斥”（p. 154）。这意味着没有哪个行为可以被同时分到一个以上的类别中，因为任何一个被选的类别都与其他类别相排斥。类别系统也要求“行为类别之间相互排斥，而且，它还要求分类必须*彻底*，所给出的类别必须能够囊括所有行为，这样不管儿童做什么，都可以被分到相应的类别中”（Irwin & Bushnell，

1980，p. 155）。例如，如果要求调查问卷的作答者用下面的表格填写自己的宗教信仰，那么，下面这种分法就会违背相互排斥性这一要求。

基督教□　　　　穆斯林□
浸礼会□　　　　犹太教□
天主教□　　　　其他□

正如大家所知道的，浸礼会和天主教都属于基督教，这样使一些回答者可以在至少两个空格中同时打钩（如果他是一个浸礼会教徒或是一个天主教教徒）。如果行为记录表的选项不能包括所有的可能性，那么就会违背分类必须彻底这一标准。例如，前面的表格如果改成下面这样，那么表格各选项之间就可以相互排斥，并且分类彻底了：

基督教□
犹太教□
穆斯林□
其他□

这样，任何一个被调查者都可以标明自己的宗教信仰，或没有宗教信仰，因为“其他”一项可以包括信仰印度教、伊斯兰苏非派的人，以及无神论者、不可知论者或者其他任何情况。通常，建立相互排斥的类别比较容易，而要穷尽各个类别，建立绝对彻底的类别就不那么容易了。接下来我们来看一个利用符号系统的编码表。

例如，表 7-1 提出了我们可以关注和记录的行为。具体类别包括任务定向、认知、活动性、人际交往行为。这些比较大的类别又进一步被分为具体的行为特征。因此，如果你要观察人际交往行为（第 4 项），你就要确定行为的指向或模式，即儿童对教师、儿童对其他儿童或者其他儿童对该儿童的交往行为。你还必须运用表格中的具体描述，如服从、忽视和拒绝等来判断人际交往的性质。你可以利用表 7-1 记录 8 名儿童的行为，或者一名儿童在 8 个时间段里的行为。记录表最后部分的空白可用来记录如下一项或两项内容：（1）简要描述所记录行为的发生背景；（2）记录你所观察的儿童的姓名，并运用数字编号，迅速确定你在某个特定时间段观察了哪名儿童（如果约翰名字的数字编号是①，那么数字①就代表约翰）。

这个表用起来很容易。首先，你必须确定时间间隔有多长。你可以任意选择，但必须考虑你的观察目的及某种时间间隔的实用性。例如，观察 1 分钟，而后等 10 分钟再观察和记录，这样就没什么意义。这会浪费很多宝贵时间。观察 1 秒钟再记录 1 秒钟，这也比较困难。时间间隔太短会使你无法保证准确率，而且 1 秒钟实在太短，你根本没办法理解一名儿童究竟在做什么。

需要提醒的是，表 7-1 描述的时间抽样符号系统表只是众多可以采用的记录格式的一种（我们之所以引用这个表格，是因为宾夕法尼亚州立大学早期儿童教育项目的学生实际

表 7-1　时间抽样举例：符号系统

行为符号	1	2	3	4	5	6	7	8
1. 任务定向 A. 注意老师；B. 专注于独自活动；C. 没兴趣； D. 注意其他儿童；E. 社会性活动； F. 专注于教师没有布置的任务；G. 无目的地闲逛； H. 通过语言捣乱；I. 通过身体动作捣乱								
2. 认知 A. 寻求信息；B. 提供信息；C. 好奇与试验；D. 无								
3. 活动性 A. 广泛；B. 一般；C. 有限								
4. 人际交往行为								
4.1 儿童对教师：A. 无；B. 有								
4.1a 儿童对教师发起活动的反应 A. 服从；B. 忽视；C. 拒绝；D. 无反应								
4.1b 寻求帮助、支持和赞同：A. 无；B. 有								
4.1c 对教师的语言：A. 自信；B. 犹豫；C. 抱怨；D. 无								
4.2 儿童对其他儿童：A. 无；B. 有								
4.2a 类型：A. 积极交流；B. 尝试着接近；C. 被动旁观；D. 模仿；E. 回避								
4.2b 语气：A. 友好；B. 中立；C. 敌对								
4.2c 控制：A. 支配、控制；B. 中立；C. 被动								
	1	2	3	4	5	6	7	8

被观察的儿童

① 艾丽娅	④	⑦
② 科琳	⑤	⑧
③ 卡利塔	⑥	

根据 Donald S. Peter（宾夕法尼亚州立大学哲学博士）时间抽样表格改编。

使用了这个工具)。很多时间抽样都采用这类检核表的格式，如果你知道这一点，那么你在看到表 7-1 时就不会特别惊讶。需要特别说明的是，这里介绍的检核表比第 12 章的表 12-1（本书第 169 页）需要做更多准备和预先计划。但是，在这两种情况下，观察者都必须提前确定她对哪类行为感兴趣，以及她将运用哪些语言来界定或描述这些行为。

尽管表 7-1 看起来很复杂，但是只需要一点点学习和实践，你就会发现这个表格相对比较容易使用。你观察的每名儿童都会被赋予一个数字编号，并且，儿童的姓名会被填在“被观察的儿童”标题下的数字空格旁边。我们假设有三名儿童的三组数据，填在表 7-2 中。假定艾丽娅是第一名儿童，那么她的身份号码就是①（建议你也像我们一样，把每个儿童的数字编号用圆圈圈住，这样就可以把这些数字与其他一些你用于标记各种行为及其描述的数字区别开来）。

由于你必须了解这个记录工具中的 11 种行为类别，因此，你最好给自己留出足够的时间来观察儿童，确定儿童的行为属于哪个行为类别，记录代表这类行为的编号。你可以观察 20 秒，记录 20 秒，然后间歇 20 秒后再观察下一名儿童，这样每名儿童总计花 1 分钟的时间。这样的时间安排看起来比较合理，至少从原则上看，你可以利用这个表格花 15 分钟观察 15 名儿童。当然，你用这个或其他时间抽样工具的时间间隔都取决于你和你所处的特定的观察情境。接下来我们看看运用表 7-2 对艾丽娅、科琳和卡利塔的行为所作的简短的时间抽样记录。请注意，这些样本无法反映通过叙述性描述或事件抽样等其他记录方法而获得的观察数据。在第 13 章中，也有类似记录，我们首先对卡桑德拉、卡拉和米歇尔进行了叙述性描述，而后从中截取时间段，获得了时间抽样数据。对于这三名假想的儿童，我们只是提供了一个假想的时间抽样记录，以便让读者看到这样的记录到底是什么样。此外，在提供记录数据的同时我们还进行了简要的解释。

从表 7-2 可以看出，艾丽娅能“注意其他儿童”（因为表 7-2 中的“任务定向”填的是字母“D”)。在“认知”这一项中，她既能够“寻求信息”，也能够“提供信息”。在“活动性”方面她的表现一般。而在“人际交往行为”方面，没有观察到她对教师发出的交往行为，所以 4.1 这一项填的是“无”。同时，从 4.1a 到 4.1c 这几项也都没有填写，因为没有“儿童对教师”发出的交往行为。

从表中还可以看出，科琳（编号为②）能够“注意老师”，在“认知”一项中能够“寻求信息”，她的活动性一般。在 4.1 这一项中，她对教师发出了交往行为，这样，就需要填写 4.1a 到 4.1c 这几项。从这几项可以看出，她对教师发起活动的反应是服从，她试图寻求老师的帮助、支持和赞同，她跟老师说话时表现得很自信。根据这些记录，你应该可以自己解释卡利塔的数据代表什么意思了。

表 7-2　对三名假想儿童所作的时间抽样记录举例：

符号系统

行为符号	1	2	3	4	5	6	7	8
1. 任务定向								
A. 注意老师；B. 专注于独自活动；C. 没兴趣；								
D. 注意其他儿童；E. 社会性活动；	①	②	③					
F. 专注于教师没有布置的任务；G. 无目的地闲逛；	D	A	G					
H. 通过语言捣乱；I. 通过身体动作捣乱								
2. 认知	①	②	③					
A. 寻求信息；B. 提供信息；C. 好奇与试验；D. 无	A,B	A	D					
3. 活动性	①	②	③					
A. 广泛；B. 一般；C. 有限	B	B	B					
4. 人际交往行为	①	②	③					
4.1 儿童对教师：A. 无；B. 有	A	B	A					
4.1a 儿童对教师发起活动的反应		②						
A. 服从；B. 忽视；C. 拒绝；D. 无反应		A						
4.1b 寻求帮助、支持和赞同：		②						
A. 有　B. 无		B						
4.1c 对教师的语言：		②						
A. 自信；B. 犹豫；C. 抱怨；D. 无		A						
4.2 儿童对其他儿童：	①	②	③					
A. 无；B. 有	B	A	A					
4.2a 类型：A. 积极交流；B. 尝试着接近；C. 被动	①							
旁观；D. 模仿；E. 回避	B							
4.2b 语气：	①							
A. 友好；B. 中立；C. 敌对	A							
4.2c 控制：	①							
A. 支配、控制；B. 中立；C. 被动	B							
	1	2	3	4	5	6	7	8

被观察的儿童

① 艾丽娅	④	⑦
② 科琳	⑤	⑧
③ 卡利塔	⑥	

根据 Donald S. Peter（宾夕法尼亚州立大学哲学博士）时间抽样表格改编。

一个实践练习

做实践练习时，可以参阅帕顿（Parten）划分的六种游戏或社会互动行为类别，详情参见表 7-3a。他的这种分类给我们提供了一个分类编码系统，也就是说，他的这种分法具有彻底性和相互排斥性。你可以设计一个时间抽样表，用于记录帕顿的这几种游戏行为类型是否出现。表格要包括所有六种游戏类型以及你所观察的每一名儿童。设计完的表格就类似于表 7-3b。

表 7-3a　帕顿的六种游戏或社会交往分类

1. 无所事事		儿童没有参与任何明显的游戏活动或社会互动，他或她只是看一看此时感兴趣的事情。当没有自己感兴趣的事情时，他或她就会玩玩自己的身体，到处晃悠，跟着老师走来走去或坐在某个固定的位置上，四处张望班级的各个角落
2. 旁观		儿童大部分时间在看其他儿童游戏。有时他或她会与正在游戏的儿童交谈，有时会问问题或提出一些建议，但并不介入他人的游戏，总是保持在可以与他人说话的距离内，以确保自己能看得见和听得见别人在做什么。这说明儿童对某个小组或某些小组有一定的兴趣。他们不像无所事事的儿童那样对任何小组都不感兴趣，只对当时碰巧发生的令人兴奋的事情感兴趣，而且这种兴趣会经常转移
3. 独自游戏		这是一种游戏活动，儿童只是独自玩自己的游戏，不与其他任何人一起玩。儿童保持在可以与他人说话的距离内，玩一些与附近其他伙伴不同的玩具，不接近其他儿童，也不和他们交谈。儿童只是全身心地投入自己的活动，并且别人做什么都影响不了他

续表

4. 平行游戏		儿童与其他儿童离得很近，但他们之间仍相互独立。儿童玩的玩具与其他儿童玩的玩具相似，但玩的时候他会以自己认为适合的方式来玩，不会受别人影响，也不去影响别人。因此，儿童只是在其他儿童旁边玩，而不是和其他儿童一起玩
5. 联合游戏		儿童与其他儿童一起游戏。他们互相分享材料和设备，一些儿童可能跟随其他儿童走来走去，一些儿童可能尝试控制在小组或不在小组里游戏的儿童，尽管这种控制并不十分坚决。儿童只是参加一些相似的而不是完全相同的活动，没有明确的组织分工。每个儿童都是在做自己想做的事情，没有把小组利益放在第一位
6. 合作游戏或有组织的互补性游戏		这里的关键词是“有组织的”。儿童在一个小组中游戏，小组有特定的目的，制作某些物质产品，实现某些竞争目标，或者玩一些正式的规则游戏。儿童具有“我们”的意识，很明确自己属于某一组而不属于另一组。小组还会有一两个领导，指导其他人的活动。同时还需要进行分工，小组成员各自承担不同的角色，一个小组成员在努力工作时，其他小组成员都要给予支持

表 7-3b　游戏记录表格举例

帕顿的游戏类型	艾斯沃里	迈克尔	森·李	杰思罗	贝思	伊博拉罕	米格尔
无所事事	×						
旁观				×			
独自游戏						×	
平行游戏		×	×				
联合游戏							
合作游戏					×		×
时间间隔可以是：10 秒钟观察，10 秒钟记录，等 40 秒再观察下一个儿童							

选择一个时间抽样间隔（比如 10 秒钟观察，10 秒钟记录，停顿 40 秒再观察下一名儿童）。例如，如果你要观察艾斯沃里的这几种游戏行为，那么你就在艾斯沃里的名字下相应的类别上打“√”。接下来如果你要观察迈克尔，那就重复上述过程，直到你把表格中的所有儿童都观察完。当然，你还可以扩大表格，记录更多的儿童；你也可以把上例表格缩减，少观察一些儿童。你还可以在每个孩子的名字下画一些垂直的直线，用于记录对一名儿童的多次观察结果。如果你把每一格都分成四等份，那么你就可以对同一名儿童观察四次，而不用再另外设计表格。

另外，如前所述，也可以用数字编码来代表各个儿童，这样，上面的表格调整后就变成表 7-3c 的格式。

运用这个表格的时候，可以用前面描述过的时间抽样的程序（或者你自己设计的程序），但这一次，如果艾斯沃里表现出平行游戏，你只要在“平行游戏”那一行的一个格子里写上数字①就可以。你可以用同样的方式，把表格下面列出的所有儿童都观察完。这个表格有 22 列，你可以对这 10 名儿童各观察 22 次，或者你也可以观察和记录 22 名儿童的行为。你可以进行多种组合，尽管不是所有组合都同样值得或实用。用于表 7-3b 的时间抽样间隔同样运用于表 7-3c：10 秒钟观察，10 秒钟记录，停顿 40 秒再观察下一名儿童。

表 7-3c　经过调整的游戏记录表格举例

帕顿的游戏类型																						
无所事事		②																				
旁观						⑥	⑦															
独自游戏					⑤																	
平行游戏	①			④																		
联合游戏			③																			
合作游戏								⑧	⑨	⑩												

被观察的儿童

①艾斯沃里	⑤贝思	⑨梅利莎
②迈克尔	⑥伊博拉罕	⑩胡安
③森·李	⑦米格尔	
④杰思罗	⑧罗纳德	

另外还有一些相对比较简单的编码系统。例如，甘德和加德纳（Gander & Gardner，1981）设计了一种记录的程序，他们把1分钟按15秒的间隔分割开来，并用示意图来表示各个时间间隔。在每个15秒的观察单元中，如果所选的行为出现了，就在表格相应位置画一个“×”，没出现就画一个“○”。3分钟后，就呈现出如下的观察记录示意图。图中，15秒的间隔用“/”隔开，每1分钟的单元用“|”隔开（改编自 Gander & Gardner）：

1分钟	2分钟	3分钟
X / O / O / X	X / O / O / O	X / X / X / O

如果提前准备和打印这个表格，那么可以把这个表格设计得更精细，比如：

			1分钟				2分钟				3分钟
X	O	O	X	X	O	O	O	X	X	X	O

上图中，用阴影代替斜线，把每个15秒的间隔分开。这样看起来清晰可辨，也容易记录，因为留出了画“×”和“○”的空格。这里的问题不在于如何把表格设计得精细和别致，而是怎样让表格的使用更加清楚和便捷。用这个表可以对多名儿童做多次记录。

把时间抽样与行为流的概念联系起来可能会对你有所帮助。人的生活由随时间流动的、连续的行为流组成。时间抽样就是在某个儿童的行为流中搜寻某些种类的行为样本，对这些行为的搜寻要由观察时间段决定。因此，运用时间抽样的观察者可以根据如下线索进行推理。

我打算观察这组儿童的攻击性行为，但是我想观察所有儿童，并对这个群体内发生的攻击性行为频率感兴趣。在上午9：00～10：30这一段时间，我用90分钟的时间观察儿童的攻击性行为流。我想进入儿童这90分钟的生活中，看看在他们身上发生了什么。为此，我要把这90分钟分配给15名儿童，每名儿童观察6分钟。为了获得相当有代表性的行为样本，我可能在这一周内重复几次上述观察过程。这样，最后我会对每名儿童都观察3个6分钟。我还需要在一天的不同时间、不同活动中观察儿童，这样可以让我的样本更具有代表性。

开放性对封闭性

赖特（Wright，1960）、古德温和德里斯科尔（Goodwin & Driscoll，1980）认为，时间抽样是一种封闭的方法，因为这种方法在搜集原始数据的时候，运用了编码符号。

在观察过程中运用编码符号，就会丢失原始记录，从而使得这种方法成为一种封闭的方法。

但时间抽样并不总是封闭的，它也不需要完全封闭。我们曾经考虑把封闭的编码方法与开放的叙述性描述或事件抽样结合在一起，或者只运用叙述性描述。例如，我们先前曾讨论过间歇过程，莱-多普耶拉和多普耶拉（Lay-Dopyera & Dopyera，1982）将这种方法描述为“观察、做笔记、详述笔记”。尽管时间抽样经常运用编码符号记录行为，但“做笔记”和“详述笔记”表明它也可以运用叙述性记录。时间抽样的主要特征在于它运用精确、统一的时间间隔，而不是运用特定的记录方法。因此，从时间抽样可以保留原始数据这个角度看，我们认为它是一种开放的方法。

选择度

时间抽样具有高度的选择性，它运用大洞孔的渔网来“捕鱼”，并且只有当事先选择的行为出现在儿童的行为流中的时候，它才会去捕鱼。它不像叙述性描述，要在整个观察期间，运用具有很小洞孔的渔网来捕捉停留在行为流中的行为。

在多大程度上需要推论

时间抽样需要在开始记录时就进行推论或解释。因为它需要你即刻确定是否要记录行为。做出这种决定取决于你是否看到了属于某种类别的行为，如攻击性行为、合作游戏，或你所确定的其他类别的行为。

与叙述性描述或其他任何我们曾经讨论过的方法相比，时间抽样还需要在观察过程中的其他时间进行推论。一旦你已经搜集了数据，那么你可能想运用这些数据对一些事件下结论，比如明确所观察的行为与其所处情境的某种特征之间有何关系。例如，你也许会发现，比利在大积木区自由游戏的时候，会表现出攻击性行为。对这些关系之类的事件作出结论需要记录与情境和行为有关的信息，这些信息往往难以通过编码符号而获得。因此，记录的时候，你可能会运用一些叙述性描述。但无论如何，这种推论需要在观察完成之后进行。因此，推论不是这种方法的内在组成部分，但它是运用记录数据的组成部分。

优点

时间抽样法具有很多优点。用这种方法可以研究的行为是无限的。赖特（Wright，1960）指出早在 20 世纪 30 年代人们就已经运用时间抽样的方法来观察记录行为。研究过的行为包括“想象行为”“友谊和争吵”以及“抽搐或紧张习惯”等（p. 93）。时间抽样已具有很长的发展历史，这证明了它的可靠性和有用性。

时间抽样节约时间和精力，同时又非常高效，因为它明确规定了观察的内容和时间（Wright，1960；Irwin & Bushnell，1980），而且还运用事先设计的编码符号，减少了观察者进行判断和推论时产生的不一致。这有助于不同观察者之间达成一致，并由此增

观察者间一致性信度

inter-observer reliability
两个或更多观察者对于观察期间发生了什么达成一致的程度。观察者间一致性信度高，说明观察者们的判断和推断只存在很小的分歧和相对细微的差异。

加**观察者间一致性信度（Interobserver reliability）**。

如果观察者搜集了大量与特定研究问题有关的观察数据，那么时间抽样就可以提供有代表性的、可信的数据。由于这种方法很高效，很容易通过编码系统记录数据，所以可以用这种方法记录大量数据。早期保教工作者可能不需要为正式的研究项目搜集数据，因此，对一些读者而言，了解在研究情境中如何运用时间抽样，也许用处不大。但是，了解如何运用时间抽样，才会以更有创造性的方式运用这种方法。

时间抽样的另一个优点是它综合运用了各种不同的记录方法，如编码、叙述性描述等。观察者可以运用两张不同的渔网，一张渔网可以捕捉有限的几种数据（这种行为是否真正发生），另一张渔网则可以捕捉到情境和行为的详细细节。此外，观察者也可以只运用事件抽样或其他形式的叙述性描述。

缺点

时间抽样的第一个优点很重要，因为它同时也指出了这种方法的一个明显不足，即只运用编码系统。编码系统无法捕捉到情境的详细细节、行为到底怎样、行为发生的先后顺序、行为如何随时间变化而变化，以及行为之间的关系（Wright，1960；Irwin & Bushnell，1980）。勃兰特（Brandt，1972）也指出了这些不足，他认为时间抽样缺少事件抽样所具备的连贯性，无法像事件抽样那样捕捉到行为情境的详细资料。从这一点出发，时间抽样主要被用于测查行为发生的频率。

特定行为的发生频率是一个限制因素。各种行为的表现次数不总是一样，也不是所有行为发生的频率都非常高。如果某个行为每 28 分钟才发生一次，而你却不管这个行为是否发生，都一味地每 15 秒钟记录一次，那么这种记录就没有多大意义。甘德和加德纳（Gander & Gardner，1981）也曾经将行为发生频率与如何确定观察和记录的时间间隔长度联系起来。如果能预测某个行为十分频繁地发生，那么就可以把观察时间分割为观察部分和记录部分，并把记录间隔定得频繁而短暂。甘德和加德纳例举了儿童社会交往的例子："你可能决定每次观察 5 分钟，连续观察 3 次，每次间隔 5 分钟，每 15 秒记录一次你的目标行为是否出现。"（p. 452）这样的做法实际上是假设，社会交往行为的发生频率非常高，足以证明你把记录时间分成若干小时段是合理的。相对而言，发生频率较低的目标行为比较适用较长的记录间隔。但是甘德和加德纳指出，作出这些决定需要"一些经验"。也许需要观察者事先进行预观察以确定行为发生的频率。欧文和布什内尔（Irwin & Bushnell，1980）还指出，要使时间抽样成为一种有效的方法，所观察的行为频率至少要达到平均每 15 分钟出现一次。

时间抽样不是按照行为自然发生的样子来对待行为。当你在事先确定和限制好的时间单元观察时，行为自然发生的时间长度必然不会与你主观确定的观察和记录时间完全吻合。这就好像你把渔网撒到整个鱼群，而你只能捕捉到非常少量的鱼。根据这为数很少的鱼，你几乎无法对其他逃走的鱼说什么。因此，有人将时间抽样称为"对行为碎片的观察"（Wright，1960，p. 100）。如果这些行为碎片没有准确地反映更大的行为流中正在发生的状况，那么问题就产生了。请看如下描述。

你正在观察一个班级，每个孩子观察 5 秒，并在事先设计好的编码表格中记录攻击性行为的发生情况。每 5 秒就换另外一个儿童，重复上述过程，直到每个儿童都观察到。这样的过程进行多次，直到达到事先确定好的观察总量。假设你正在某个 5 秒之内注意琼的行为，琼朝哈罗德尖声喊叫："走开，你是坏孩子！"你把琼说的这句话看成是语言攻击性行为的例子，同时在你的记录表格上做出相应的标记。然后，你把注意转移到下一个儿童。但在这一过程中，你可能没有意识到上述行为其实是一种表演游戏的行为，其中，琼扮演妈妈，哈罗德扮演她的儿子。"妈妈"只是象征性地责备"儿子"做错了。你也可能忽略了哈罗德的反应："对不起，妈妈，别打我的屁股好吗？"在这个例子中，琼所说的话是在一定情境中发生的，但你却误解了她的行为，认为这些行为反映了行为所属的一个更大的系列事件。这个例子说明，必须搜集大量的时间抽样数据，才能确保数据的代表性和有效性，同时也说明，进行更长时间的抽样观察也会增强数据的准确性和代表性。但是，如果你的观察时间过长，那么你最好运用事件抽样，因为如果时间过长，你就无法做到时间抽样所具备的经济性和高效性。比如，为了保证解释的准确性，你要观察 5 分钟，但只是在某个检核表上做个记号，这样做就很浪费时间。我们的目标是让你了解时间抽样的利弊，而不是规定你什么时候应该运用或不应该运用这种方法，以及应该采用怎样的时间间隔。和其他很多事情一样，这要求人们作出判断，有时还需要试一试。

欧文和布什内尔（Irwin & Bushnell，1980）还指出，运用事先确定好的类别也许会让观察者对实际看到的现象产生偏见。正如他们所说："你是在寻找适合这些类别的事件，而不是在描述正在发生什么，运用事先确定好的类别可能会使你忽略一些重要行为，这些行为可能有助于你理解你正在研究的行为或模式。"（p. 159.）时间抽样的这一缺点在其他任何一个具有高度选择性和封闭性的方法中都有所体现。

最后一点说明既与时间抽样的优点有关，也与它的缺点有关，是利是弊，完全取决于你的看法。编码系统往往给观察者带来一定的问题并赋予观察者一定的责任。回顾一下表7-1。表7-1中的类别（实际是符号）看起来很直白，但这种简单往往具有欺骗性。当你把表7-1用作时间抽样工具时，你必须对表中的每一项进行界定，比如，当你看到"好奇与试验"时，你怎样识别这些行为？你怎么知道某个儿童对教师说的话是很自信的、犹豫不决的，还是抱怨的？作这些决定都需要推理，而且需要连贯一致的推理。如果你一会儿将儿童的一系列行为看作是通过语言捣乱，过一会儿又把类似行为归入另一种类别，那就不合适了。时间抽样的优点之一是能较准确地界定各个描述类别，但同时，这种界定往往需要事先做很多准备工作。

时间抽样的应用

在本章，我们将通过表格和一些解释说明性文字，有重点地介绍时间抽样的应用，供读者使用和分析。我们先从一个表格开始。表7-4呈现了一个完整的时间抽样记录的概貌，同时涵盖了时间抽样的一些用法，随后我们会对此作简要探讨。

时间抽样特别适用于高效率地收集富有代表性的典型数据，其中"高效"和"典型"这两个重要线索可以帮助读者决定什么时候使用时间抽样。表7-4非常恰当地解释了这一方法的高效性，并至少在一定程度上暗示了它所记录信息的典型性。比如说，你可能认为在儿童保育中心，社交行为和游戏行为会频繁发生，这种频繁发生正是运用时间抽样的必要条件。表7-4以1分钟为一个时间间隔，共记录8个1分钟。当然，8个1分钟的数量限定是我们人为设定的，实际运用时可以灵活处理，不必完全照此去做。如果儿童中心有15个儿童，那就在表格上增加7列，这样就可以用15分钟左右的时间观察所有儿童。多记录几次，你可能就会非常确信，你所抽样观察的社交行为和游戏行为是否具有代表性。

对教师和父母而言，何时使用这些数据？可以有如下两种应用：(1)确定行为的种类——攻击性行为、合作行为、友善行为等，这些行为要么出现次数最少，要么就是出现得最频繁；(2)确定受欢迎型儿童（社交明星）或不受欢迎的儿童（社交孤立），依赖型儿童或独立型儿童，领导者或跟随者等。任何你感兴趣的或者可用时间抽样表格记录的行为，都可以记录。当然，最终用这些信息做什么，仍取决于特定的情境及需求，但很显然，教师可以利用这些信息设计专门的活动或做一般性的课程调整，或是实施一些干预策略以改变某种行为的特性或出现的频次，比如减少攻击性行为发生的频率，或者增加合作行为的频率。后一种运用和贝蒂（2002）所强调的观点一致，即时间抽样的主要目的是收集“行为矫正的基线数据”（p. 34）。

表 7-4　假想的社会行为和游戏行为时间抽样记录

行　为	观察时段							
	1	2	3	4	5	6	7	8
与其他儿童友好合作	①			④				
不与其他儿童合作			③					
表现出好交往、友好的行为		②						
表现出攻击性行为			③					
表现出独立的行为		②						
表现出依赖行为				④				
发起与其他儿童的游戏活动 ——扮演领导角色	①							
扮演跟随者角色				④				
看起来受很多儿童喜欢 ——受欢迎型的	①	②		④				
看起来不被喜欢或不受欢迎			③					
	1	2	3	4	5	6	7	8

注：选定的时间间隔为观察 30 秒，记录 15 秒，等待 15 秒再观察下一个儿童。

被观察的儿童

① 玛格丽特	④ 帕特里夏	⑦
② 菲利浦	⑤	⑧
③ 考特尼	⑥	

表 7-5 时间抽样——三名儿童的互动（假想的例子）

观察者姓名 埃斯特尔·吉本斯（中心教师）

被观察儿童 卡桑德拉、卡拉和米歇尔

儿童的年龄 4岁8个月、4岁9个月、4岁6个月

儿童的性别 女、女、女

观察情境（家庭、儿童保育中心、幼儿园、学校）Humpty Dumpty儿童保育中心

观察日期 2008年4月24日

观察开始时间 上午9：05 观察结束时间：上午9：55

简要描述观察地点的物理特点和社会特点：

今天这几个孩子看起来心情不错，老师和助手也似乎与孩子们分享着他们的好心情。外面在下雨。当孩子们知道自己不能出去玩的时候，他们就把充沛的体力都用在活动区，活动区看起来已有些秩序混乱。总体上看，今天的情绪氛围与昨天形成鲜明对比。

行为类别	1	2	3	4	5	6	7	8
对区域的一般反应 1. 主动进入区域（相应的场景：大积木区［BBA］，阅读区［RA］，等等） 2. 不太愿意进入区域 3. 拒绝进入区域	① 1 BBA	② 1 BBA	③ 1 BBA	① 1 FP				
对环境的一般反应 4. 自由运用设备和材料 5. 有限或偶尔运用设备和材料 6. 没有运用设备和材料	① 4	② 4	③ 4	① 4				
对他人的一般反应 7. 试图或与同伴有接触 8. 试图或与成人有接触 9. 回避或中断与同伴接触 10. 回避或中断与成人接触 11. 不太情愿地与同伴接触，儿童对接触缺少动机或不专心 12. 不太情愿地与成人接触，儿童对接触缺少动机或不专心	① 7	② 7	③ 7	① 8				

观察对象：1. 卡桑德拉　2. 卡拉　3. 米歇尔

观察区域：BBA——大积木区；PA—拼图区；FP—涂鸦区。

表 7-5 是时间抽样数据的另一种应用，记录的是行为在活动室发生的具体位置。事实证明，这是非常有价值的信息。

本书曾不止一次强调，儿童行为发生的环境极其重要，所有行为都发生在某种物理环境中。通常，儿童教育工作者也非常关心如何布置教室里的各个区域以及如何为这些活动区域配备设备和材料。表 7-5 涉及儿童保育中心的三个活动区域：大积木区、拼图区和涂鸦区。尽管这个例子还很不完整——仅仅观察记录了三个儿童在四个时间间隔中的行为表现，但仍能得到一些有用信息。

例如，我们了解到卡桑德拉、卡拉和米歇尔很愿意进入大积木区，他们在大积木区自由地使用设备和材料，准备与同伴交流或者已经和同伴们交流互动。卡桑德拉也愿意进入涂鸦区，但是她在这儿主要和成人交流。记录在这里结束，所以我们没办法知道如果记录到第 8 个或更多的时间间隔时，会发生什么。但似乎很明显，可以利用表 7-5 中的信息追踪孩子们从一个区域移动到另一个区域时的行为变化。而且时间抽样法十分高效，用它记录追踪儿童行为，儿童的数量不受限制，不像叙述性描述那样，如果要记录更多的孩子，就需要花费很多时间和精力。

话虽如此，我们还是希望读者回忆一下第 6 章叙述性描述的内容，即叙述性描述法可以和本书中所涉及的所有记录方法结合使用。也就是说表 7-4 和表 7-5 中的时间抽样编码数据可以和叙述性描述记录收集到的未经处理的原始数据相互补充，这样就会更加完整地呈现行为发生的画面。换句话说，你会运用两种不同的渔网：一种可以获取特定种类的数据（行为是否发生），另一种可以获取详细的有关环境和行为的信息（未经处理的原始数据）。当然，一般情况下，决定采用哪一种数据主要取决于你想要用数据做什么，或者在可以利用的时间范围内你想要观察多少名儿童。

弗洛伦丝与时间抽样

在第 6 章我们跟随假想的学生弗洛伦丝，了解了她的思考过程，这次相较于第 6 章叙述性描述，有更多的信息和知识需要她处理。这就意味着她可以比较叙述性描述和时间抽样两种方法，看看哪种方法更有助于实现她的观察目的。弗洛伦丝的老师给她布置了一个任务，让她观察 15 个 4 岁儿童，看看在自由游戏时间，合作行为和攻击性行为哪一种发生的频率更多。很快弗洛伦丝就会意识到她的决定“无须太伤脑筋”。以下是她推理过程的简要描述。

我要观察 15 个儿童，寻找两种行为——合作行为和攻击性行为。这种情况下使用叙述性描述不太适合，因为它要求记录在观察期间发生的所有事情，这就会写很多文字。但我的任务不是记录自由游戏中发生的所有事情，而是记录是否有合作行为和攻击性行为出现。另外，用叙述性描述收集 15 个儿童的数据会花费不必要的时间和精力。因此对我来说，似乎时间抽样法更适合完成这次任务。接下来，我该如何做呢？

首先，要明确观察的时候，什么样的行为是合作行为，什么样的行为是攻击性行为。也就是说，需要界定两种行为。这倒不难。如果我看到两个或者更多的小朋友在互相帮助完成一个共同的目标，比如共同搭建一个高塔，这就是一个比较好的合作的例子。或者一个孩子在帮另外一个孩子找玩具或帮他戴帽子，这也可以算作是合作。攻击性行为也不难界定。分为两种：身体攻击和言语攻击。推搡或者打另一个儿童是身体攻击，大喊大叫或者侮辱另一个儿童是言语攻击。同时我需要牢记，通过时间抽样，我只能看出某个特定的儿童身上是否表现出合作和攻击性行为，除此之外，没有任何相关信息。我的老师也没有告诉我除了收集两种行为是否出现的信息之外，还要收集什么。当然如果我想要收集详细信息，我也可以做简短的描述记录，这样就可以将时间抽样和叙述性描述有机结合在一起了。

接下来的问题是：如何记录我所需要的信息？我会重新修订这本书中的表 7-4，保留相关的行为种类，也可能要增加一些。将表中的纵列增加至 15 列，这样可以将教室里的 15 个儿童都记录下来。每个儿童一个数字，如果儿童在某个特定时间段内表现出合作行为或攻击性行为，我就会把代表他或她的数字填在相应的方框里，并把数字圈起来，这样我就能看出数字代表的是某个被观察到的儿童。另外，如果我观察的儿童没有表现出合作行为或攻击性行为，该怎么办？我可能会增加一个行为种类——“其他”，然后把代表儿童的数字放在这第三类中。根据书中我读到的内容，观察 10 秒钟，记录 10 秒钟，然后等 40 秒钟再观察记录下一个儿童，这样似乎是比较好的方式。好了，我认为现在我已经准备好了。

小结

时间抽样具有两个明显的特征。它观察和记录预先选定的儿童行为样本，并且只在预定的时间段内观察和记录。时间抽样将目标锁定在有代表性的行为样本，为了实现这一目标，你需要有足够多的观察时段，以便捕捉到样本所属的行为流的典型特征。

时间抽样的方法多种多样。尽管时间抽样经常运用编码系统，但也可以将编码与叙述性描述结合起来。编码系统主要包括两种：类别系统和符号系统。符号系统需要各个行为类别之间互相排斥，某个特定的行为不同属两个或两个以上的类别。而类别系统既需要各个类别之间相互排斥，同时又要穷尽所有类别。类别系统必须能覆盖所有类型的行为。

时间抽样的开放性与封闭性也是多种多样的。只运用编码系统的方法是封闭的；结合叙述性描述的做法则是开放的。时间抽样具有高度的选择性，它只记录特定的行为。它还需要在最初记录的时候就进行推论；观察者必须决定是否要记录某个行为。在搜集完数据之后可能也需要推论，这取决于你的目的何在。

时间抽样非常节约时间和精力，它精确规定了所要观察的内容和观察的时间。但时间抽样的一个重要缺点是它无法捕捉到行为和情境的详细情况。它也不能记录那些不频繁出现的行为。而为了确定编码系统所用的行为类别，记录之前必须做大量的准备工作，这既可以说是一种优点，也可以说是一种缺点，这取决于你的看法。

我们举例说明了时间抽样数据是怎样的，可以参见表 7-4，该表呈现了一个已经完成的时间抽样表，以及时间抽样的基本概念。给每一名儿童编号，用数字表示，以表明他是某个时间段里的观察对象。每一个用圆圈圈起来的数字代表一名儿童，这是运用时间抽样表的一个标准操作程序，因为这些表常常用数字表示特定的行为、能力及其他类似项目。

在表 7-4 中，观察时间为 30 秒。这个时间长度应该保证你有机会判断（解释）某个行为是否符合你的时间抽样工具中列出的选项。在某个观察时段，有可能、甚至非常可能出现某个儿童的行为不只属于一种描述类别，因此你还需要额外的时间来记录其他的类别。

思考题

1. 说某个行为样本很具有代表性，这是什么意思？为什么说在时间抽样中，代表性是一个潜在的问题？怎样解决这个问题，或者至少让这个问题最小化？

2. 编码系统指什么？在时间抽样中，什么时候有必要运用编码系统？

3. 请描述一个编码系统的例子。编码系统的特点是什么？

4. 是什么让时间抽样成为一个封闭性的、具有高度选择性的方法？什么时候时间抽样不是封闭性的？

5. 为什么在运用时间抽样时必须作出推论？什么时候作推论？

6. 请描述文中所讨论的两个时间抽样数据（见表 7-4，表 7-5）的应用。

实践练习

本次练习相对直接明确。要求是重复弗洛伦丝的任务，设计一个时间抽样表格，记录一组 4 岁儿童的合作行为和攻击性行为，随后确定两种行为哪个出现更频繁。可以按照弗洛伦丝的思路修改表 7-4，也可以设计一个完全不同的表格。

第8章 事件抽样

目标

通过阅读本章，你可以：

- 考察时间抽样和事件抽样的异同
- 明确组成事件的各个行为
- 确定记录事件的程序
- 从开放性对封闭性、选择度以及在多大程度上需要推论等方面明确事件抽样的特征
- 分析事件抽样的利弊

关键词

事件抽样 event sampling　　事件 event

概述

事件抽样（**event sampling**）是我们讨论的最后一种正式的观察方法。在时间抽样中，“时间”是核心，而在事件抽样中，“**事件**（**event**）”是核心。这两种方法都运用了“抽样”一词，但二者的具体操作程序和结果却截然不同。

事件抽样 event sampling

一种正式的观察方法，指观察和记录特定类别的行为（事件），而不管行为何时发生。它也是一种抽样技术，因为它从行为流中仅仅抽取出预先选择的行为或行为类别。

事件的概念并不难理解，同样，事件抽样的概念也不难理解。我们认为，生活就是一个连续的事件流，每一天每一秒都会发生这样或那样的事件。至少，我们可以用这种方式来界定事件的概念。事件在本质上是在现实世界的某个地方发生的任何事情。有些事件，人们可以用某种特定的方式来观察，而有些事件要么没被人注意，要么就是无法在事物的常态下被注意或观察，例如，各种电磁辐射（X射线、伽马射线），一些超出人们听力范围内的声波，等等。

事件 event

可以归为某一类别的行为。例如，为了抢玩具而打别的孩子，可以归为“工具性攻击”事件。

事件无时无刻不在发生，但是，作为一种正式的记录方法，要进行事件抽样，观察者首先要确定想观察哪些具体事件，并在观察情境中等待这些事件出现。在观察儿童的情境中，事件就是一系列行为，这些行为分属各个特定的类别。例如，争吵就是一个事件，它由各种特定的可观察的行为组成，比如大声说话，做出某种面部表情，或者争论玩具到底是谁的，等等。你观察到两名儿童表现出某种行为之后，必须确定这些行为是不是属于你界定的争吵，也就是说，这些行为是否代表了你所谓的争吵事件。

在时间抽样时，要事先选择好观察和记录的目标行为。观察中，你记录一些行为实例，但是这些行为记录是否符合你的需要，不仅取决于这些行为是否发生，而且取决于这些行为是否发生在某些特定的时间段。可以看出，时间抽样要记录儿童行为流中的两种不同样本：(1) 发生在特定的时间段内的行为；(2) 特定的行为。这两个条件必须同时满足。特定的行为必须出现在特定的时间段，否则，要么忽略这个行为，要么就不记录这个行为，因为它出现的时间不合适。

事件抽样与时间抽样不同，它只从儿童的行为流中抽取一种样本，即特定的行为或事件。事件就是指一系列行为，这些行为分属各个特定的类别。例如，我们先前提到的争吵就可以看作是一个事件。你观察到两名儿童表现出某些行为，你必须确定这些行为是不是属于你所界定的争吵。如果这个事件可以被称为争吵，那么它就必须具备争吵的某些特征。

事件抽样看起来很简单。选择一个事件作为观察对象，不管这个事件是争吵、社会互动，还是依赖行为。此时，你根据代表该事件的行为来界定事件。在观察场景中，你站在能够观察到儿童的位置，一直等到这个事件的发生（见表 8-1）。当这个事件真正发生时，你可以做如下三件事情之一：(1) 编码；(2) 叙述性描述；(3) 两种方法结合。古德温和德里斯科尔（Goodwin & Driscoll，1980）认为，事件抽样所运用的记录方法就是对某些事件的发生进行即时即刻的编码。莱-多普耶拉和多普耶拉（Lay-Dopyera & Dopyera，1982）以及甘德和加德纳描述了事件抽样的细节。甘德和加德纳（Gander & Gardner，1981）指出："你应该记录行为发生的全部过程，从开始到结束，并且尽可能详细记录，为推论提供大量丰富的信息。"(p. 453) 因此，你可以选择编码、叙述性描述，或者二者结合使用，先前我们在时间抽样中讨论的编码也适用于事件抽样。而运用叙述性描述的时候，你可以尽可能长时间地观察和记录事件，只要这个事件一直在发生着（注意这种方法与时间抽样不同，在时间抽样中，观察和记录受事先确定的观察时间的限制）。

在记录信息方面，时间抽样在某些程度上类似于事件抽样。例如，参见第 7 章的表 7-1 列出的行为类别，每个行为类别代表一个事件。作为一名观察者，你负责记录事件是否发生。你已经了解了进行时间抽样需要具备的两个特征或条件。然而，时间抽样还有一个特点，那就是，只记录儿童表现出的你感兴趣的行为，常常没有记录具体的描述行为的数据。

表 8-1　事件抽样——两个假想儿童在自由游戏中的社交行为观察

观察者姓名　苏珊·卡罗尔（教师） 被观察儿童姓名　弗朗西斯卡，哈罗德 儿童的年龄　4岁、4岁2个月　　儿童的性别　女、男 观察情境（家、儿童保育中心、幼儿园、学校）　开心宝贝育儿中心 观察日期　2008年10月13日　　开始时间　上午9：20　　结束时间　上午9：30 简述观察地点的自然和社会环境： 两个孩子都很积极、情绪很好。外面正在下雨，虽然被告知今天不能出去玩，孩子们的心情并没有受到影响。他们的互动很频繁，正适宜观察他们的社交行为。
目标行为描述（OBDs）和观察者解读：事件抽样
OBD 1：[开始时间：上午9：20　结束时间：上午9：24] 弗朗西斯卡和哈罗德一起走到了沙盘边，并进行积极的对话。哈罗德说："我们来开建筑公司吧，我当老板。"弗朗西斯卡说："好吧，但我想开卡车，因为我妈说女孩也能和男孩开得一样好。"哈罗德皱了一下眉头，然后说："好吧，不过你只能开那个小的，我来开大的。你得有力气才能开大卡车，男孩比女孩力气大。"弗朗西斯卡没有回答，而是拿起小卡车"开"过了几块木头搭成的"路"。哈罗德也拿起大卡车开始开，但他突然扔下卡车，对弗朗西斯卡说："我们去画手指画吧。"弗朗西斯卡点了点头，跟着他走到了手指画活动区。 解释1： 两个孩子的语言能力都发展得很好：语句完整，结构性强，能够准确表达他们的想法。在玩建筑公司的沙盘游戏时，哈罗德很快进入了领导的角色，弗朗西斯卡表示了认同，但她也大胆表达了"女孩也能开卡车"的观点。哈罗德对此没有表示反对，但他接下来坚持让弗朗西斯卡开小卡车，然后又要求换游戏，试图重新确立他的领导地位。弗朗西斯卡虽然很认同哈罗德的决定，但她也有自己的想法。她正面的态度和回应可能源于哈罗德友善的言行举止。总体上哈罗德的表现较为温和，不像爱发号施令的人。 OBD 2：[开始时间：上午9：26　结束时间：上午9：30] 弗朗西斯卡比哈罗德先跑到绘画区，她从钩子上摘下一个塑料围裙递给哈罗德，哈罗德边说"谢谢"边穿上了。弗朗西斯卡又摘下一个围裙自己穿上，然后说："我们一起画张画吧，就画一个湖，上面画几只船。"哈罗德没有回应，而是把头转到一边，说："你穿这个围裙很搞笑。"弗朗西斯卡大笑着说："你也一样。"他们都笑了，然后一起走向放着大白纸的画架。在开始画之前，哈罗德突然说："我得去趟洗手间，马上就回来。"弗朗西斯卡等了一会（大约30秒），就摘下围裙走到其他几个孩子正在玩的大积木区去了。

续表

解释 2： 弗朗西斯卡这次似乎想要接过领导的角色，她比哈罗德跑得快，还提出了关于绘画主题的建议。不过，哈罗德不回答弗朗西斯卡的提议而是转而评价她的形象时，也许是在试图反抗。弗朗西斯卡对此的反应很积极，反而也评价他的形象，哈罗德的回应也很正面。最后弗朗西斯卡决定不等哈罗德，可能是她的独立性的体现。

尽管你会感到困惑，但你可以看出在某些情况下时间抽样与检核表是相似的，请注意，检核表通常只关注行为是否发生，而不考虑行为在什么时候发生。

另一方面，事件抽样则类似于叙述性描述，但如果行为不属于你界定的事件的范畴，那么事件抽样就会忽略这些行为。而叙述性描述则记录每一个行为，不管这个行为分属哪个特定类别。与时间抽样不同的是，事件抽样根本不关注行为何时发生；时间抽样必须在行为发生在预定的时间段内才记录这些行为，而事件抽样则不受这些限制。

开放性对封闭性

赖特（Wright，1960）、古德温和德里斯科尔（Goodwin & Driscoll，1980）都认为事件抽样是一种封闭的方法。而从我们的目的出发，这种方法既可以是开放性的，也可以是封闭性的。如果你进行详细的叙述性描述，保留原始数据，那么这种方法就是开放性的。如果你只运用编码符号来记录数据，那么这种方法就是封闭性的。

选择度

事件抽样是一种具有高度选择性的方法，它只观察和记录事先选择好的特定事件。

在多大程度上需要推论

事件抽样与时间抽样一样，一开始就需要很大程度的推论。推论就是你判断一种或一系列行为是否属于某个特定类别。拉尔夫紧握着老师的手，这一行为是否属于“情感依赖”？记住，即使最简单的推论也不能不证自明。你必须能够识别出“紧握行为”，必须明确或判断这种紧握行为是不是情感依赖行为的一种要素。

优点

事件抽样兼具叙述性描述和时间抽样的优点。事件抽样与叙述性描述一样，能够丰富、详细地描述行为及其情境，这是它的一个优点。同时，事件抽样也非常实用，它非常适用于频繁发生的行为。不常去观察的人可能更会深切地体会这个优点，他们更喜欢在为数不多的观察期间观察到频繁发生的行为。因此，教师或其他一些经常较长时间置身于观察场景中的人可能会发现事件抽样是十分有用的方法。

赖特（Wright，1960）指出：事件抽样“将观察现场组织成一些自然的行为单元和情景单元”（p. 107）。这些“自然的单元”让你可以研究行为与其所处情境的关系。同样，叙述性描述也可以做到这一点，但它要捕捉行为流中的每一个行为。在运用事件抽样时，你必须从更大量的信息中抽取一些特定的行为片断，一些自然的行为单元。不过，尽管事件抽样研究的是自然的行为单元，但它打破了行为的连续体，因此具有一定的局限性。不能保留大片段的行为流，这一点也被人认为是事件抽样的一个缺点。

事件抽样的最后一个优点是，它可以结合叙述性描述和编码系统来进行，因此它同时具备即时编码的高效性以及叙述性描述的完整性。事件是事先确定好的行为模式，所以你可以运用编码符号比如检核表，来记录你预计可能与事件有关的情境特征。例如，在幼儿园场景中，教室的各个区域（如大积木区、表演游戏区等）、各种设备和材料（如绘画颜料、智力拼图、三轮车等）、事件发生时的班级活动、当时在场的儿童和成人，等等，都可以列出来做简易核对和编码。你还可以围绕与特定事件直接相关的问题，展开进行叙述性描述。例如，积极的社会性交往事件包括一些相关的行为。因此，你可以记录儿童在社交情境中说了什么，有哪些身体动作（拥抱、微笑、给玩具），社交活动之前发生了什么，以及事件的结果（Wright，1960）。

缺点

前面我们已经提到事件抽样的一些缺点。最明显的一个不足是不适用于研究不经常出现的行为，但这种局限性同样也适用于时间抽样。再有，如果你希望或需要十分详细地记录行为和情境的详细细节，那么事件抽样也不是一种适宜的方法。这里的关键词是“十分详细”。记住事件抽样和叙述性描述之间的本质区别：事件抽样忽略在所选事件之前和之后发生的行为和情境（时间抽样也是如此）。如果严格遵守这一要求，你可能会对所记录的事件作出错误的解释或推论，因为你忽略了在其前后发生的一些关键行为。例如，你看到 4 岁的比利推倒赫克托，这可能是他们正在假装扮演职业摔跤手，而不是你想要观察记录的攻击性事件。

事件抽样的应用

事件抽样应用的一般原则

是使用事件抽样法，还是其他记录方法，有一些基本原则。第一，考虑与事件抽样法类似的、特别是一致的方法。第二，基于观察对象，看哪种记录方法更适合这些对象，考虑的要素包括时间、效果和数据的完整性，以及其他变量。比如，除了时间抽样所要求的高度结构化的时间框架，事件抽样与时间抽样最主要的不同在于，前者可以获得原始数据，而后者却不能。如果对你的目的来说，详细描述行为和环境很重要，那么事件抽样将是最有效的方法。

另一种类型的事件：空间（或设备）事件

在这里，我们要介绍“事件”的另一种定义。事实上，在之前讨论的定义中已经包含了它。这种解释将给你一个另外的、更有效地使用事件抽样的方法。这种定义，是基于这样一种认识：物理环境是早期教育课程的重要组成部分，也就是说环境是行为不可缺失的一部分。空间和材料是如何使用的，是怎样影响孩子行为的，这是儿童保教需要持续关心的问题。这里有两种情况：（1）空间和材料与占用空间、使用材料的孩子们完全没有关系；（2）如前所述，空间和各种各样的设备和材料是行为发生的不可或缺的条件。

正是因为认识到物理空间和材料的重要性，认识到任何行为不可能独立于空间或物理环境而发生，因此，在记录儿童的行为时，将幼儿活动室或儿童保育中心看作事件和记录的一部分是非常有意义的。比如，根据这一定义，将大积木区看作一个事件，你应记录孩子们在这里的行为和表现。而不能像之前对于行为的界定那样，仅局限于一个行为事件（比如，一个语言或运动行为）。基于对行为的更广的、不同的理解，我们应该重建观察边界，不应只关注行为本身。

采用这种策略能够实现这些目标，例如事件抽样会告诉你在一个给定的时间段内，大积木区是怎样频繁地被使用的。从中你可以获取孩子们如何使用活动室中的区域的有价值信息。比如，你可能会观察到当贝奇和萨曼莎进入到大积木区时，他们只是说话而不是搭建；相反，你可能会发现布鲁斯和切斯特在这个区域里几乎不说话，而是忙于叠块，为自己搭建一条虚拟的马路，并在上面开卡车，等等。最后，你可能会了解到哪些孩子最喜欢到这个大区域中玩，而哪些孩子最不爱来玩。

由此不难想象可以怎样使用这类信息。比如，如果有些孩子很少去活动室中活跃的运动区域，而是选择去比较安静的区域，你可能会采用一些方式鼓励他们去玩充满活力的区域，就如大积木区。或者，如果你在观察某些特定的空间或设备时发现几乎没有人使用这个区域，那么你可能要么激励孩子们“改变这种状况”，要么换一个更经常使用的区域，或者就像下文将要提到的那样，试图激励孩子们更经常地使用它。

两种事件抽样之间的关系　两种事件抽样是不可分割的，我们不想离开一种来讨论另一种。正如我们之前所讨论的，不可避免地，每个对于孩子行为的观察和记录都发生在特定空间或设备事件（即我们所说的物理环境）中。因此，如果你选择孩子的演讲行为作为观察点，那么在传统的事件抽样框架中，丽贝卡的谈话在哪里进行是不重要的；只要她想说，在这里说可以，在那里说也可以。但是，如果你对丽贝卡在什么地方说话更有兴趣，那么去观察和记录丽贝卡在活动室的不同地方的谈话，将会有很多有益的信息。当然，你想要去获得这个信息有你自己的理由，而且只有你自己能作出判断。也请牢记，只有当行为发生，物理空间以及其中的设备和材料才能成为一个事件。试想一下，如果一个活动室或儿童护理中心没有人活动，又怎么可能成为事件呢?

事件抽样的应用建议

贾龙格和伊森伯格（Jalongo & Isenberg，2000）给出了事件抽样的一般的、略带限制性的使用建议："常被用于获取特定行为发生频率的基线信息和数据，通常在对这种行为实施干预策略之前（例如：一个学步儿被送到儿童中心的时候，他哭了）。"（p. 292）贝蒂（Beaty，2002）的建议也是如此。她提到了事件抽样的两个基本目的："改变行为的基线数据；儿童发展研究。"（p. 34）虽然我们不会反驳这些作者对于事件抽样使用的建议，但我们会有礼貌地地驳斥那种认为事件抽样只适用于收集基准数据的看法。没关系，让我们一起来看看事件抽样和基线数据吧。

基线数据 基线数据常用于检验改变行为的策略——比如，增加或降低一个行为的发生频率。在这里，是使用原始意义的"事件"，还是后一种含义的"事件"，或二者都用，这视情况而定。你可以收集基线数据，以降低特定儿童攻击性行为的频率，或增加儿童社会交往的频率，或激励孩子使用活动室的特定区域，参与到这一区域的典型活动。

让我们回到较早前举的在大积木区游戏的贝琪和萨曼莎的例子。他们大部分时间都在交谈而不是用积木搭建。在这个区域中，两个孩子的一系列关于使用大积木区频率的行为样本，能够给你相应的、准确的基线信息。如果他们几乎不在大积木区域玩，而你又认为玩这类游戏对于他们来说很重要，那么你可以尝试激励他们参与、邀请其他的孩子来加入，或者通过询问他们在大积木区中想建造什么，来激发他们的兴趣。然后你再做一系列事件抽样，来确定你的干预策略是否实际上增加了他们在这个区域玩的行为。

弗洛伦丝与事件抽样

让我们再来看假想的学生弗洛伦丝，目前她已经了解了三种不同的记录方法的相关信息和知识，如叙事性的描述、时间抽样和事件抽样。她的导师想让她去观察一些 5 岁孩子，收集这些孩子在合作游戏中是如何与他人沟通和交流的信息，也就是说了解孩子们在这种情境下是如何使用语言的。她必须确定这三种观察和记录的方法中，哪种对完成这个任务最有帮助。让我们一起来看一下她是如何作决定的。

在这个合作游戏中我必须观察 5 岁孩子的语言。确实，通过"合作游戏"的定义，我就猜到，如果孩子们在游戏中想要达到某个特定的目标，就肯定需要一些交流。我觉得我可以把时间抽样排除在外，因为它不会给我关于孩子们语言质量或特性的信息。采用叙事性描述的方法，我肯定能获得完成这一任务所需要的详细信息。但我记得，严格说来，叙事性描述不关心我观察和记录孩子们的行为时，孩子们在做什么。也就是说，我记录的信息，并不指向特定的行为。因此，我认为在这个案例中，采用叙事性描述的理由并不充分，因为，我要关注的是合作游戏中的语言这一特定对象和行为。当然，如果碰巧我观察到孩子们正在参与合作游戏，那么用叙事性描述，我就能够完成这个任务。但是，事件抽样给了我足够多的有关任务的详细信息，而又不需要花时间和精力来记录与目标无关的行为。当然，如果我看到合作游戏发生，然后记录参与游戏的孩子们的语言行为，那么实际采用的就是事件抽样，而不是叙事性描述。显然，事件抽样应该是我选择的观察记录方法。

小结

事件抽样与时间抽样不同，它专门记录儿童行为流中某些特定的行为或事件，不关注行为什么时候发生，或者要记录多长时间，事件由分属各个特定类别的行为组成。例如，大声说话或某种面部表情就可以归为争吵这一类别，构成一个事件。在你开始观察之前，你必须认真界定要观察什么事件。

我们讨论了事件抽样的开放性和封闭性，这取决于你运用的是叙述性描述还是编码系统，或者可以将二者结合。事件抽样法具有高度的选择性，在很大程度上需要推论。

事件抽样兼具叙述性描述和时间抽样的优点，它可以详细描述行为，也可以运用高效率的编码系统。如果你经常出现在观察情境中，或者在这个情境中逗留时间相对较长，那么一些不经常出现的行为也可以成为事件抽样的目标行为。尽管事件抽样可以详细记录行为和情境，但它也有一些缺点，比如会破坏所有行为都具有的整体连续性特征。

思考题

1. 时间抽样和事件抽样有哪些相似之处？有哪些重要的不同之处？
2. 什么是事件？请列举两个例子，说明每个事件分别由哪些行为组成。
3. 请说明运用事件抽样进行观察时，你要作哪些准备？你打算如何观察？
4. 比较叙述性描述和事件抽样，它们有何异同？
5. 什么情况下你会运用事件抽样而不是其他方法？

实践练习

你现在知道，事件抽样确实是类似于叙事性描述的。两者最主要的区别就在于事件抽样是聚焦于一个特定的行为或行为模式，并不关注这个事件发生之前或之后的事情。换句话说，事件抽样比叙事性描述更有选择性，即使它收集的信息和叙事性描述一样的丰富和详细。

这个练习，将会使我们更加明确使用事件抽样去记录特定行为（或行为模式）的优点

（或者可以说使用叙事性描述的缺点）。这个练习也同样会支持我们之前的结论，即叙事性描述是记录技术中的“王后”。这一支持性结论来自哪里？来自任何具体的事件都植根于叙述性描述。“窍门”就是从一大堆观察数据中找出这些特定事件，剔除无关事件。

使用叙事性描述观察和记录几个孩子，大约15分钟，尽可能详细地记录行为。记住，记录你所能看到的一切，不要试图去选择记录什么，不记录什么。完成这一任务后，选择一个特定的事件，比如语言、一种特定的游戏行为、或者合作行为、攻击性行为等。回顾你所做的笔记，挑出已选定的事件，单独速记在另一张纸上。（当你已经做完这个时，在原始记录上把这些描述划掉，这样你就得到了两个独立的观察记录。）然后将特定事件的记录和那些看上去没有直接关系的事件的记录进行比较。回答两个问题。第一，从大量的、一般的、没有多大关系的信息中，抽取特定事件信息是困难还是容易？第二，你所用的这两种方法，哪一种有更多信息？是事件抽样记录，还是移除了事件抽样数据后的一般的叙事性描述？

练习做完后，事件抽样和叙述性描述各自最恰当的用法，你明白了吗？

第 9 章　日记描述

目标

通过阅读本章，你可以：

- 阐明日记描述的特征
- 从开放性对封闭性、选择度以及在多大程度上需要推论等方面讨论这种方法的特征
- 说明日记描述的优缺点

关键词

diary description 日记描述

概述

日记描述 diary description

一种非正式的观察方法，它指每天有选择地记录儿童成长和发展的某些方面。局部的日记描述仅仅记录儿童在某个特定的发展领域，比如语言、社会情绪等方面表现出的新行为；综合性日记则要按顺序尽可能详细地记录每一个新行为。

日记描述（diary description）是一种非正式的观察方法，它是研究儿童发展问题的一种最古老的方法（Wright，1960）。历史上，这种方法往往用于长期追踪某个儿童的生活（纵向追踪），有选择地记录儿童生长和发展的某些方面。它不像叙述性描述那样包罗万象，因为运用日记描述时，观察者要在几周、几个月或几年的时间里始终保持与儿童接触，这使研究者不能进行叙述性描述所要求的高强度的书面记录。

日记描述的目标是"按顺序记录观察对象，通常是婴幼儿的行为流中**新的**行为事件"（Wright，1960，p. 80）。古德温和德里斯科尔（Goodwin & Driscoll，1980）也强调这一点，认为要注重记录儿童表现出的新行为。这些新行为通常属于某个特定的发展领域，比如智力、语言、社会情绪和行为等。因此，有研究者将这种类型的日记描述称

为主题式日记。皮亚杰就曾经记录了他自己的孩子的认知发展情况，他的这种日记描述就是一个经典的主题式日记。此外还有一种日记描述，范围更广泛，赖特将其称为综合性日记，“这种日记按顺序尽可能详细地记录儿童表现出的每一个新行为”（Wright，1960，p. 80）。总之，日记描述的总体目标就是要描述儿童在一段时间内的每一步发展进程。

日记描述要求观察者与儿童保持亲密的持续不断的接触。而除了父母或监护人，这种亲密接触往往很难实现。

开放性对封闭性

日记描述被认为是一种开放性的方法，因为它要捕捉儿童的行为、行为的变化以及行为所处情境的细节。日记描述将这些细节作为原始数据保留，可以对这些原始数据进行检验、分析，或者用于日后与其他记录作比较。

选择度

尽管赖特描述的综合性日记似乎没有选择性，但它只限于记录那些有助于记录者理解正在发展中的儿童的新行为。因此，它并不像叙述性描述那样不做任何区分地记录所有内容。主题式日记比综合性日记更具选择性，它只记录特定生长和发展领域出现的新行为。

在多大程度上需要推论

关于推论的问题，日记描述类似于时间抽样和事件抽样。至少，观察者必须判断某个特定的行为是否属于新行为，是否属于研究所关注的主题领域。例如，两个月大的丽贝卡表现出微笑，这种微笑是社会性行为的标志还是毫无意义的自然表情？随后，如要使用已完成的记录，都需要作进一步的推论。

优点

日记描述与叙述性描述具有某些共同的优点，比如，它可以提供丰富详实的细节信息，信息内容涉及广泛，并且书面记录内容可以永久保留（Wright，1960）。信息内容涉及广泛，它可以记录在某个特定时间内发生的行为所处的情境以及行为发生的先后顺序。这样，行为不再是一个个孤立的事件，而是在一个不断发展演变的框架内彼此关联。这种相互关联性在某种程度上体现了日记描述所具有的长期追踪的特征。我们应该注意，追踪技术，即在较长的时间周期内观察和记录行为，与在相对较短的时间内的观察和记录相比，往往会获得更为可靠的数据。这是因为，这种观察更能代表个体的“真实”或典型的行为和行为模式。

长期保留的记录内容可用于同包括发展常模在内的其他形式的观察数据作对比。

缺点

日记描述的明显不足是，大多数观察者无法运用这种方法。它需要观察者与儿童保持持续的亲密接触，因此，除家长和其他家庭成员外，其他人几乎无法运用这种方法。甚至连教师也几乎无法与某个特定的儿童建立如此广泛深厚的关系（Goodwin & Driscoll，1980）。

日记描述与个案研究：简要对比

前面我们已经提及，日记描述的一个重要不足是它需要在相对较长的时间内，与儿童建立持续的亲密关系，而托幼机构几乎都无法做到这一点。但我们之所以介绍这种方法，是因为在历史上，人们曾经认为它是一种合理的记录和保留观察数据的方法。由于本书要为所有需要观察和记录儿童行为的人们提供支持，因此，我们有必要把日记描述作为一种合理的记录方法介绍给读者，否则我们就失职了。

表 9-1　日记描述举例：用于个案研究

2020 年 9 月 3 日，默默，男，3 岁 1 个月
观察领域：社会性发展
今天是默默小朋友第三天来幼儿园，他选择在拼插区进行游戏。一开始，默默一只手拿了好几个拼插块，一边拼，一边上下查看。不一会儿，他就用玩具拼出来了一个四四方方的小作品。这时，旁边小朋友玩游戏的声响引起了他的注意，他转过头，看见小伙伴彤彤正在摆弄着另一种拼插玩具，就伸出手，把彤彤的玩具拿到了自己面前。 彤彤发现玩具被拿走之后愣了一下，随即大声地哭了出来。这时老师过来轻轻地抱了抱彤彤，问她为什么哭。彤彤一边哭一边告诉老师默默抢了他的玩具。老师问默默："这个是你的玩具吗？"默默摇头，指了指彤彤，老师也摇摇头，告诉默默："如果你也想玩别的小朋友手里的玩具，要和小朋友说，大家一起商量，一起玩玩具。"默默点点头，答应了老师。
2020 年 9 月 18 日
最近默默热衷于益智区游戏。今天他拼好了一个拼图作品以后，又拿起了筐里的玩具拼另外一个。过了一会儿，他放下手里的玩具，把自己面前的拼图块放到一边，四处张望。这时候，他发现果果玩的玩具是他之前没玩过的，就过去拍拍果果，跟她说："我也想玩这个玩具，我没有玩过。"说完就拿走了。 果果立刻叫来了老师。老师在了解了事情发生的过程之后，对默默说，"默默今天很棒！知道如果想要玩别人手里的玩具要先和小伙伴说。"默默开心地笑了。这时，老师继续说："可是你和别人说了之后，别人同意了吗？"默默想了想说："我也不知道，我没听见。"老师点点头，告诉默默："下次默默想要玩玩具的时候，不仅要和小朋友商量，还应该怎么样呢？"默默说："要听到她说'好的'才能拿。"

续表

2020 年 10 月 23 日
默默进入到拼插区，拿着筐里的小玩具玩了很久，也拼出了很多小作品。收拾好以后，他把玩具筐送回到玩具架上。 这时候，他看到小伙伴天天在玩雪花片，就站在原地想了想，犹豫了一下，走上前悄悄地和天天说："天天，我也想玩这个。"然后看着天天。天天停下手里的动作，看看默默，又看了看筐里的玩具，点点头，拉着默默的手说："那好吧，那我给你一点，咱们一起玩。"
个案研究报告
观察者姓名 ________　　研究的起止日期 ________ 儿童的行为 ________　　研究的地点 ________ 儿童的年龄/出生年月日 ________ 1. 为什么选择这个儿童？说明你是怎样选定这个儿童的（比如身体特征、便利性等）。 2. 简要描述这个儿童的显著特征。 3. 历史和背景。记录这个儿童的所有信息，如儿童的家庭、民族或种族背景、健康史、出生和孕期状况，等等。 4. 身体的生长与动作发展。 5. 认知发展。 6. 情感发展。 7. 总结和解释。 （1）自你开始研究以来，这个儿童发生了怎样的变化？ （2）这个儿童在哪些方面的发展相对于他的年龄最超前？哪个领域的发展最缓慢？哪个领域的发展最典型？ （3）如果安排你当这个儿童的教师，与他一起活动，你打算为他提供哪些方面的经验来促进其发展？ （4）你认为，这个儿童的学校和家庭在满足他的需要方面做得如何？ （5）其他结论或建议。 注：在写个案研究报告的时候，要自觉运用"似乎""有证据表明""也许"以及其他限定词。记住，你仅仅研究了儿童整个生命周期的一小段时间。

注：案例作者为北京市东城区第二幼儿园郝欢。

笔者认为，日记描述在某些方面非常类似于个案研究，后者是治疗师通常用来收集患者基本信息的方法。但查尔斯沃思（Charlesworth，2008）认为，个案研究对于在托幼机构收集儿童的信息也具有非常重要的作用。在此，我们提供了表 9-1，介绍了查尔斯沃思设计的记录形式，有助于保证本书的完整性，也有助于你在实践中运用，实现日记描述的目标。

日记描述的其他方面

日记描述，连续记录，事件抽样和轶事记录

虽然之前我们提到，典型的日记描述对儿童照顾者或早期儿童教育者来说，不是一种非常适合的记录方法，但是它与事件抽样、连续记录和轶事记录的相似性，以及关于行为构成的新的观点，值得我们作一些简要评论。

在笔者看来，日记描述可以被视为一种非正式的叙事性描述（连续记录），一种改进的事件抽样，或者一种轶事记录，尽管它们之间还是会有不同。我们再来看下日记描述的定义。

一种非正式的观察方法，采用日记的形式，记录孩子某些方面的成长和发展。典型的日记描述，只限于记录孩子在某些特定的发展领域表现出的新的行为，比如语言、社会和情绪性行为，等等；综合的日记描述，可以尽可能多地记录一切新的事情，因为它可以……。与叙事性描述相同的是，日记描述也具有丰富的细节内容、很广的覆盖面，以及书面记录的持久性（Wright，1960）。日记描述覆盖的广度包括在特定时间内，行为、行为发生的情境以及顺序。因此，日记描述记录的不是孤立的事件，而是在一个发展的框架下，一系列相互联系的行为。这种连续性是日记描述的纵向特征的一部分。

不管是局部的日记，还是综合的日记，对于记录一个孩子出现的新行为来说，都是必要的（在不同的情境下，“新”代表“罕见的”和“首次发生的”）。相反，如果要观察和记录不常见的行为，事件抽样就是不适合的，从这点来看，事件抽样和日记描述就可以区分开来。连续记录，主要针对一系列连续的叙事性描述；而轶事记录，却适合去捕捉孩子的新的和不寻常的行为。这对于观察者来说有什么意义呢？让我们一起来看一下关于日记描述如何收集信息的另一种观点。

关于日记描述的另一种解释　我们认为可以用另一种视角来看日记描述。在我们最初讨论日记描述时，提到了日记描述的历史观点，即做日记描述的人，最好与孩子有一种紧密的、长期的关系。而有这种关系的，通常是孩子的父母或监护人。尽管有此限制，我们仍然认为，仅仅将父母或监护人作为孩子新行为的观察者，是不切实际的。有理由相信，在儿童教育机构中的某一天，孩子所表现出的一些行为，是可以被视作“新行为”的，即：如果在这个机构中，没有人在此之前见过这类行为。而且，我们可以扩展一下“新”的含义，它不仅包括孩子在发展中新出现的行为，也可以包括在儿童中心或早期教育机构里从没出现过的行为。如果参照第 8 章（事件抽样）中的关于空间或设备事件的讨论，我们对这个“新”就有不同的理解。让我们回顾一下吧，我们曾经说道，一个行为，总是发生在一定的物理环境里，或者受这个环境的潜在影响。如果弗朗辛与谢莉合作完成了一副

拼图，而她以前从来没有和谢莉一起玩过，也从来没有进过拼图区，那么对弗朗辛来说，这就是一个新的行为。在这里，“新”就是弗朗辛加入了一个新的空间或设备事件（拼图区），参与了一个新的社会活动（与谢莉一起玩）。如果弗朗辛与谢莉过去一直没有明显的互动，或者互动并不友好，那么这次与谢莉一起玩是一个更为重要的新事件。再举个例子，假设艾文是一个非常害羞的 4 岁孩子，从来没有发起过与别的孩子的游戏，那么，对于工作人员和他的父母来说，艾文最初的主动发起交往的行为就是一个令人激动的发展，完全可以记录在一个常规的局部日记描述中。

关于这几种方法的小结

我们是否能够得出结论，日记描述、事件抽样、连续记录和轶事记录是一个潜在的混合体呢？其实，我们介绍这个“混合体”，是为了指出，记录方法在某些方面是存在着一致性的。在适当的条件下，日记描述的目的可以通过至少三种其他的记录方法实现。但这并不意味着这几种方法是一回事，只是名字不同而已。让我们一起来简单地比较一下这四种方法。

相同点

日记描述、事件抽样、连续记录和轶事记录，这几种观察记录方法中，最明显的相似就在于他们都提供了相对丰富、详细的行为描述。除此之外，他们还提供了关于行为的语境（设施与情境）和顺序的信息。让我们分别看一下事件抽样、连续记录、轶事记录这三种方法。

不同点

事件抽样　尽管严格来说，事件抽样不是记录不常见行为或新行为的方法，但是，如果预选要记录的正好是社会交往行为，那么，观察者就正好记录了弗朗辛和艾文的“新”的社会交往行为。但是，在这件事发生之前和之后发生的一切，都会被遗漏。这种缺失正好背离了日记描述的本质特征，日记描述必须尽可能忠实地、连续地记录孩子们的行为。在这个假想的案例中，事件抽样恰好“捕捉”到了孩子的新行为，但是，如果不是因为“捕捉”偶然地记录了这样的行为，那事件抽样不可能完成记录新行为的任务。

连续记录　连续记录或者现场的叙事性描述，看起来似乎很适合记录传统的日记描述所要保留的行为。根据贾龙格和伊森伯格（Jalongo & Isenberg，2000）的观点，连续记录之所以与轶事记录相关，在于连续记录是“在特定的时间（比如户外活动时间），或者一段时间后，收集的轶事性信息通常是为了研究行为的前因后果，记录事件之前和之后的情况”（p. 292）。“在一个特定的时间段”，或是“经过一段时间”用以“研究事件的前因后果”，正好与日记描述的部分特征是吻合的。那我们能说连续记录和日记描述本质上是一样的吗？严格说来，答案是否定的。因为日记描述主要用于收集一些特别的、反应儿童发展和行为的纵向数据，这与连续记录的目的不同。

通过对日记描述和连续记录的比较，我们可以看出，从更广泛的意义来看，发现和记录新行为，并不仅仅是日记描述的权限。换句话说，在某些情境下，连续记录也能够完成日记描述所能完成的观察任务。

轶事记录　如果我们把众多行为中的“新行为”去掉，那剩下的就是一些轶事了。让我们再次来看下轶事记录的定义：“它是一种非正式的观察方法，经常被教师用作理解孩子们的个性或行为的帮手。它能提供许多连续的行为，*要么是有代表性的，要么是不寻常的。*”（斜体引自格洛瑟）这儿的关键词是“不寻常”，这也是日记描述所应记录的行为的鲜明特征。

分析和比较后的结论

我们将这几种记录方法进行细致的比较，是希望你能抓住日记描述的重点，即新的行为。使用日记描述的一个难点是，它着眼的是一个孩子的生命成长过程（纵向数据），这就要求日记描述要选择能反映孩子的成长和发展的方面。简而言之，一个真实的日记描述者要与孩子一起生活，以便能观察他（她）的许多有意义的新的行为。尽管如此，我们需要知道，即使你不能用传统的方式进行日记描述，你仍然能够运用改造后的事件抽样、连续记录或轶事记录，来获得一些类似的信息。

弗洛伦丝与日记描述

假设我们的学生弗洛伦丝，实际上也就是你，现在已经基本掌握了四种记录方法。老师给她布置了一个任务，让她用所学到的知识，来完成传统的日记描述所能记录的信息，但是她没有和观察对象的长期的、紧密的联系。如何实现呢？以下是她的思考过程。

这个任务看起来非常容易。根据本书的介绍，去观察并记录一个孩子新的或非典型的行为，通过局部的或综合的日记描述便能够实现。为了完成任务，我可以从四种方法——事件抽样、轶事记录、连续记录（记住这是一种非正式的叙事性描述）以及日记描述中选择。首先，我可以立即把日记描述排除在外，因为它要求我与观察的孩子之间保持长期和亲密的接触，而这一点较难实现。其次，再看改造过的事件抽样，这也不是一个好的选择，因为根据本书的介绍，这项技术对于记录不寻常和非典型的行为也是不适合的。而且，严格说来，事件抽样不像连续记录和叙事性描述一样能够记录事件发生之前和之后的行为。当然，如果我采用了事件抽样，又碰巧观察到了不寻常的行为，那么这种方法会给我想要的信息。但是，任务是不是能完成，取决于我是不是能够遇到孩子不平常行为，这显然是不恰当的，因此，只能排除事件抽样。这样，可供选择的就只有轶事记录和连续记录。我会使用连续记录，因为它能让我记录到现场发生的不寻常行为，并能得到丰富的细节信息，还有整个当时的情境。当然，这也意味着我必须保持警觉，准备好一看到不寻常的行为发生，就能马上记录。

小结

日记描述是一种非正式的观察和记录方法。它被认为是研究儿童发展的一种最古老的方法。历史上，人们运用这种方法长期追踪记录儿童生长和发展的某些方面。我们讨论了两种日记描述：主题式日记和综合性日记。主题式日记描述强调记录儿童表现出的新行为，这些新行为往往是智力或语言行为等发展领域的组成部分。综合性日记的记录比主题式日记的记录范围更加广泛，“它要尽可能记录儿童表现出的每一个新行为”（Wright，1960）。

日记描述是开放性的方法，它保留儿童行为及行为所处情境的详细信息。日记描述只限于那些记录有助于观察者理解儿童发展的某些方面的新行为，所以具有一定的局限性。日记描述需要作出推论，判断某个行为是不是新行为，能否被归为正在研究的某个主题领域。

日记描述与叙述性描述具有某些共同的优点，比如提供丰富详实的行为描述信息，内容涉及广泛，保留书面记录，等等。它的主要不足在于不是每个人都能运用这种方法，因为它需要与儿童保持长期而持续的亲密接触。

思考题

1. 在什么情况下最适合使用日记描述？

2. 与叙述性描述和事件抽样相比，日记描述的选择度如何？它与其中哪一种方法更相似？为什么？

3. 日记描述需要进行多大程度的推论？在推论的问题上，日记描述与其他哪些方法更相似？

4. 为什么大多数观察者不太可能运用日记描述？

5. 前面刚介绍的日记描述实例非常恰当地说明了如何运用日记来做个案研究（Irwin & Bushnell，1980，p. 85）。说一说个案研究能达成哪些目的。怎样使个案研究的目的与日记描述的特征保持一致？这个例子符合日记描述的哪一标准？

6. 是哪些特点使得改造过的事件记录、连续记录、轶事记录能成为日记描述的替代技术？

7. 为什么改造后的事件记录、连续记录和轶事记录不能完全替代日记描述？

实践练习

在这项练习中，你要为一个假想的、最好是一个 1～3 岁的孩子做一个日记描述。假设你是这个孩子的近亲，可以长期在不同的情景中去观察他（她）。你也可以假设自己是孩子的父母或年长的哥哥姐姐。使用你的已有知识评估孩子当前的发展水平以及未来的发展可能（基于他们的年龄），针对你所感兴趣的某一领域的发展，做一个传统的、局部的日记描述。你可以选择语言、社会、健康和动作发展，以及任意一个真实的情境中能够直接观察到的其他发展领域。

这个练习有两个基本的目标。第一，是要通过日记描述的方式，让自己更加熟悉一个孩子是怎样说话、怎样与人交往、怎样运动的。第二个目标是根据孩子的生长或发展规律，“预测”或辨别孩子在你选定的领域内可能发生的新行为或不寻常的行为。记住，应该在一个合理的时间框架内预测“他（她）的成长和发展”。换句话说，不要期待一个 1 岁的孩子，表现出 3 岁或 4 岁孩子才会出现的行为。如果你设想的是要观察一个 18 个月大的孩子，你可以想象当孩子 20 或 22 个月的时候，会有什么新的或不寻常的行为出现呢？

总之，尝试一下在现实生活中运用传统的日记描述。你觉得会是比较困难，还是比较容易呢？

第10章 轶事记录

目标

通过阅读本章，你可以：

- 讨论轶事记录的特征
- 从开放性对封闭性、选择度以及在多大程度上需要推论等方面考察轶事记录的特征
- 说明轶事记录的优缺点

关键词

轶事记录 anecdotal record

概述

引言

在介绍轶事记录之前，需要提醒大家注意，关于轶事记录及其使用方式，有两种不太一样的视角：第一种我们称之为历史的视角，主要因为参考文献的年代比较久远。第二种是现代的视角，参考文献主要来自于当代。但这绝不意味着早期的资料已经过时或无效。本书介绍的记录方法没有一个在技术改进上取得重大突破。每种记录方法都是我们书中描述的样子，而且将来也可能还是这样。就拿轶事记录来说，如果其定义和操作方法与现在描述的完全不同，那它就变成其他方法而不是轶事记录了，它就会有新的不同的目的，与轶事记录大相径庭。

轶事记录 anecdotal record 教师经常使用的一种非正式观察方法，它可以帮助教师理解儿童的个性或行为。该方法是对所观察儿童的非典型行为或不常出现的行为进行连续的观察和描述。

轶事记录：历史的视角

轶事记录（anecdotal record）是另一种非正式的观察

方法，教师经常使用这一方法，记录会跟随儿童从一个年级到另一个年级，从一个教师到另一个教师。教师可以利用这些记录作进一步推论，增进对儿童个性或行为发展等方面的理解。

古德温和德里斯科尔（Goodwin & Driscoll，1980）指出轶事记录的五个特征。首先，记录是直接观察的结果。这一点很重要，因为它排除了道听途说的记录。第二，记录是对特定事件的即时、准确和具体的描述。这又强调了直接观察的必要性。第三，轶事记录描述儿童行为发生的情境，它明确表明行为发生的场景和情景，不会将行为与影响行为或导致行为发生的事件割裂开。情境的具体内容包括准确描述儿童或其他参与者说过什么。第四，观察者要作任何推论或解释，都要把这种推论或解释与客观描述区分开，明确标明这是推论或解释。第五，轶事记录既可以关注儿童的典型行为，也可以关注儿童身上不常出现的行为。如果行为不常出现，就应该把它标识出来。但欧文和布什内尔（Irwin & Bushnell，1980）指出：轶事记录“不局限于记录那些十分显著的新行为”，这种记录“报告任何对观察者有价值的行为，不管这种行为何时发生”（p. 97）。

古德温和德里斯科尔（Goodwin & Driscoll，1980）主张只记录能反映儿童个性特征的事件或行为，而不要关注成绩、智力等方面。这样选择是因为还有很多更有效的方式来记录成绩等行为。但他们也进一步建议，对非常年幼的儿童来说，即使是认知领域也应该运用这种方式进行记录。

欧文和布什内尔指出，轶事记录具有双重作用，它既可以记录经常出现的行为，也可以记录不经常出现的行为。尼尔森（Nilsen，1997）也同意这种观点。她写道：轶事记录既可以“举例说明某个儿童的典型行为”，也可以“详细记录一些与儿童的典型行为完全不同的某个突发事件”（p. 37）。尼尔森还指出，轶事记录可以“描述能反映儿童在特定领域的发展的突发事件”（p. 37），对此事件抽样也适用。

在我们看来，与典型行为相比，非典型行为更适合于使用轶事论录，这种用法更加符合轶事或轶事性证据的概念内涵。轶事性证据，简单来说就是，观察儿童时获得的对儿童或情境不具有代表性的证据。

例如，如果你要观察两岁的马克，并得出结论说所有两岁儿童都像马克一样，那么你就是根据轶事性证据得出的结论。一名两岁儿童的行为和特征并不一定反映所有或大多数两岁儿童的行为和特征。同样，如果一个行为对某名儿童来说不具有典型性，那么这种行为就不能代表该儿童在大多数情境下的行为方式。两岁的马克在与其他儿童或成人交往时，并不经常表现出攻击性行为，但是，当他不理解的游戏或玩具令他沮丧时，他可能会表现出一些攻击性的行为。由此可以看出，指向他人的攻击性行为可能是不经常出现的，而指向物体的攻击性行为也许会经常出现，因此，这种指向他人的不常出现的行为就值得做轶事记录。当然，对不经常出现的行为所处的情境或环境情况也需要记录，以帮助你解释为什么马克会如此行事。

轶事记录：现代的视角

还有一点读者有必要知晓，即有些作者并不完全认同轶事记录最适合记录不常见的、非典型的特殊行为。例如，阿霍拉和科瓦契奇（Ahola & Kovacik，2007）就曾指出：

轶事记录可用于理解孩子们的行为从而理解他们的发展变化趋势，或者用于和父母交流孩子行为发展的某些方面。通过轶事记录所做的观察能够指导教师去理解孩子是怎样交流的、如何反应的以及如何与他人互动的，从而使我们了解孩子，揭开他们活动、行事的神秘面纱。（p. 17，轶事记录的来源）

两位学者进一步又对轶事记录作了界定：

在一个事件发生后，对其进行简短的、如实的、客观的描述记录，循着事件发生的先后顺序浏览整个轶事记录，可以洞察儿童的发展进程。（p. 17）

阿霍拉和科瓦契奇认为，做轶事记录要观察和记录有益于儿童照看者、教师和父母理解孩子发展状况的任何行为。我不反对这种解释，尽管叙事性描述（或者它的“双胞胎姐妹”——连续记录）和事件抽样也能够收集同样的信息。但我还是认为轶事记录应该着力记录非典型的特殊行为，因为要反映儿童发展的真实进程，就必定不可避免地要记录新出现的（非典型性的）的行为和技能，尤其是在儿童早期，当他们正迅速习得新的技能和行为时。不过最终还是由读者自己决定轶事记录是否最符合自己的需要。其中的关键问题是你能否获得有益于你了解儿童并促进其成长和发展的信息。

三种记录方式的比较

轶事记录与叙述性描述、事件抽样都有一些相似之处。正如前面所述，轶事记录以叙述性的方式记录信息，并且记录儿童行为所处的情境，叙述性描述和事件抽样也是如此。但叙述性描述不只记录不常出现的行为，它试图记录所有行为。轶事记录更接近于事件抽样，因为二者都关注特定的行为或特定的行为类别。但是，轶事记录对行为没有预期，只在某些行为出现时才观察和记录。

另一方面，事件抽样在以下两个重要方面不同于轶事记录：首先，事件抽样适合记录经常出现的行为或典型性的行为；其次，在事件抽样中，观察者要提前确定她期望出现的行为或行为类别。这就排除了不经常出现的或非典型性的行为，因为，从定义上讲，这样的行为不容易发生。因此，可以这样认识轶事记录：它是一种记录儿童突然发生的、有价值的行为的方法。

表 10-1 中所呈现的一个假想的轶事记录的例子，似乎与叙述性描述没什么区别，很可能是篇幅的缘故。但是请注意，在“评论”一项中，很多地方表明梅利莎的行为是一种不常出现的行为，可能会在下一次教师会议上讨论。从这些评论中，你必然能推论出这是

一个比较恰当的轶事记录实例。轶事记录的篇幅不能随心所欲地确定。任何行为所处的情境对理解这一行为都非常重要，所以，必须收集足够多的情境信息，以便理解和解释你所观察的行为。

最后一条评论很恰当。如果汤普森夫人一直在寻觅社会行为的事例，并碰巧在那天、那个时刻和那个情境观察梅利莎，那么下面的例子可能符合事件抽样的要求。事件抽样作为一种记录方法，可以记录一些不经常出现的行为或非典型的行为，但它不会专门用来记录不经常出现的或非典型性的行为。而在那些未被期望或预料的行为，即非典型的行为出现时，轶事记录是一种可以选择的方法。

表 10-1　一个假想的轶事记录

被观察儿童姓名　梅利莎

观察场景　幼儿园教室，自由游戏时间

观察者　汤普森夫人

日期　2008 年 11 月 23 日

梅利莎今天很晚才来幼儿园。她在通往教室的走廊上站着，看其他儿童进行各种活动，大约看了半分钟。然后她进门朝阅读桌走去，她的右脚尖在地上蹭了六下左右。她找到了自己的位置，在阅读桌旁坐下。蒂纳、乔斯和米格尔已经在桌边坐好。蒂纳一直在看两个男孩一起“读”一本书，她很愉快地跟梅利莎打招呼：“嘿，梅利莎，想和我一起读书吗?”两个男孩没有抬头也没朝梅利莎打招呼。梅利莎告诉蒂纳自己不会读，但是蒂纳回答说她们可以一起看图片。梅利莎轻声回答：“好的”，表示同意；她与蒂纳没有眼神交流，实际上，在表示同意的时候，她正朝大积木区张望。当蒂纳去书架取书时，梅利莎开始漫无目的地翻动放在桌上的书页。蒂纳拿回一本书，说：“我喜欢这本书，我们读这本吧。”她试图靠近梅利莎坐下，但梅利莎微微挪开了一些，她俩之间保持 6～8 英寸的距离。这时乔斯问：“嘿，你们两个在做什么?”蒂纳回答说：“没什么，我们正忙着呢。”当蒂纳说这话的时候，她向上抬了抬头，微微翘了翘下巴。梅利莎没作任何反应；她从桌子旁站起，慢慢走到大积木区。这时约翰逊夫人宣布要收拾玩具了，但梅利莎仍没有任何反应，她没有参加收拾玩具的活动。

评论

这是三天里梅利莎第二次迟到。我记得，上一次梅利莎似乎也与“平时的她”不太一样。

梅利莎站在走廊里，好像不愿意离开那儿。我感觉，至少那个时候，她应该是想待在别的地方。

梅利莎对蒂纳建议她们俩一起看图片的反应很异常，缺乏热情。她平时很喜欢看书。

蒂纳想靠近梅利莎坐下，但梅利莎却挪开了，我不能理解梅利莎的这一反应。看起来梅利莎似乎在拒绝蒂纳。梅利莎和蒂纳的行为之间的反差特别明显。

注：我必须继续观察梅利莎。她看起来很冷淡，缺乏社会行为，这些都需要进一步核实，也许今天她心情不好。我必须向其他老师核实，她们是否注意到她在过去这几天有退缩的表现。要把这些问题带到下次教师会议上讨论。

开放性对封闭性

轶事记录是一种开放的方法，因为它要进行详细描述，保留原始记录。

选择度

轶事记录具有高度选择性，尤其是当观察者只记录古德温和德里斯科尔所谓的“不经常出现的行为”时。但是，如果观察者还要遵循轶事记录的其他标准，那么这种选择性就会降低，而且无论什么事物，只要有趣，都可以成为观察和记录的目标行为。

在多大程度上需要推论

在你试图解释某个事件或行为，尤其当这种行为对儿童来说并不典型时，你就在进行推论或解释。确定某个行为常见还是不常见，这也要求你来作决定。

优点

轶事记录的一个突出优点是，它可以提供一些连续性的记录，帮助教师结合特定的场景和情景理解一个儿童的行为。它使教师可以不断地比较儿童的行为，提供了一种记录儿童行为变化的手段，例如，儿童应对压力情境的方式的变化，儿童与其他儿童或成人交往模式的变化等。欧文和布什内尔（Irwin & Bushnell，1980）指出，轶事记录是最容易操作的记录方法，因为它不需要特定的场景、编码或类别，以及时间安排，就像叙述性描述一样。

缺点

尽管轶事记录运用普遍，但写轶事记录并不容易。人们对轶事记录的批判包括：它太容易掺杂个人偏见，影响观察者选择哪些事件来记录（偏见可能源于观察者喜欢或不喜欢某些特征）；记录时措辞不当，可能使读者误解儿童，对儿童做出消极的价值判断；必须高效地利用记录，而这一点往往难以做到。

这种方法的另一点不足与其如何被运用有关。在某些情况下，轶事记录是一种自相矛盾的方法。其部分原因在于，它很容易记录对儿童的消极偏见或判断，这一点不足已在前面讨论过。然而，这种偏见所导致的后果不会随着记录的停止而停止。儿童的轶事记录会一点点积累下来，并被永久保留，跟随他从一个年级到另一个年级，从一个教师到另一个教师。而后面的每位教师都会承接先前的记录，这样就会产生自我满足式预期（或皮格马利翁效应）。也就是说，教师或其他人有时会倾向于用以前人们对这个儿童的说法（写法）来看待和对待这个儿童。如果这些看法是积极的，那么轶事记录的运用就没有问题；可是，如果这些看法和做法是消极或具有贬损性，就有可能会对人们看待这个儿童的行为、能力、自我价值等方面认识产生负面影响，从而导致消极的预期与影响。这一点，在这里必须提出，并请读者谨慎处之。

记录的时机：潜在的不足

轶事记录还有一个潜在的不足，不容忽视。一些对轶事记录持现代视角的作者认为：轶事记录方法往往是在行为已经发生之后才开始记录。比如，比蒂（Beaty，2002）就将轶事记录界定为在行为发生之后所做的一种叙事性描述短文（p. 34）。贾龙格和伊森伯格（Jalongo & Isenberg，2000）写道："轶事记录是在行为发生之后所做的一种叙述性的(像讲故事那样的)、如实的行为记录"（p. 292）。相应地，阿霍拉和科瓦契奇（Ahola & Kovacik，2007）也将轶事记录定义为"在某个事件发生之后，对其进行简短的、如实的、客观的叙述性描述"。（p. 17）

但其实我们都知道凭记忆很容易出错，这就可能使"事后的观察"记录面临无法详细、丰富地记录行为的危险。而轶事记录的既定目的本就是要详细记录各种行为细节，所以记忆上出错会导致重要的细节信息被遗漏，从而最终导致既定的目的无法实现。因此，我们认为，行为正在发生时做即时记录要远远好过事后记录。当然，记忆能保持的细节信息会随着时间推移而逐渐减少，因此如果在行为发生之后马上做记录，还是可以记录大部分细节信息的。但尽管如此，现场记录肯定还是优于事后记录，这一点显而易见。不过，做现场记录有一个前提条件，即如果你只用轶事记录去记录新的、不常见的非典型行为，那么你就必须时刻准备好，这样才能在行为发生时即时做记录。比如随身携带一支铅笔和记事本，以便能随时"准备就绪"。或者，准备一个小录音机，口述你看到的行为并录音，当然，前提是你已获准这样做。

有关轶事记录的其他问题

使用轶事记录：弗洛伦丝的第五次探访

从前面的讨论中可以看出使用轶事记录的理由非常明确。它能让观察者（包括儿童照看者、早期教育工作者以及父母）获得持续的观察记录，从而有益于他们理解儿童在某一特定情境和场景中的行为。同时它还能让观察者持续地比较儿童的行为，从而记录行为的变化。如果将来需要解读儿童的人格或行为，也可用轶事记录的内容做参考和辅助。

轶事记录、叙事性描述和事件抽样的主要区别在于观察者的意图。在这里意图的概念是广义的。接下来我们还是通过剖析弗洛伦丝的想法，即思考哪种记录方法最有益于实现自己的目标，来解释这一点。

来看下安东尼，一个两岁的孩子，他似乎正在教室里表现出一些新的同伴社交行为。我想只要他们表现出这些行为，我就竭尽所能去记录。这样就能不断比较他先前和随后的社会互动行为。其实，不仅安东尼的老师想了解他在这方面的进展，他的父母也想知道他是如何与同伴交往的。掌握这些信息有助于教师制订活动计划、提供相应的学习经验，以进一步促进他表现出更多的和持续不断的人际交往行为。但目前我必须决定选择哪种记录方法最有益于实现我的目标以及教师为安东尼设定的目标。严格来说，事件抽样似乎不合适，因为它倾向于记录经常发生的行为。而新的行为和技能不会经常出现，因而无法确保可以使用事件抽样。同样，叙事性描述似乎也不适合，因为已经对观察的事件确定了标准。另外，我认为时间抽样和日记描述可能也不会发挥太大作用。时间抽样无法提供任何有关安东尼社会互动行为的原始数据，因而可能会遗漏一些信息，不利于追踪和理解安东尼的发展进步情况。至于日记描述，我认为我和安东尼的关系还不是特别紧密、持久，因而也无法使用。我想我可能会使用轶事记录，但我不会用它去记录典型行为，尽管根据本书的观点我可以这样做。我会努力做到只要一看到安东尼表现出新的或不寻常的社交行为，就及时记录。我还必须想好该如何做准备，这样无论何时何地，只要行为出现，我都能准备就绪，做好记录。如果能带一个磁带录音机就好了。我会去问管理者是否允许使用录音机。另外我还必须随身携带笔记本和笔。

小结

轶事记录通常由教师运用，帮助他们理解儿童个性或行为的某些方面。轶事记录有五个特征：(1) 它是直接观察的结果；(2) 是对某个特定事件进行即时、准确、具体的描述；(3) 记录儿童行为发生的情境；(4) 将推论或解释与客观描述分开；(5) 既关注所观察儿童的典型行为，也关注不常出现的行为。但一些作者始终认为，轶事记录应该记录观察者感兴趣的任何事件。

轶事记录是一种开放的方法，它的选择度在某种程度上取决于记录所有你感兴趣的事情还是只记录不常出现的行为。此外，如果要解释某个行为或事件的意义，你就需要作出推论。轶事记录的主要优点是它让教师可以连续记录儿童，从而帮助教师理解儿童在特定场景和情景下的行为；它也可以让教师不断比较儿童的行为，记录儿童行为发生的变化。而这种方法的一个重要不足是，写轶事记录很不容易，一些批评家认为在选择要记录的事件和行为时很容易掺杂个人偏见。

思考题

1. 为什么轶事记录会被教师普遍运用？教师应如何运用这种记录？

2. 如果用轶事记录来记录不常出现的行为，这种记录对教师有何用处？记录典型行为对教师有什么作用？

3. 这种方法的选择度取决于什么？

4. 什么因素使轶事记录容易运用？还有一种方法由于同样的理由容易被运用，你知道是哪一种方法吗？这两种方法又有哪些不同？

实践练习

这个练习很容易完成，不会花费太多时间。练习的目的是强调轶事的基本含义、特征，以及如何将理论上的含义转换成你可能使用的记录技术。

我们将轶事定义为某种证据或信息，这些证据或信息最初只适用于记录直接参与事件的人，不能推广到其他类似的人或情况。换句话说，轶事证据不适用于记录即刻情境之外的人和事。比如，你听到一个发展较快的 4 岁孩子使用了一些更大的孩子才使用的单词和句子，但如果用这个孩子的轶事证据去判断其他你没有观察到的 4 岁孩子的语言能力，那显然就不合适了。换句话说，轶事证据只是从某个样本中获取证据，样本量太小，不足以对更大的、你没有观察或研究过的群体作出有效判断。

练习第一部分，写一个轶事，描述一个假设的、年龄在 2～5 岁之间的孩子的寻常行为或不寻常行为（二选一）。如果有必要的话，查阅一本有关儿童发展的书，了解你所选择的这个年龄段孩子的各种行为或能力。第二部分，用轶事记录法观察一个孩子并记录他或她的行为。思考：假设的轶事记录怎样才能更接近真实的记录呢？

第 11 章　频次计数或持续时间记录

目标

通过阅读本章，你可以：

- 明确频次记录的特征
- 考察频次计数和持续时间记录之间的关系
- 检验频次计数和持续时间记录的实际运用
- 明确频次计数或持续时间记录与事件抽样或时间抽样的关系
- 明确频次计数或持续时间记录的观察方法、选择度，以及在多大程度上需要推论
- 探讨频次计数和持续时间记录的优势与不足

关键词

频次计数 frequency count
持续时间记录 duration record

概述

频次计数 frequency count
一种非正式的观察方法，每当特定行为发生时，观察者只需在观察表上做个标记或记号。

持续时间记录
duration record
由频次计数演变而来，它要求观察者记录特定行为持续了多长时间。

频次一词可以直接说明“频次计数”这种方法的基本特征。每次观察的时候，当特定行为发生时，观察者只要在观察表上做个记号就可以。**持续时间记录**（**duration record**）是由**频次计数**（**frequency count**）演变而来的。正如古德温和德里斯科尔所指出的，有时候记录行为的持续时间比记录行为发生的频次更有用处。

频次计数的一种运用方法是建立行为改变的基线。基线简要记录了教师、实验人员或治疗师想要矫正的行为的频次。而要检验特定的矫正程序的有效性，就要考察矫正

程序实施之后行为的频次是小于还是大于基线频次（小于或大于基线频次，这取决于要减少或消除一个不希望出现的行为，还是要增加一个希望的行为）。

频次计数和持续时间记录都需要事先界定你要观察和记录的行为。同时，通常你还要对你感兴趣的那种行为进行分类，例如，合作行为、依赖行为、攻击行为，或者也可以是各种游戏分类（平行游戏，联合游戏等）。频次计数和持续时间记录类似于事件抽样，它们必须在记录之前先确定行为或行为类别。然而，正如古德温和德里斯科尔在著作中指出的，频次计数可以按照时间抽样的程序来进行，即一个或多个观察者在特定的时刻和特定的时间段内观察一名儿童。这样可以最有效地利用时间，也能够搜集特定行为的典型样本。当然，在运用时间抽样或事件抽样时，要充分考虑到这些方法的优势和不足。

开放性对封闭性

频次计数和持续时间记录都是绝对封闭的，两种方法都不保留原始数据。

选择度

两种方法都具有高度的选择性。如果你打算记录事件的次数，那么首先你必须界定这个事件是什么。同样，记录某事件持续了多长时间，也要首先做这种界定。但是，可以将频次计数和持续时间记录与前文讨论过的其他一些方法结合起来使用。例如，在事件抽样时，记录行为的持续时间会非常有用。正如第 3 章所讨论的，这可以减少变序错误，还可以提供有关儿童注意保持、对活动的兴趣水平等方面的信息。叙述性描述也可以运用频次计数，只不过你可能在记录完成之后才统计频次。

在多大程度上需要推论

这两种方法都需要进行推理和概念界定，因为你必须事先确定你要观察和记录的行为类别中包括哪些具体行为。实际上这种界定就是一种推理：你在对特定的行为进行解释，将其归为某个类别（合作、社会交往等）。同时，当你观察一个儿童从事各种活动时，你还需要作进一步的推理。你把某种行动和反应看成是合作、依赖、攻击性，还是其他什么类别？此外，即使你十分认真地界定各个类别，但儿童还是会表现出一些难以精确归入某个类别的行为，或者有时行为发生得太快，以至你根本没看到。这些都需要观察者作出判断。

优点

频次计数或持续时间记录最显著的优点是简便好用。当某个行为或事件发生时，没有哪种方法比用符号标记做记录更简单。这种记录方法运用起来非常简单，观察者不需要付出太多努力。持续时间记录比频次计数稍微复杂一些，因为前者需要为行为计时。但这不是因为这种方法本身有难度，只不过它需要你格外仔细地观察行为，了解行为的起止时间。这样的仔细观察对事件抽样也是非常必要的，但与事件抽样不同的是，持续时间记录不需要对事件进行叙述和描述。

我们想强调的是，“简便好用”主要指个人记录观察数据所必须付出的努力程度，以及设计行为的频次和持续时间记录表所需要的全部时间和努力。但是，这两种方法并不比你运用其他任何记录方法更容易，因为它要求你具备一定的技能，准确地对观察到的行为进行归类和判断，看是否属于当前需要标记和记录的范畴。使你能够熟练而深入地观察的，不是你的数据记录方法或特定的记录表，而是你的技能、洞察力，以及对各种方法的理解，正是这些能力使你能自如地运用各种方法。而其他的方面，比如你使用的观察记录表格的整洁度和规范性，可能是因为你的个人偏好所致，也可能是因为某种记录格式本身有助于有条理地保存记录。

频次计数的优点还表现在，它能够提供随时可以量化的数据，反过来这些数据又能以多种方式被使用或呈现。古德温和德里斯科尔（Goodwin & Driscoll，1980）提出可以用条形图来表现行为的频次，并运用这一数据来计算每个单位时间内行为发生的比率（例如每分钟发生的攻击性行为数量），或者计算某个儿童做出某种行为所花时间的百分比。例如，你可以确定在全部观察时间内，一个儿童用 30%的时间从事合作游戏，20%的时间在独自游戏。图 11-1 是一个条形图，图中数据是通过持续时间记录获得的（假设的），数据呈现了儿童的合作游戏和独自游戏的时间分配百分比。当然，也可以用其他类型的统计图表。

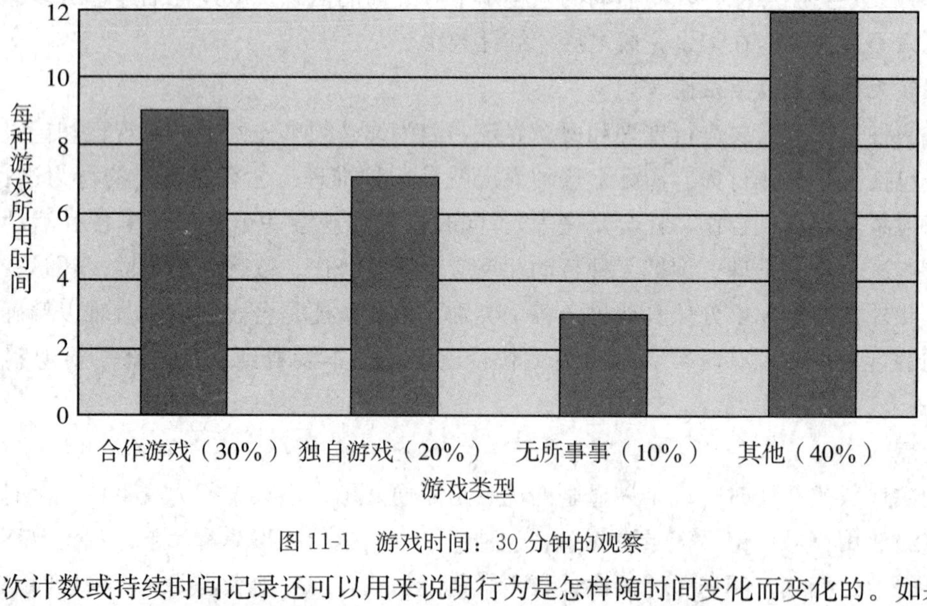

图 11-1　游戏时间：30 分钟的观察

频次计数或持续时间记录还可以用来说明行为是怎样随时间变化而变化的。如果观察者很注重儿童参与活动的程度，那就适合运用持续时间记录。儿童表现出某种行为的举动也许不如该行为持续多长时间更重要。例如，对儿童的社会参与程度，用交往持续时间来评价也许比用交往的经常性更好，频繁但非常短暂的交往可能意味着儿童没有能力保持社会行为。在这种情况下，简单的频次计数可能误导观察者，使之得出结论认为儿童具有很强的社会性。

缺点

频次计数和持续时间记录的主要不足是它们的封闭性，因为它们难以揭示行为的细节及行为发生的情境。另外，记录的内容可能是行为片段，无法描述或代表更广泛的行为流。

频次计数或持续时间记录的运用

在某些情境下，了解儿童表现出某一特定行为的频次，还是相当重要的，尤其是一些不太好的行为，如攻击性行为或是不必要的（不适宜的或不必需的情感）依赖行为。这也是为什么我们可以用频次计数来获得一些基线数据，以用于提出行为改进策略。对比干预前后儿童发出攻击性行为的频次，如果频次计数降低了，就说明干预是成功有效的。但这里需要注意，行为的发生是有情境特殊性的，也就是说，行为是受地点——在哪里玩（餐点区、自由游戏区、户外活动区等）、人物——和谁玩（他最好的朋友还是他讨厌的人）以及可供他玩乐的设备和材料（有足够的玩具，可供每个儿童使用？还是玩具稀缺，需要分享，并由此会导致争论甚至是打架?）等因素影响的。比如，3 岁的格雷戈瑞之所以会出现攻击性行为，在很大程度上是因为这些区域或活动需要做大肌肉运动，而且和一个名叫鲍比的孩子有关，这个孩子格雷戈瑞不太喜欢。所以搜集任何频次数据都必须考虑这些情境因素。

当然，也并不是所有行为变化都源于成人的直接干预，很多时候行为会随儿童自然的成长和发展进程而变化。正如我们先前所述，频次计数或持续时间记录比较适合记录更“自然的”、随时间推移而产生的行为变化。

另外我们先前还曾经讨论过，有时行为发生的频次往往不及行为持续的时间重要。所以，当儿童的参与程度是更重要的观察目标时，持续时间记录可能会是更好的选择。

事实就是某个孩子表现出了某种行为，但这往往不及这种行为持续多久更有意义。比如，相较于社会互动发生的频次，其互动的持续时间可能会更好评估，更有意义。发生次数频繁但每次持续时间都很短的社会交往，可能表明儿童无力维持社交行为。因此，单纯凭借频次记录可能会导致观察者得出错误的结论，认为孩子的社交能力很强，社会化程度很高。

设计频次计数或持续时间记录的格式（外观）的方法有很多种，其中一种格式如表 11-1。这是一个高度结构化的格式，记录表格都提前精心安排好了。表格中没有提到时间间隔问题，但实际上，如果要确保记录的有效性和代表性，你肯定还是会严格按照一定的时间间隔来记录的。

运用表 11-1 可以记录六个孩子的四类行为，每类行为可以记录五个时间间隔。当然，还可以扩大范围和种类，涉及更多的孩子、更多种类的行为，以及每种行为记录更多的时间间隔。当然这不是说可以无限制扩大范围和种类，只要是在合理的、可控的范围内即可；否则，表格会显得拖沓冗长，难以有效使用。

表 11-1　四种行为类型的频次计数样表

姓　名	攻击性					合作					依赖					自主				
芭芭拉																				
贾森																				
布雷恩																				
艾丽斯																				
达赖厄斯																				
梅林达																				
	1	2	3	4	5	1	2	3	4	5	1	2	3	4	5	1	2	3	4	5

当你只想记录一个（而非一群）儿童的特定行为的发生频率时，也可以使用频率计数。这在对频率计数优点的讨论中已有提及。回顾图 11-1，它描述了儿童在四种类型的游戏中花费时间的百分比。频率计数的这种运用不一定需要时间抽样过程或精心准备记录格式，但你必须观察儿童在一段特定时间内的行为，仔细记录他（她）在每种游戏中花费的时间。

表 11-1 仅仅是许多格式中的一种。你会发现，对你要研究的这四种行为，每种都只能记录五次。如果你是在比较短暂的时间内观察和记录，那么五次就足够了。例如，样表中的布雷恩不太可能在一分钟内有五次攻击性行为。

但是，上表只是一个概念，你可以根据你的需要灵活运用。实际上，你可以在一张白纸上记录行为频次。表中的空格只是为你提供一个视觉参照，告诉你记录特定行为的发生频率涉及哪些内容。只要儿童表现出你感兴趣的行为，你就记下一个简单的符号，如“×”。也许，最难的任务是准确把握在多长的时间段内观察和记录行为。例如，你在上午 9：00—9：01观察芭芭拉一分钟，并打算在 9：02—9：03 的一分钟内转移目标，观察贾森，那么你必须确保你的观察能够达到这么长的时间。事实上，如果你对芭芭拉观察 90 秒，而对贾森只观察 45 秒，那么这两名儿童的行为频次差异可能是由于你观察儿童的时间不同而造成。

表 11-1 使你只有五个“空格”来记录每种行为的发生情况。如果你想在更长时间

（如一小时或一上午）内记录一个儿童的行为发生频次，以建立一个基线，那么开放式的表格是比较适宜的。你只要在每一次行为发生的时候做个简单标记就可以。如果行为发生频次超过或少于你的预期，你就可以采取一定的措施来增加或减少行为频率。

弗洛伦丝与频次计数和持续时间记录

弗洛伦丝越来越自信能做好年幼儿童行为表现的观察和记录。她已经掌握了了丰富的记录知识，在这段旅程即将结束时，她获得了一种成功感。

老师要求她想象自己身处一个招收 3 岁和 5 岁儿童的混龄式儿童保育中心。在这里，园长正有点担心 5 岁孩子对 3 岁孩子做出的行为有点太富攻击性，担心这些攻击性行为不是暂时的，而是会长久持续，从而对年幼儿童造成伤害。

另外园长还非常担心轶事记录可能不可靠，所以她想系统地搜集孩子们的攻击性行为，以便能形成一个有效的证据基础，并以此为依据采取措施减少或消除这种不良行为。弗洛伦丝的任务是做一个频次计数或持续时间记录，从而帮助园长解决这些潜在的问题。以下是弗洛伦丝对如何完成任务的思考。

这项任务听起来非常有趣，我总是希望这是一个真实的案例而不是一个假想的挑战。让我们一起看下，我似乎想起了本书第 11 章一个关于频次计数格式的案例。对，就是表 11-1。但它记录 4 种行为，而不仅仅是攻击性行为，而且也没有涉及到每种行为的持续时间。不过调整一下也不困难。我会去修改表 11-1，这样就能记录某一个孩子对另一个孩子做出的攻击性行为，包括记录攻击的对象、持续的时间等。我甚至可以到儿童保育中心记录攻击性行为的发生，这样可能会搜集到我需要的所有信息。

我需要做的第一件事就是设计一个表格，把所有 5 岁孩子的名字放在最左边的一列，给每个 3 岁孩子一个可辨认的数字，然后再建两列，一列记录攻击性行为持续的时间，另一列记录行为发生的区域地点。可以给这些区域编码，比如 BBA 为大积木区，FP 为涂鸦区，PA 为拼图区，等等。假如 5 岁的内森对 3 岁的玛丽做出了攻击性行为，我会在内森名字的右边写下玛丽的数字编号，然后看看表，确定攻击性行为持续的时间，同时还会写下区域的代码，表明内森的攻击性行为发生的地点。

接下来我要使用时间抽样中同样运用过的技术。我要确定每个孩子观察多久，记录多久——不管行为是否发生，以及观察下一个孩子之前要等多久。估计我会观察 30 秒，用 20 秒记录我所需要的所有信息，然后 10 秒钟等待下一个孩子出现。有时可能要多次观察所有孩子，观察两三天，以便能获得更加真实可靠并富有代表性的数据信息。而现在我要做的就是设计完成这个记录单。

小结

频次计数记下特定行为的发生频率，持续时间记录作为频次计数的一个变种，可以记下行为持续多久。当儿童的行为持续时间比行为频率更重要时，就运用持续时间记录。

频次计数和持续时间记录都是封闭性的，具有高度的选择性。如果你要计算某种事件有多少，你必须知道那种事件是什么。这两种方法都需要推理，因为你必须事先界定哪些行为符合你要观察和记录的行为类别，例如，合作、社会交往等。频次计数的优点主要表现为简便好用，能够提供可以即时量化的数据，并揭示儿童在多次观察中的行为变化。频次计数和持续时间记录的主要不足是它们的封闭性以及不能揭示行为的细节和发生情境。

持续时间记录的确非常简单。它具备频次计数的特点，并能记录行为持续的时间长度。我们可以很容易地把上述样表调整为持续时间记录表，比如，另列一些空格记录行为的持续时间。实际上，你也可以不做频次标记的空格，因为每一次的记录都在表明目标行为发生了。

思考题

1. 什么时候用持续时间记录比频次计数能提供更重要的信息？持续时间记录是否会遗漏有关频次的信息？

2. 在什么情况下，频次计数是最有用的记录方法？在什么情况下，是最没用的记录方法？

3. 时间抽样与频次计数有哪些共性？

4. 频次计数与时间抽样有哪些共同的优势和不足？

实践练习

这个练习非常快，很容易。设计一个跟上述弗洛伦丝描述的一样的频次记数或持续时间记录表格。如果可以，到儿童保育中心实地观察和记录孩子们是否有攻击性行为出现，记录攻击的对象、持续时间的长短以及攻击的地点。

第 12 章　检核表和等级评定量表

目标

通过阅读本章，你可以：

- 明确如何恰当运用检核表和等级评定量表
- 说明检核表和等级评定量表的特征
- 从开放性对封闭性、选择度以及在多大程度上需要推论等方面讨论检核表和等级评定量表的特征
- 讨论检核表和等级评定量表的优缺点

关键词

检核表 checklist　　静态指标 static descriptors

行动 actions

观察者内部一致性信度 intra-observer reliability

观察者间一致性信度 inter-observer reliability

效度 validity

检核表概述

检核表 checklist

表明某事物出现与否的一种观察方法。在研究儿童时，检核表记录特定行为是否已经发生。

检核表（**checklist**）是标记某事物是否出现的记录，一张购物清单和一本班级点名册都是简单的检核表。检核表用途广泛，使用简便。观察儿童时，可以运用检核表记录特定情境中特定行为的发生情况。这里的关键词是“特定行为”和“特定情境”。前者表明，你必须在开始观察之前设计好检核表。因此，你只有知道你的检核表包含什么项目，才能设计出检核表。以购物清单为例，正如我们所指出的，它是一种检核表。当你把购物清单上的物品一件件放入购物车时，你会一一核对，查明购物车里有哪些物品，

你还需要在商店寻找哪些物品。但是，如果你在进入商店之前（或者在商店里，真正开始购物之前），没有准备好清单，那么你就无法核对。“特定情境”是指，检核表中至少有一些行为会发生在特定的场景和情景下。例如，如果你的检核表涉及身体或肌肉动作，那么理想的做法是在这些行为最有可能发生的情境中观察它们，如大积木区、户外游戏时间，等等，这样会提高你的观察效率和成果。但需要强调的是，你在任何情况下都可以运用检核表，比如在快餐桌边观察记录的身体或肌肉动作同爬攀登架时的动作差不多，即使二者在某些方面可能有不同（如前者是小肌肉动作，后者是大肌肉动作）。

静态指标 static descriptor

一种描述性项目，特指研究对象或情境具有的高度稳定的特征（Brandt，1972）。年龄、性别、种族和社会经济地位都是静态指标。这些指标常常用检核表来记录。

勃兰特（Brandt，1972）提出了两种类型的检核表记录。一类重要项目是所谓的**静态指标**（**static descriptors**），静态指标指一些相对稳定的情境特征或儿童（人们）特征。这些指标数据具有一定的一致性。年龄、性别、种族、社会经济地位、物理环境特征、时间等都是常见的静态指标，运用检核表比较容易记录这些特征。

行动 actions

即行为，它构成了检核表所记录的一类或一组项目，也就是布兰特（Brandt，1972）所称的行动检核表。

检核表记录的第二类项目是**行动**（**actions**）（Brandt，1972）。行动就是一系列行为，因此也是人们观察儿童的关注焦点。典型的行动检核表记录儿童在观察期间是否表现出特定行为。观察者为每名儿童准备一份行动检核表，儿童在观察期间只要表现出该行为，观察者就在这些行为旁做标记。检核表也可用来记录儿童能否按要求表现出特定行为。这样，检核表就成为一种评价方式。

看看表 12-1 和表 12-2。据笔者所知，这些检核表曾经在当地的“提前开端”项目中使用过。从表 12-1 可以看出，你可以随时核对行为，但核对者需要观察到儿童能够做出这些行为，或儿童真正具有观察者正在考察的特征。这个检核表的重要和实用之处在于，教师或观察者可以不受时间或情境的制约，她可以在任何时候记录（顺便说明一下，这个检核表只是原有检核表的一部分，原有检核表包含 166 个项目）。

表 12-1　检核表样例

姓名____________________　学校或机构____________________

年龄________年级________性别________时间________

出生日期____________________　观察者____________________

提示：请核对下列选项，在你认为符合该儿童的选项前面的（　　）内打“√”。注意不要猜测（如果你不能确定）或草率作出判断。

1.（　　）精力充沛、充满活力地投入一项活动

2.（　　）过分谨慎，不敢冒险，害怕尝试新事物

3.（　　）几乎总能排除困难完成任务

4.（　　）声音显得生机勃勃，充满活力

5.（　　）不容易疲劳

6.（　　）注意不集中（迅速开始或突然中断活动）

7.（　　）只是模仿其他儿童的反应，没有独创性

8.（　　）完成任务时很专注

9.（　　）原创而独特的反应

10.（　　）好奇、好问

11.（　　）相对于他的年龄，能很好地表达自己

12.（　　）足智多谋地应对困难情景

13.（　　）相对于他的年龄，不善语言运用

14.（　　）耐心

15.（　　）全神贯注，能胜任自己的活动

16.（　　）不停歇，对自己的活动不满意

17.（　　）退缩，希望留在没人注意的地方

18.（　　）性情温和

19.（　　）经常受干扰，容易受不愉快或令人激动的事的干扰

20.（　　）很少受干扰，较少出现心情的突然变化

21.（　　）缓慢适应新事物

22.（　　）游戏具有创造性

23.（　　）容易从正在从事的任务中分心

24.（　　）容易放弃，缺乏毅力

25.（　　）服从掌握主动权的儿童

26.（　　）支配同龄儿童（无论男女）

27.（　　）只服从特定的儿童

28.（　　）只服从通过争斗决出的领导者

续表

29.（　　）只追随特定的小组
30.（　　）偶尔领导一个小组
31.（　　）经常领导一个小组
32.（　　）决定谁可以参与小组活动
33.（　　）能够组织小组活动以实现既定目的
34.（　　）在偶尔需要时，领导或跟随
35.（　　）既不领导，也不跟随，独自游戏

注：该表来自真实的儿童中心，这里用来举例说明检核表是什么样的；它不一定适合记录所有年龄的儿童。

表 12-2 是一个简易的动作和自理能力发展常模检核表，其中的后面一部分是通过检核表获得的常模数据，表明儿童普遍在哪个年龄获得各种技能。例如，其中的“动作和自理能力发展常模目录”表明，儿童一般在 3～4 岁时获得第 24～32 项所描述的大肌肉运动能力。

表 12-1 似乎主观性太强，需要作太多解释，因此不是很实用；有些人还可能会认为该表的选项不够具体。我们针对这些批评意见作两点说明。首先，要了解儿童，就需要在一定的时间段内多次观察，不管你使用哪种记录方法都是这样。例如，在观察 4 岁的杰里米在拼图桌玩游戏之后，你可能会选择第 23 项“容易从正在从事的任务中分心”，因为在你观察的时候杰里米看起来容易分心。但这只是一次偶然，不足以让你得出结论，认为杰里米总是容易从正在做的事情上分心，或者说有容易分心的特点。你只能说杰里米在你观察的时刻表现出分心行为。在接下来的情形中，他也许全神贯注于手头的任务，因此你可能会选择第 8 项“完成任务时很专注”。实际上，每一次观察记录都只是从一个持续流动的行为流中截取出的相对短暂的行为片段，因此，观察者应根据不同场景和情景，经过一段时间的观察积累大量检核表记录，然后得出结论。

其次，很多时候，我们会自觉不自觉地倾向于用一些概括性的词语来谈论儿童的行为和能力。有时我们的概括性描述以多次观察为基础；但有时，我们也可能根据有限的信息作出片面的判断。比如，看到安东尼从另一个儿童手中拿走玩具，我们可能认为安东尼是一个具有攻击性的儿童，而事实上，安东尼可能极少表现出攻击性行为。儿童保教工作者不应对儿童的行为和能力作出草率的判断。在儿童表现出一种特定行为或能力的那一刻，就可以考虑运用检核表，准确记录你所观察到的事物。只不过，如果某个检核表记录孤立于其他记录，且不能被进一步的观察所支持，那么该记录就可能会导致作出草率的结论。因此，对专业的早期保教工作者而言，不管用什么记录方法，都不应该以单个的观察记录

表 12-2　发展常模检核表

儿童姓名____________________ 出生日期____________________

观察日期____________________ 教师姓名____________________

提示：请核对下列选项，在你认为符合该儿童的选项前面打“√”。如果不能确定也不要猜测。

1. 用 3 块拼图板拼图	______是______否
2. 用剪刀剪东西	______是______否
3. 在分别遮住左右眼的情况下，捡起罐头瓶或纽扣	______是______否
4. 在画架上画线条、圆点，或圆圈	______是______否
5. 能揉捏、拍打、挤压和拉伸黏土	______是______否
6. 用手指而不是拳头握蜡笔	______是______否
7. 拼 8 块（或更多）拼图	______是______否
8. 用黏土塑造有两三个部件的造型	______是______否
9. 用剪刀剪曲线	______是______否
10. 用螺钉将穿了洞的物品固定在一起	______是______否
11. 剪切和粘贴简单图形	______是______否
12. 画一所简单的房子	______是______否
13. 模仿折纸 3 下	______是______否
14. 写一些大写字母	______是______否
15. 模仿画正方形	______是______否
16. 画一个简单的、可辨认的图画（如房子，狗，树）	______是______否
17. 会系鞋带	______是______否
18. 写大写字母（大的、简单的、在纸上的任何位置）	______是______否
19. 模仿写小写字母	______是______否
20. 从杂志上距图画边缘不超过 1/4 英寸处剪图片	______是______否
21. 使用铅笔刀	______是______否
22. 模仿沿对角线把正方形的纸折两下	______是______否
23. 在纸上写名字	______是______否
24. 大球滚到他身边时能踢一脚	______是______否
25. 手臂交替、动作协调地跑 10 步	______是______否
26. 蹬三轮车 5 英尺远	______是______否
27. 在别人推动后荡秋千	______是______否
28. 爬上或滑下 4～6 英尺的滑梯	______是______否
29. 能前滚翻	______是______否
30. 双脚交替上楼梯	______是______否

续表

31. 双手接住从 5 英尺远扔来的球	______是______否
32. 从最底下的一级台阶跳下	______是______否
33. 爬梯子	______是______否
34. 双脚交替滑步	______是______否
35. 在平衡木上行走	______是______否
36. 改变方向跑步	______是______否
37. 向前跳 10 次不摔倒	______是______否
38. 向后跳 6 次不摔倒	______是______否
39. 拍、接大球	______是______否

作为判断儿童行为和能力的根据。

用购物清单可以作比较恰当的类比讨论。一张购物清单就是一个检核表，我们用清单来确定我们是否购买了所有需要购买的物品。例如，即使我们找不到检核表上列出的那种早餐食品，我们也不能因此认为商店永远不卖它，可能只是在我们买的那一刻，这种食品卖完了。但是，如果我们去那个商店好几次仍然找不到 Tootie Fruities 品牌的早餐食品，那才能得出结论说该商店不卖这种食品。同样，在你观察米格尔的某个时刻，米格尔表现得容易分心，你将这一现象记录到检核表上。但多次的检核表记录可能表明，米格尔对正在做的事情十分专注。因此，你只有不断积累观察记录，才能最准确地描述某个特定的儿童。

检核表种类很多，有一些不太容易识别。请看下面的例子。“丹佛儿童发展筛查测验”虽被称为测验，但实际上也是一个检核表。“丹佛测验”提供了四个发展领域的多种行为的发展常模，它还为测验者提供了一系列可以引发儿童特定语言、认知、动作反应的提问、指令和行动。测验者考察儿童能否回答这些问题并按要求行为，然后将儿童的行为表现与其对应年龄的发展常模对照。与此类似，学前教师可能想考察班里的儿童发展了哪些特定技能：谁能单脚跳？谁能拍球至少 5 下？谁能数到 10？这样的检核表可以用来考察儿童刚进入一个幼儿教育课程和进入一段时间之后的技能发展情况（见表 12-3）。勃兰特（Brandt，1972）指出，检核表非常适合在以下情况使用：不需要观察多个不同行为；所观察行为很容易归入特定类别并与其他类别互相排斥；观察者感兴趣的行为很容易被观察到。

表 12-2　发展常模检核表（续表）

动作和自理技能发展常模			
发展水平	大肌肉动作	小肌肉动作	自　理
3～4 岁	24　25　26 27　28　29 30　31　32	1　2　3 4　5　6	
4～5 岁	33　34　35 36　37　38 39	7　8　9 10　11　12 13　14　15	
5～6 岁			

检核表需要高度结构化；要事先清楚地界定将在行为情境中观察哪些项目（Brandt，1972）。你可能对这个要求很熟悉，因为建构和界定“需要观察的项目”，也适用于前面已讨论过的许多方法。建构和界定本身也是开放性或封闭性及选择度等特征的组成部分。还有一点十分重要，你要意识到，任何一种记录格式，只要它需要在观察单上标记类别、项目或答案，那就是一种检核表，所以，对其类别必须仔细界定。

表 12-3　儿童发展进程检核表

儿童姓名____________________

儿童年龄____________________

观察场景____________________

日　　期____________________

时　　间____________________

1. 仿造一个立体桥	____是____否
2. 用双手稳定立体高塔	____是____否
3. 用剪刀不精确地剪东西	____是____否
4. 模仿画圈	____是____否
5. 模仿画平行线和交叉线	____是____否
6. 用勺自己吃东西	____是____否
7. 在他人帮助下穿脱上衣，系、解纽扣和衣带	____是____否
8. 原地跳跃	____是____否
9. 骑三轮车	____是____否

续表

10. 洗或擦干手	____是____否
11. 连续拍球至少3下	____是____否
12. 用拇指、食指和中指握蜡笔	____是____否

如果在使用检核表时考虑效度和信度，那么仔细界定类别将有助于提高信度和效度。与此相关的有两种信度：观察者内部一致性信度和观察者间一致性信度。如果一个检核表具有一定的**观察者内部一致性信度**（**intra-observer reliability**），那么同一个观察者多次使用这个检核表会得出同样的结论。例如，如果检核表列出的类别经过仔细界定并被证明可靠，那么，观察者每次看到合作行为时都会在检核表中标明合作行为发生了。当然，观察者必须知道检核表如何根据观察目的界定合作行为，而且她知道自己看到了合作行为；检核表也必须正确描述合作行为，以便在合作行为发生时进行记录。如果检核表上没有关于合作的选项，或者相关描述不够充分，那么信度（也许还有效度）将会降低或完全丧失。

观察者内部一致性信度
intra-observer reliability
如果检核表中列出的类别经过仔细界定，观察者了解这种界定并能够识别出相应的行为，那么，同一个观察者多次使用一个检核表就会得出相同的结论。

观察者间一致性信度（**inter-observer reliability**）指一名以上的观察者运用同一检核表观察同一儿童时，其记录的稳定性或一致性。也就是说，两个或更多观察者必须就某个行为是否已经发生得出相同的结论，他们必须在检核表上选择同一选项，表明该行为发生。

观察者间一致性信度
inter-observer reliability
指两个或多个观察者就观察期间发生事件的判断能达到一致的程度。观察者间一致性信度高，意味着不同观察者间的一致性高，判断和推论的分歧较小。

效度（**validity**）的获得略显困难。效度是指检核表的确可以测量或捕捉到你所要测的行为、技能或特征。换句话说，如果一个检核表宣称它能使观察者记录儿童的动作技能，而这个表确实能反映这方面内容，那么这个表就具有一定的效度。但是，如果检核表中的选项与动作技能无关，那么这个表就没有效度，无法用它来实现既定或预期的目的。也许有些行为领域的效度比其他领域更容易获得。例如，对动作技能做有效的记录可能比对智力发展的某些领域或方面做记录更容易。讨论效度和信度的技术层面的

效度 validity
观察或解释的准确性和健全性；测量结果反映所想要考察内容的程度。

表 12-4　检核表样例：适用于 1～4 个月的婴儿

行为、特征、能力	是	否	评　论
看起来双腿轻微弯曲			
哭泣时流眼泪			
开始有双眼视觉（双眼同时移动）			
觅食和吸吮反射发展良好			
用整个手掌抓握物体			
俯卧（脸朝下）时能用手臂支撑头部和上身			
能够跟踪 12 英寸远的正在移动的物体			
模仿其他人做的手势			
能够定位声音来源			
对婴儿微笑或说话，可以诱发婴儿咿呀或咕咕的声音			
友好的表情或声音，可以诱发婴儿的微笑			

问题超出了本书的范围。但笔者相信，如果能在儿童保教情境中正常使用检核表，那么效度和信度问题会迎刃而解，尤其是如果几个观察者在同一段时间内重复观察和记录，那么这种重复本身就是提高效度和信度的过程。

开放性对封闭性

检核表是封闭性的，它们将原始数据缩减成符号，用符号来说明特定行为是否发生。

选择度

选择度高，因为在开始观察之前就要选择和界定所要记录的行为选项。

在多大程度上需要推论

独立使用检核表所需要的推论与将检核表与其他方法（如时间抽样、事件抽样、频次计数）一起使用所需要的推论一样。你必须事先界定哪些行为或事件可以归入你的观察类别。但是，有些时候你也会看到模棱两可的行为，不知该归为哪一类。这时，你必须确定这种行为是否符合你的界定。

表 12-4 是一个检核表样例，适合观察 1～4 个月的婴儿。为了完成这个表，我们必须首先确定哪些行为和能力适合于这个年龄段的儿童。在真实的观察情境中，我们还必须确定哪些能力、行为以及特征对我们很重要，或者与我们的目的相关。很显然，在我们的检核表中加入“能走 5 步或更多”之类的项目可能没任何意义。检核表的外在形式远没有它

的清晰度和实用性重要。当然，任何使用该检核表的观察者都必须明白自己想要观察什么行为，并能在该行为发生时有所觉察。这个样例没有用本书一直使用的典型格式。我们强调的只是适合于1～4个月婴儿的检核表选项；此外，表中列出的选项非常少，只供举例用。当然，你可以在表中添加选项，用它做观察练习或做其他该做的事。

优点

检核表的优点在于，你可以在多种不同情境中使用，还可以与其他方法一起使用。检核表很高效，因为它可以把复杂的描述性信息变成一个简单的标记或符号，由此提供便于量化的数据。符号往往代表一个类别，如社会交往、争吵、任务定向活动等。而类别的划分实际上就是将具有某些共同特征的行为归为一组。检核表不需要记录行为的所有细节。不管以何种格式或方法运用检核表，都需要事先做好缜密的准备工作。检核表的优点之二，是可以提供“基线”信息，你可以把基线与随后观察所得的同类检核表记录作比较，以揭示随时间流逝而产生的发展或行为变化。检核表的最后一个优点是，它可以帮助观察者确定需要对哪些行为、技能等继续做详细观察和记录。运用检核表可以节省许多时间，你不用像运用叙述性描述或事件抽样那样，花很多时间等待记录某一行为。检核表会告诉你儿童能够并且确实表现出了某一行为，你可以进一步更深入地观察该行为。

缺点

与其他不保留原始数据的记录方法一样，检核表也不记录所观察行为的详细细节和发生情境。这就意味着，观察记录的内容主要是行动片段，或是对被观察儿童形成的支离破碎的印象。因此，要根据具体的观察目标谨慎地选择记录方法，这一点尤其重要。

设计检核表的技巧

正如我们在上文提到的，检核表的设计理念非常简单：它主要是列出一系列项目或行动，它们的出现与否对使用检核表的观察者而言非常重要。我们曾经讨论过的购物清单是一种最简单的检核表。飞行员也运用检核表来指导自己完成一系列操作步骤，以表明飞机做好了安全起飞的准备。

尽管设计检核表需要一些想法，但它的设计过程相对比较容易。如果你不想使用本章提供的检核表样例，想建构自己的检核表，那么你可以从一个发展常模、发展里程碑或发展的年龄纵剖图等开始，把它们作为检核表的内容。例如，笔者利用该方法设计了表12-4。我们要强调的是，建构检核表的目的绝不是检验你的创造性，而是要设计一个实用而便捷的工具，以帮助你理解儿童的行为和评价儿童的发展进程。请充分利用各种资源，帮助你实现这一目的。

表12-1、表12-2、表12-3体现了几乎任何一个检核表都要遵循的基本原则。一个实用的检核表的最基本特征是：其内容必须直接代表可观察的行为。判断检核表的选项能否

描述你所观察的行为，这的确需要一些解释。然而，你还需要进一步解释一些问题，以确定所观察行为对儿童的其他行为或整体发展进程有何意义或有何关系，以及你所观察的行为在儿童发展和经历的总体情境中处于什么位置。

我们在下面提供另一个检核表样例（见表 12-5）。我们建构出一个假想的情景，目的是确定 4 岁的多米尼克如何进行社会适应调整，以适应他的早期教育课程。该检核表的基本任务是确定多米尼克在各种班级情境中，是否表现出特定的社会行为和社会关系。通过这种方式搜集的信息可用于下一步更详细的观察，服务于另一个目的，即为多米尼克提供促进其社会性发展的教育计划、活动和经验。但是请注意，这个样例并没有穷尽多米尼克在儿童保育场景中表现的所有社会行为。此外，你设计或运用的任何检核表都应该与你、儿童的具体情况以及整体观察情境相适应。因此，如果表 12-5 不符合你的具体目标，你就不必采用它，无论是整个检核表，还是其中部分内容。但不管怎样，表 12-5 中列出的行为足以说明检核表的基本理念。

表 12-5　检核表：在一个假想的儿童保育场景中评价多米尼克（4 岁）的社会行为

社会行为	观察资料		
	是	否	有时
友好、好交往			
在大多数活动区域能与大多数儿童一起玩			
只在特定的活动中与特定的儿童一起玩			
寻求成人的肯定			
寻求同伴的肯定			
愿意轮流			
容易从一个活动转向另一个活动			
快速而容易地适应新的、陌生的活动			
独立			
表现出明显的情绪变化			
适度的坚持			
在社会交往中熟练运用语言			

等级评定量表概述

我们把等级评定量表和检核表放在同一章里一起讨论，是因为它们具有某些共同的基本特征。但请务必注意检核表和等级评定量表的不同之处，以利于充分发挥这两种记录方法的各自优势，避免由于各自的不足所造成的不利影响。

本书所讨论的每一种记录方法的名称都说明了这种方法的基本特征。例如，“叙事性描述”说明要运用叙述的形式描述行为；而“事件抽样”意味着你将对你定义为“事件”的行为进行抽样。其他的每一种方法，包括“等级评定量表”，也是如此。

对某事物作等级评定是指赋予该事物一定的价值或性质。在选美比赛中，评委根据参赛选手的外表或资质的相对程度判断她们的名次；“消费报告”则根据每种消费品，比如冰箱、炉子、汽车等的质量、耐久性、可靠性、价格等，评定其等级，等级高的商品是在最大程度具有上述特性的商品。

“量表”一词很难用简单的术语来界定。在我们看来，量表只是一种工具，观察者用它来测量或记录儿童表现特定技能、能力、行为、个性特征等的相对程度。在日常生活的许多情境中，我们可以听到、使用、理解“量表”一词（这里可以理解为“计量工具”，二者的英文单词都是“scale”——译者注）。一台放在盥洗室的体重秤可以测量体重，且一般可测 0～300 磅之间的重量。与大多数计量工具一样，体重秤所测到的是一个连续体上的某个点，因为你可以（至少在理论上可以）对所测到的结果赋予一个价值量或数量（通常是一个比较大的数字）。例如，也许你想设计一个等级评定量表来测量儿童的社交倾向或与他人相处的能力，你认为社交倾向的发生具有某种“量”的差异。因此，你可能决定按照社交倾向的三种程度或三种相对量来判断：非常好交际、中等好交际、不好交际。最难的任务可能是，你在实际观察一个儿童的社会交往时，如何区分这三种量或程度。你如何确定某个儿童是“非常”还是“中等”好交际？

等级评定量表与检核表相似，但它们的基本目标却不同。检核表主要表明某事物出现与否，不需要做任何其他判断，等级评定量表则需要说明个体在某领域的表现具有什么样的性质。本书附录 1 列出了一些笔者所谓的发展检核表实例。然而事实上，把这些检核表看作是等级评定量表的简化形式也是恰当的。例如，第一个检核表问儿童在 3 岁时能否很好地向前跑，答案选项有三个：“是”“否”“有时”。这些选项主要评估儿童完成特定动作活动的能力，“是”“否”“有时”三个类别可以计量儿童在这一领域的能力。当然，附录列出的功能或行为比我们这个例子更加广泛，还有一些检核表或量表用来测其他年龄的儿童。但是请注意，“是”“否”“有时”只能对儿童“很好地向前跑”的能力做粗略计量。问题中的“很好”一词试图说明儿童跑步能力的性质。一个等级划分更精细、更复杂的等级评定量表，要尽量通过自身的设计来实现对行为表现性质的考察。

正如前文所说，等级评定量表比简单的检核表要复杂一些，最简单的检核表只能表明“某种事物”是否出现。例如，儿童能不能独立行走？在这里，“某种事物”是儿童的独立行走能力。而等级评定量表不但可以检测儿童能否独立行走，而且可以检测他行走得多好或多娴熟。正如你所知道的，与仅仅测查并记录儿童能否行走相比，这种对技能水平的评定往往需要更娴熟的观察技巧。简而言之，简单的检核表不需要了解特定功能领域能力的表现程度。

设计等级评定量表的另一个困难是，你要选择用于判断儿童在特定功能或行为方面的能力或技能的指标或标准。等级评定量表必须包含若干类别，各类别分别代表不同的技能水平。如果要对技能水平做非常精细的区分，那么难度就会增加。在极端情况下，当等级划分太过精细时，你会几乎看不到这些等级差别。另一方面，如果等级划分太笼统或太没有区分度，那么等级评定量表也无法有效或精确地记录儿童特定功能领域的能力差异。因此，与检核表一样，等级评定量表也要求相当程度的结构化。运用检核表必须事先清楚地界定所要观察和评价的行为或技能，而等级评定量表还要求进一步的结构化。也就是说你不仅要界定将观察的行为类别，而且要清楚地界定根据哪些特征来判断儿童行为技能的各个水平或程度。

等级评定量表的很多特征与检核表一样，所以我们建议你回顾一下本章关于检核表的相关描述，这样可以帮助你理解等级评定量表，了解如何使用它。

表 12-6 是一个简单的等级评定量表。一旦你理解了等级评定量表的基本理念，你就能根据具体情景的需要设计简单或复杂的等级评定工具。

表 12-6　等级评定量表简表示例（动作发展：8～12 个月）

动作机能	优秀	很好	好	中等	差
用一只手够物，抓住别人递来的物体					
将物体从一只手转到另一只手，能摆弄物体					
能堆叠物体，或将一个物体放入另一个物体中					
用拇指、食指对捏，捡起小物体或食物					
故意抛或扔物体，但不能自觉地放下物体					
表现出自己站立起来的初步能力					
开始独自站立，依靠家具支撑身体，以横跨步的方式围着障碍物移动					
靠双手和双膝爬行，爬上或爬下楼梯					

这个表的五个等级类别很简单，很容易理解，但要区分“优秀”与“很好”，或“很好”与“好”则有些困难。因此，在实践中，观察者必须事先将这些类别具体化，如“堆叠物体”或“靠双手和双膝爬行”的能力在什么情况下是“优秀”，什么情况下是“很好”。实际上，等级分类能在多大程度上区分不同的技能水平，这取决于观察者的技能、被观察的行为或功能，以及等级评定量表的最初目标。另外，其他因素也可能有所影响。

开放性对封闭性

等级评定量表基本是封闭的，因为它们将原始数据转化为符号或标记，由此代表特定技能或行为是否出现，儿童如何表现这种技能或行为，或儿童在多大程度上具备某种品质或特征。但是，观察者还可以根据更加广泛的观察数据，如通过叙事性描述或事件抽样获得的数据，进行等级分类。实际上，在单独使用等级评定量表时，观察者实际是在根据“头脑中的叙事性描述（或事件抽样）”选择特定的等级，或者是对某种行为观察一段时间后才能决定如何评定等级或判定行为的性质。在后一种情形下，观察者必须在评定等级之前做详细的观察笔记。

选择度

这种方法的选择度很高，因为在你开始观察之前，你就已经确定和界定了你要记录哪些行为类别。从这一点看，等级评定量表与事件抽样非常相似。回顾事件抽样，你等待特定的行为或“事件”的发生，然后对它加以描述。等级评定量表要求的过程也一样：你等待特定行为发生，然后根据你制定的等级类别评定其等级。

在多大程度上需要推论

等级评定量表需要很高程度的推论。检核表也需要相当高程度的推论，要求观察者在往检核表上做标记之前必须判定特定的行为是否已经发生。等级评定量表至少也要求同样水平的推论：儿童是否表现出特定的行为，或儿童是否拥有特定的特征或技能？但是，等级评定量表还要求更多的推论，因为观察者必须就目标行为的性质或目标特征的程度立即作出判断。这种判断实际上是一种解释与推论。

优点

等级评定量表的优点体现在，除了要进行一定程度的推论外，它的运用相对比较容易，它可以节省记录时间和精力。在这一点上，等级评定量表与检核表相似。布鲁尔(Brewer，1998）指出：“等级评定量表也可以为教师设计学习经验提供有用的信息。它最适合于将儿童的当前行为与先前的行为作对比。”（pp. 471-472)

缺点

等级评定量表有几种潜在的不足，这与不同的目标有关。等级评定量表对结构化的要求较高。你需要充分考虑你要进行等级评定的行为的各个方面，对等级类别需要进行的思考更为细致。如果你做的等级划分过细或等级差异过小，将很难体现等级之间的差异，而如果分类不够细，那你的观察将无法揭示儿童行为或技能的重要差异。

等级评定量表的另一个不足是，它会遗漏一些数据。如果你不将等级评定量表与其他数据（如叙事性描述或事件抽样提供的数据）一起使用，那么这种方法就是一种封闭的方法。你观察某个行为，必须马上确定至少两件事：（1）该行为与你的评定目标是否吻合；（2）该行为表现的水平或范围。这些包含丰富信息的判断将由一个简单的符号或标记来代表。因此，作等级评定时所依据的实际行为，你却一无所知。之后你也无法参照有关行为的客观描述来核查等级评定的准确性。如果你不需要这类信息，你就可以节省叙事性描述或事件抽样所需要的时间和精力。回想一下，你可以在叙事性描述或事件抽样数据的基础上做等级评定，由此保留丰富而完整的信息资源。参见表 12-7，该表对各种记录方法进行了总结。

设计等级评定量表的技巧

在一般的儿童保教场景中，观察者不需要像严格的科学研究那样，对儿童的行为、技能或其他的发展过程指标作非常精确的等级评定。因此，把等级类别设计得简单一些，清楚描述这些类别，可以让你有效地区分各种技能的各个水平或程度。但请务必记住，单是一个等级评定量表记录还不足以让你对某个儿童下结论或作判断。也就是说，如果你已经设计出一个合理而又实用的等级评定量表，那么你最好运用该量表反复评定儿童，这样才能作出更加精确的判断，因为你对这个工具越来越熟悉，也越来越能熟练地识别与各等级类别或能力水平相对应的行为细节。

本书所讨论的所有记录方法都有一个突出的优点：它们都可以与其他方法一起使用，只要这种结合有意义且实用。例如，尽管检核表不保留原始数据而只显示某事物是否出现，但你可以在检核表中加入一段简短的叙述性描述。最终的记录就是一系列简短的叙述，每个叙述都描述检核表中相应选项所界定的行为。

等级评定量表同样具有上述特征。我们以表 12-8 为例，简要说明如何将等级评定量表与事件抽样结合起来运用。该表经过调整，一般等级评定量表所需要的判断，在运用该表时也需要。请记住，无论与哪种观察方法一起使用，表 12-8 记录的信息都只是在一个相对短暂的时间段内发生。要合理评价布兰登的语言能力，你还必须收集布兰登的其他语言或语言行为样本。还请注意，表 12-8 也可用常规的方式，即用简单地打“√”或“×”来填写。

表 12-7　记录方法总结

方法	开放性对封闭性	选择度	推论程度	优点	缺点
叙事性描述（正式）	开放的	选择度低	观察时推论程度低，解释时推论程度高	● 提供完整的叙述 ● 捕捉情境(场景和情景) ● 是一种永久性的记录 ● 可在多种情形下运用	● 耗费时间和精力 ● 行为样本的代表性不足 ● 需要一定的技巧和努力才能记录所有行为细节
时间抽样（正式）	开放的程度决定于保留原始数据的程度	选择度高	最初高，随后因对数据的使用不同，推论程度有所变化	● 适合记录各种行为 ● 节省时间和精力，效率极高 ● 获得有代表性的数据 ● 可以结合其他记录方法一起使用	● 不能捕捉行为细节 ● 运用时受行为发生频次的限制 ● 不是以行为自然发生的方式对待行为，记录的只是“行动片段” ● 事先确定类别可能导致偏见 ● 编码表运用困难，要求准确而可靠地运用分类系统
事件抽样（正式）	或开放或封闭，这取决于运用编码表还是叙述性描述	选择度高	开始时，推论程度高	● 可以保留原始数据 ● 适合记录不常出现的行为 ● 记录自然的行为单元 ● 可与叙事性描述和编码表结合使用	对不经常观察的观察者而言不是很有用，因为需要经常进入观察情境，以便在行为发生时看到该行为
日记描述（非正式）	开放的	选择度相当高，尤其是主题式日记	与时间抽样和事件抽样一样高	● 保留原始数据 ● 长时间记录十分有用，能提供行为或事件间的联系	对大多数观察者不适用；必须与儿童长时间共处
轶事记录（非正式）	开放的	只记录不经常出现的行为时，选择度高	高，尤其是在需要对行为进行解释时	● 持续记录儿童在特定情境中的行为 ● 可以对行为作持续的比较，以说明行为的变化 ● 使用非常简便，不需要特殊的编码表、场景或分类系统	● 观察者可能因措辞不当或不喜欢儿童而产生偏见 ● 因其容易导致偏见而成为一种饱受争议的方法

续表

方法	开放性对封闭性	选择度	推论程度	优点	缺点
频次计数或持续时间记录（非正式）	封闭的；不保留原始数据	选择度高	推论程度高	● 频次计数的设计和使用非常简便 ● 持续时间记录稍微复杂一些，因为它要追踪行为事件的持续时间 ● 频次计数提供可即刻量化的数据 ● 对揭示行为如何随时间变化而变化有用，尤其是持续时间记录，可以反映特定活动持续多久	最大的不足是它们的封闭性；无法揭示行为发生的情境或细节
检核表（非正式）	封闭的；原始数据简化为符号标记；如与叙述性描述或事件抽样一起使用，就可以保留原始数据	选择度高	推论程度高	● 适用于多种情境和方法 ● 高效 ● 能提供“基线”信息，揭示发展进程或行为变化 ● 能使观察者明确哪些行为和技能需在今后进行更详细的观察	不保留原始数据，失去了行为细节，只保留行动片段
等级评定量表	封闭的；与检核表的使用条件一样	选择度高	推论程度高	● 除需要一定程度的推论外，等级评定量表的使用很简便 ● 节省记录时间和精力 ● 对设计教育方案和持续比较儿童行为十分有用 ● 参见检核表的优点	● 需要很强的结构化 ● 不记录原始数据 ● 推论程度高 ● 参见检核表的缺点

表 12-8　一个假想的已完成的等级评定量表：用简短的叙述性描述记录观察数据

儿童：布兰登（3 岁）
发展领域：语言
时间：2008 年 4 月 7 日
观察者：多萝西·米切尔校长
观察时间：上午 9：20—9：45

行为	优秀	好	中等	差	未看到
对简单问题做出适宜的回答	很好地回答我的提问："你在做什么，布兰登？"				
谈话时提供补充信息（如："我也玩了这个。"）			在与萨曼莎的简短对话中，他的交谈少		
"运用很多说话方式"促进谈话继续进行	在我问他在做什么的问题时问我："你能做这个吗？"				
说的话可以被理解		一些单词的发音存在困难			
词汇量达 300～1 000 个		此时能得出的结论是布兰登有相当大的词汇量			
激起他人的行为（"我们玩积木吧。""我们搭什么呢？"）					此次没观察到
对他人的行为作出评论					此次没观察到

录像和录音可否用作观察工具

录像

在技术发达的今天，观察者往往很重视摄像机的运用。笔者过去不重视摄像机的使用，这在很大程度上是因为第 1 章提到的对于生理意义上的看与心理意义上的看的理解。回想一下，照相机如同人的眼睛，只能捕捉一个图像而无法对这个图像作进一步的处理，即不能从图像中推断出任何意义。意义有赖于大脑的解释能力，因此，使用摄像机除了能记录儿童行为的原始图像外，无法提供其他任何信息。当然，你也需要这些图像，但如果没有你对这些图像的思考，它们对任何观察目标都是没有用的。

当然，我们必须承认，有关行为的录像资料对培训和教学有特殊的作用。用录像带记录儿童的行为，可以让行动模式和顺序“冻结”，这样你可以反复观看一种行为而不会丢失任何原始数据。同时，重复观看行为可能帮助你发现一些你可能错过的信息。对相对缺乏训练的观察者而言，当他们与已经熟练掌握传统观察和记录方式的人一起观看时，这些录像的作用尤为突出。熟练的观察者可以指导你如何去看，如何将感知和注意集中于重要的行动、互动及情境。在培训和教学中，录像资料的运用十分普遍，其重要优势在于，所有人都在看同一事物，这为教师开展教学提供了一套连贯的、可靠的行为数据。许多教师批阅了学生的观察报告，他们的个人经验证明，评价这些报告的准确性是非常困难的。教师没有与学生一起进入观察场景，只有根据或多或少的表面现象接受学生的客观行为描述。在这种条件下，教师不可能知道学生实际看到或没看到什么，而运用录像就可以避免这一问题。

必须强调，摄相机自身无法保证你能记下你需要的、有用的信息，我们也不能保证，不运用摄像机，就一定对观察有益。用不用摄像机都要求观察者具有一定的技能，这并不意味着使用摄像机就一定得不到充分的数据，或一定会导致照相、摄像设备的滥用。而且，我们还认为，在儿童保教工作者的日常工作中，持久而广泛地使用摄像机不太可行。当然，我们认为很多情景下没有必要限制摄像机的使用。更为重要的是，要让使用者在使用摄像机、相机的过程中能意识到这些缺点，审慎一些，并结合扎实的基本观察和记录技巧，扬长避短。

缺点

让我们考察一下摄像机的潜在不足。要观察和记录观察场景中发生的所有事情，这几乎是不可能的（用肉眼就更不太可能观察和记录所有事情了）。只是尝试记录所有事，就需要大量的录像带，需要以无限的专注来操作摄像机。对于普通的或一般的观察而言，用摄像机实际可能限制了观察者的“边走边看”，观察那些从长远来说对自己有用的事件和行为。它无疑会妨碍你参与儿童保教场景中的一些重要事件，或妨碍你对这些事件保持敏感。你不是在拍摄纪录片，而是出于某些目的观察儿童，录像机会限制你的活动自由，影响你迅速行动的能力。有效的观察要求观察者有适度的活动自由，并有适度的自由去决定哪些事重要、哪些事能促进你对观察场景中的儿童的理解。

运用摄像机还有一个潜在不足，与冈萨雷斯-米纳（Gonzalez-Mena，1997）提出的“软注意”有关。软注意是一种看，它让观察者在关注某个儿童的同时看到整个班级在发生什么。冈萨雷斯-米纳认为，这种观察技巧对于为儿童提供高质量的保育非常重要。注视某个儿童意味着对该儿童表现出关注和兴趣，这是所有儿童在与保教工作者交往时都应该有的一种感受。另一方面，教师或保育员也必须知道教室的其他地方、其他学生在干什么。软注意是一种有效管理和监督年幼儿童的方法。冈萨雷斯-米纳指出：“软注意这种技能使幼儿教师在与同事或家长谈话时也能知道教室或操场的其他地方在发生什么。”（p. 155）当然，软注意不仅仅是一种看，“它还包括听和感觉还有什么在发生”（p. 155）。在笔者看来，运用摄像机不利于软注意技术发挥最佳效果。

无论出于什么原因使用摄像机，观察者在幼儿园为儿童录像之前，都要注意并思考一些问题。如果观察者是幼儿园教师，那么获得家长许可非常重要。如果你只是来幼儿园观察的外部人员，你也需要获得相关的各种许可。有些家长可能会反对你为其子女拍照。相片和录像具有一种可永久保存和暴露一切的特性，可能使一些人感觉不自在。很显然，既然观察者在运用自己的感官和纸笔等记录工具观察和记录之前必须征得同意，那么摄像机的使用就更需要征得许可。

如果儿童不想被录像，那么观察者必须尊重他的意愿，不进行录像。当然，你也要考虑到，一个原本不愿意被录像的儿童可能在某些情况下改变，比如在熟悉摄像机之后。但这里的主要问题不是谋求儿童同意拍摄，而是对你而言摄像机是不是最好的观察工具。你还应该意识到，使用摄像机可能影响儿童的行为。由于本书所论及的是尽可能自然的观察，那么儿童面对相机的过度表现或因摄像机焦虑而改变自己的行为，实际就超出了本书作者所界定的自然主义的讨论范围。

录音

对整个观察过程而言，摄像机比录音机的作用要大得多。在某些情况下，录下一个儿童保育场景中经常出现的声音是有价值的，也许还可以在某个时间段捕捉情景中的情绪“基调”。录音带对记录儿童的言谈也有特殊的作用，可用于以后的评价和解释。但语言技能不仅指单词，也包括面部表情、身体动作、手势，这些对交流也非常重要。如果你只想观察儿童的口语，那么录音可以很有用，特别在你想逐字记录儿童说的话时。但如果你想观察儿童交流技能的全貌，只用录音就可能漏掉其他一些能为你提供重要信息的语言的附加因素。

关于怎样使用摄像机和录音机，我们给出的最好的建议是：从最符合儿童利益和最有助于实现观察目标的角度，谨慎地运用。人们很容易追赶技术潮流，并且有可能因为可以获得某种设备或它们似乎能美化观察过程就使用这些设备。

检核表和等级评定量表的应用

在本书讨论的所有记录方法中，检核表和等级评定量表的使用是最直截了当的。儿童教育者和父母总是想知道孩子们能做什么，不能做什么，做得有多好，而检核表和等级评定量表就能很好地回答这些问题。

让我们再来看一下表格 12-3，这个表检核的是孩子的身体运动能力，我们将其中的一部分节选在下面。与表 12-5 中所展示的更加开放的社会性行为相比，身体运动能力容易被记录和解释。因此，表格 12-3 中的条目与 12-5 中的条目会有差别。

有什么比看着一个孩子边骑三轮车边回答“能不能骑三轮车”这个问题更简单的呢？与检核表相比，等级评定量表提供的信息要更多。当然，如果你对一个孩子骑三轮车的情况作详细的描述，那其中所蕴含的信息，肯定比等级评定量表还要丰富。但是，不管是叙述性描述，还是等级评定量表，都比检核表要复杂和费时。至于这些多余的工作是否值得，取决于你的观察目标。现在，我们来看一下节选的表格 12-3 的内容。

表 12-3 节选　儿童发展进程检核表（身体运动方面）

1. 仿造一个立体桥	____是____否
2. 用双手稳定立体高塔	____是____否
3. 用剪刀不精确地剪东西	____是____否
4. 模仿画圈	____是____否
5. 模仿画平行线和交叉线	____是____否
6. 用勺自己吃东西	____是____否
7. 在他人帮助下穿脱上衣，系、解纽扣和衣带	____是____否
8. 原地跳跃	____是____否
9. 骑三轮车	____是____否
10. 洗或擦干手	____是____否
11. 连续拍球至少三下	____是____否
12. 用拇指、食指和中指握蜡笔	____是____否

检核表的使用：两种检核表的简要对比

正如我们先前已提到的，检核表最基本的目的就是记录一个孩子是否表现出特定的行为。换句话说，检核表实际上是记录存在或缺失的东西。购物清单就是这种检核表的常见例子。当你把一件物品放进购物车时，你就把它从单子上画掉，这样就不用再寻找它了。未被画线的物品是你还需要继续寻找的。然而，这样一个检核表潜在的问题是，在你的单子上没有画掉的项目，检核表本身不会告诉你是这个商店有没有这个物品，还是只是因为你没有找到它。这个问题在表 12-3 中有描述。

例如，当你尝试去评价孩子们的运动能力时，其中一个困难就是因为你没有观察到相应的动作，所以你不能确定孩子到底是否具备这种能力。这就要区分学习和表现。如果一个孩子表现出特定行为，尤其是如果他一直重复表现的话，那么你就可以确定他已经学会了。然而，如果你没看见他表现某种行为，这也并不意味着孩子没有这种能力。因此，在填写表 12-3 中的项目“原地跳跃”时，如果仅仅是因为你没有看到孩子在原地跳跃，那么，在“否”一栏上画“√”就有些草率了。如果你确实目睹了威拉德在原地跳跃不成功，那么，在检核表中“否”画“√”，意味着在某个特定的观察时间，威德拉在这个项目上的表现确实如此。综上所述，最恰当的使用类似于表 12-3 的检核表的方法是，检核表中的项目是孩子具有较高的可能性能够完成的。让我们举一个财产清单的例子。假如表格中显示你有一台电脑、一台电视机，是因为你在列清单时看到了它们。你知道玛格丽特能够连续拍球三下，是因为你观察到她拍了三下。这意味着你的检核表条目必须符合你所观察的孩子的年龄和发展水平。

这种检核表的独特价值在哪里呢？能让人马上想到的最高效、方便的用法是，编制一个儿童技能和能力随着时间发展变化的图表。这种图表不仅提供了儿童某一种技能从早些时候到稍晚时候的发展轨迹，而且为我们提供了一种“不是现在，而是将来”的范式。如果在周一，威拉德还不能完成原地跳跃的动作，而 8 天后，你看到她在这项任务上获得了成功，你的检核表可以通过一个 8 天的时间间隔，记录下威拉德的发展和进步。当然，这并不一定意味着威德拉需要 8 天时间去学会如何原地跳跃；有可能两天后，他在周三就成功了，但是可能你没有观察到。当然，如果有人在周三记录到他的成功的话，你就可以在检核表上更新你的记录。

一个如表 12-5 所示的更“隐晦”的清单，我们已经复制在下面了。你会注意到表 12-5 的格式与要求是与表 12-3 是不同的。表 12-5 在维度上增加了“有时”。比如，对“适度的坚持”作一个确定的判断，“是”或“否”之间并没有一个明确的分野，不像对“仿造一个三维立体的桥梁”，作一个“是”或“否”的判断那么明确。这一个条目的“隐晦”在于描述性的词*适度*，甚至在一些情景下，连“自信”和“攻击”都很难区分。在检核表 12-5 中有些项目潜在的困难可能与你在等级评定量表中所遇到的类似。而且，我们必须牢记的是，表 12-5 中选择的一些项目也只是一些例证，它不可能穷尽所有社会行为的类别。

使用表 12-5 与表 12-3 这两种类型检核表的理由，从根本上没有差别。在这两种情况下，你都要记录一些事情是否发生。而表 12-5 比表 12-3 更复杂一些，部分原因在于在表 12-5 中，你的解释会更加复杂和困难。而在某种程度上，我们可以说，如果你的首要目标是记录儿童发展出现或具备了哪些行为、能力、特点，就没有必要提供这些行为或能力的细节及情境，你使用检核表就是正确的。

我们并不会特别强调在一个合理的时间段内得到一系列检核表记录的重要性。这种检核表会给你一个相对完整的关于儿童能力发展或进步的记录，在这个记录表上，会清楚地呈现从“能力缺失”到“能力出现”的过程。

表 12-5 的复制　在假想的保育中心评价一名 4 岁儿童的社会行为

社会行为	观察结果		
	是	否	有时
友好、好交往			
在大多数活动区域能与大多数儿童一起玩			
只在特定的活动中与特定的儿童一起玩			
寻求成人的肯定			
寻求同伴的肯定			
愿意轮流			
容易从一个活动转向另一个活动			
快速而容易地适应新的、陌生的活动			
独立			
表现出明显的情绪变化			
适度的坚持			
在社会交往中熟练运用语言			

对检核表中“否”的说明

如果在检核表中，你没有观察到特定的行为，怎么办呢？比蒂的检核表的设计（参见表 12-9）给了我们很好的参考。在这个检核表中，她增加了一个条目“证据”，实际上就是一个简短的叙述性描述。她写道：“在没有机会观察到的条目中写‘N’。”同时，她也

表 12-9　小班幼儿入园适应情况检核表

姓名：　观察者： 项目：入园适应　日　期： 说明：请你在孩子们经常出现的行为项目中画"·"，在没有机会观察到的项目里写"N"，其他情况不填。		
行为表现	证据	日期
1. 适应集体生活 喜欢上幼儿园，对幼儿园生活感到好奇		
对集体生活感兴趣		
能在老师带领下参与集体活动		
能遵守集体生活的规则		
2. 情绪调节 父母离开时不哭闹		
在园活动时，情绪比较稳定		
对自我服务表现出热情		
3. 独立性 能自己穿脱衣服		
能自己用勺子吃饭		
能自己上厕所		
能自己喝水		
4. 与人交往 能向老师表达自己的需求		
能与同伴一起玩		

注：表格设计者为首都师范大学于开莲、李春光等。

提醒道，当这一行为经常性地出现以后，要在表中做补充记录。从这一点来说，我们和比蒂不同，并没有严格地要求在检核表中做这个记录。我们鼓励你用检核表记录儿童的行为，不管是你第一次看到孩子表现出这种行为，还是孩子确实是第一次做出这种行为。比蒂所提到的常规行为可以通过一段时间的多次观察评估获得。

等级评定量表的使用

我们不需要花费很多时间去讨论等级评定量表的使用，因为他们的用法与检核表类似，有一个重要的不同是：等级评定量表要记录孩子们各种行为表现的质量或水平。为了方便起见，我们复制表 12-6 来阐述等级的水平或功能的质量。

表 12-6 的复制　等级评定量表简表示例（动作发展：8～12 个月）

动作机能	优秀	很好	好	中等	差
用一只手够物，抓住别人递来的物体					
将物体从一只手转到另一只手，能摆弄物体					
能堆叠物体，或将一个物体放入另一个物体中					
用拇指、食指对捏，捡起小物体或食物					
故意抛或扔物体，但不能自觉地放下物体					
表现出自己站立起来的初步能力					
开始独自站立，依靠家具支撑身体，以横跨步的方式围着障碍物移动					
靠双手和双膝爬行，爬上或爬下楼梯					

显而易见，像检核表一样，等级评定量表也要记录孩子是否表现出特定行为。而其中的困难在于如何巧妙地判断孩子行为或表现的熟练程度和完整水平。尽管存在这样的困难，但像表 12-6 或其他类似的表格，还是能跟踪孩子的进步、了解技能从早期获得到后期发展的情况的。记录可以留下从你开始观察的从时刻起，孩子某一个特定的行为的发展情况，从完全不具备某种能力，到出现萌芽，最后到发展完善的过程。当将记录中的信息与发展常模进行对照比较时，这个记录的效用将进一步提升。

弗洛伦丝与检核表

这次弗洛伦丝的任务是要了解、记录一组（5 个）两岁孩子的身体运动能力的发展状况，她要决定是用事件抽样，还是检核表。如果使用检核表，她需要自己设计或者找到一个合适的检核表。下面是她对任务的思考。

让我们来看一下，是用事件抽样还是检核表呢？当然，运动能力，包含一个孩子如何活动身体，如何走、跑、平衡等，这些事情都是很容易去观察的。问题是，在这个例子中，哪种方法更有效？事件抽样将能给我一些相应的信息。我可以简要定义一下我所感兴趣的身体—运动事件，等待事件发生，然后相对详细地记录孩子们是如何表现这些行为的。但是请稍等，我需要观察 5 个孩子的相关信息，了解他们的身体运动能力的发展情况。如果采用事件抽样，我需要花很多时间去等待特定行为的发生，然后进行记录；记录时必须写许多单词；记录前还要为每个孩子做相应的准备工作。然而，如果采用检核表，我可以提前描述我所要观察的运动行为的特点，在检核表上把每个孩子区分开来也很方便，当某个孩子表现出特定的行为时，我就在适当的地方写上孩子名字的首字母。这样看来，要完成这个任务，检核表比事件抽样更合适。

小结

检核表用途广泛，使用简便，它表明事物出现与否。我们讨论了这种方法的两种类型。一种检核记录是静态指标，即“一系列描述项目”，记录“研究对象或场景中的稳定的特征”。年龄、性别、种族、社会经济地位等都是静态的指标。另一种检核记录是动态的行动。行动检核表记录在观察期间行为的发生情况。另外，我们还讨论了检核表的几个实例。

检核表数量众多，以致人们很难把其中的一些看作是检核表。例如，“丹佛儿童发展筛查测验”就是一种检核表。

检核表具有封闭性和高度选择性，它们不保留原始数据，在观察开始之前要确定和界定要记录哪些行为。检核表需要一定的推论，因为你必须事先确定哪些行为和事件符合你所选择的观察和记录类别。此外，与其他需要推论的方法一样，行为有时会表现得很模糊，不能明确地将其归入事先界定的类别。因此，你必须在记录或不记录之前作出一个解释。

检核表的优势在于，它可以在多种情景下与多种方法一起使用。检核表高效且不需要付出很多努力。检核表最主要的不足是其封闭性，它记录的是一些行为片段，关于行为和情境的支离破碎的印象。

我们将等级评定量表作为检核表的一种变式进行了讨论。等级评定量表给某个行为或技能赋值或定性，也可说明某事物是否出现。正是由于它可以评价行为的性质，所以等级评定量表比简单的检核表更为复杂，所要求的推论和解释程度也比检核表更高。等级评定量表要求的高度结构化，它的优点是使用相对简便。与检核表一样，等级评定量表的一个重要缺点在于它容易遗漏大量数据。

本章还讨论了录像和录音的运用。运用摄像机的最大优点可能在于你可以捕捉行为的细节，并可在闲暇之余反复观看这些细节。如果能在熟练观察者的指导下观看，那么学生就可以从教学指导中获益，也可以通过多次观看详细的行为情节而受益匪浅。

但请记住，对相机记录的数据作出解释的是观察者而非相机；以有意义的方式观看的是头脑而不是眼睛。因此，在理解儿童行为时，摄像机的重要性远不及它的使用者。过度依赖摄像机也可能不切实际，因为这可能限制你在观察现场的活动和“跑着”观察的能力。

思考题

1. 检核表与频次计数、时间抽样有哪些共同特征？有哪些不同？

2. 描述或列举五种检核表（不同于本手册所讨论的示例）。你所列举的例子表明检核表可能有哪些用途和类型？

3. 请建构一个简短的检核表，描述你如何设计、你认为它应发挥什么作用、你必须考虑哪些因素，等等。

4. 多项选择考试怎样才能算是一种检核表？论文考试可以具有检核表的一些特征吗？

5. 检核表与等级评定量表有哪些本质区别？

6. 如何理解“等级评定量表比检核表对结构化的要求更高”？

实践练习

作为一项实践练习，请根据 1 岁儿童的关键发展方面，设计并建构一个检核表。在真实的观察活动中使用该表，并请多名观察者在同一时间观察同一儿童。你可以对多名儿童重复该过程。比较你们的观察结果，该表具有观察者间一致性信度吗？如何进一步完善你的检核表？

第13章　解释观察数据、践行观察结果与持续评价

目标

通过阅读本章，你可以：

- 讨论观察、解释、践行观察结果以及持续评价等活动之间的关系
- 讨论解释的两种作用或类型
- 分析解释中存在的偏见
- 讨论践行观察结果的几种含义
- 分析践行观察结果的组成成分
- 描述持续评价的过程

关键词

解释 interpretation　　偏见 bias

本章探讨了解释、践行和评价等问题。讨论的目的是指出这些问题的重要性以及它们之间的相互关系。

解释观察数据

前面我们已经讨论过解释这个问题，但在这里我们仍要再用一章来专门讨论，这主要是因为两个原因。

其中一个比较重要的原因是要再次强调解释在我们生活中的广泛而必要的作用。我们整个人类都会以我们的世界观以及我们看待人、物和事件的方式来行事。世上没有不言自明的事实。但是，对于我们的世界中的某些事实，我们确实已经十分习惯了，以致这些事实似乎是不证自明的，无须进一步解释或加工。比如，一旦我们已经知道狗指的是什么，我们就不用每次观察到狗的时候都对其一一进行解释。我们只是看到了狗就足够了。

我们的知识、价值观、态度和经验都是过滤器，我们所观察到的所有现象都必须经过

解释 interpretation

超越客观描述并试图对其加以说明或赋予意义，将能够直接观察的事物与不能够直接观察的事物联系起来。解释也可能建立在某种理论或假设的基础上。

这些过滤器的过滤。从广义上讲，这一过程就是**解释（interpretation）**。当然，现实世界中并不是每一件事情都经过了过滤器的过滤。有一些事物我们甚至都没有注意到；有时候我们也不会对某个物体、人或事件有任何印象。而我们之所以会出现这种观察的不完整性，其部分原因在于当时的兴趣、注意力集中的程度、身体状态（比如疲劳或疾病）、我们认为情境中的哪些方面重要以及观察的时间等。因此，尽管我们可能一直都在情境中直接观察儿童，但我们或许就没有看到杰里和雅各布一起分享玩具，坦亚在地毯角落被绊倒了。我们不是照相机，我们不能只把眼睛紧紧盯着某个方向，注意那里发生的每一件事。这是解释的一种广义运用，同时，*个性*也会对我们倾向于看什么、怎样解释所看到的事物产生影响。

从更严格的意义上运用解释，则涉及另外一个过程。在这个过程中，我们要有意识弄清楚某事物，并对之赋予超越经验数据的意义，这样我们就对这一事物进行了解释。回忆一下，前面我们对*解释*的界定是："弄清楚事物或使其可以被人们所理解……赋予意义或说明其理由。"最重要的是，解释、弄清楚事物或使其可以被人们所理解，通常要涉及从直接可观察到的事物转向不可或未被直接观察到的事物。例如，你不断地听到 4 岁的马戈要求伯格曼夫人表扬自己——这是可以观察到的；据此你得出结论：马戈是情绪依赖型儿童，他的父母可能在家里强化了他的这种行为——这是你没有观察到的。

偏见 bias

一种特别的视角或观点。偏见可能是个人的，也可能源于一种理论或哲学。

人们在解释的时候，实际在把某些"**偏见（bias）**"强加于事实。"偏见"并不带有贬义，而是指无法保证完全客观，解释过程中必然有观察者的特定过滤器出现。因为没有两个人是完全一样的，也没有两个人会以完全相同的方式来审视同一个现象。父母不会以完全相同的方式审视孩子，同样，没有哪个孩子审视父母的方式会与他们的兄弟姐妹一样。实际上，有研究者已经指出"有多少个家庭成员，就有多少个家庭"。简单地说，即使每一个家庭成员都与其他家庭成员具有某种客观相似性，但他们描述或评价自己的成长经历的方式可能各不相同。因为我们每个人都是一个独特的个体，并且，我们每个人都对我们的经验持有独到见解。而我们所参照的个人偏见和观点是由我们的经验、能力、知识所组成的。还有一种偏见，不是由我们无法控制的力量和影响因素所引发，而主要来自正式的学习和自觉的选择。这种偏见是由理论、假设、概念框架或哲学观所规定和塑造的，这是一种过滤器。

理论偏见似乎比个人偏见更加重要。尽管二者相互关联、相互依赖，但二者仍然差别迥异。学习一个理论并运用这个理论来解释行为，这无疑要取决于个人的特点，包括智力、倾向性以及成为一名有能力的观察者的可能性。而且，你关于儿童的价值观和一般认识会影响你在理智和情感上判断哪种理论观点最适宜。如果你认为给儿童机会他们就会自己学习，那么你就不大可能喜欢那种严格组织课堂和课堂活动的教育方式。

理论偏见还可能对你所看到的现象产生另外一种影响。这些偏见使你只关注某一情境、事件或行为的某一些部分。马森、康格、卡根以及休斯顿（Mussen，Conger，Kagan，& Huston，1984）用隐喻的方式描述了这种状态，他们指出，每一个研究者都会对婴儿的哪些品质是重要品质有一系列偏见或预期，他会基于这些偏见来观察婴儿，并据此描述相应的品质。同时，不仅理论偏见会造成注意的局限，我们的日常偏见也会造成这种局限。想象一下如下情景：一个父亲看着自己的 4 岁儿子比利在学校操场上和其他小朋友一起玩游戏，突然，当父亲看着他们的时候，比利把一个伙伴推倒了，他们打了起来，另一个孩子打了比利的胳膊。不难想象，父亲一定会责备那个伙伴，他可能没“看”到比利是这场“冲突”的发动者。实际上，所有的父亲都可能会认为是其他孩子在打自己的孩子。这就是所谓的选择性知觉，意思就是说，人们经常只看到他们想看到的事物，或者只重视他们认为很重要的事物而忽视其他。其结果是，正如我们对不同的日常生活事件赋予不同程度的重要性一样，不同的理论也会对不同的现象赋予不同程度的重要性。例如，皮亚杰关注认知或智力发展，而弗洛伊德则对个性发展感兴趣。因此，如果皮亚杰和弗洛伊德一起观察一个儿童，他们会各自关注儿童行为的不同方面，并且做出截然不同的解释。

总之，即使是对环境最简单、最直接和最不正式的观察和偶遇都涉及某种解释。我们必须把我们看到的和经历到的与我们已经知道的联系起来。通常，我们都是在无意识中这么做的。正式的解释需要我们在特定的观点或概念框架下（例如在某个理论范围内）看待和理解某种现象。这就需要有意识的思考。

再次讨论解释的另一个原因是，它是践行观察结果以及进行持续评价的基础。你的解释将决定你的观察结果，你认为什么有意义，甚至决定你是否真正有所发现。解释也决定着持续评价。评价可以对某事物的价值、有效性或适宜性进行判断。这种判断理所当然需要解释，而且正式的和非正式的解释都需要。总之，实践和评价工作都需要你在践行观察结果之前对你的观察进行解释。当然，践行观察结果的方式和目的可以不拘一格，你可以只理解儿童发展和行为的某些方面，评价某个既定课程方案是否取得它所声称的结果，或者开发一个新的课程方案。

但还有一点需要强调的是，一系列的观察、解释和评价仍然可能导致不确切或不适宜的结论和决策。关键是，多次观察总比一次观察带来错误的决策或结论的机会少。同样，如果多个观察者参与观察建立起观察者间一致性信度，也会减少出错的机会。当然，这还取决于观察者的技能和经验。

在多元文化情境中观察和解释

既然解释要超越直接可观察的现象，那么你就必须寻找能为你推断儿童行为提供依据的事物，这些事物可以帮助你理解儿童的行为并在必要时对儿童的行为作出回应，而这就是解释的含义。

有时，提出恰当的问题也会支持你的解释过程。非常感谢珍妮特·冈萨雷斯-米纳（Janet Gonzalez-Mena）在这方面卓有成效的工作。冈萨雷斯-米纳提出人们在尝试解释儿童行为时可以或应该问的六个问题（Gonzalez-Mena，2005）。即使很粗略地考察这些问题，你也会发现它们的重要意义和普遍性。

1. 儿童的基本需要得到满足了吗？提出这个问题的基本假设是，人类行为是有目的的，而不是随机的或完全不可预测的。儿童与其他人一样，也需要满足基本需要。比如儿童的饥饿状态必须消除，疲劳状态必须减轻，害怕或焦虑状态也必须通过成人的保护和安慰而得以减缓，必须允许儿童自由活动。这些需要是人们考虑的必要条件。

一个孩子在上午之所以会烦躁，可能是因为几个小时没有吃东西了，或者，儿童吵闹是因为需要大肌肉活动时没能参与。作为儿童行为的解释者，你的目标就是理解儿童的行为，对行为作出解释，这样你才能成为一名有效的儿童保育者、早期教育者和父母。

2. 环境是否适合儿童？这个问题与皮亚杰提出的同化和顺应概念有关，也与J·迈克维·亨茨（J. McV. Hunts）于1961年提出的“匹配”概念有关。此外，它还与发展适宜性问题有关。发展适宜性实践（DAP）要求儿童保育和早期教育环境适当满足儿童的需要，适应他们的独特性和个性特征。而冈萨雷斯-米纳提出的这第二个问题实质上是在问：年幼儿童对他所处的环境作出的反应，是否能够促进其认知发展，允许他最大限度地自由运动，进行恰当交往？一言以蔽之，儿童能否从他身处的这个环境获得最大限度的收益？

冈萨雷斯-米纳指出，与那些身处更适合儿童年龄、发展水平和气质的环境的儿童相比，处在不适宜环境中的儿童往往需要更多的支持和引导，而且也更有可能做出不恰当的行为。尽管为大量不同年龄和发展水平的儿童准备适宜的环境是一项繁重工作，但人们不能逃避为儿童提供这种适宜的环境的责任。

3. 儿童的行为是否是在寻求注意？人类在本质上是注意力的寻求者，这是一个不争的事实；我们所有人都时常需要和渴望别人注意我们，知道我们是谁以及我们要做什么。但鲁道夫·德莱克斯（Rudolph Dreikers，1964）却指出，儿童的不恰当行为可能缘于错误的目标，即为让自己成为“中心”而寻求注意。寻求注意可能带来积极的行为，也可能带来消极的行为。冈萨雷斯-米纳（Gonzalez-Mena，2005）说：“儿童寻求注意的需要不应该被轻视，成人应该对儿童的这种需要作出反应。”她写道：“要有明确的计划，在那些需要注意的儿童*没有*做出不恰当行为的时候就给他们大量的关注。”（p. 128）

如果你对某个孩子不十分了解，那么把某个特定的行为解释成寻求注意则需要你了解他以往的表现，或者是观察当这个孩子得到了你认为他正需要的注意时他的反应。一个比较保险的假设是，如果儿童在获得了注意之后，行为仍然继续，那么寻求注意就不是这种行为的基本动机。这一结论以行为矫正原理为根据，即如果行为造成了令人满意的结果，行为就会受到强化。

4. 儿童的行为是不是一种无力感的反应？冈萨雷斯-米纳（Gonzalez-Mena，2005）指出：“感觉自己无能为力的儿童需要了解自己的力量。”（p. 129）儿童需要感觉自己对所处的环境具有某种控制力，也许这就是某些心理学家所谓的掌握的需要。但是，如前所述，仅仅依靠你与所观察孩子的一面之交是不足以得出这种解释的，你不能仅靠偶尔几次或不经常的观察就把无力感作为儿童行为的动机。作出这种解释需要你对该儿童进行长时间的、在多种情境下的观察。

5. 儿童是因为过去这个行为曾经得到奖励而学会这种行为吗？冈萨雷斯-米纳（Gonzalez-Mena，2005）将这个问题与问题3“儿童的行为是否是在寻求注意”联系起来。同时，她还举例说明了过去所受的奖励是如何发挥作用的。“泰勒被叫进屋吃午饭，他尖声喊叫‘不’，并且跑到了别的地方。老师对泰勒给予了很多关注，她跟泰勒说话，斥责泰勒，并且威胁泰勒，直到最后她把泰勒叫进屋，并且承诺泰勒，吃饭的时候他可以坐在老师旁边。”（p. 129）尽管如何改变这种行为并不在本文所讨论的范围内，但我们要说的是，改变这种行为的方式就是不予以奖励。在这个例子当中，教师的注意就是一种奖励（p. 129）。当儿童被告知要用一个期望出现的行为代替不期望出现的行为时，改变的过程就完成了。

6. 儿童是否清楚地理解为什么他的行为是不适宜的？这个问题可以被理解为儿童的立场是否受到了忽视。冈萨雷斯-米纳指出：“儿童不得不去了解他们的行为是如何影响别人的。”（2005. p. 131）前面几个问题似乎都指向发现儿童的行为动机，以对儿童行为作出解释。第六个问题则为你的解释提供了一个重要的信息资源，你可以根据这个问题来解释儿童的行为。如果把误解看作是儿童做出不恰当行为的原因，那么人们就有理由假设，一旦儿童了解到他们的行为在某个特定情境不为他人所接受，并且有人教他们恰当的行为，他们就会改变不适宜行为，做出恰当的行为。

除此之外，你还可以问其他一些问题，以帮助你理解和解释儿童的行为。但无论你问其他什么问题，都必须强调理解儿童所做事情的极端重要性。因为正如我们在其他很多地方都说明的，仅仅观察行为而不去理解行为，这种做法是毫无意义、没有任何结果的。

文化和解释

在当今背景下，我们既不能忽视文化的作用，也不能过分强调文化的作用。同时，发展适宜性实践（DAP）的概念也让我们有充分的理由来讨论文化及其对整个观察过程的影响问题。

儿童来自不同的文化背景，不同的文化背景至少会以两种不同方式影响你的解释，这两种方式实际上就是一个问题的两个方面。其中一种影响是，文化背景为你提供解释儿童行为的背景或框架。如果你观察到 4 岁的苏琳（亚裔美国人），没有注视成人的眼睛，你就可以根据你对亚洲文化的理解来解释这种行为。因为在亚洲文化中，直接对视往往被看作是一种不敬的行为。这样的文化理解就是一种解释框架，帮助你理解儿童不看成人眼睛的行为。

文化对解释的另一种影响与你对所观察行为的反应有关。你越不了解文化差异，这种影响就越有可能发生。在苏琳这个例子中，如果你没有意识到苏琳的亚裔文化背景，那么你就可能把她的行为解释为害羞、焦虑，或对成人所说的话不感兴趣。而且，在某些情形下，特别是如果你认为人们，不管是儿童还是成人说话时都应注视对方的眼睛，你就可能对像苏琳这样的儿童作出消极和贬义的解释。可见，第一种影响是人们所期望的，因为这种影响以文化差异为基础，有助于与儿童建立有效的交往关系并促进人们对儿童行为作出更加准确的解释。第二种影响则不是人们所期望的，因为它可能导致误解、冲突和错误的解释。

文化：一些思考

文化与我们如影随形，渗透到我们的生活中，它无处不在，使我们无法逃避。通常，我们可能不会意识到自己的文化对我们所造成的影响，就好像一条鱼没有意识到自己是生活在水中一样。但是，一旦把这条鱼从水中拿出来，它就会明显地“意识”到周围环境所发生的急剧变化。同样，如果把我们放在一个与以往的环境完全不一样的环境中，我们也会意识到这种急剧的变化，比如做事方式的变化、语言的变化以及风俗的变化等。我们不一定非要到另外一个文化当中去，才能意识到这种不同。生活在其他文化环境中的人们来到我们的身边，我们在自己的国家和文化中与他们交往。有时，我们会认为来自其他背景的人在某些方面表现得怪异、不正常或滑稽，而这种怪异的感觉有时会给我们与他们的交往带来麻烦。

美国是一个多元文化的社会，一个反映文化多样性的社会。这就意味着，在任何一个儿童保育场景中，你都很有可能遇到一些与你的意见和观点大相径庭的父母。这些观点包括儿童是什么、儿童获得最佳成长和发展最需要什么，以及其他许多你意想不到的问题。

文化多样性或多元文化主义是当今社会一个十分重要的问题，但不幸的是，这个问题又是许多人没有很好理解的问题。即使是在这个问题上很有作为的冈萨雷斯-米纳(Gonzalez-Mena，1997）也坦率承认，理解其他文化不是一件容易的事情，它需要对来自其他民族和文化的人们进行观察并与他们对话。

然而，不管任务有多艰巨，我们仍不能否认理解儿童所属的不同文化的重要性。尽管我们不能彻底解决多元文化的问题，但我们确实想要给大家传递一些有用的信息，因为你不可避免地会与一些来自其他文化的儿童和父母打交道。

也许我们最好先给大家提供一个概念框架，让大家在这个框架内思考文化，如文化是什么，文化如何影响我们的行为。让我们先简要讨论文化是什么以及文化影响发展的不同方式。

布雷德坎普和科普尔（Bredekamp & Copple，1997）在他们修订的《早期儿童发展适宜性实践方案》(*Developmentally Appropriate Practice in Early Childhood Programs*）中指出：

> 文化指人们一代接一代地传递着的社会成员所应遵守的一系列行为规则或期望。文化经验不仅限于手工艺品或文化产物，如节日庆典、食物或音乐。我们很容易看到这些产物，但它们却不是文化本身。文化隐藏在这些产物背后，是生产或塑造着这些产物的一系列习俗或规则。理解文化需要理解影响行为的规则，理解给家庭及社会事件和经验赋予意义的规则。(pp. 41-42)

因此，文化是对某些行为给以指令（允许或要求）或限制（不许或禁止）的一系列规则。布雷德坎普和科普尔（Bredekamp & Copple，1997）列举了文化要求儿童学习的一些规则。

> 他们学习的规则包括：如何表示尊重，如何与自己熟悉的人和刚认识的人交往，如何把握时间和人际空间，如何穿着，吃什么和什么时候吃，如何对主要生活变迁或庆典作出反应，如何做礼拜，以及无数其他每天都在不假思索地进行着的行为。(p. 42)

托马斯·J·伯恩特（Thomas J. Berndt，1997）讨论了文化的重要意义，认为文化间题“贯穿主要的理论或发展”（p. 13）。他引用了有关文化在人类发展中的作用的两种观点：文化特异性和发展普遍性。文化特异性强调“对儿童发展的最准确描述和解释将会因文化不同而有所不同”（p. 13）。不同文化审视和对待儿童的方式强烈地影响着儿童的发展，这些文化观点包括“儿童什么时候（或是否）发展某些技能，哪些因素对儿童发展最有影响”（p. 13）。与此相对的观点即发展普遍性认为，文化差异基本上不会对各种技能的发展产生太大的影响。所有儿童在同样的年龄大概经历着同样的、普遍适用的发展进程（Berndt，1997，p. 13）。

伯恩特引入了“生境”概念，即“一个有机体所适应并在其中建立家园的小环境”（p. 14）。文化从其最显著的字面意义上看就是一个发展的生境。每种文化都对其成员提出某些要求和期望。在这个意义上，儿童必须学会和表现出与其各自文化要求一致的行为方式。

苏珀（Super）和哈克尼斯（Harkness）（转引自 Berndt，1997）提出了发展生境的三个组成要素。第一是物理和社会环境，尤其是社会环境，维果茨基认为它在儿童心智发展中发挥着重要作用。第二是有关儿童保育和教养的特定文化习俗。例如，睡觉的习惯就是其中一个组成要素。最后是伯恩特所说的“照看儿童的成人的心理学”（p. 14），这包括父母认为需要教儿童什么，也许还有很多其他反映父母观念的因素可以加入最后这一条。

但需要注意的是，文化多样性具有多种含义。其具体作用取决于你的目标以及你在各种观察场景中所扮演的角色。早期教育者或保育员需要有效应对来自不同民族和文化背景的儿童。而对于那些不需要直接与儿童交往的观察者来说，文化多样性或多元文化主义恰好为其提供了一个观察、解释和理解儿童行为的背景框架。记住这一差别非常重要，因为本文的焦点是儿童的行为，而不是早期保教机构的设施和教学实践。

简要说明儿童的文化背景如何影响你的观察和解释是非常有用的。冈萨雷斯-米纳（Gonzalez-Mena，1997）描述了两名儿童：“他们属于两种不同的文化环境，却遇到了同样的情境。”（p. 267）冈萨雷斯-米纳让她的读者想象一个谨慎、害羞和胆小的 3 岁女孩，这个女孩生活在意大利。今天是她第一天上幼儿园。当这个女孩走进教室的时候，她没有向老师打招呼，而教师那时正准备和她打招呼。尽管人们考虑了这个女孩很害羞，但由于社会可接受的方式是期望儿童向成人打招呼，所以人们也期望她对她的长辈表示适当的尊敬，以适当的方式向老师打招呼。

第二个女孩也是一个谨慎、害羞并且有点胆小的女孩，但她生活在美国。她第一天去幼儿园的时候，低着头，也没有向老师打招呼或说话。在这种情况下，教师仍然向她说“你好”，但是教师并没有等着女孩一定要作出回应。正如冈萨雷斯-米纳所指出的，教师

“从这个女孩的角度考虑，原谅了她，因为她害羞，年纪很小”（p. 267）。

这两个简短的例子很好地说明了观察者可用两种不同框架来解释这两个女孩的行为。这两个场景的客观特点基本一样，但人们却根据对害羞的含义的不同理解得出了不同的结论。这种含义是由女孩所属文化所赋予的。那个意大利女孩，成人不会完全原谅或忽略她的害羞，也不会原谅或忽略她不向站在门口的成人打招呼，因为在意大利文化中，人们高度重视对长者的尊重。而那个美国女孩，她的害羞却被忽略了，同时她不向成人打招呼的行为也没有遭到谴责或纠正。因为人们考虑到了她的年龄和她的害羞行为，并且把这些看作是她不向成人打招呼的理由。但这并不是说，学前教育工作者不需要帮助这个小女孩克服她的害羞。

你必须把这个例子置于与你的目的有关的情境中。为了恰当地理解和解释，你不能过分强调这两所学前教育机构中的成人反应。你要多重视女孩的行为，如果可能，看看当成人努力使她们克服害羞并对他人表示友好时，她们的反应如何。

儿童的文化背景是理解儿童在某些特定情境中所做出的行为的重要因素。我们之前的讨论只是文化多样性这一冰山的一角。但即使是一个简要的讨论，也会让你认识到，儿童具有不同的经验，并由于所属民族或文化不同而面临不同的期望。当你在各种情境中观察儿童并与儿童一起工作的时候，你要运用你已经拥有和将要获得的知识来解释儿童的行为，这样的解释要比你在不具备文化差异相关知识的情况下所作出的解释更加准确。

在观察和解释的时候，可以运用布雷德坎普和科普尔（Bredekamp & Copple，1997）提出的一套文化规则。这些规则在早期教育场景下非常实用。但这并不意味着你就不需要进一步学习有关文化多样性的知识，我们只是为你的观察和解释提供了一个起点。请再看看布雷德坎普和科普尔提出的文化规则。

并不是所有这些规则都可用于任何情境中的观察。比如，你不太可能有机会观察儿童如何做礼拜，如何对重大生活变迁或庆典作出反应（比如，父母离异就是很多儿童都经历过的一个重大生活变迁）。但毫无疑问，其他一些规则或文化期望则是可以时常进行观察的。你必须对这些因素以及它们在各种情境条件下的表现方式保持敏感。

关于文化多样性的另一种观点

我们对多样性的讨论尚不十分充分。我们刚刚所呈现的材料关注的是一些读者比较陌生的文化和多样性的多个方面。但是当你把文化多样性概念作为观察和解释儿童行为的工具时，你还必须考虑另一个适用更广的问题。艾伦和马洛茨（Allen & Marotz，2003）对文化多样性的特定含义和一般含义都作了重要的分析。他们写道：“从最广泛的意义上，多样性这个词的内容广泛，既包括广泛的相似性，也包括广泛的差异。我们在描述多样性时最普遍采用的维度有年龄、性别、种族和民族、社会经济地位、语言和能力。”更具启发性的是他们提出了讨论多样性议题的限制条件。

多样性问题不仅指简单的分类。家庭系统、交流方式、宗教信仰、教育背景、教养行为及社会价值观等都对儿童形成独特的遗传特征发挥重要作用，这些因素还影响着儿童的认同感或自我概念。每一种生活经验都会影响儿童对自己的看法。多样性的每个维度都可能表现出多种差异，因此，我们必须努力避免对多样性的含义做简单化的概括和假定。例如，一个说西班牙语的孩子可能来自任何一个地方或任何一种文化背景。简单地把这个儿童归为“拉丁美洲人”会使我们意识不到其个体差异和文化差异，并由此造成一些刻板印象。(Allen & Marotz，p. 76)

上文提供的一个重要信息是，也许不是所有人，但大多数人的行为都包含着一系列相互作用的变量、条件、环境和情境，并受这些因素的影响。文化多样性问题也可能导致一些你不期望的结果，比如使你将注意转移到文化或民族因素而忽略其他可能影响和决定个体行为的变量。在前面论述的两个害羞的 3 岁女孩的例子中，仅仅知道她们其中一个是意大利人，另一个是美国人是不够的。你还知道她们正好 3 岁；是女孩而不是男孩，但没有关于其特定家庭背景的信息。总之，所提供的信息非常简要，而其他一些信息缺失，这种状况既可能帮你澄清对这两个儿童行为的理解和解释，也可能让你的理解和解释非常混乱。

文化与非言语交流

文化多样性还有一个方面对理解和解释行为有特别的作用。珍妮特·冈萨雷斯-米纳 1997 年在《儿童保育的文化多样性问题》(*Multicultune Issues in Child Care*)一文中为我们提供了如下很有说服力的建议：

教师和儿童看护者在与来自不同文化的家庭打交道时，可能会在以下几个方面与家长产生不同看法：依赖性与独立性、吃饭、如厕、睡觉、拥抱、安慰、“溺爱”、纪律要求，以及创设游戏环境等，这时，他们需要以长远的眼光来分析这些家长来自何方。(p. 21)

特别有趣的是，冈萨雷斯-米纳特别强调了观察对于了解其他文化的重要性。她写道：

在与和你有着不同文化背景的家长打交道时，你需要自我教育，这一点非常重要。我的意思不是读书，尽管那也有一些帮助。我的意思是要近距离地去观察。(p. 21)

她进一步提出了非言语交流的五个方面。这五个方面可能使教师在与来自其他文化的父母和儿童交往时产生错误或偏差。

私人空间　私人空间是指我们让自己与他人之间保持的距离。就像文化一样，我们大多没有意识到我们是在根据对他人的了解情况来丈量我们与他们的距离，并努力保持这种距离。这种现象被称作空间关系学。

私人空间的一个重要方面是，当我们坐得或站得离他人太近时，会让他们感到不舒服，就像别人侵犯我们的空间会使我们感到不舒服一样。不要想当然认为别人对私人空间的感受都和你一样。还有一点非常有趣的是，欧美人或盎格鲁人所认为的恰当的人际距离，在另外一些文化当中则被认为太远了，显得不友好或冷漠。设想一下，儿童也有私人空间感，成人经常认为与孩子面对面是完全正确的，他们可能认为与孩子保持近距离的身体接触能使儿童产生信任感或亲密感。但如果一个孩子因某人接近自己而作出你不期望或你认为不恰当的反应时，请尊重儿童的文化背景，重新评价你自己的反应。

微笑　微笑可能是大多数美国人认为在每个地方都有相同意义的行为方式之一。但是正如冈萨雷斯-米纳所指出的，微笑与触摸和眼神交流一样具有文化特异性。在一些文化中，比如俄罗斯，人们只在高兴的时候微笑，而不用微笑来表示友好。微笑还可能是一种困窘的信号。

冈萨雷斯-米纳（Gonzalez-Mena，1998）描述了越南人微笑的含义，这些描述很有启发性。

几乎每一个到过越南或者与越南人有过接触的人都会注意到：在所有情境下，无论高兴或不高兴，都弥漫着一种持续不断的神秘的微笑。一些越南学生会在看起来错误的时间和地点微笑，所以许多在越南的外国教师会被这种微笑所激怒或因此产生挫败感。教师们无法理解为什么学生们受到训斥、不理解老师所讲的内容时还不停地微笑，尤其无法理解当学生们应该回答问题时，他们还是坐在那里平静地微笑。教师们经常认为这里的学生不仅愚笨、不服从管教，而且还傲慢无礼。他们还不理解的是，学生们经常以微笑向教师表明他们并不介意被斥责，或者表明他们无法理解课程内容。越南人随时随地都微笑，这已成为他们的一个普遍特征。但没有什么线索可以告诉外国人不同情境下的各种微笑分别代表什么含义……越南人的微笑几乎可以代表任何一种含义。(p. 61)

眼神交流　冈萨雷斯-米纳提出的问题是："在与他人说话的时候是看着别人的眼睛还是看其他地方，这一点是否重要?"(p. 23)。如果各种文化对眼神交流持同样的看法，那么人们彼此会感到很舒服。在美国文化中，当我们与别人谈话的时候，如果别人不看我们的眼睛，我们会认为对方要么躲躲闪闪，要么不诚实，要么对我们有所隐瞒。当然还有其他一些解释。冈萨雷斯-米纳报告说："在西方文化中，眼神交流被认为是专注的一种表现，而在亚洲文化中，眼神交流则被看作是不尊重或不顺从的表现。"（p. 23）同时她还指出：土著美国人认为"长时间的眼神交流是极端不尊重的行为"(p. 23)。

根据前面这些阐述，人们非常容易对一个孩子的眼神交流方式作出错误的解释，并由此得出结论认为这个孩子注意不集中、不尊重他人，或有其他一些不令人喜欢的品质或特点。

身体接触　身体接触这种非言语交流方式可能比先前讨论的几种交流方式都更受关注。例如，对性骚扰或儿童骚扰的关注使许多人思考不恰当的身体接触问题。一些人似乎天生就渴望被人触摸，另一些人则非常喜欢触摸其他人。对这些人而言，身体接触代表友好、亲密，或者给人一种安全感。众所周知，处于权威地位或地位较高的人更有可能触摸那些地位比他们低的人。正如冈萨雷斯-米纳所指出的："在加拿大和美国的主流文化中，老板触摸秘书的次数要远远多于秘书触摸老板的次数。"（p. 23）

头部的接触需要特别注意。"想想加拿大和美国白人主流文化中关于头部接触的不成文规则。摸别人头部的人往往在某些方面有较高的地位，一般来说人们只摸地位比自己低或与自己有亲密关系的人的头部。"（Gonzalez-Mena，1997，p. 23）抚摩或轻拍小孩的头也通常被认为是比较适宜的，成人经常以此表达对孩子的疼爱。然而，儿童也需要我们对之表现出尊重。如果儿童所属文化认为拍脑袋具有一定的侵犯性或表示不尊重，那么就不应该拍儿童的脑袋。因此，在解释的时候就需要在儿童所处文化背景下考虑他们对被触摸的反应，不管被触摸的是头部还是身体的其他部位。

时间观念　估计时间或遵守时间，这是人类的发明，也是人类的活动。年幼儿童与成人看待时间的方式不一样，他们不关注按时赴约或准时出席等问题。但是，随着儿童智力和社会性的发展，他们逐渐能够意识到时间，并且有可能，至少是初步地采纳父母的时间观念，以及父母处理社会情境中的时间问题的方式。冈萨雷斯-米纳主要针对教师和父母来讨论时间问题，这与我们的研究目的似乎没有直接联系。但即使你只是一个观察者，与儿童的父母或教师没有直接接触，你对所观察儿童的理解也会受到儿童父母处理时间的方式的影响。尤其是当你客观地对待观察情境，发现一个孩子的不良行为更应该由其父母而不是他自己承担责任时，你可能更容易被惹恼或激怒。

小结

对于以上讨论，你需要记住的核心观点是，在观察和解释儿童行为的时候，你必须十分警觉，你对儿童所作的结论必须尽可能如实、准确。回想一下我们在第 3 章所讨论的评价问题，需要注意的是，在与观察有关的各种目的中，评价对儿童可能最具有"危险"性或最具有潜在危害，因为评价通常被用于对儿童的人格、性格和自我价值等的判断。研究者可能根据一些受文化影响或决定的行为，对儿童作出不利的判断或形成不适宜的课程决策，由此影响儿童在保教机构或课堂中的经验。

践行观察结果

我们之所以要讨论践行观察结果的问题，主要因为对专业的儿童保教人员和父母而言，观察行为通常带有某种目的。其中一个目的是理解儿童的行为，了解他们是如何成长和发展的。这种理解需要对通过观察和记录所获得的数据进行某些解释。解释在本质上是超越观察的，因为很多解释是主观性的。尽管解释以非常客观的观察为依据，但对行为所赋予的意义，却不是直接可以观察到的。例如，人们不能直接观察到儿童的依赖性，而只是观察到一些行为，并根据这些行为推断儿童具有依赖性。

观察儿童行为和发展的另一个目的是，在儿童保教机构和家庭中以有利于儿童的方式运用观察数据。我们所说的“结果”就是人们根据对观察数据的解释而得出的结论，践行结果是指使观察数据得到恰当的运用。适宜的践行有赖于合理的观察和解释。但我们无法告诉你如何践行你对儿童行为的了解，因为践行过程由特定的目的和情境决定。我们不可能预见你与儿童打交道时可能面对的所有可能性，但是，你确实需要理解观察资料如何在践行过程中发挥作用。如果没有在准确而可靠的观察数据基础上形成的目标，任何课程变革或改变儿童行为的尝试都将是费时费力的蛮干。带着践行观察结果的意图来观察也就是带着事先拟订好的计划或目的来观察。你必须在涉足观察地点之前就弄清楚你为什么要去观察（参见第 3 章）。熟练而适宜的观察绝不会是等你进入观察地点后才问自己：“现在我到这里了，我该做什么？”

践行观察结果是一个广泛的主题。观察的原因和方法有多广泛，践行结果就有多广泛。这一论断的前提是，你需要在进入儿童的行为流之前明确观察的理由。“践行观察结果”这个短语暗示着事先拟订目标和方法。从这个方面讲，无论正式的还是非正式的观察，都与研究或实验没有什么不同。

研究者必须知道自己的研究主题或问题是什么，以及怎样搜集和分析数据。

当然，你的观察数据不一定像正规研究那么复杂，但观察数据的一些基本原则却与正规研究一致。比如，你必须在“向儿童的行为流撒网”之前明确你为什么要观察。我们在前面的章节中已经讨论过这一原则，即观察不只是随意地看，而是要试图发现某些东西。

践行意味着实践运用、付诸行动，或者达到某种要求。例如，践行一项计划就意味着按计划行动，或做出使计划发挥作用的行为。这是一个包罗万象的概念，因为关于一个人要做什么、要使什么发挥作用、要达到什么要求等的限定是非常广泛的。正是基于这个原因，你必须在自己的观察目的所限定的特定情境中践行你的观察结果。例如，你可以收集一名儿童在放假期间的行为表现的叙事性描述，完成一次观察练习的要求。你不用对该观察记录做任何事，但仍能实现你的目标，即获得以叙事方式详细描述行为的经验。但教师则可能运用该观察记录来监控儿童在各发展领域的发展进程，或为矫正儿童行为提供依据。

对于“结果”一词还需要作细致的考虑。如果对“结果”的理解过于局限，那么观察的作用就主要是为研究服务；当然这不包括为了解儿童而观察，或为看看儿童的行为是否符合心理学家的描述而观察。在这后一种情形下，结果的含义非常广泛，甚至可以被界定为目标或目的。例如，当你了解了亚当对同伴社会行为的反应，或当你了解了玛格丽特说话的特点时，你就在实现某种目标。

持续评价

有很多原因让我们不可避免地作出判断。评价就是作出判断，而判断则是在某个事件、物体或行为与一个标准或指标之间作对比。即使在最简单的情境下，对比也是显而易见的。例如，你尝试走一条新路去上学或上班，但你认为原来的路线比新路线好。老路线更快、风景更好，并且路过一家你经常去买东西的商店。在各种可能的标准中，你现在的标准是时间、审美情趣，以及可以顺路买东西而带来的便利。

对比是必需的，因为没有对比，我们就不能感知或知晓任何事物；我们甚至不能区分熟悉的事物和不熟悉的事物。我们必须对照我们已知的事物而明确我们不知道什么。这里最关键的是标准的选择，它是观察、践行观察结果和持续评价的基础。这三项活动都需要对照某个标准。从这一普遍意义上讲，一个标准就是人们借以判断、决策或对比的任何一种框架或情境。

让我们回到一些我们熟悉的领域。一些标准是由我们的个性特征所决定的。例如，有一些行为标准用于判断我们的行为和其他人的行为的可接受程度。这些标准可能是我们个性的组成部分，是我们的成长经历、价值观和态度的结果。一种理论也可以是我们可借以对照、判断和决策的标准。基于理论的标准可能表现为我们运用皮亚杰的理论评价儿童的认知发展水平，比如一个感知运动阶段儿童的典型行为，就可以成为你在观察儿童过程中的标准或根据。通过比较，你了解到自己所观察的儿童在这些典型行为或标准方面是如何行为和表现的。一个理论就是一个正规的标准，而我们的个性特征则被称为非正规的标准。

如果评价是对照标准，那么持续评价就是连续不断地对照标准，这意味着你所评价的任何事物都能或都将发生变化，标准也可能变化。实际上，当你评价儿童的时候，标准必须有所变化。儿童的能力在随着他们的成熟和经验而变化，而父母对儿童行为的期望和要求也随之发生改变。期望和要求就是一种标准，会随着儿童能力的改变而变化。

正如前面所提及的，标准的选择在很多情况下是非常重要的，因为标准决定着儿童的表现能否满足成人对这个儿童能够做什么和应该能够做什么的期望。例如，父母关于儿童控制肠道和膀胱的标准决定着他们如何对孩子进行如厕训练。如果父母能如实地评价儿童的生理成熟程度，那就不会有什么问题。父母会调整他们的标准以适应儿童。相反，一些父母可能对儿童的如厕行为有不现实的期望（标准），他们可能错误地运用标准，或者运用了错误的标准。他们可能在孩子还不具有某种能力的时候就要求他坐便盆，不让大小便弄脏内裤，并且告诉他什么时候必须去厕所。

让标准适应儿童的能力，这涉及很多因素。首先，父母必须知道儿童大约几岁时能成功地进行如厕训练。这可以被理解为在解释的时候用成熟准备这个概念来说明成功。第二，践行结果要在运用成熟准备性评价儿童当前的准备水平，进而根据评价结果决定是否采用某一标准之后才发生。如果儿童没有做好接受严格如厕训练的准备，那么就有必要进行后续评价。父母可以在一个多月以后对儿童进行再次评价，更新他们的信息，将儿童所表现的准备程度与如厕行为标准进行对比。

这只是一个简单的例子。持续评价还有很多更加复杂的方式，但不管复杂水平如何，其过程都与上述如厕训练一样。

一些践行实例 尽管践行结果是一个广泛的主题，但其成效却是非常具体而实际的。让我们看看如下一些假设的案例，说明如何在各种情境中践行观察结果。

例 1

帕里什夫人想鼓励孩子们在她的幼儿园活动室里多一些独立自主行为。但对她而言，这是一个新的环境，她还不了解这些孩子，不知道他们如何游戏及如何使用其中的设备和材料。她认为，物理材料的类型及其在环境中的布置可以促进和培养儿童的独立行为。于是帕里什夫人决定观察儿童的游戏活动，运用事件取样来记录儿童所表现的依赖行为。她首先选择观察依赖行为，是为了确定在什么条件下会发生这样的行为。她希望用一种能促进儿童独立行为的方式来改变这些条件。

帕里什夫人很快注意到，每当孩子们要拼图、玩字母游戏、使用录音机或画画时，就会向成人求助。只要涉及这些活动材料，孩子们就一定会表现出依赖行为，这只是因为架子太高，孩子们够不着。帕里什夫人得出结论，如果一个成人必须把这些材料递给儿童，那几乎不可能培养儿童的独立性和自我服务能力。

例 1 是一个非常简单的践行观察结果的案例。帕里什夫人降低了储存架的高度，使孩子们够得着。后续评价发现，儿童为获取活动材料而求助的现象几乎为零。

例 2

大多数幼儿园想要鼓励在园里的儿童进行合作与分享。然而，合作与分享是习得的行为，我们不能把它们看作是想当然发生的事情。格伦肖夫人是 4 岁班的一位教师，她知道上述观点，但她必须设计一些方法让儿童学习合作。她必须确定如何布置班级情境以促进儿童之间的合作而不是竞争。她决定观察儿童和她的同事，看看哪些情境导致了合作或竞争。

下面这个场景是格伦肖夫人在决定观察合作和竞争行为之后所观察到的。

上午 9：30。现在是打击乐器活动时间，由威尔逊夫人负责。她将一个装有各种打击乐器的箱子放到地板上，告诉儿童他们想玩哪个就拿哪个（箱子里有六个三角铁、一个手鼓、一块积木和一个鼓槌，还有两个拨浪鼓）。孩子们立即冲向箱子抢夺玩具。马丁第一个来到箱子边，抢到一个手鼓。此时萨莉正好在他后面，也抓到了那个手鼓。马丁用力把萨莉握紧的手掰开，并且说："这是我的，我先拿到的。"萨莉则回答："我今天想玩。"在这两个孩子争执的时候，另外八个孩子也胡乱挤向箱子，争着要拿一件乐器。胡安拿出仅有的一块积木和鼓槌，然后跑向屋子的一角。卡利斯列拿出一个三角铁，威拉德也抢到了一个三角铁。一共有六个三角铁，所以孩子们没有为这种乐器而争执。最后，威尔逊夫人不得不把萨莉和马丁两个人拉开。她告诉萨莉让马丁今天玩手鼓，萨莉可以明天玩，萨莉勉强同意了。马丁走开，脸上乐开了花。萨莉拿出最后剩下的一个三角铁，然后走开，站在已经拿好乐器的孩子身后。经过大约两分钟疯狂的争抢之后，尽管仍有两三个孩子还在为没有拿到自己想要的玩具而嘟嘟囔囔，但每个孩子都拿到了一件乐器。

根据这一观察，格伦肖夫人决定，必须用更好的方式来开始打击乐器活动，而不是把一箱子乐器放到活动室中央。她认为，把一箱子乐器放到中央，这种方法不仅不能培养儿童之间的合作与分享，反而会造成儿童之间的竞争。她想：用这样的一种方式来分乐器，孩子们得到的信息实际上是："好了，孩子们，先来先拿，谁最快、力气最大，谁就会拿到自己想要的乐器。"她建议威尔逊夫人，将来应该在孩子们中间传递箱子，让每个人选择他在那一天想玩的乐器。同时教师还要说明，下次将有另一个孩子可以选择他之前未能选到的乐器。这样，最终每一个孩子都能玩到他想玩的乐器。

对这一活动的持续观察进一步证实了格伦肖夫人的解释。除个别孩子因不想等到下一次才玩自己喜欢的乐器而偶尔抱怨外，孩子们都接受了这个新规则。甚至有时候，有的孩子还会放弃自己玩某件乐器的机会，把它让给自己的某个朋友。

例 3

冈萨雷斯夫人认为，儿童是他们自身发展的积极参与者，因此，应该允许儿童主导他们自己的活动。冈萨雷斯夫人精心选择了各种各样的设备和材料，以适应具有不同兴趣和技能的儿童。同时，冈萨雷斯夫人还认为，应该鼓励儿童去"超越"当前的能力水平，以促进新技能和新兴趣的发展。因此，她运用她的观察技能，记录了每一名儿童在活动室各个区域的行为和活动。她观察和记录儿童运用了哪些设备和材料，以及运用这些设备和材料要求儿童具备哪些技能和知识。同时她还观察儿童在每个区域的游戏时间和游戏频次。冈萨雷斯夫人希望儿童在运用各种材料和进行各种活动时能保持一定的平衡，因为她认为这种平衡将会促进儿童的全面发展。

在观察过程中，冈萨雷斯夫人注意到，维克托，一个新来的 5 岁男孩，经常与其他儿童一起玩一些需要大肌肉动作技能的设备和材料，只在他一个人时才玩需要小肌肉动作的活动。维克托常常是在一边观看其他孩子拼图、用剪刀剪图片或串珠子，而自己却从不参与。如果在他独自从事小肌肉动作活动时，有其他儿童靠近，他就会立即停止正在进行的活动并走开。但是，冈萨雷斯夫人也注意到，维克托的小肌肉动作发展非常好。因此，她排除了动作不协调这一因素对维克托不玩这类游戏的影响。由于冈萨雷斯夫人没有在活动室里发现什么因素导致维克托不愿意与其他儿童一起活动，所以她决定与维克托的父母谈一谈。她认为，儿童在家里的经验会影响他在学校的行为。

通过与维克托的妈妈会谈，冈萨雷斯夫人了解到，维克托的哥哥（7 岁）动作协调能力十分突出，他的动作发展远远超过了他自己的年龄。但不幸的是，尽管维克托在跑、跳、爬、翻跟斗方面表现很好，他哥哥却经常嘲笑他的小肌肉动作不协调。于是冈萨雷斯夫人得出结论（推断），维克托对这个领域的自我印象不佳是因为哥哥经常嘲笑他。看来，维克托不愿意与其他儿童一起玩也是因为害怕被他们嘲笑。

冈萨雷斯夫人决定验证一下她的解释，践行她关于维克托家庭情况的调查结果。在接下来的几个星期里，她设法吸引维克托参与一系列需要小肌肉动作的活动。她特别注意像表扬其他孩子那样表扬维克托的表现，而且一点也不担心其他孩子会嘲笑维克托的小肌肉动作能力，因为她知道维克托的这方面能力与班上大多数孩子是一样的。持续的观察和评价也证实了冈萨雷斯夫人的解释。在一个月内，维克托就与其他儿童一起既进行大肌肉动作活动，也进行小肌肉动作活动。现在，冈萨雷斯夫人发现，维克托越来越能达到她认为非常重要的平衡状态了。

第一个例子是一个非常简单的情节。帕里什夫人发现儿童取不到一些玩具，因为放玩具的架子太高了。她把儿童请成人帮助取玩具的行为界定为依赖行为。然后她推断，改变环境条件，把玩具放在儿童可以够得着的位置就可以改变儿童的行为。于是，放玩具的架子高度被降低，儿童可以独立活动了。

第一个例子中的结果是帕里什夫人所发现的架子高度与依赖行为之间的关系。她践行观察结果的表现是，把这种关系从高架子对高频率依赖行为改变为低架子对独立行为。此处需要注意的一个重要问题是，这个结果被赋予了特定的意义：儿童请成人帮助取玩具的行为被解释为依赖行为，并且被评价为教师不希望的行为。另一位教师可能有完全不同的想法，会认为由教师控制各种设备和材料更有益于实现幼儿园的目标。这位教师可能从其他行为中去寻依赖性的表现。

第二个例子只比第一个稍微复杂一些，这个例子更多取决于格伦肖夫人对儿童争抢乐器行为的界定。发现把箱子放到地板上与儿童行为的关系并不困难，但关键的两点是：儿童的行为反应意味着什么；如何处理这些反应。格伦肖夫人把混乱、推挤和争吵看作是无法接受的行为，与她培养儿童合作与分享的目标相冲突。她践行她的结果（上述提及的关系），改变分配乐器的方式，使儿童必须轮流。

另一位教师则可能把儿童争抢乐器的行为看作是儿童成长过程及学习分享和维护自我的过程的一个自然组成部分。她认为竞争是生活中不可避免的一部分，因此允许儿童之间有一些竞争。还有一种可能是，某位教师可能同意格伦肖夫人培养儿童合作与分享的目标，但却不同意她的具体方法。这位教师在践行观察结果的时候，可能会教儿童一些一般性的行为规则。这位教师可能不像格伦肖夫人那样通过让每个儿童有一件乐器而使竞争不可能发生，而是向儿童建议或提示一些行为规则。当萨莉和马丁为争抢手鼓而争执时，她可能会说："萨莉，先让马丁玩手鼓。我以前不是告诉过你应该怎样分享玩具吗？如果有人在你之前先拿到玩具，那么你就要等别人玩过了你再玩。"这个教师可能希望儿童逐渐内化这些行为规则，最终会因为意识到合作是恰当的行为而表现出合作。无论哪种情形，持续的观察和评价都可以揭示上述两种解释和践行结果方式的有效性。

最后一个例子比上述两个例子涉及更多的观察和推断。冈萨雷斯夫人观察儿童的根据是她的儿童发展观，即各种活动要取得平衡，要为儿童提供帮助他们超越现有能力和发展水平的经验。根据这种发展观，维克托不与其他儿童一起参与小肌肉动作活动与她认为至关重要的平衡性相冲突。冈萨雷斯夫人逐步排除了对维克托行为所做的各种可能的解释。最后，她推断家庭中的某些情境可能是导致维克托这种行为的诱因。当她了解到有关维克托哥哥的情况时，她把维克托的行为解释为自我印象不佳、害怕在学校被同伴嘲笑的结果。她根据自己的解释开展行动（践行她的结果），逐步吸引维克托参与小肌肉动作的活动。当维克托了解到其他儿童并没有像哥哥那样嘲笑自己的时候，他就经常参与这类活动了。

小结

解释可以从个性方面也可以从理论方面来考虑。无论哪个角度，解释都是践行观察结果和进行持续评价的基础。结果只有在具有一定意义，也就是能被运用于某种情境或问题时才算是结果。持续评价有赖于解释，因为评价需要对所观察的事物与某一个标准进行对比。而这又需要给你的观察数据赋予意义，发现数据与你所选择的标准之间的相互关系。持续评价也需要对比，对比是必须的，因为没有对比，我们就不能感知或知晓任何事物。标准的选择对观察、践行和评价都非常关键，所有这些活动都需要某种标准。一个标准是人们进行判断、决策或对比的框架。我们的个性特征是非正规的标准，而理论则是正规的标准。在持续评价中有必要调整人们运用于某一情境的标准。在评价儿童行为时尤其如此，因为儿童行为会随着他们的生长和发展而自然地变化。

践行表现为有所行动、达到某种要求，或让某些事物发挥效用。如果你发现弗雷德和伊丽莎白只要在大积木区一起玩就会打起来，那么你践行这一观察结果的表现可能是指导其中一人去参加另一项活动。你的反应反映出你对儿童行为抱有某些目标，你根据这些目标来解释或看待儿童的行为。因此，践行是以既定的目的为根据的。

思考题

1. 观察、解释、践行结果、持续评价四者之间如何互相依存？请说明它们的相互关系。

2. 本章所运用的“偏见”一词指什么意思？列举你的一些偏见，说明这些偏见可能对你所观察到的现象以及你对观察数据的解释产生怎样的影响。

3. 践行观察结果时会发生什么？说明践行的步骤以及观察和解释在其中的作用。

第三部分 观察练习

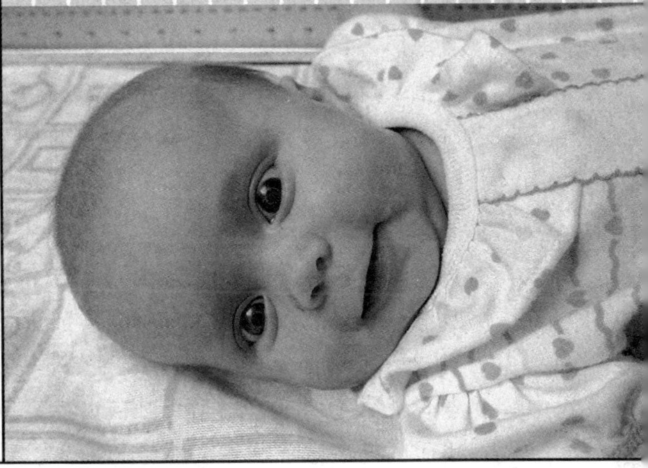

入门和准备

观察练习强调行为和发展。无论从广义的发展观出发，还是从某个儿童所处的具体的场景和情景这一当下的、比较狭义的视角来看，对观察者而言，观察练习的主要目的是了解这名儿童。同时，与之相关的一个目标便是，使你好好地利用自己从观察中所获得的资料来做一些事情。而如何利用这些资料则取决于你的观察理由以及这些资料对于你的意义。

许多关于儿童的教科书都将人一生的发展划分成若干发展领域或者功能领域，比如身体、运动、社会、情感和语言。这一研究儿童的方式可能给人造成这样的印象：领域间是彼此独立的。但是事实并非如此，人们之所以如此划分，是为了研究和认识的方便。由于这种划分使得对儿童的研究变得可以操作，是有用的而必要的。毕竟，没有人能够同时考察发展和行为的所有方面。然而，每个儿童都是统一的、完整的整体，他的身体自我是其智力自我的组成部分，而智力自我又是其社会自我的组成部分，等等。

当你观察不同年龄的儿童时，你将经历与横向研究类似的研究过程。你将收集一些数据，用于比较不同年龄儿童在某方面的发展状况。比如，比较儿童从婴儿期到大约6岁的语言发展；判断某个儿童的行为与常模相符合的程度。例如，18个月大的杰米是否像常模所预测的那样能够独立行走呢？或者，4岁的克里斯廷的社会行为符合这个年龄的常模吗？

观察练习还有一个重要特色，就是在观察中广泛运用问题，这些问题至少可以达到两个目的。首先，它们提供了有关发展领域特定内容的信息。其次，它们帮助你聚焦于特定行为，并将此作为观察和记录的对象。但要记住，这样的聚焦不一定都有必要，它取决于你所使用的方法。如果你采用的是叙述性描述方法，那么，当你身处某儿童的“行为流”时，他所表现出来的任何行为都是适合记录的。

其次，问题有助于你对所记录的行为进行解释和分类。例如：“儿童的平衡能力如何？”这个问题，不仅使你了解到运动行为的可观察的特征，而且也提醒你，如果你观察儿童走平衡木，那你就可以对他在活动中的协调性和控制能力进行解释性评价。所以说，提问是观察过程的重要组成部分。

下面的观察练习从新生儿开始。你将去观察一名新生儿（出生～1个月）和一名15～18个月大的婴儿。有几个观察练习涉及这两个年龄段特有的一些发展和行为。

第三组观察练习涉及儿童早期，或者通常所称的学前阶段。这一人生阶段一般指2～5岁。与婴儿期相比，婴儿期之后在诸如身体发育等方面所发生的变化相对比较缓慢和稳定一些。一般来说，一个6个月的孩子与一个18个月的孩子之间的差异，要远远大于一个2岁的孩子和一个3岁的孩子之间的差异。因此，在第16章，你的观察周期可能要以年计。

每个观察练习都简要提供了一些特定发展领域或行为领域的背景资料。

第 14 章　观察新生儿：0～1 个月

关键词

状态 states　　　　　　　　自发行为 spontaneous behaviors
可安抚程度 soothability　　　气质 temperament
习惯化 habituate

练习 14-1：新生儿的身体特点

背景资料

一个新生儿的身体外貌是很容易辨认的，他具有大多数新生儿的典型特征（表 14-1）。足月新生儿出生时平均体重在 5.5～9.5 磅之间，平均身长为 19～22 英寸。典型的特点是：皮肤有皱纹和斑，表面覆盖细细的绒毛（胎毛），胎毛在第一个月里会脱落。刚出生时，皮肤呈淡粉色，也可能有一些新生儿由于患所谓的生理性黄疸，皮肤表面呈微黄色。白种人新生儿的眼睛一般是蓝色的，直到第一年的某个时间才逐渐显现眼睛的真正颜色。

新生儿的头看起来有些奇怪，这是由于经过狭窄的产道造成的，但这种情况在出生后的第二个周末会消失。头的长度约占新生儿身体长度的约四分之一，这看起来有些不成比例。出生不满一个月的新生儿脖子很短，没有下巴，鼻子扁平，这就是一些人所称的“娃娃脸”。在头的顶部有六处软软的部位，称为囟门，囟门的存在，使得新生儿的头在生产的过程中可以改变形状，也使人生第一年的大脑发育有可能进行。约 18 个月时，囟门会关闭。

男女新生儿的外部生殖器看起来有些增大，这种情况是暂时的，这是由于母亲的雌激素在怀孕期间输送给宝宝所导致的。新生儿的腿略弯，两脚自脚踝向内弯，两脚掌几乎平行。

观察目标

观察和描述新生儿的身体特点，最终将新生儿与稍大婴儿进行比较。

步骤

尽可能详细地描述一名新生儿（一个月大或者更小）的身体特点。同时用一盒卷尺来量一量身体的某些部位。建议你在一张普通的纸上写下原始记录，然后按照本章结尾部分提供的表格将其誊写成比较正式的观察活页。（参见本章最后和“在线指南”中的观察练习 14-1）

表 14-1 新生儿的身体特点

身体部位	特　点
体重	平均体重在 5.5～9.5 磅之间
身长	平均身长为 19～22 英寸
皮肤	皮肤有皱纹和斑，上面覆盖着细细的绒毛（胎毛）；刚出生时，皮肤呈淡粉色；也可能由于患生理性黄疸，皮肤表面呈微黄色
眼睛	一般为蓝色；在第一年里逐渐显现真正的颜色
头	外观看起来有些奇怪，但在第二周末会发生改变；头占身体全长的四分之一；脖子短，无下巴，鼻子扁平；头顶有六处软软的部位（囟门，允许颅骨生长），约 18 个月时，囟门关闭
外生殖器	男女新生儿外生殖器看起来有些增大
腿和脚	腿略弯，两脚自踝部向内弯，两脚掌近乎平行

问题指南

1. 该新生儿最值得注意的身体特点是什么？请描述他的身体比例，面部特点，腿的形状及其典型的姿势。

2. 该新生儿身上有什么让父母或照料者觉得吸引人的地方吗？或者有什么能使父母或照料者觉得需要给予呵护的地方？

3. 该新生儿的外表有什么让你印象深刻的不寻常之处吗？如果有，请加以解释。

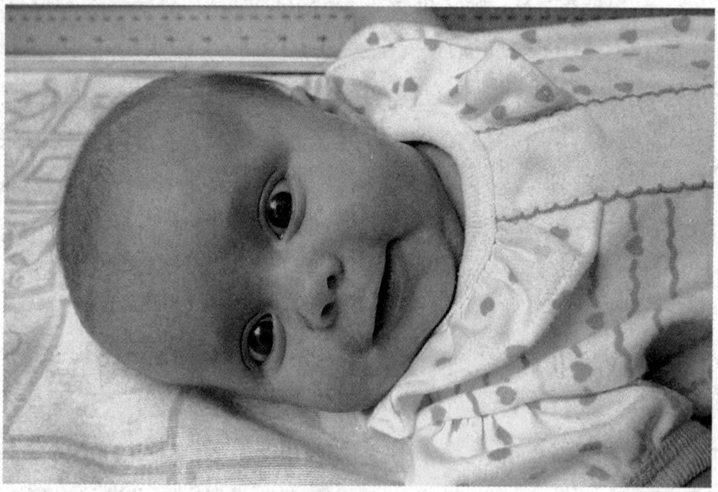

新生儿的脸，请注意相对较大的头部、短短的脖子和扁平的鼻子

练习 14-2：新生儿的状态和对刺激的反应

状态 states

诸如熟睡、警觉、瞌睡和哭这样的觉醒水平。作为一种行为状态，它有如下特征：（1）在一段时间内保持稳定；（2）在个体婴儿身上反复出现；（3）在其他个体身上同样存在。

背景资料

人们常常根据**状态（states）**来描述新生儿，状态指的是诸如熟睡、瞌睡、警觉、哭等各种觉醒水平（见表 14-2）。帕普利亚和奥尔兹（Papalia & Olds，1993）将状态定义为“婴儿觉醒、睡眠和活动循环往复的周期性变化”（p. 136）。一种状态有三个重要特征：（1）它在一段时间内保持稳定；（2）在个体婴儿身上反复出现；（3）在其他个体身上也存在非常类似的情况。（Hutt，Lenard，& Prechtl，1969，转引自 Papalia & Olds，1979）状态对于研究不足一个月的新生儿和幼小的婴儿十分重要，其原因在于：（1）可以用状态描述所有新生儿和婴儿，正是状态形成了婴儿稳定的行为模式；（2）新生儿和婴儿的状态影响着他在特定时间内展现出来的能力和他对刺激作出的反应。除了状态所具有的特点外，我们也可以考虑以下因素：（1）一个新生儿处于某一状态的频率；（2）处于某一状态的持续时间；（3）哪些刺激使他处于这些状态；（4）唤醒他需要多少刺激。

我们知道一些刺激或互动方式可以使啼哭的新生儿安静下来。帕普利亚和奥尔兹（Papalia & Olds，1992）指出：“使啼哭的宝宝安静下来的一种古老方式就是给他一种稳定的刺激，包括轻轻地摇宝宝、抱着宝宝走来走去、把宝宝包得舒适温暖、让宝宝听有节奏的声音或者吮吸橡皮奶头。”（p. 96）

观察目标

观察新生儿的觉醒状态，描述不同觉醒状态的定义特征，观察并记录一名新生儿的状态如何影响他对环境的反应。

步骤

第一步，认真描述可能成为新生儿的刺激源的物理和社会环境。例如，背景噪声、谈话、宝宝视觉或触觉范围

表 14-2　婴儿的状态

规律睡眠（安静睡眠）	双眼闭合，呼吸规律，除了突然的全身性惊跳反应外，没有肌肉抽动或眼球活动。轻微的刺激不能唤醒处于这种状态的婴儿，从而使这种状态成为婴儿最不觉醒的状态
无规律睡眠（活动睡眠）	婴儿的双眼仍闭合，但呼吸不规律且比规律睡眠时更快。有时有轻微的肌肉活动或抽动，但没有全身运动。婴儿会微笑、出怪相、伴有嘴部动作或撅起嘴唇。也会出现眼球的活动，人们通过闭着的眼皮可以看得出来
间歇睡眠	这种状态处于深睡和浅睡之间。婴儿会突然出现面部活动和身体活动，呼吸速率也会改变
瞌睡	这种状态通常发生在快醒来或者快入睡时，这两个时间段有时被称为“过渡地带”，眼皮开合。如果眼皮睁开，眼神不能集中，看起来迟钝或呆滞。瞌睡状态的婴儿比规律睡眠时更活跃，但不及无规律睡眠和间歇睡眠状态活跃
安静的觉醒	在这种状态下，婴儿虽然醒着但表现并不十分活跃，眼睛看起来欢快明亮。活跃的觉醒状态常常在三四周以后才会看到，它与安静的觉醒状态非常相似，只不过活跃的觉醒状态会表现出更多的动作活动
唤醒活动或活跃的觉醒（Krantz，1994，p. 134）	在这种状态下，人们看见婴儿经常爆发出全身性运动，眼睛睁着，不哭但会发出其他声音，如呻吟、咕哝、呜咽，呼吸极不规则
哭	这里的哭指持续的或长时间的哭。与哭相伴随会有脸部扭曲、脸红和闭眼。经常有全身运动，如“精力充沛地踢腿、挥舞胳膊，哭得很激动”（Krantz，1994，p. 134）

内的物品、照料者给予的直接刺激（对宝宝说话，吻宝宝）等。对环境的描述是你评价新生儿在各种状态下反应情况的参照背景。第二步，使用叙述性描述详细描述新生儿的行为，记录各种反应的具体细节，比如呼吸的速度和节奏、肌肉运动、面部表情和眼动情况（当宝宝睡着时可以通过闭着的眼皮看到）。按照表 14-2 中界定的类别对上述行为分类。

建议你每次观察大约 5 分钟，争取在总共 1～1.5 小时内至少观察 3 个 5 分钟。因为新生儿在一天的大部分时间都处于睡眠状态，所以把记录时间隔开一些有助于缓解疲劳，增加见到一种以上状态的机会。（参见本章最后和“在线指南”的观察练习 14-2）

问题指南

1. 在你观察期间，该新生儿表现出了几种不同的觉醒状态？
2. 每种状态各持续多长时间？

3. 他处于哪种状态的时间最多？是哪一种状态？

4. 有什么特点能将你观察到的某一种状态与其他状态最清楚地区分开？

5. 是什么刺激改变了新生儿的状态？他的状态怎样影响到他对刺激的反应，状态与对刺激的反应之间存在明显的关系吗？这种关系是什么？

6. 当新生儿处于不同状态时，父母或照料者如何对他作出相应的反应？父母或照料者是否意识到处于不同状态的新生儿对刺激有不同的敏感性？

练习 14-3：新生儿的个体差异

背景资料

心理学家认为，既使是新生儿，他们之间也存在着个体差异。个体差异存在于如**自发行为**（**spontaneous behaviors**）、**可安抚程度**（**soothability**）、身体特点和**气质**（**temperament**）等方面。

自发行为是由内部发起的行为，不是对外部刺激的反应。自发行为包括如“偶尔的吃惊、一闪而过的微笑、踢、直立、不规则的嘴部动作和吸吮”（Gander & Gardner，1981）等可以观察到的行为。正如甘德和加德纳（Gander & Gardner，1981）指出的，婴儿的这些行为发生的频率、行为类型、发生次序有显著的不同。可安抚程度是指成人的反应使啼哭或烦躁不安的宝宝安静下来的容易程度，成人的这些反应包括抱一抱、摇一摇、用襁褓包裹、让宝宝感到更温暖或者给个橡皮奶头等。

托马斯、切斯和伯奇（Thomas，Chess，& Birch，1968，1970）组成的研究小组对个体差异进行的评价可能是最有趣的。他们用“容易”“慢热”和“困难”这些词来描述婴儿。这些描述是婴儿和儿童在六个个性维度上综合表现的结果，这六个维度分别是：活跃程度、节律性、进取或退缩、适应性、反应强度、情绪特点。根据婴儿或儿童对各种环境作出反应的典型方式，每个维度分为高和低两个等级。从这些典

自发行为

spontaneous behaviors

由内部发起的行为，不是对外部刺激的反应，包括偶尔的吃惊、一闪而过的微笑和直立等行为。

可安抚程度 soothability

指啼哭或烦躁不安的婴儿能被成人的反应所安抚的容易程度，成人的反应包括摇一摇、抱一抱、用襁褓包裹或者给个橡皮奶头等。

气质 temperament

儿童对各种情景作出反应的典型方式。可以根据儿童在如下六个方面的个性特征加以描述：活跃程度、节律性、进取或退缩、适应性、反应强度和情绪特点等。

型反应中可以辨别出儿童的气质。气质是一个重要概念，因为婴儿的反应倾向可以与父母的个性及环境发生相互作用，导致婴儿与所处物理环境、社会环境之间建立和谐或不和谐的关系。例如，想象一个气质属于精力充沛、身体活动积极的孩子，出生在父母身体活动不积极的家庭。当然，这种关系不是仅仅由父母的气质和孩子的气质决定的。然而，气质的确会对儿童的发展和行为产生一定影响，再加上气质特点在人生的第一个十年表现十分稳定，所以，它更值得关注。表 14-3 列出了两个月大的婴儿在托马斯及其同事所区分的六个个性维度上，所作出的高低不同的反应情况。

观察目标

观察两名新生儿在可安抚程度、自发行为和气质上的差异。

步骤

该练习要求你观察两名新生儿，这是比较理想的做法，但是，如果没有可能的话，你只观察一名新生儿也能完成这项练习。尽管你即将观察到的行为有助于研究个体差异，但这些行为也向你提供了单个儿童的信息。建议你采用叙述性描述进行观察和记录。在总共 60～90 分钟时间里，对两名新生儿各观察至少 3 个 5～10 分钟。如果你发现仅仅通过观察很难获得大量的有关新生儿气质特点的信息，你可以向父母或照料者询问宝宝在各种情况下的典型反应。为此，可参考表 14-4，它大体描述了托马斯等人所提的六个个性维度的行为表现（也请参考表 14-3）。（参见本章最后和“在线指南”的观察练习 14-3）

问题指南

1. 该新生儿表现出哪些自发行为？出现的次数如何？持续大约多长时间？这些自发行为遵循某个循环次序或模式吗？

2. 父母或照料者对宝宝表现出的自发行为作出回应了吗？如果回应了，请加以描述。

3. 该新生儿很容易被哄、被安慰吗？用什么办法安慰他最有效？父母或照料者为安慰宝宝使用了哪些不同的策略？

4. 宝宝的气质特点是什么？你是在什么情况下观察到该新生儿的气质表现的？

5. 父母或照料者是否意识到宝宝对情境的独特反应？如果是，他们怎么意识到的？被观察的两名新生儿的父母或照料者对宝宝气质的反应有区别吗？有什么区别？

表 14-3　2 个月时婴儿的气质

气质	等级	行为特点
活跃程度：婴儿的活动方式和活动量	低	例如，穿衣服或睡觉时，宝宝不乱动
	高	睡觉时活动多；在一些照料活动（如换尿布）中摇摆、扭动
节律性：饥饿、睡眠和排泄等生物周期的可预测性	规律	自宝宝出生后，喂养时间的安排有规律；大便有规律；睡眠模式稳定
	不规律	每天早上醒来的时间不同；每顿饭吃的食物不一样多
进取/退缩：婴儿对食物、物品、人等新环境或新刺激最初如何反应	积极	微笑地回应像洗脸这样的照料活动；从不拒绝奶瓶；对陌生人没有消极或害怕的反应
	消极	可能拒绝首次接触的食物；陌生人接近时表现紧张
适应性：婴儿对新环境的最初反应“朝着理想的方向”发生变化的容易程度或迅速程度	适应	最初，对一些活动（如洗澡）反应消极，但慢慢地，这种反应会发生变化，宝宝会从这些活动中获得乐趣
	不适应	对意外噪声的反应很惊讶，持续地反抗换尿布、洗澡这样的照料活动
反应强度：婴儿反应的强烈程度	轻微	感到轻微的不舒服时（如尿布湿了）不哭；饿了会发出抽泣声，但不哭
	强烈	在尿布湿了或饿了等轻微不舒服时就会哭起来；不饿时会极力拒绝食物
情绪特点：婴儿的行为通常是愉快、友好的，还是不快乐、不友好的？	积极	对熟悉的人微笑，对新的食物表现积极，如“吧嗒嘴”
	消极	进餐后好发脾气；一些活动或经历会使他大哭，如“摇晃婴儿车”

改编自 Papalia & Olds，1996，pp. 266-267；Dworetzky，1987，p. 110。

表 14-4　气质品质

活跃程度	宝宝在子宫就开始活动了，在子宫里，活动积极的宝宝会频繁地踢腿；出生后活动积极的宝宝会在摇篮里或儿童床上动来动去；他们喜欢爬或快速蹬腿而不是从事比较安静的活动；另一些宝宝表现出比较低的活跃水平
节律性	有一些宝宝活动周期有规律，按时吃、睡、排便；另一些宝宝的活动则难以预测
进取/退缩	进取是指在面对新事物时高兴或采取接纳的态度，如第一次洗澡时发出笑声，乐意吃新的食物；退缩则指拒绝接受新环境
适应性	其特点是快速地适应变化；对于正常生活秩序被打乱没有强烈的消极反应；但有些婴儿则难以容忍熟悉生活的改变或者偏离
反应强度	有的宝宝笑声很大，哭时还尖叫；但有的则仅会微笑、抽泣或轻声地哭
情绪特点	有的宝宝常常很快乐、愉快，很容易笑；有的常常看起来不高兴、不满意，似乎经常在抱怨

练习 14-4：新生儿的动作反应

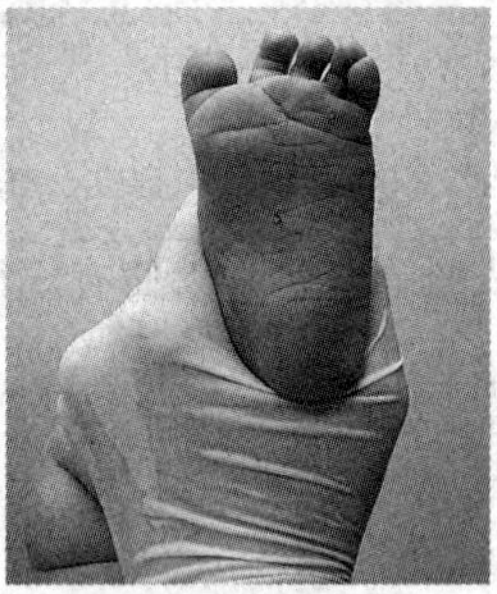

巴宾斯基反射，请注意张开的脚趾。

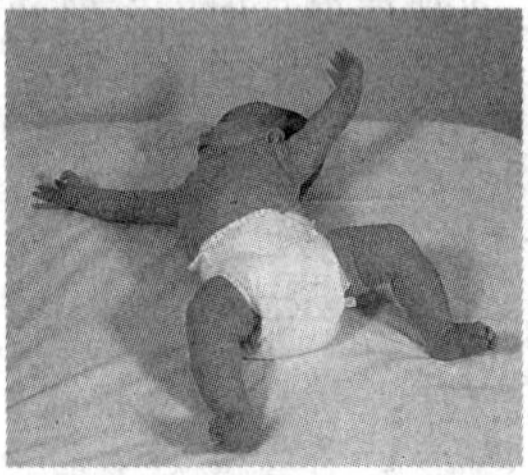

莫罗反射

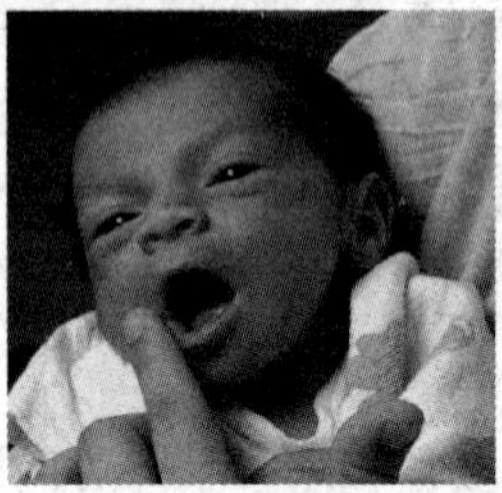

觅食反射

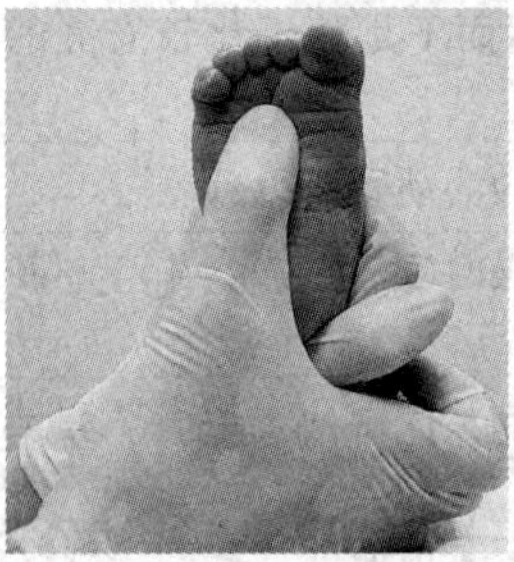

足底反射

背景资料

反射能够最好地体现新生儿动作的特点，只有谈论这些固有的动作模式，才能完整地认识新生儿或婴儿。你在观察中可能会看见这样一些反射，特别是比较常见的，如惊跳反射、定向反射、觅食反射、吮吸反射、吞咽反射、眨眼反射、抓握反射（参见表 14-5）。

表 14-5　婴儿的反射

反射	诱发刺激	反应	消失年龄
觅食反射	用手指或奶嘴触摸脸颊	婴儿转头、张嘴并开始吮吸	9 个月
莫罗反射	突然的刺激，如大的噪声或迅速下降	婴儿伸直胳膊、腿和手指；背弯成弓形，头向后仰	3 个月
抓握反射	触摸手掌	手指弯曲握成拳头，紧得足以让婴儿垂直地挂在小棍或一个人的手指上	2～3 个月
强直颈反射	婴儿呈仰卧姿势（背朝下）	婴儿将头转向一侧，伸展同侧的手臂和腿，然后将另一侧的手臂和腿弯屈起来（所谓的“击剑”姿势）	2～3 个月
反射	诱发刺激	反应	消失年龄
巴宾斯基反射	轻敲脚的一侧	脚趾呈扇形张开，大脚趾向上翘，脚向内翻	6～9 个月
行走反射	扶住婴儿腋下，让他光脚板接触平面	做迈步动作，像协调的行走	4～8 周
眨眼反射	往脸上吹气、强烈的气味、明亮的光和大的响声可以诱发该反射	眨眼睛	

改编自 Papalia & Olds，1996，p. 175。

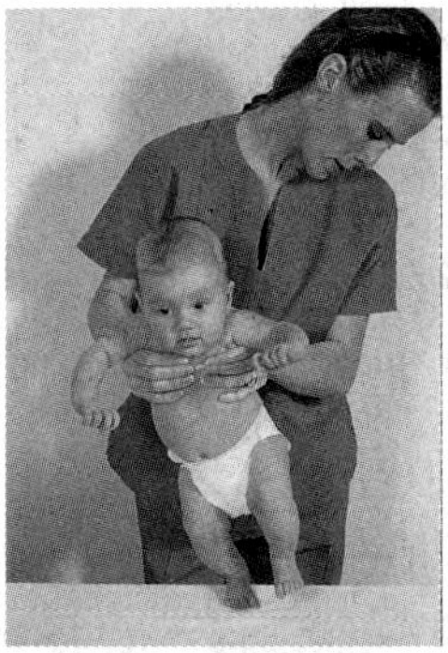
行走反射

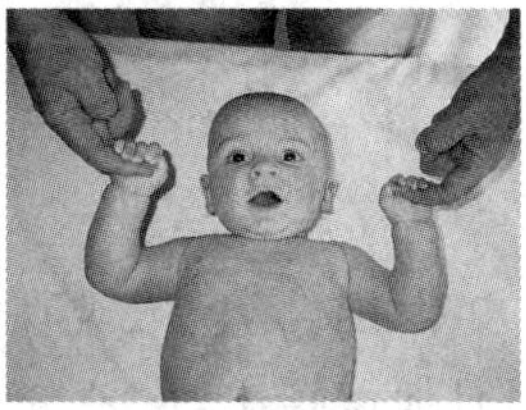
抓握反射

有些反射具有生存价值，它们能保护新生儿和幼小的婴儿远离潜在的伤害，并使他们利用照料者的努力来保证自身的生存。例如，觅食反射、吸吮反射和吞咽反射使新生儿吃东西，呕吐反射和眨眼反射实际上具有保护性。尽管有些反射看起来没有特别的用途，但儿科医生仍将这些反射作为神经发展的指标。例如，如果巴宾斯基反射（触摸脚底时脚趾向上弯并呈扇形张开）在 6 个月之后还未消失，就可能表明中枢神经系统受到了损伤。

新生儿俯卧时自发的大肌肉动作主要是抬头，有些新生儿能抬头约 45 度（丹佛发展筛查测验，1969）。手的活动主要限于抓握反射。一般来说，未分化的全身动作在新生儿那里非常突出。比如他的某一点受到刺激，如脚上有一处无关紧要的伤，他一般也会做出胳膊、腿和躯干的全部动作，而不是仅仅将受到刺激的脚和腿缩回来。

请记住支配动作发展的一般原则。肌肉控制的发展顺序是从头到脚（首尾原则），从身体的中线到外部末端（近远原则）。因此，婴儿对头和颈（包括眼睛、嘴、唇、舌）的控制要早于躯干、腿和脚，对胳膊和肩部（中线）等大肌肉动作的控制早于用拇指和食指（末端）抓握小物品。

观察目标

观察和记录一名新生儿的反射和自发的动作反应。

步骤

在这个练习中，请你放弃完全自然的方法，设法去诱发一些常见的反射，当然最好由父母或照料者来诱发，以便你有空仔细观察和记录反射发生时的反应情况。注意不要过分刺激宝宝，特别是在诱发反射需要大的响声或使他突然失去身体支撑时。你也将观察和记录新生儿自发的运动和动作模式。为此，你可以使用叙述性描述表格，因为某些类型的动作可能会持续很长时间。一次观察 5 分钟，在总共 1～1.5 小时的时间内争取至少观察 3 个 5 分钟。（参见本章最后和“在线指南”中的观察练习 14-4）

习惯化 habituation

遇到原先能够引发反应的物理刺激后，个体不再关注该刺激，逐渐习惯了它，并对它失去了兴趣。

问题指南

1. 该新生儿表现出哪些反射？是由哪些特定的刺激诱发的？他会逐渐因为习惯（**习惯化 habituation**）而停止对原先产生反射的刺激作出反应吗？

2. 该新生儿表现出哪些非反射动作？这些动作有什么特点？是流畅，还是断断续续？是胡乱挥舞，还是协调？这些动作相互关联还是看起来彼此独立？新生儿的动作是否使他开始接触物质环境？如果是，这样的接触是否会影响或改变接下来的动作？

3. 该新生儿能控制全身性的动作吗？能控制身体的个别部位吗？他对身体某些部位的控制能力超过其他部分吗？如果是，如何解释控制上的这种差异？

4. 父母或照料者对新生儿的动作作出反应了吗？他们设法鼓励新生儿做动作吗？

练习 14-5：新生儿的感知觉反应

背景资料

视觉　视觉是大多数人最依赖的一种感觉。正如伯克（Berk，1996）所言："人类在积极探索环境时对视觉的依赖超过了其他任何感觉。"（p. 158）但同时他也指出："视觉在新生儿的感觉中是最不成熟的。"（p. 158）然而，这并不意味着新生儿什么都看不见。尽管新生儿的视敏度远远比不上年龄较大时，但他们能够看见。比如，成人能够觉察到放在 660 英尺远的物体，而新生儿只能觉察到大约 20 英尺远的东西（p. 158）。说得更实际一些，新生儿的最佳视觉范围大约是 6～8 英寸。然而，尽管新生儿的视敏度有限，但他们仍然能搜寻视觉范围内有趣的物体，积极地探索周围环境，虽然眼的运动缓慢、不准确，但他们仍努力追随移动的物体（p. 158）。

布凯科和戴勒（Bukatko & Daehler，1995）对新生儿的视觉能力及其在积极探索环境中的作用进行了观察，这种观察很有趣，也很让人增长见识。

> 因为新生儿的动作技能有限，我们往往会假设他们的感觉系统，包括眼睛、耳朵、鼻子、嘴和皮肤等，一定是一种被动等待刺激的接受器。但是埃莉诺·J·吉布森（Eleanor J. Gibson）和詹姆斯·J·吉布森（James J. Gibson）却令人信服地指出："感知是一个主动的**获取**关于世界的信息的过程。"（Gibson，1966）我们并不是简单地看见，我们是在"留意"……即使新生儿也在调动其感觉接受器，以便对纷乱环境中的刺激作出反应。（p. 218）

新生儿看来也具有一些视觉偏爱，能够区分一些不同的视觉刺激。例如，范茨（Fantz，1963）的早期研究显示，婴儿能够区分如人脸、靶心图和报纸等有图案的视觉刺激与色块等无图案的视觉刺激。出生 10 个小时到 5 天的新生儿注视有图案的视觉刺激的时间长于无图案的视觉刺激；在有图案的视觉刺激中，他们最喜欢人脸（Schickedanz，et al.，1993，p. 135）。威廉森（Willemsen，1979）报告称，新生儿能够"区分灰色实心图案和五条灰色线条组成的图案”。

我们想谈的新生儿视觉的最后一个特点是，不足两个月大的婴儿倾向于将注意集中于复杂刺激的外部样子或轮廓，而较大的婴儿则倾向于对复杂刺激的内部特征和外部特征都注视（Bukatko & Daehler，1995）。

新生儿对周围光线亮度的变化感觉敏锐（Willemsen，1979）。心理学家对新生儿的视觉偏爱观点不一。克雷格等研究者指出：“婴儿从一开始就对看什么进行选择。他们看新奇的、中等复杂程度的图案和人脸。”（Craig，1989，p. 156）随着发展，新生儿对人脸轮廓的偏爱变为对“眼睛，再后来，对正在说话的人的嘴”（p. 156）感兴趣。看来比较一致的观点是，新生儿喜欢扫视物体的边缘和轮廓，特别是曲线的轮廓。有意思的是，有证据表明，两周大的新生儿会表现出对母亲的脸的偏爱，即使呈现的是图片而非真实的脸（Carpenter，1974，转引自 Craig，1989）。

听觉　人们曾经认为，新生儿都是聋子。不过到了现在，人们认识到，新生儿对声音的某些方面十分敏感。的确如此，威廉森（Willemsen，1979）就指出，新生儿“能够对听觉刺激的主要方面，包括音调、音量、音色和模式（节奏）等作出反应”。帕普利亚和奥尔兹（Papalia & Olds，1979）也报告，“声音强度越大，宝宝的心率和动作增幅越大”，这种增加表明宝宝意识到了刺激。新生儿对强烈声音的反应有助于解释为什么新生儿和婴儿通常会关注声调高的声音，以及成人为什么要以那种方式对他们说话。也有证据显示，新生儿能够区分自己母亲的声音和其他女性的声音（Fogel，1984）。帕普利亚和奥尔兹（Papalia & Olds，1987）提出，婴儿“对母亲声音的早期偏爱可能是建立母子亲密关系的一个重要机制”（p. 161）。

习惯化　习惯化是新生儿反应能力的又一重要组成部分。遇到原先能够引发反应的物理刺激后，新生儿不再作出反应，这时就产生了习惯化。新生儿熟悉了刺激，刺激也不再引起他的兴趣。新生儿对于新奇的声音主要有两种反应（Papalia & Olds，1979）。第一，新生儿将头转向声源，表现出定向反应。第二，如果他当时正在做别的事情，他将停下来或者放慢速度。好像他一次只能做一件事似的，而且新奇的声音比他已经熟悉的事情更重要。但是，正如帕普利亚和奥尔兹（Papalia & Olds，1979）指出的，由于新生儿不能很好地控制眼睛和肌肉的动作，因此要观察到一次定向反应可能很困难。因此，他在声音之后放慢活动（比如吮吸）的速度，这就表明他正在作出定向反应，因为放慢速度总是和定向反射紧密相随。

观察目标

观察和记录能反映新生儿感知觉反应能力的一些行为表现。

步骤

本练习包括两个部分。在第一部分，你将诱发新生儿的一些反应。按照下面的提示提供简单的刺激任务，并在提供的检核表中记录婴儿是否作出了反应；接着详细而又简洁地描述这一反应。你需要一个小手电筒（笔形电筒更好）来检测新生儿的视觉反应。（参见本章最后和“在线指南”的观察练习 14-5）

在第二部分，请采用事件抽样的方式，观察新生儿所表现出的“背景资料”里讨论过的感知觉反应，特别要寻找像定向反应和习惯化反应这样的行为表现。请留心父母或照料者如何对宝宝作出回应、如何刺激宝宝。也许你还想随机做一些测试，比如，对新生儿说话、比较他对你和熟悉者的声音的反应有何不同等。如果新生儿床上挂有物体，要观察他是否对这些物体作出视觉反应。

问题指南

1. 在该新生儿的视线和视力范围内有什么东西吗？对这些东西，他作出了视觉反应吗？当物体在他面前缓慢移动时，他是盯着看还是用眼睛追随物体？

2. 新生儿对周围环境有视觉反应吗？他看起来在扫视正上方（假如儿童床或摇篮上方没有悬挂物体）还是看两侧？如果被抱着，他是否会环顾四周，好像在努力把周围环境尽收眼底？什么使你认为新生儿对特定的刺激作出了反应？

3. 某些身体姿势是否会比其他姿势更能引发新生儿对环境的反应呢？（例如，背朝下仰卧着、趴在成人肩上或者坐在成人腿上）

4. 为新生儿提供的刺激是否适合他的视觉能力呢？（例如，当简单的正方形、圆形或菱形可能更适宜于他处理视觉信息的能力时，他的儿童床上却悬挂着复杂的、移动着的物体）

5. 新生儿对背景声音作出反应了吗？有什么定向反应吗？他对这些普通的声音产生习惯化了吗？如果你认为他对物质环境中的这种声音作出了可以辨认出来的反应，证据呢？

6. 新生儿对那些不总在背景中出现的声音作出反应了吗？他有定向反应吗？他最终产生习惯化了吗？什么使你断定他对声音作出了定向反应或产生了习惯化？到底是什么声音引发了这些反应？

7. 新生儿对于断断续续的声音和连续的声音有不同的反应吗？如果有，区别在哪里？引发他产生反应的具体声音是什么？

8. 新生儿对说话声作出反应了吗？有迹象表明与其他人的声音相比，他更偏爱母亲的说话声吗？如果你认为是这样，他是如何表现这种偏爱的？

练习 14-6：新生儿的情绪功能

背景资料

最后这个练习只简单介绍情感行为和功能，因为在第 15 章和第 16 章还要继续涉及这个主题。我们在此引用斯坦利·格林斯潘（Stanley Greenspan）和南西·格林斯潘

（Nancy Greenspan）的研究，他们区分出六个情绪发展的里程碑。本章我们主要关注其中第一个情绪发展里程碑或发展阶段，但是为了使你有一种连续感，并了解更广阔的背景，我们也会涉及第二个阶段。

前两个阶段或里程碑涉及到自我调节能力和运用感官对周围世界产生兴趣的能力。两位格林斯潘称这两个里程碑是"同时发生的两个挑战"（Greenspan & Greenspan，1985，p. 4）。说它们是挑战，原因在于新生儿在黑暗的、相对比较安静的子宫里生活了 9 个月之后，好像突然被抛入一个充满各种全新感觉的世界。第一个里程碑发生在出生～3 个月，在此期间新生儿必须组织各种感觉，对这些感觉的存在感到舒适，并以与其发展成熟水平相适宜的方式积极运用这些感觉，例如，对周围的景象和声音表现出兴趣，不感到难受。

在取得第一个阶段成就的基础上，宝宝才有可能取得第二个里程碑（2～7 个月）的成就，即"对**人类**世界产生特殊的兴趣"（p. 5）。如果宝宝不觉得这些环境刺激令人愉快，那么，他也许就不可能发展到将被人类社会视为"所有经历中最迷人、最愉快、最兴奋的经历"（p. 4）的阶段。两位格林斯潘说，宝宝由于感到你的身体运动、听见你的声音而"兴奋地盯着你的脸"，表现出"欣喜若狂的微笑和热切的快乐"，这就是人们想要宝宝感受到的愉悦。

观察目标

与前面的练习相比，这个观察目标相当简短。我们只是想让你试着评价一名新生儿实现两位格林斯潘所说的第一个情绪发展里程碑的情况。你的目标是观察和记录这名新生儿对所处环境中的声音、光线和事情的兴趣和反应。我们知道在本章其他练习中已大量涉及到了反应。但在这里，我们想将重点放在情绪上，对新生儿来说，我们还要重点关注其随后情绪发育、发展的基础或先兆。

步骤

在这个练习中，请使用事件抽样技术。观察一名新生儿（出生～1 个月），寻找能反映他对周围光线和声音"自发地"产生兴趣、不"觉得这些刺激令人讨厌"的行为（例如，他看起来没被打扰、不感到痛苦）。"自发地"意思是指，新生儿不是在对你唤起他的某类反应的努力作回应，而是自己在反应。（参见本章最后和"在线指南"中的观察练习 14-6）

用 3 个时间段，每次观察大约 5 分钟。把从 3 个时段获得的信息结合起来得出你的结论或推断。

<table>
<tr><td></td><td>观察练习 14-1</td></tr>
<tr><td>新生儿的身体特点</td><td>观察者姓名________
被观察儿童的姓名________
儿童的年龄________儿童的性别________
观察情境（家庭、儿童保育中心、幼儿园和学校）________
观察日期________观察开始时间________观察结束时间________
简要描述观察地点的物理特点和社会特点：</td></tr>
<tr><td>目标行为描述（OBDs）：
整理后的叙述性描述</td><td>出生时身长________出生时体重________
头长________头长与身长的比例________
躯干长度________头长与躯干长度的比例________
描述以下各方面的特点：
头和脸（形状、眼睛、耳朵、嘴、鼻子等）：

躯干（比如与头的比例、整体外观等）：

手臂和腿（姿势、形状）：

手和手指（姿势、形状）：

皮肤（颜色、质感、整体外观）：</td></tr>
</table>

	观察练习 14-2
婴儿的状态和 对刺激的反应	观察者姓名____________________________ 被观察儿童的姓名________________________ 儿童的年龄____________儿童的性别____________ 观察情境（家庭、儿童保育中心、幼儿园和学校）____________ 观察日期________观察开始时间________观察结束时间________ 简要描述观察地点的物理特点和社会特点：
目标行为描述（OBDs）： 叙述性描述	时间段 1：［开始时间________结束时间________］ 对刺激的反应 时间段 2：［开始时间________结束时间________］ 对刺激的反应 时间段 3：［开始时间________结束时间________］ 对刺激的反应 父母或照料者对新生儿各种状态下行为的反应：

	观察练习 14-3
新生儿的个体差异（第一部分，所观察两名新生儿中的 1 号）	观察者姓名__________ 被观察儿童的姓名__________ 儿童的年龄__________儿童的性别__________ 观察情境（家庭、儿童保育中心、幼儿园和学校）__________ 观察日期______观察开始时间______观察结束时间______ 简要描述观察地点的物理特点和社会特点：
目标行为描述（OBDs）：叙述性描述	时间段 1：[开始时间______结束时间______] 时间段 2：[开始时间______结束时间______] 时间段 3：[开始时间______结束时间______] 父母的报告（如果需要，标识所报告的每个方面）：
新生儿的个体差异（第二部分，观察两名新生儿中的 2 号）	观察者姓名__________ 被观察儿童的姓名__________ 儿童的年龄__________儿童的性别__________ 观察情境（家、儿童保育中心、幼儿园和学校）__________ 观察日期______观察开始时间______观察结束时间______ 简要描述观察地点的物理特点和社会特点：

续表

目标行为描述（OBDs）：叙述性描述	时间段 1：[开始时间__________结束时间__________] 时间段 2：[开始时间__________结束时间__________] 时间段 3：[开始时间__________结束时间__________] 父母的报告（如果需要，标识所报告的每个方面）：
比较	1 号新生儿：总体描述 2 号新生儿：总体描述 对差异的总体描述： 可安抚程度： 自发行为： 气质：

	观察练习 14-4
新生儿的动作反应	观察者姓名________ 被观察儿童的姓名________ 儿童的年龄________儿童的性别________ 观察情境（家庭、儿童保育中心、幼儿园和学校）________ 观察日期______观察开始时间______观察结束时间______ 简要描述观察地点的物理特点和社会特点：
目标行为描述（OBDs）： **叙述性描述**	诱发的反射________（#1） 所用刺激________反应________ 诱发的反射________（#2） 所用刺激________反应________ 诱发的反射________（#3） 所用刺激________反应________ 诱发的反射________（#4） 所用刺激________反应________ 诱发的反射________（#5） 所用刺激________反应________ 诱发的反射________（#6） 所用刺激________反应________ 自发反应（描述）： 头： 手臂： 腿： 躯干： 总体描述：

	观察练习 14-5
新生儿的感知觉反应	观察者姓名____________ 被观察儿童的姓名____________ 儿童的年龄____________儿童的性别____________ 观察情境（家庭、儿童保育中心、幼儿园和学校）____________ 观察日期________观察开始时间________观察结束时间________ 简要描述观察地点的物理特点和社会特点：
第一部分： 修改后的检核表	刺激：大声鼓掌 反应：有________无________不确定________ 描述： 刺激：轻拍手 反应：有________无________不确定________ 描述： 刺激：大声说话 反应：有________无________不确定________ 描述： 刺激：轻声说话 反应：有________无________不确定________ 描述： 刺激：物体距离眼睛 6 英寸 反应：有________无________不确定________ 描述： 刺激：物体距离眼睛 15 英寸 反应：有________无________不确定________ 描述： 刺激：移动灯光 反应：有________无________不确定________ 描述：
第二部分： 事件抽样	观察到的事件____________ 描述（请另备记录纸）：

	观察练习 14-6
新生儿的情绪功能	观察者姓名＿＿＿＿＿＿＿＿ 被观察儿童的姓名＿＿＿＿＿＿＿＿ 儿童的年龄＿＿＿＿＿＿儿童的性别＿＿＿＿＿＿ 观察情境（家、儿童保育中心、幼儿园和学校）＿＿＿＿＿＿ 观察日期＿＿＿＿观察开始时间＿＿＿＿观察结束时间＿＿＿＿ 简要描述观察地点的物理特点和社会特点：
目标行为描述（OBDs）与解释：事件抽样	时间段 1：［开始时间＿＿＿＿结束时间＿＿＿＿］ 解释 1： 时间段 2：［开始时间＿＿＿＿结束时间＿＿＿＿］ 解释 2： 根据需要或要求可增加客观行为描述时间段和解释。 对新生儿的情绪功能进行总体评价（运用格林斯潘提出的第一个情绪发展里程碑进行评价）：

第 15 章　观察婴儿：1～24 个月

关键词

依恋 attachment
语言 linguistic
可视转移 visible displacement
客体永久性 object permanence
不可视转移 invisible displacement

概述

在《人类发展入门》（*A Primer of Human Development*）一书的序言中，著名的心理学家、研究者鲍尔（Bower，1977）宣称：

人们应该都会认同这种观点，即婴儿期是人类发展最关键的阶段，这个阶段为以后的发展奠定了基本的框架。（前言）

至于婴儿期是否像鲍尔所宣称的那样是“人类发展最关键的阶段”，这不是我们关注的主要问题。然而，我们，还有众多的研究者和理论家都认为，作为人生的最初阶段，婴儿期至少可以说是极其重要的。

婴儿期为什么如此重要？解释是多方面。其中有一部分解释与研究者或理论家对婴儿期所作的界定有关。下面我们先简要地看一些婴儿期的定义或含义，在此基础上我们再讨论婴儿期为什么如此重要。

先前对于婴儿期的界定大多以年龄或发展水平为基础。或多或少有些保守，这就像古董商人根据物体的年代来评价它的价值，而基本不考虑物体本身的用途或功能。在此，我们给出另外两个定义婴儿期的依据。主要以心理学家艾伦·福格尔（Alan Fogel）所做的研究为基础。首先，我们简要介绍福格尔描述的父母对于儿童的态度或观点，这些态度和观点在 19 世纪和今天的西方世界依然盛行。父母对儿童形成态度或观点本身就是一种行为定义的过程。**行为定义**是指给某一事物（物体、人、事件）赋予意义，定义者对这一事物做出什么行为，它就具有什么意义。例如，从行为上，椅子不仅可以被定义为供人坐在上面的物体，而且也可以被定义为供人站在上面去换灯泡的物体，或者是在门开着时用来挡门的物体，等等。同样，我们也可以通过个体对儿童做出行为的方式，而不用指出行为的具体内容来了解他对儿童所作的行为定义。

另外一种是功能定义。福格尔所称的九种“婴儿正努力发展的能力领域或技能类型”(p. 5)，是基于功能的一种定义形式。需要明确的是婴儿期的能力、技能的发展具有独特性，但也不能与随后两三年的发展分隔开来。换种方式表达，我们可以这样说，尽管成人通过婚姻组建家庭的功能或任务也许通常产生于成年期的早期阶段，但是中年男女也可以组建家庭，甚至是第一次组建家庭。然而有所不同的是，婴儿似乎注定只在或者主要在我们所称的婴儿期这段相当短的时间里完成他的发展任务。这里提及的发展期限适用于我们所称的常态发展。正如早熟的儿童在某些发展领域的发展速度比同伴快一样，一些儿童落后于同龄伙伴的发展迟缓也确有发生。然而，本书感兴趣的是典型的发展速度和发展路线，不是非典型的。不过，这种强调不排除你有可能对观察和记录非常态发展模式感兴趣，我们只是不在这里讨论。当然，你可以把这个要求或时间限制视为一种阶段特点。

何谓婴儿

鲍尔（Bower，1977）认为：“从字面意思看，婴儿就是不会说话的人；从严格意义上讲，婴儿期的正常跨度大约是 18 个月。”（p. 1）福格尔（Fogel，1984）并不像鲍尔这么确定和武断，他认为：“婴儿期的定义是不断变化的，它取决于你在对谁讲话。”（p. 1）关于婴儿期的年龄范围问题，福格尔明显不同意鲍尔的看法，他写道：“很少有专家会回答说婴儿期是从出生到两岁这段时间。”（p. 1）然而，重要的是，他也指出，“在我们这个社会上很少有人会说一个 3 岁的孩子是个婴儿”（p. 1）。不过福格尔仍然决定，他的书“将论及从出生直到 3 岁的人类发展”（p. 1）。但是福格尔也认识到，只确定婴儿期的年龄范围对于理解人生的这个阶段是不够的，我们同意这一观点。但是，我们也必须确定一个年龄范围，以便将我们的讨论限定在某个范围内。因此，我们在鲍尔的 18 个月和福格尔的 36 个月之间达成了某种妥协。我们按照时间的先后顺序，将婴儿期定义为出生～24 个月。这和我们对幼儿阶段（第 17 章）包含 2～5 岁的处理方式也是一致的。

我们或许会赞同，婴儿期是人类发展具有重要意义的一个阶段。尽管如此，我们可能想再进一步地探讨“婴儿是什么”的问题。对这个问题的任何回答都与人们如何看待婴儿有关，与他在这类问题上持有什么观点有关。福格尔（Fogel，1984）曾拿出整整一章绪论来探讨“什么是婴儿”的问题，我们在前面已经略微谈到了他关于这个问题的一些观点。福格尔对西方在过去两千四百多年里儿童观的历史演变进行了有趣的追溯，他引用劳埃德·德莫斯（Lloyd de Mause）的研究，描述了从古代到现今在西方文明中反映亲子关系特征的六个阶段。我们只谈其中最后两个阶段，它们开始于 19 世纪。福格尔用“模式”来概括各阶段的特点，它们“代表父母对婴儿和儿童持有的普遍的态度”（p. 2）。

社会化模式（19 世纪至 20 世纪中叶）强调儿童要符合“成人社会的目标和标准”，人们应当“以适当的方式训练和教育”儿童（Fogel，1984，p. 3）。特别有趣的是，“父母认为儿童应当根据自身的‘优秀’或‘糟糕’程度获得爱”（p. 3）。当前模式（20 世纪中叶）又被称为帮助模式，其特点是认为儿童是“主动的、富有创造性的且本质上是有价值的”（p. 4）。在这种背景下，按照福格尔的观点，“无论儿童如何表现，他们都应当得到爱；父母应当能够体会儿童的感受，以便为其健康幸福提供必备的东西”（p. 4）。简言之，现代亲子关系的本质可以说是卷入和“增进对儿童的认识和对儿童福利的关注”（p. 4）。

显而易见，这些模式正是看待儿童的方式。正如较早的模式在它们流行的历史时期发挥了一定作用一样，最后这两个模式也为今天如何对待儿童奠定了基础。下面让我们更加深入地探讨婴儿期的定义吧。

我们认为，界定一种现象（物体或事件）要依据它做了什么、它的功能是什么，或者哪些行动或行为是它固有的特征或属性。这一次，又是福格尔向我们提供了根据功能下定义的方式。他认为九个能力领域或“婴儿正努力发展的技能类型”是儿童成为“所在社会、家庭和社区积极发挥作用的成员”（p. 5）必不可少的。（请记住，鲍尔对婴儿才能的描述［p. 161］尽管不如现在的讨论这么详细，但他的讨论与当前的讨论密切相关）事实表明，这些能力领域为我们观察婴儿的行为、判断他们的能力和发展水平提供了便利的基础。下面我们简要说明一下这九个领域吧。

知觉技能/感觉技能

它包括婴儿的多种感觉能力，包括听觉、视觉、触觉、嗅觉、味觉以及那些关于身体内部的感觉，如平衡觉、对身体及其各部分（手臂、腿等）的位置感觉，也包括婴儿运用这些感觉获取环境知识的方式。婴儿知觉或感觉技能的发展（随着时间流逝而发生的进步性变化）应当引起观察者的特别关注。

感觉运动/使用工具

用最简单的话说，这一能力领域指动作技能的发展，具体包括翻身、坐起、站立、行走、跑等活动。福格尔还引用了杰尔姆·布鲁纳（Jerome Bruner）关于使用工具技能的观点，即使用工具技能是“婴儿理解和利用环境能力的一种表现”（Fogel，1984，p. 6）。这里的“工具”可以被广泛地理解为任何能用来帮助实现某一目的的物体。不要将工具的概念仅仅限定为锤子、扳手、螺丝、起子等人们所熟悉的物体。从广义上理解，可以用一根棍子把玩具拉得离自己更近，这样，这根棍子便成为一种工具。

概念/思维

大约 6 个月大时，婴儿开始表现出“在概念上区分物体的不同种类”（Fogel，1984，

客体永久性
object permanence
即使看不见、听不见，但仍能知道物体的存在，它是感知运动阶段最重要的成就。

p. 6）的能力。9 个月大时，婴儿开始意识到**客体永久性**（**object permanence**），客体永久性是指尽管没有明显的身体感觉，仍能理解物体的存在。然而，福格尔指出，反映真正的思维、推理和计划的（心理）行为在第二年结束之前并不明显。在第二年结束之前，占据主导地位的是以外显行动形式表现的试误性“思维”，而不是对行动方案的心理选择或内部选择（p. 6）。简单地说“对行动方案的内部选择”是指，个体并不真的做出各种行为，就能够在心理上列举或预测各种行为的结果。因此，他也能够根据预测的结果或效果选择一种行动，尽管这一能力并不排除犯错的可能。

记忆

记忆是婴儿不断发展的认知能力的关键组成部分。著名心理学家杰罗姆·卡根（Jerome Kagan）高度肯定了记忆的重要性，他写道：“将当前经验与相关图式联系起来的能力是人生第一年中枢神经系统正在成熟的功能之一。更通俗地说，儿童变得能够记住过去。”（Kagan，1984，p. 40）卡根将图式定义为“与原先事件相关的经验的表征”（p. 35）。福格尔（Fogel，1984）指出：“9 个月的一个标志性特征是婴儿的记忆能力出现了一次重要的转折。”（p. 6）这个转折促进了客体永久性概念的形成，以及在“空间、时间和质量”（p. 6）上比较物体的能力的发展。

卡根（Kagan，1984）认为，儿童能够记起过去，这里包含了记忆发展的三个方面，即“对过去的再认、对过去的再现、在主动记忆阶段对比过去和现在的能力”（p. 40）。下面让我们简要看一看婴儿获得这些能力的标准年龄吧。

卡根认为，3 个月大的婴儿“能在其知觉范围内再认熟悉的事件，因为熟悉的事件与他的图式具有共同的特点”（p. 40）。与图式具有共同特点是指，婴儿认为他刚刚遇到的熟悉事件与他关于该事件的记忆的某些方面相似。然而，在前 6 个月，如果对事件的两次经历间隔太长时间，婴儿就无法再认。

卡根认为，记忆发展的第二种成分，即“在直接感知的范围内……在有少量线索的情况下再现图式”（p.40）的能力，在 6 个月之后才开始发挥作用。隐藏诱人的玩具，让婴儿等一会儿再去寻找玩具，通过这种方式可以测量婴儿再现图式的能力。卡根引用的一项研究指出：在被研究的一组 8～12 个月大的婴儿中，“8 个月大的婴儿在延迟 1 秒后不记得玩具的位置”（p.41）。到 12 个月大时，所有婴儿在延迟 3 秒后都能找到玩具，大部分婴儿甚至在延迟 7 秒后仍能完成任务。

第三个记忆发展成就，即在越来越长的时间间隔后再现过去的能力。卡根指出：“年龄较大的儿童和成人阅读句子或听一段对话时，能在最长达 30 秒的一段时间内将刚接受的信息与自己的已有知识整合。”（p.42）卡根将这个整合过程称为主动记忆，他指出：在大约 8 个月大时，主动记忆能力变得更强、作用更大（p.42）。因此，“现在婴儿能自动地将当前与不远的过去联系起来，这意味着他在比较来自两个来源的信息”（p.42）。

表征/符号

表征，就是用一物代表另一物，而且可能是非常不同的物体。福格尔（Fogel，1984）说，表征是“人生前三年认知发展的最高成就”（p.6）。他还谈到了表征思维，语言的使用是表征思维最重要的部分（想了解对表征能力的详细论述，请参见第 17 章，练习 3）。当然，语言符号一个主要的功能就是明确地代表别的事物，例如，“椅子”这个词语代表我们坐的真实的物体，“狗”可以代表我们在上班的路上每天都会遇到的、一种特定的有毛的四条腿动物（或者也许“Rover”这个名字代表我们的狗）。福格尔指出：在人生第二年后期，大部分儿童能明白“符号和真实物体之间的关系”（p.6）。这仅意味着对符号的使用本质上是“不假思索”和“无须批判”的，它主要用于达到实际的目标，比如，说出“牛奶”这个词，意味着随后父母给的那杯真实的白色液体，二者之间存在着实际联系。

交流/语言

该能力领域与刚才讨论的表征或符号能力关系密切。一个重要的不同在于前者强调运用语言进行交流。这其中涉及学习单词的含义、掌握专门的语法等复杂的工作，但是，使用语言的最终目的是向他人传递自己的观点、思想和感情。交流也包括知道什么时候说和什么时候听（交流的交互特点）、了解环境、理解他人努力传达的内容以及以适宜的社交方式传达自己的信息。简言之，语言既是一种社会技能，也是一种智力技能。

社会/互动

最初，福格尔（Fogel，1984）强调语言使用过程中的社会或互动能力，特别是轮流对话能力。他认为，尽管在儿童行为中自然发生的“突然开始与停止”可能预示着即将掌握轮流对话的技能，但是，“与轮流技能的任何相似的技巧，似乎都是由成人一方造成的，他们知道在婴儿留下的自然的沉默中熟练地添加进微笑、逗弄和话语”（p.7）。福格尔指出，婴儿在五六个月大之前，并不能意识到自己在与成人的互动中扮演着互动一方的角色。当然，还存在其他方面的社会能力（接下来的基本能力领域便是其中之一）。尽管如此，认识到婴儿开始学习社会技能要远远早于学习词语，这一点非常重要。

表达/情感

体验和表达某些情感是婴儿社会技能的重要组成部分（Fogel，1984，p. 7）。婴儿能够体验哪些情感，主要取决于年龄或发展水平。福格尔说，人们普遍认为，“婴儿在 8 个月大之前，不知道恐惧，直到快 3 岁时，他们才能体验像内疚、自豪或羞耻这样的复杂感情”（p. 7）。在两三岁之前，他们对于想要表达的情感还不能够加以控制（p. 7）。对情感与年龄之间的关系以及情感的一般发展，卡根（Kagan，1984）发表了一些观点，使人备受启发。

流行的观点认为儿童的情绪不随成长而变化。该观点所依据的是一种不可能成立的假设，即大脑的成熟变化所产生的新的认知评价和特殊情感体验对年龄较大的人的情绪经验没有影响。但是，由于人们常常使用同样的语言描述 2 岁和 22 岁时的情绪，所以人们很容易认为儿童与成人的情绪体验是相同的。同样，美国的母亲们也认为，3 个月大的婴儿可以体验到成人所能体验的高兴、生气、快乐或恐惧等情绪，这也是不正确的。（p. 172）

自我调节/应对

不管是否意识到，父母、教师、照料者以及其他与儿童相关的成人，都很关注儿童自我控制能力的发展，灵活应对环境中的各种挑战的能力的发展。当儿童真正获得这些能力时，他们十分高兴（即使还不完全放心）。正如福格尔（Fogel，1984）所言：“看到自我调节技能的发展，父母会感到欣慰，这种欣慰超出了高兴的范围。婴儿应对日常生活压力的能力，能够减轻父母肩上沉重的负担。”（p. 7）福格尔列举了“成功获得自我调节能力”的种种表现，比如，“睡到天亮、能耐心等待开饭、克服与父母分离时产生的恐惧和痛苦、态度坚决地从捣乱的哥哥姐姐那里夺回玩具”（p. 7）。

尽管福格尔列出的婴儿成功获得自我调节能力的表现可能让人信服，但是我们仍想指出的是，婴儿“应对日常生活压力”能力的增长并不意味着婴儿从此就没有了压力。更准确地说，在一般状况下，婴儿能够处理其发展阶段特有的、与所处发展阶段相适宜的正常压力。婴儿具有对付某一些压力的有效策略，但是，还会有另外一些压力，他们难以应付。对于成人来说，也是如此。

这些技能可以被归入自主性这一类别，自主性的获得可能使成人摆脱一些作为父母或照料者要承担的任务（Fogel，1984，p. 8）。这种解脱使人们相信，成人会为儿童自我调节和应对技能的发展成就感到欣慰和高兴。

上面的一些论述以皮亚杰理论为基础。然而，最近，维果茨基的理论观点引起了心理学家的关注。的确，他的理论现在正与皮亚杰理论和信息加工理论相抗衡（参见伯克

［Berk，1993］的论述，他阐明了皮亚杰理论和信息加工理论在解释认知发展时的不足）。

维果茨基理论的独特之处在于它强调社会情境在认知发展中的重要作用。布凯科和戴勒（Bukatko & Daehler，1995）组成的写作小组对维果茨基的理论立场进行了讨论，这些讨论很有趣，也让人大长见识。

维果茨基社会历史理论的重要原则是，当儿童置身于他们的文化时，他们通常在更有能力的人，如照料者或教师的引导下，内化和采用更加成熟、更加有效的思维方式和解决所处环境问题的方式。思维工具和思维方式并非婴儿与生俱来，它们是社会历史的组成部分，但是，它们可以由更有能力或更有知识的人在运用的过程中传递给儿童。（pp. 64-65）

布凯科和戴勒进一步指出：儿童学习的关键组成部分是社会互动，社会互动包括观察他人如何运用儿童所处特定文化中可以利用的资源进行交流和解决问题。维果茨基也将语言视为一种非常重要的文化工具，原因在于，儿童内化语言，并运用语言进行思考和解决问题。的确，语言的运用具有循环性或交互性的一面。当儿童运用语言思考和解决问题时，这些活动反过来会促进和增强语言技能的进一步发展；再反过来，运用进一步发展的语言技能可以以更加复杂的方式思考，并解决更加复杂的问题。

婴儿期为什么重要

现在我们回到“婴儿期为什么”如此重要的研究课题上。在这里，我们要跟随鲍尔（Bower，1977）的指引，因为他也问过相同的问题。他问：“为什么 2%的人生值得如此多的关注?”（p. 1；“如此多的关注”以及其他内容，都针对于他关于婴儿期的书而言）。我们喜欢他的回答，因为可能几乎没有人会对他的回答进行辩驳。下面这段话引自他的《人类发展入门》一书。

也许，使人类同其他动物有所区别的技能，大部分都是在婴儿期所获得的。在婴儿期结束时，宝宝友善、合作。他掌握了语言技能，这可能是所有人类技能中最重要的技能。他能用自己的双脚行走。他双手的技能变得精细，这是人类所特有的技能。他能在有限范围内使用工具，使用工具的范围超过了任何非人类。他获得了一些非常基本的、重要的空间概念、因果关系概念和数概念。在 18 个月中所有发生的这一切，都源于看起来最没有希望的开端。（pp. 1-2）

塔夫茨（Tufts）大学从事儿童研究的著名教授戴维·埃尔金德（David Elkind）对婴儿期也投入了特别的关注，还详细阐述了婴儿期可能取得的发展成就。他写道：

出生至大约两岁，婴儿忙于建构一个永久客体的世界，使自己对重要他人产生依恋，建立埃里克·埃里克森（现已退休的哈佛教授）所提出的“信任”感。这三项成就构成了婴儿期智力、社会和情感发展的主要内容。（Elkind，1981，p. 98）

毋庸置疑，这里所引用的所有发展成就确实非常重要，它们构成了儿童随后所有发展的基础。

当然，庆祝人生第一阶段取得的成就，也可以从刚才讨论的九个能力领域加以考虑。尽管有人会说，成人也在这些技能领域、甚至更多的技能领域发挥作用，但是，他作为成人（或年长的儿童）并不是首次这样表现。下面让我们来看看这些理论在实践中的运用吧。

练习 15-1：婴儿/学步儿（1～24 个月）的身体特点和运动能力

背景资料

身体特点 你会发现新生儿与 15～24 个月大的婴儿或学步儿在身体外形上的一些显著差异。的确，很快你就能看见一些显著的变化。首先让我们简要地看一下儿童体重和身高发生的变化吧。福和贝尔金（Faw & Belkin，1989）在他们精彩的儿童心理学大学生复习资料中指出，在人生前 4 个月，婴儿的体重将增至出生时的 2 倍，达到 14～15 磅（克雷格指出是在 12～15 磅。我们写这些只是想说明，这样的标准由于资料来源的不同，会有些差别；任何特定的标准也许都不应该被视为是一个精确的数字）。在第一年末，婴儿的体重是出生时的 3 倍，平均达到 20 磅（帕普利亚和奥尔兹［1993］报告说是 22 磅）。非常有意思的是，根据福和贝尔金的报告，在整个第二年里增加的体重只有大约 5 磅。体重增加速度之所以急速下降，是因为婴儿身体活动增加，导致对卡路里的消耗也在增加。

在前 4 个月，婴儿的身高增加大约 3～4 英寸（Faw & Belkin，1989，p. 130）。到第一年末之前，婴儿会再增加 6 英寸，（平均）身长达到 29～31 英寸。和体重增加的情况一样，身高的增加速度在第二年也慢了下来，仅仅有 4～5 英寸。通常两岁孩子的身高是 33～35英寸（p. 130）。顺便提一句，两岁孩子的身高大约是他成年时身高的一半。正如你可能想起的在第 15 章中谈到的那样，新生儿的头是奇形怪状的，相对于身子来说大得不成比例，这使他的外表看起来即使不算完全变形也非常奇特。福和贝尔金说，接下来在第一个月或第二个月的生长就是，身子试图“‘赶上’头”（p. 131）。在头两年，躯干的长度增加 50%，手臂长度增加 60%～75%（p. 131）。

运动特点和能力 1 个月时，新生儿表现出许多不随意的反射动作，他的自发运动散乱而缺乏控制。早期这种弥散性的肌肉运动被称为大肌肉动作，这是与精确动作相对而言的，精确动作是指较年长儿童的比较协调的肌肉运动。对手的使用仅限于抓握反射，他似乎完全没有意识到自己还有手。到 18 个月时，婴儿已经积累了控制头部的经验，能够坐、翻身、蠕动、爬行、站、行走和跑。他伸手取物体、抓握物体、操作物体的能力也发生了显著的变化。到 3 个月大时，他开始敲击物体并对自己的手有所意识；18 个月时，他能一次翻一页书。1 个月时，他唯一的交流方式就是哭；18 个月时，他能运用词语，还表现出其他一些真正的社会行为（参见表 15-1、表 15-2 和表 15-3）。当然，所有这些成就都取决于神经系统的发育和成熟，反过来，神经系统的发育和成熟又取决于许多其他的因素，其中，支持性的物质和社会养育环境尤其重要。

表 15-1　发展检核表——12 个月

儿童姓名__________年龄__________			
观察者姓名__________日期__________			
发展检核表			
	是	不是	有时是
12 个月时，婴儿能：			
在帮助下行走			
模仿成人滚球			
拇指和食指配合捏起东西			
将物体从一只手递到另一只手			
捡起掉在地上的玩具			
直接看成人的脸			
模仿动作：藏猫猫、再见、拍手			
找出藏在杯子下的物体			
自己吃小饼干（用力嚼，而不是吸）			
两只手端杯子，在帮助下喝水			
自发地微笑			
关注自己的名字			
对“不”作出反应			
对陌生人和熟人作出不同的反应			
对吸尘器、电话和门发出的声音作出不同的反应			
注视对自己讲话的人			
对简单的、伴有手势的命令作出反应			
发出一些由辅音和元音组合形成的音			
用声音回应对自己讲话的人			
运用不同的声调，听起来像责备、询问或惊讶			
说“爸爸”或“妈妈”			

表 15-2 发展检核表——2 岁

儿童姓名＿＿＿＿＿＿＿＿＿＿＿＿＿＿＿＿年龄＿＿＿＿＿＿＿＿＿＿＿＿＿＿
观察者姓名＿＿＿＿＿＿＿＿＿＿＿＿＿＿＿日期＿＿＿＿＿＿＿＿＿＿＿＿＿＿

发展检核表

	是	不是	有时是
2 岁时，婴儿能：			
独立行走			
弯下身捡起玩具而不会跌倒			
自己坐在小椅子上，在帮助下能上下楼梯			
将几个圈儿套在小棍上			
将 5 个小木栓放进嵌板里			
一次翻两三页书			
涂鸦			
听从涉及熟悉物体的一些指令："给我……""让我看看……""去拿……"			
把熟悉的物体配对			
用勺子盛东西会洒出一些			
不用人帮忙，一只手握住杯子喝水			
咀嚼食物			
脱下外套、鞋子、袜子			
拉上、拉开大的拉链			
认出镜子或照片里的自己			
用名字称呼自己			
在游戏中模仿成人的行为，例如，喂"宝宝"			
帮忙收拾物品			
根据特定词语指认相应的人或物，如玩具、宠物、家庭成员			
说出自己想要的物品的名称（如小甜饼）			
被问到"那是什么"时，能回答出物体的名称			
说一些由两个单词组成的句子，如"爸爸再见"			

表 15-3　婴儿和学步儿部分运动能力的获得年龄（以月计）
（本章中所讨论的克雷格［Craig，1989］的研究资料汇总）

4 个月	8 个月	12 个月	18 个月	24 个月
俯卧时抬起胸部	自己坐起来；在别人的帮助下坐好，能保持坐姿	一般都能在不用人扶的情况下迈出几步	几乎都能独自行走；能手拿物体行走	会走会跑，会骑三轮车；能在原地双脚跳；短时间单脚站立保持平衡；能很好地举手过肩投掷
成人扶着坐时能稳稳地支撑住头	8 个月大的婴儿中有一半能扶住一个支撑物站立，也能自己站起来	能操作许多物体（拉开门插销、打开橱柜、拉出玩具、卷起电灯线）	通常能用 2～4 块积木搭一座塔；能用蜡笔或铅笔涂鸦	能爬楼梯，有时在成人的帮助下能下楼梯；在各种物体上爬进爬出，爬上爬下
伸手够物和抓握物体时偶尔能碰到	一般都能蠕动或手膝爬行	获得钳状抓握能力，即将拇指和食指对捏起来	自己进餐的能力增强；能自己脱一部分衣服	将物体放进容器，将物体从容器内取出来；会倒水，会捏橡皮泥，一般能想尽办法操作物体
大约 3 个半月时开始视觉追踪	大部分婴儿能将物体从一只手传递到另一只手；有的能用拇指和食指捏东西；大部分婴儿能和成人来来回回地递东西			用手推车、四轮车、四轮马车或卡车运送物品；发现、检验和探究

克雷格（Craig，1989）给出了 4 个月、8 个月、12 个月、18 个月和 24 个月时婴儿能力的“概览”。关于运动能力，我们利用他的表格，简短地介绍一下刚才提到的不同月龄婴儿典型的发展里程碑。

4 个月　俯卧时（肚子朝下）婴儿通常能抬起胸部。由成人扶着坐起来时，婴儿也能稳稳地支撑住头。他能从仰卧翻为俯卧，也能按相反方向翻身。克雷格指出：“大多数 4 个月大的婴儿能够物和抓握物体，尽管他们通常够不着物体。”（p. 145）福和贝尔金（Faw & Belkin，1989）认为，两个半月大的婴儿处于他们所称的“早期够物阶段”，在这个阶段，婴儿伸手够自己看见的物体，但是协调性和控制性很差，通常这种努力不能取得成功（后面会单独拿出一部分来更加详细地讨论够物行为和抓握行为的发展）。他们认为，婴儿 4 个月大时，“视觉的够物和手的够物变得协调起来”（p. 145）。获得该技能的证据是，婴儿“在够物时用视觉追随自己的手和手臂，注意力在要够的物体和伸出的手之间来回变化”（p. 145）。顺便提一下，福和贝尔金认为视觉追随是视觉够物的一种形式，即使视觉追随与手和手臂的动作并不协调。视觉追随是用眼睛跟随物体，它在婴儿大约 3 个半月时出现。

8 个月　克雷格（Craig，1989）认为，大多数 8 个月大的婴儿自己能保持坐的姿势，而且一旦有人扶他们站起来，几乎所有这么大的婴儿都能保持站的姿势。福和贝尔金（Faw & Belkin，1989）注意到，大多数 6～7 个月大的婴儿能坐在高椅子里，稍晚一些，婴儿才能在没有外部支持的情况下坐起来。克雷格（Craig，1989）指出，超过一半的 8 个月大的婴儿扶着一个支撑物就能站立，大约一半的婴儿能自己站起来（p. 147）。较少一部分婴儿能抓住婴儿床或围栏的边缘向一侧迈步，移来移去；有的婴儿甚至会在抓住一件家具作为支撑物时行走，有时人们称这种早期的行走能力为漫游。

一般 8 个月大的婴儿通过蠕动（身体着地）或者手膝着地爬行，把身体移来移去（Craig，1989，p. 147）。福和贝尔金（Faw & Belkin，1989）注意到，大约 7 个月大时，婴儿“趴着时会将膝盖向前”顶，福和贝尔金认为，这是“学习蠕动的第一步”（p. 140）。在 8 个月时（34 周），婴儿一般都能蠕动，但是由于婴儿的手臂和腿不够有力量，他还不能依靠手和膝爬行，让肚子离开地面。

关于手和手臂的控制问题，克雷格（Craig，1989）指出，大多数 8 个月大的婴儿能“将物体从一只手转到另一只手，有的能用拇指和手指抓物体”（p. 149）。她还报告，这么大的婴儿通常能“让两个物体相撞”（p. 149）。克雷格也注意到，大多数 8 个月大的婴儿会拿一个物品与成人递来递去，他们非常喜欢玩这个活动。

8 个月大时，大多数婴儿能保持坐的姿势，超过一半的婴儿能在支撑物的支撑下站立起来

一般情况下，8 个月大的婴儿会爬来爬去

12 个月　福和贝尔金（Faw & Belkin，1989）对“有支持的行走”和“独立行走”进行了区分（p. 141），他们认为，儿童一般在第一个生日后不久迈出没有支持的（独立的）步子，虽然步子还不稳。在这个转折点之后，移动能力的发展速度进步很快。克雷格（Craig，1989）写道：“12 个月的婴儿积极地操纵环境，他们能拉开门插销、打开橱柜、拉出玩具、卷起电灯线。”（p. 149）她还提到了钳状抓握能力的获得，认为钳状抓握应当与手掌抓握区别开来。伯克（Berk，1989）将手掌抓握描述为“手指紧紧握住手掌的笨拙动作”（p. 147）。钳状抓握时，婴儿能将拇指与食指对捏。反过来，这种大脑皮层的对应能力使儿童能捡起极小的物体，如头发、针、硬币等。有了这一能力以及其他新的能力后，婴儿能做更多的事情，制造更多的麻烦，比如，“打开电视机和炉子，探索厨房的橱柜，打开窗户，把物体插入插座”（Craig，1989，p. 149）。

18 个月　几乎所有 18 个月大的婴儿都能独立行走。他们通常喜欢在行走时手里拿着东西，或者推着或拉着某样东西。然而，从事像踢球、蹦蹦跳跳或者骑三轮车这样的活动，他们还感到十分困难（Craig，1989，p. 150）。

根据克雷格的报告，18 个月的婴儿普遍能够“用 2～4 块积木垒出一座塔，他们通常还能用蜡笔或铅笔涂鸦”。这么大的婴儿经常表现出越来越强的自己吃饭的能力，甚至还能自己脱一些衣服（p. 150）。然而，与脱衣服相比，穿衣服显然更困难一些，因此，穿衣服的动作出现较晚。

24 个月　18～24 个月之间所获得的能力似乎令人惊讶。正如克雷格（Craig，1989）所言：

2 岁的儿童不仅会走会跑，而且他们通常还会骑三轮车，在原地双脚跳，单脚站立保持平衡，以及非常出色地完成举手过肩投掷的动作。他们能爬楼梯，有时在帮助下还能下楼梯。他们在物体和家具上爬进爬出，爬上爬下，他们操作、运送、摆弄、推或拉自己看见的任何东西。他们将物体放进大的容器，又将物体从容器中取出来。他们倒水，捏橡皮泥，拉伸可以拉伸的东西，弯曲可以弯曲的东西。他们用手推车、四轮车、四轮马车或卡车运送物品。他们不断发现、检验和探究。(p. 151)

也许她最后的这句话最为重要，那就是："所有这些探究活动为婴儿提供了至关重要的学习经验，这些学习经验帮助他们了解物质世界的本质，探查其中的各种可能性。"(p. 151) 当然，这就是发展所指的一切。

下面，我们以摘要的形式介绍一下福和贝尔金对"物体操作阶段"的论述，作为第一个练习或单元第一部分的总结。我们之所以这样做，原因在于够物、抓握和操作物体是一种非常关键的能力。的确，我们的手或者说手的灵巧正是将我们与动物王国中其他动物区分开来的主要特征之一，语言或符号的使用则是人类行为和能力区别于其他动物的另一关键特征。

福和贝尔金区分了"前够物阶段"和"早期够物阶段"（Faw & Belkin，1989，p. 144）。第一个阶段大约从出生到 2 个月或 2 个半月，这期间如果物体进入视野，新生儿或婴儿并不伸手够物体，只是盯着看（了解对"前够物"的解释和讨论也可参见 Belkin，1989）。第二个阶段，即早期够物阶段，在大约 2 个半月时开始，这时，"婴儿开始伸手够他们看见的物体"（p. 144）。然而，这种行为控制性很差，通常碰不到要够的目标。现在让我们来看看他们所探讨的这两个阶段。

阶段 1 证明"婴儿对物体的操作具有不同的发展阶段"，但他们所写的只是代表这些阶段的技能的特征，阶段 1 的特征如下。

阶段 1

1. 够物和抓握不是分开的动作。也就是说，它们没有彼此分化，而表现为混在一起行动。福和贝尔金也指出，手部动作的发展也体现了发展的近远原则，即从身体的中线（近）向外到末端（远）发展。
2. 处于阶段 1 的婴儿还不能同时使用两只手臂。
3. 对手和手臂的控制相对较差。一旦开始够物动作，处于阶段 1 的婴儿就不能够停下来，如果动作不准确、偏离目标，婴儿也不能加以调整。
4. 阶段 1 中，婴儿不能结合自己对物体本身的感觉完成抓握动作。相反，婴儿主要依据物体的视觉呈现及物体与手的视觉关联进行够物和抓握动作。

改编自 Faw & Belkin，1989，p. 144。

福和贝尔金指出，到 5 个月大时，"婴儿不再在伸出的手和要抓握的物体之间明显地来回转换注意力"，而是"直接将手伸向物体"（p. 145）。他们指出，尽管这种动作的协调性很好，但它们仍然属于阶段 1，因为“够物和抓握动作仍然受控于所寻找的物体的视觉呈现，它们是一个整体的动作，而不是分开的两个动作”（p. 145）。重要的是，他们还指出，够物动作一旦发出，就一定会有抓握反应，即使手实际上并没有触摸到物体。发生这种现象是因为婴儿尚不能完全控制身体动作，仿佛动作或姿势一旦开始就必须结束，尽管事实上这个动作并没有完成什么。

福和贝尔金说，5 个月是阶段 1 和阶段 2 的分界线或转折点，阶段 2 有如下特点。

阶段 2　1. 在这个阶段，婴儿用两只手而不是仅用一只手够物和抓握。

2. 在够物时一旦觉察到错误，婴儿能够纠正。

3. 这时够物和抓握成为分开的两个活动，婴儿可以独立地从事其中一项活动。

4. 物体的视觉呈现不再是抓握动作的主要促进因素，这时与物体接触成为控制因素。

改编自 Faw & Belkin，1989，p. 146。

本章给出的一些观察目标有很大的选择余地，这在其他章的练习中是没有的。1～24 个月的年龄跨度充满大量的发展变化，仅凭一个人无法观察和记录这些变化。而且，也可能你观察幼儿的机会多一些，而观察婴儿和学步儿的机会却不多。我们给你提供足够的选择空间，以便你能观察到至少一名婴儿的行为，而这名婴儿正处于人生重要的第一阶段。

观察目标

（1）观察和描述一名年龄在 1～24 个月之间的婴儿的身体特点，并与练习 14-1 中所观察的新生儿的身体特点进行比较；（2）观察和记录 1～24 个月大的婴儿的运动行为，这一目标应当和观察目标（1）结合起来进行，这意味着为了完成这两项任务，你可以观察同一名婴儿；（3）比较和对比至少两名年龄明显不同的婴儿的运动技能（比如，10 个月大和 18 个月大），用横向研究的方式描绘婴儿在这几个月间的发展进步。对于上述三个目标，你可以选择其中的一个、两个或者三个展开观察。

步骤

针对观察目标（1），你可以称婴儿的体重，量身高，量头长、躯干长和腿长。将这些测量数据与新生儿的数据进行比较，总结差异。如果不能比较，就只判断一下该婴儿的身体特点是否符合你对这个年龄孩子的正常期望。

观察目标（2），请使用事件抽样表格，观察和记录婴儿在 2 个或 3 个 5 分钟时间段里的所有运动行为。请分散观察，以获得反映婴儿能力的多种行为样本，而不只是大量展示同样的行为。换句话说，根据婴儿的年龄或发展水平，争取获得够物、抓握、蠕动或爬行、行走、漫游等行为样本，并将婴儿的能力与其年龄发展常模进行比较。

观察目标（3），采用事件抽样的方式，依据观察练习表所列出的大肌肉运动和精细运动技能，观察和记录两名婴儿的表现。如果婴儿没有自发地表现这些技能，那你就必须鼓励他们表现出想要的行为。我们允许这样的鼓励，是因为我们想让你比较两名婴儿在完成相同任务时的不同表现。

你手边应当放一些物品，如葡萄干、4～6 块小积木、带盖子的容器（能装下几块积木）、珠子和一段细绳、一本书或杂志、面团和一支蜡笔。这其中有些物品也许是你观察婴儿或学步儿的玩具。请观察和记录下列精细运动：(1) 搭积木（看他们能搭多少块积木）；(2) 捡葡萄干（他们使用了什么抓握技术）；(3) 将一些积木放进容器，再拿出来；(4) 拉长、挤压或者敲打面团；(5) 翻书；(6) 用蜡笔涂鸦。大肌肉运动技能的观察无须太多解释。理想的做法是，挑选年龄稍大，至少能表现出一些上述行为的被试，但他们的年龄要有一定的差距，以表现出行为或能力上的发展差异。

这一练习属于福格尔所称的感觉运动或使用工具能力领域。你观察到婴儿拿着某个物品当工具吗？当然，随着婴儿年龄的增长，使用工具的可能性也在增加。因此，不要在非常小的婴儿身上寻找这类行为。

在这个练习中，对你的观察时间没有硬性要求，但是你要完成这个练习。（参见观察练习 15-1）

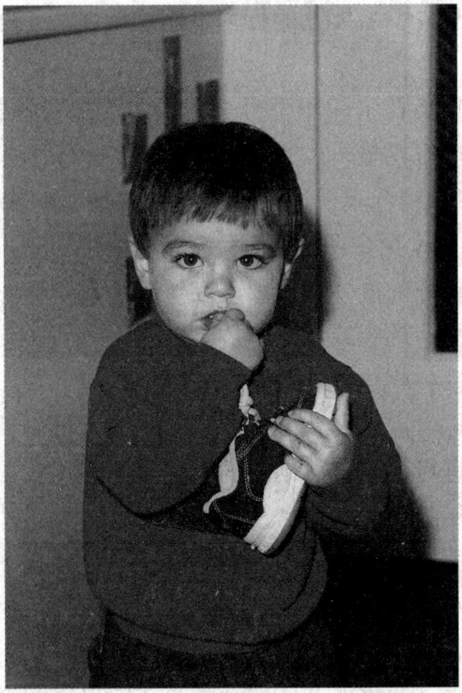

学步儿的脸：与新生儿比起来，有着明显的差异

问题指南

下列问题的表述看起来在强调对两名婴儿进行观察。如果你无法实现这个目标，那就只观察一名婴儿，这些问题同样有意义。

1. 如果你观察一名学步儿，他的身体运动特点是否可用来诠释“学步儿”的意义？

2. 两名婴儿大肌肉动作的总体特点或特性是什么？总是流畅的、准确的，还是不流畅的、不准确的？两名婴儿的动作有什么不同？根据他们各自的年龄或发展水平，你预计他们有什么差异？

3. 婴儿是否很容易做出一些大肌肉动作，而很难完成另一些动作？在婴儿的能力和他们选择的活动类型之间存在什么明显的关系吗？也就是说，他们努力尝试自己做不好的动作，还是坚持做自己最擅长的动作？

4. 婴儿有没有表现出对自己其中一只手或是其中一只脚的偏爱呢？如果是这样，他们如何表现自己的偏爱（例如，踢球、上楼梯时先迈哪一只脚、捡东西时用哪一只手）？

5. 婴儿能搭多少块积木？他们努力搭积木时的最大特点是什么？是迅速而自信？还是缓慢而不肯定？

6. 捡起像葡萄干这样的小东西时，婴儿用哪些手指？拇指起什么作用？他们是否一开始不成功，后来改变了方法或抓握类型才取得成功？

7. 婴儿抓握像积木这样的大物体的方式与抓握像葡萄干这样的小物体有什么不同吗？

8. 将婴儿的大肌肉技能和精细运动技能与其年龄常模对比，结果如何？你预计哪些技能或反应他们会完成得非常好？哪些一点儿都做不到？参照常模，按照由易到难的顺序排列上述技能，再根据婴儿的实际表现进行排列，对比这两种排列顺序的结果。

9. 婴儿展示出哪些移动技能？如果婴儿刚开始走，相对于蠕动或爬行的时间，行走的时间占多大比率？

10. 根据福和贝尔金所讲的够物和抓握发展的阶段，这两名婴儿处于哪个阶段？你根据哪些具体的行为得出这一结论？

练习 15-2：婴儿的社会行为（1～24 个月）

背景资料

当两个人或更多人彼此互相考虑互相影响时，他们的行为就是社会行为。婴儿的的确确在影响着他人，也在初步考虑他人。成人对婴儿的哭、笑和发声会作出回应，这就是婴儿以自身的方式在对成人产生影响；当婴儿改变自己的行为以适应某人的特点和反应时，他就在考虑那个人。

婴儿有一些行为是重要的社会行为。哭，从婴儿出生的那一刻起，就是一种重要的反应，它表示出现了问题，需要关注。在整个儿童期，哭一直是一种交流方式，它常常让成人感到心烦，于是成人会迅速采取行动使婴儿不再哭。微笑，伴随着特定的眼神交流的微笑，令成人感到特别高兴。第一次出现的真正的社会性微笑，大约是在 6 周的时候，也会使父母欣喜若狂。鲍尔（Bower，1977）提出婴儿微笑的几个理由："（1）周围有人；（2）对比鲜明的刺激引起了周围人们的关注，使婴儿将人脸与高兴联系起来；（3）……发现自己的行为与外部世界的事件存在关联。"（转引自 Travers，1982，p. 56）

依恋 attachment

一个人依靠另一个人获得情感满足和支持的条件反射过程。依恋针对特定的他人产生，它会持续较长时间。

讨论婴儿的社会行为和社会能力时，常常会涉及**依恋（attachment）**这个主题。当一个人依靠另一个人来获得情感满足时，就产生了依恋。心理学家安斯沃思（Ainsworth）将依恋定义为"一个人对另一个特定的人形成的情感联结，它将两个人在空间上联系在一起，它会持续很长时间"（转引自 Travers，1982，p. 329）。塞弗特和霍夫农（Seifert & Hoffnung，1987）也引用了安斯沃思的定义，强调了依恋的另一个方面，指出依恋是"一种关系，其特点是情感的交互性及共同渴望保持亲密的身体接触"。

许多研究者描述了依恋发展的若干阶段。大家认为依恋对于健康发展至关重要，有的心理学家认为，在很大程度上，依恋为儿童未来的社会性发展和社会关系奠定了基础。表 15-4 描述了依恋的典型特点和行为，表 15-5 介绍了安斯沃思（Ainsworth，1967，1973）提出的依恋发展的三个阶段（改编自 Travers，1982，p. 331）。

基本的信任对不信任这一概念反映了社会行为的另一方面问题。埃里克森提出了人格发展理论的八个心理社会阶段，其中第一个阶段就是信任对不信任。根据克雷格（Craig，1989）的观点，心理社会阶段是指"在人生的这一时期，个体获取经验的能力要求他必须作出较大的调整以适应社会环境和他自身"（p. 41）。然而，作出怎样的调整取决于个体的发展水平和对经验的接受能力。在 18～24 个月期间应当解决基本的信任对不信任问题。如果事情进

表 15-4　依恋的发展：
鲍尔比（Bowlby）的“四阶段理论”

年龄	依恋阶段	行为特点
0 至 6 周	前依恋阶段	婴儿发出许多信号，如微笑、哭、抓握、视觉接触等，吸引照料者亲近。婴儿对照料者的积极反应，如感到舒适、停止哭等，能激发照料者留下来和婴儿待在一起，继续照料活动。然而，婴儿尚未形成依恋，因为他并不介意被留下来和不熟悉的人待在一起，也不介意母亲离开（没有表现出陌生人焦虑和分离焦虑）
6 周至 6～8 个月	形成依恋阶段	这时，婴儿对熟悉的照料者的反应和对陌生人的反应有所不同。婴儿对母亲的反应清楚地表明他能认出母亲。婴儿对自己行为与母亲对其行为的反应之间的因果关系开始有了一些了解，他认识到自己对环境产生了影响，同时也开始形成埃里克森所称的信任感。然而，明确的依恋仍未出现，因为婴儿在母亲离开时尚未表现出分离焦虑
6～8 个月至 18～24 个月	明确的依恋阶段	婴儿表现出明确的分离焦虑迹象。这一反应表明，婴儿有了客体（人）永久性的概念。儿童将母亲或其他依恋对象作为身体和心理的安全基地，从这个安全基地出发，婴儿探索环境，获得情感的支持和信心。儿童有意地努力保持与母亲或其他依恋对象亲近
18～24 个月及 24 个月以上	有目的指向的交互关系或伙伴关系的形成	儿童不断增强的认知技能，使他能够理解在与父母以及其他儿童的互动中，自己所起的作用。这些认知和社会技能使儿童更有可能以协商的方式与父母互动，而不是抗议，或为得到想要的东西而哭闹，或坚决地寻求与父母的身体亲近

根据鲍尔比（Bowlby，1969）的研究结果编写。本表改编自 Berk，1996，pp. 266-267。

表 15-5　依恋的发展阶段

阶段	特　点
阶段 1	出生后的前几个月，婴儿的社会性反应不断增强。他还不能将主要照料者与有时会抱抱或照料他的其他人区分开
阶段 2	大约 6 个月时，婴儿积极地寻求亲近，不断寻求母亲或其他主要照料者的注意，与他们接触，产生陌生人焦虑。这一行为会延续到出生后的第二年
阶段 3	将近 3 岁时，儿童表现出伙伴型行为，他努力参与相互给予的社会互动，也能认可与父母的分离

根据安斯沃思（Ainsworth，1967，1973）的研究结果编写，引自 Bigner，1983，pp. 185 186。

表 15-6　气质品质

活跃程度	宝宝在子宫里时就开始活动了，在子宫里，活动积极的宝宝会频繁地踢腿。出生后活动积极的婴儿会在摇篮里或儿童床上动来动去；他们喜欢爬或快速蹬腿而不是从事比较安静的活动。另一些婴儿表现出比较低的活跃水平
节律性	有些婴儿活动周期有规律，按时吃、睡、排便；另一些婴儿的活动则难以预测。
进取/退缩	进取是指在面对新事物时采取高兴或接纳的态度，比如，在第一次洗澡时发出笑声，乐意吃新的食物。退缩则指拒绝接受新环境。
适应性	其特点是快速地适应变化；对于正常生活秩序被打乱没有强烈的消极反应。但有些婴儿则难以容忍熟悉生活的改变或者偏离。
反应强度	有的婴儿笑声很大，哭时还尖叫。但有的则仅会微笑、抽泣或轻声地哭。
情绪特点	有的婴儿常常很快乐、愉快，很容易笑；有的常常看起来不高兴、不满意，似乎经常在抱怨。

改编自 Berger，1980，pp. 91-92。

展顺利，婴儿将对所处的物质和社会环境建立更强的信任感，并超出不信任感，从而解决第一个冲突。建立更强的信任感还是不信任感，这取决于人们如何对待婴儿，取决于婴儿是否认为这个世界基本是安全和可靠的养育场所。信任感的获得要求成人与儿童之间保持稳定且符合双方心理特点的互动。正如甘德和加德纳（Gander & Gardner，1981）所言："当母亲和婴儿协调各自行为，以适应彼此的气质和需要，双方保持一致，并且行为适当时，信任感就产生了。"（p. 201）此外，物质环境也必须是相当安全的、可预见的。如果婴儿意识到其行为具有可预见的结果，那么他对物质环境的感觉就会受到影响。例如，他摇晃儿童床，悬挂在上面的物体会动；或者，当他学会控制自己的身体动作后，他在这个遵循自然法则的物质世界活动时，安全感和自信心就会逐渐增强。

观察目标

观察和记录：（1）婴儿的一般社会行为及与他人互动的模式；（2）依恋行为表现；（3）所观察和报告的婴儿的气质特点对其与熟悉环境中的他人的互动产生了什么影响。同时，根据不同记录方法所收集的资料，对儿童的社会行为、气质，以及不同方法在某特定情景中的有效性等问题作出结论。

步骤

本练习分为三部分，每个部分都可以作为一个独立的练习。第一部分，使用叙述性描述的记录方法。根据实际情况，在 60～90 分钟的时间里，你应当观察大约 3 个 10 分钟。

表 15-7　1 岁、2 岁时的气质品质

气质品质	等级	行为特点	
		1 岁	2 岁
活跃程度	低	慢慢喝完一瓶奶；容易入睡；不反抗像换尿布、剪指甲这样的照料活动	安静地玩玩具；能长时间从事一项活动（如听收音机或看电视）
	高	快速移动；享受吃东西的乐趣；从事各种活动，如攀爬、蠕动等	从事各种活动；对事物好奇，探索事物；也会表现出不愿意上床睡觉，一遍又一遍地从床上爬起来
节律性	规律	饭后通常小睡一会儿，睡前通常喝一杯奶；其他身体活动也表现出相似的规律性和可预测性，如大便、醒和睡	进餐模式有规律、可预测；每天都吃得津津有味，睡前吃点心
	不规律	入睡非常慢；不能预测什么时候大便，也不能预测其他身体活动	午睡时间不固定；不能预测什么时候大便，这使训练排便习惯非常困难
进取/退缩	积极	不害怕陌生人；对新的食物、物体不多疑；新环境不会干扰睡眠	第一次整晚待在爷爷奶奶家里也睡得很香
	消极	参加新活动、获得新经验时会哭；陌生环境会干扰睡眠；陌生人出现时会哭或者退缩	抗拒获得新经验，不容易和陌生的儿童交往，如第一次去海滩玩会哭哭啼啼，不愿意下水
适应性	适应	看见陌生的玩具或物体一开始会害怕或犹豫，但很快就能克服；看见新食物一开始会拒绝，但随后也会接受	很快就听话。长时间待在一个地方毫不着急，比如，能安心地待在爷爷奶奶家一星期
	不适应	持续地抵抗、拒绝新食物、新经验，一般对新事物缺乏积极反应	不听话或者很难表现出顺从；强烈抗拒一些照料活动，如剪头发
反应强度	轻微	对各类经验的反应都不是很强烈有力；不反对对他做一些事，比如从头上往下套衣服	对其他人针对自己的行为，如被碰了一下，玩具被人抢走时，反应轻微
	强烈	情感和行为反应通常强烈有力。参加打闹游戏会大声笑，尖叫；也会反抗如量体温这样的活动	玩游戏或对某样东西感到满意时大声表露自己的兴奋。如果拒绝接受某样东西，如玩具，就表现出强烈的反对
情绪品质	积极	享受吃的乐趣；伸手够奶瓶，表现出喜爱之情。对藏猫猫这样的互动游戏反应强烈	和兄弟姐妹一起玩，表现出积极的情感。当成功地完成一项任务，比如穿上了鞋子时，会感到满意
	消极	不喜欢独处；遇到稍微痛苦一些的经历就哭，如打针	反对剪头发等活动；当妈妈离开时表现出分离焦虑

改编自 Dworetzky，1987，p. 111。

参照后面提供的问题指南。记录你自己的解释说明，确保你的推论基于观察资料，不要作没有客观行为描述支持的解释。第一部分获得的信息将用于第二部分和第三部分。

第二部分，运用时间抽样和频次计数表。你还会用到第一部分的观察资料。在检核表中记录婴儿在特定时间段中是否表现出依恋行为。确定观察和记录的时间间隔。可以把记录时间分成几个相等的时间段，如 10 个 10 秒。在两次记录时间段之间另选一小段时间（如 10 秒），专门用来观察。等一段时间（也许是 5 分钟）后，再重复这个过程至少两次。完成这部分练习时，父母或其他熟悉的照料者必须和儿童待在一起，否则，儿童不可能表现出依恋行为。收集好资料之后，请回答“第二部分”的问题。

第三部分要求你整合第一部分获得的有关婴儿一般社会反应和互动模式的资料，以及婴儿气质方面的资料。有关气质的资料可以从你的观察和父母的报告中获取。表 15-6 描述了各种气质的特点。首先，采用叙述性描述的格式，在 2 个或 3 个 10 分钟的时间段里观察和记录婴儿的行为。收集数据后，分析这些记录，找出与 15-7 列出的气质特点相符合的行为实例和特征描述。在练习的第二阶段，询问父母有关儿童气质的具体问题。表 15-6 和表 15-7 提供的资料会帮助你设计这些问题。

最后，请回答“第三部分”问题。正是在回答问题的过程中，你将整合两组资料。（参见观察练习 15-2）

问题指南

第一部分

1. 婴儿主动与环境中的其他人进行社会接触吗？他是如何进行社会接触的？是通过语言、身体接触，还是通过哭、分享玩具？

2. 其他人对婴儿的社会行为如何反应？成人是将其注意力集中在婴儿身上，努力维持双方的互动，还是不再对婴儿作出反应，好像婴儿的提议很麻烦？

3. 婴儿微笑吗？多长时间一次？为什么微笑？其他人看见婴儿微笑时作出了什么反应？其他人的反应对婴儿的后续行为产生了哪些可以观察到的影响？

4. 婴儿对你这个观察者反应如何？他表现出害怕和迟疑吗？退缩吗？他接近你、努力使你参加游戏或其他互动吗？如果他接近你，他要花多长时间做这件事？他需要花一段时间适应吗？多长时间？

5. 你认为，对于周围的成人或一般的成人来说，婴儿或学步儿的哪些身体特点可能具有吸引力？在你观察期间，在场的成人是否对他所认为的婴儿身上吸引人的特征作出一些评论？如果是，他是否以某种方式对这些特征作出了反应？

6. 婴儿哭时成人有什么反应？成人对婴儿哭的容忍程度如何？成人会立刻作出反应，

还是稍微延迟一会儿，或是延迟很长时间？成人努力使婴儿停止哭时，婴儿有何反应？如果婴儿不哭了，成人会停止与婴儿互动，还是寻找机会进行进一步的社会接触？婴儿哭的次数多吗？

7. 成人和婴儿之间有特定的眼神交流吗？他们各自对这样的接触有何反应？婴儿保持这种眼神交流多长时间？如果成人没有马上取得成功，他怎样设法建立眼神交流？花多长时间？

8. 按照福格尔提出的社会或互动能力领域，该婴儿在哪些方面与之相符合？婴儿有分享或轮流的概念吗？婴儿这么大的年龄能否意识到他是“与成人交往的一个伙伴”？

第二部分（你需要对以下问题做出书面回答）

1. 婴儿表现的各种依恋行为占全部观察时间的多少百分比？非依恋行为呢？二者相比结果如何？二者的比例是多少？

2. 分析叙述性描述资料（从第一部分获得），找出依恋行为。如果有的话，数一下发生的次数。这个次数与你从时间抽样中获取的次数相比，结果如何？两组数字相比较，你觉得是否有一组数字更令人信服？如果是，为什么？在这种情况下，时间抽样是一种恰当的方法吗？为什么是或者为什么不是？

3. 以安斯沃思的依恋三阶段理论（表 15-5）为基础，根据时间抽样资料，你能判断婴儿处于哪一个依恋阶段吗？依据叙述性描述资料能作判断吗？二者相比较，哪一种资料作为判断的依据更合适？如果是，是哪一个？为什么？

第三部分（你需要对以下问题做出书面回答）

1. 关于儿童的气质，你的决定或判断与父母的报告是否一致？回顾你获得的叙述性描述资料，谁对儿童气质作出的结论更准确？

2. 在你观察时，儿童的行为与父母的报告一致吗？换句话说，你能根据父母对孩子的感觉，比较准确地预测婴儿的行为吗？

3. 研究气质是否有用？你得出的一般结论是什么？为什么会得出这个结论？

练习 15-3：婴儿的认知和语言行为（1～24 个月）

背景资料

你观察到的许多行为都与婴儿的认知和语言发展有关。从皮亚杰的理论视角看，运动和感知活动（感知运动阶段的必要组成部分）是认知发展的基础。首先，早期运动反应使婴儿能操作物体，如撞击、拉、推、扔和滚物体。皮亚杰认为，这些都是必不可少的活动，婴儿通过操作物体来认识物体。他还不能通过思维和推理来了解世界。婴儿慢慢会走了，这样能让他更加直接地接触环境。从别人将物体拿到他跟前，到他自己跑到物体那里，这一进步改变了他所获得经验的质和量。

和其他人一样，婴儿也是通过看、听、摸、尝和闻来获取关于周围世界的信息，但是仅仅接收信息是不够的，他还必须处理这些信息。语言和认知，包括思维、知识、记忆、问题解决、推理和概念，为处理和使用信息提供了手段。

婴儿的认知行为有多个方面，其中一个便是概念。甘德和加德纳写道："**概念**可以被认为是事物的心理表征或记忆"（Gander & Gardner，1981，p. 143）。奥尔特（Ault，1977）指出："概念代表着几个不同事件的共同特征。"（p. 89）皮亚杰的图式指的就是事物的心理表征。不管以哪种方式定义，概念都为我们提供了对感觉信息进行分类和组织的方式，它们把具体事物或抽象观念的共同特点和性质聚集起来。例如，狗是一个概念，当某人说"狗"时，我们可能会想到许多不同品种的狗（牧羊狗、德国牧羊犬、小猎狗）；四条腿的动物；长着毛皮的、食肉的、驯养的家中宠物。

人们一般认为，婴儿尚不具备与成人相同的概念类型，婴儿的概念不像成人的概念那样复杂或者抽象。皮亚杰认为，如果说婴儿能够思考，那他们也主要以感觉运动的方式进行，也就是说，主要是通过积极动手操作周围环境中的物体，而不是运用心理运算或使用符号功能（语言）。这里我们不争论这个问题，但是，如果认为婴儿具有和在使用一些至少是尚未发展成熟的概念，这也是有道理的。当然，他们能够区分周围环境中的许多人和物，他们能区分父母、陌生人或朋友，也能区分愿意吃的食物与不愿意吃的食物，等等。

威廉森（Willemsen，1979），斯劳菲和库珀（Sroufe & Cooper，1988）等心理学家使用"习惯化"去推断新生儿期是否具有概念或记忆。斯劳菲和库珀（Sroufe & Cooper，1988）写道："当觉察到环境中出现新事物时，注意力会倾向于集中关注新事物。如果这个事物反复出现，就会失去吸引力。”（p. 149）这一现象就是习惯化。如果婴儿（或其他人）对一个新刺激重新产生定向反应，那就可以认为他一定对第一个刺激有了印象，并且认识到第二个刺激与第一个刺激有所不同。斯劳菲和库珀（Sroufe & Cooper, 1988）指出：“习惯化已经为有效的婴儿研究技术提供了基础。”（p. 150）概念也是产生陌生人焦虑所必需的。儿童必须认识到，他对陌生人的感觉与他熟悉的人的概念有些不同。

客体永久性
object permanence
懂得物体即使在看不见、听不见时仍然存在，这是儿童感知运动阶段最重要的成就。

对皮亚杰来说，**客体永久性（object permance）**是感知运动阶段的最高成就，它为进一步的认知发展奠定了基础。当儿童具有客体永久性的概念时，他就理解了物体即使在看不见、听不见时仍然存在。“眼不见就不存在”是尚未获得客体永久性概念的婴儿的典型特点。客体永久性概念的发展经历了一系列的阶段（见表 15-8），直到感知运动阶段末期，大约两岁时才能完成。

感知运动阶段共分六个子阶段，如表 15-9 所述。皮亚杰运用了感知运动图式的概念，即组织化的行为或行为序列，这种图式使个体可以与环境相互作用。通过学习，图式得到修正，同时又为形成更复杂的图式、进行更复杂的学习奠定基础。

在皮亚杰的理论中，另外有两个概念有助于解释贯穿一生的认知发展和认知行为，它们是同化和顺应。当一个人试图使刺激或事件适应于自己已经知道什么及知道怎么做时，就产生了同化。婴儿会用现有的感知运动图式去应对现实，例如，如果婴儿用手掌抓握的方法能够捡起物体，那么，他会采用相同的方法尝试捡起细小而扁平的物体。但是，如果同化的努力没有取得成功，那么，是否取得进步就取决于婴儿是否改变其感知运动图式。这时，婴儿必须顺应环境的新特点。如果这个例子中的婴儿改变抓握图式，从手掌抓握改为拇指和食指（钳状）抓握，捡起细小而扁平的物体，他就产生了顺应。顺应并不是自动产生的，儿童必须为顺应作好发展上的准备。

表 15-8　皮亚杰的客体永久性发展阶段

阶段	大致年龄	主要特点
Ⅰ	0～1 个月	没有客体永久性
Ⅱ	1～4 个月	没有客体永久性或空间组织性
Ⅲ	4～8 个月	永久性开始萌芽；婴儿开始将手伸向物体方向做抓握动作，但是不会继续寻找隐藏的物体
Ⅳ	8～12 个月	继续寻找隐藏的物体，但是多少有些偶然性和随机性
Ⅴ	12～18 个月	在正确的地方寻找隐藏的物体，但是对物体位置的变化感到困惑
Ⅵ	18 个月以上	形成物体的表象，在不同地方寻找物体

改编自 Travers，1982，p. 234。

强化理论对发展心理学也产生了重要的影响。该理论认为，个体之所以如此表现，是因为其行为产生了他们认为的奖赏性的结果，反应是被强化出来的。这种学习方式被称为操作性条件反射。操作性条件反射的关键在于，当行为结果令人满意时，与结果令人不愉快和带来惩罚相比较，个体更有可能去重复这种行为。

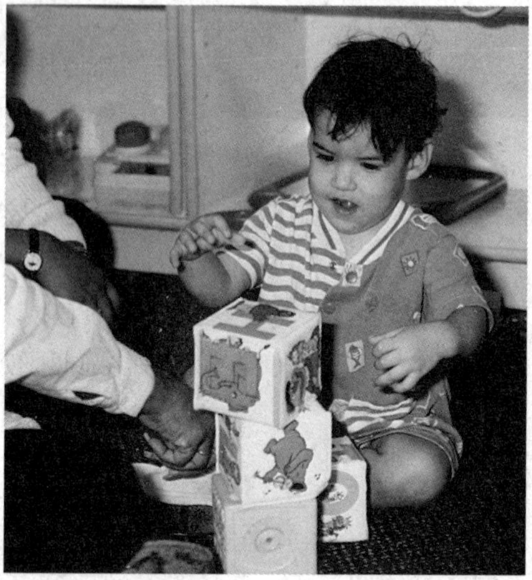

儿童使用这种搭建玩具展示其感知运动能力

第二种主要的学习类型是经典条件反射。经典条件反射一个重要的方面就是它涉及自发行为，即我们很少、甚至没有加以控制的行为。对于经典条件反射而言，特别具有重要意义的是，情感反应可以通过这一方式获得。在经典条件反射中，先有一个事件，它能自然引发某一反应（如饥饿使狗在看到食物时会分泌唾液）。该事件与不能引发该反应的第二个事件建立起联系（例如，铃声不能使狗分泌唾液）。通过将这两个事件匹配，第二个事件（铃声）就能引发最初只能由第一个事件（饥饿）才能引发的反应（分泌唾液）。想象一下吧，如果一个孩子经常受到其叔叔的惩罚，而惩罚常常会使人产生焦虑和恐惧，那么这些情感会与其叔叔联系在一起，最终只要叔叔一出现，就会使这个孩子感到焦虑和恐惧。

表 15-9　皮亚杰感知运动阶段的六个子阶段
（包括客体永久性的发展阶段）

子阶段	年龄	主要特点
Ⅰ：反射活动子阶段	0～1 个月	婴儿大部分运用反射活动，逐渐能控制反射活动。他还不能表现出多种感觉的协调性，比如，他不能根据两种或多种感官信息识别同一物体。 没有迹象表明获得了客体永久性
Ⅱ：初级循环反应	1～4 个月	婴儿偶然出现了一些行为，然后不停反复（可以使用“循环”一词），这些行为主要涉及婴儿自己的身体，如吮吸手指、注视自己的手和脚，而不是外部环境。 没有迹象表明获得了客体永久性
Ⅲ：二级循环反应	4～8 个月	在与外部环境的相互作用中，婴儿很快发展。婴儿反复做出与环境中物体有关的行为。婴儿开始产生有目的的行为，他反复做这些动作，因为他喜欢看到自己做动作所产生的结果。 尽管婴儿不会继续寻找隐藏的物体，但婴儿开始将手伸向物体方向做抓握动作，出现了客体永久性的萌芽
Ⅳ：二级图式的协调	8～12 个月	婴儿为了达到一定的目标会将已有的行为联结起来，他将特定的行为作为达到某一目标（目的）的手段。 婴儿继续寻找隐藏的物体，但是他的寻找没有组织、也没有方法，是偶然的、随机的
Ⅴ：三级反应	12～18 个月	婴儿因一些动作是新奇和不熟悉的而重复这些动作。他想出和尝试新的手段来达到各种目的。 婴儿会寻找并成功地找到藏在一个地点的物体，但物体被移到另一个地点，他就会感到困惑
Ⅵ：思维的开始	18～24 个月	婴儿开始进入认知发展的前运算阶段。他从感知运动智力发展到表征智力，这意味着他可以对物体进行符号表征或心理表征，运用思维来形成和实现新的目标。 婴儿具有了真正的物体概念，如果将物体从一个位置移到另一个位置，即使他没有目睹转移过程，他也会去寻找

改编自 Travers，1982；Wadsworth，1984。

表 15-10　语言发展的阶段

前言语期的语言	特　点
未分化的哭	一种反射性动作；婴儿通过这种交流方式表达自己的需要
分化的哭	1 个月之后，哭变得更加精确；不同的模式、声调、音强和音高反映不同的情感状态
咕咕低语	6 周时，偶然发出一些元音；成为婴儿表达满足的一种方式
咿呀学语	大约 3～4 个月时，玩游戏似的重复发出简单的辅音和元音（ma-ma-ma，ba-ba-ba 等）
模仿发音	大约 9～10 个月时，婴儿有意识地模仿别人的发音，但并不理解意思
言语期的语言	特　点
单词句	大约 12 个月时，用一个词表达一个意思（“球”的意思是“和我一起玩球”或“这是球”等）。根据一些研究，普通儿童 1 岁时能掌握 4～5 个词，大约 15 个月时词汇量为 10 个词，19 个月大时为 50 个词（Nelson，1973）
电报句	大约 24 个月时，儿童将 2 个或 3 个词组合在一起形成一个句子，但只使用一些必要的名词和动词
语法正确的语言	3 岁左右，词汇量增至 900 个；使用完整的、更长的句子。掌握了语法规则，但句子结构对语法规则的遵循有些呆板

语言　语言可能是人类独一无二的最重要的成就。它是一套复杂的书面符号或口头符号，根据特殊的语法或句法规则，可以将这些符号组合起来交流各种信息。

根据儿童是否可以讲出能被理解的词，可以将语言获得划分为一系列可以预见的阶段。讲出能被理解的词之前的发声被称为前言语期，涉及真正意义的词的发声被称为**语言（linguistic）**。这样，就有两个明显不同的语言发展时期，这两个语言发展时期又可以继续细分成若干个阶段，详见表 15-10 和表 15-11。

语言 linguistic
涉及真正意义的词的发声。

观察目标

观察和记录显示婴儿认知（如记忆和概念思维等能力）和语言能力的发展水平和特点的各种行为。判断可能发生操作性条件反射和经典条件反射的情况。

表 15-11　手眼协调能力发展总结

月龄	操作能力
1.5	对手的控制只有抓握反射；这个阶段还不可能出现协调的抓握
3	能敲击物体但动作不太协调；开始观察自己的手
5.5	伸手够物，会抓握物体并将它拿到嘴边；可能会抱住瓶子，乱扔玩具，操作咯咯作响的玩具等物体
6.5	对物体的操作增多；操作时技能更熟练、协调性更好
9.5	开始表现出钳状抓握，例如，婴儿将拇指与食指对起来，能捡起相当小的物体
10	获得许多新的技能，能取下盒子的盖儿；用食指戳或指；能有意地放开物体；开始表现出对右手或左手的偏好
11.5	能握住一支蜡笔；能从杯子这样的容器中取出小的物体；能很容易地做到故意放开一个物体，或为某一目的放开一个物体；能模仿着涂涂画画
13	能将小的物体装进容器，也能将它们取出来；能搭两三块积木
16	能用三四块积木搭一座塔；会用蜡笔或铅笔涂鸦；会翻书，但一次翻两三页
18～24	对某一侧手有明确的偏好；搭塔所用的积木增至 4～6 块；能一次翻一页书
24～30	能将一些珠子穿在一根线上；通过滚、敲打、挤压等动作能将橡皮泥捏成一定形状

改编自 Gander & Gardner，1981，pp. 125-126。

可视转移

visible displacement

将物体从一个隐藏的地方（比如在一块布的下面）转移到另一个地方，允许儿童注视你转移的过程。是一种用于测试儿童客体永久性概念的技术。

不可视转移

invisible displacement

将物体从一个隐藏的地方（比如在一块布的下面）转移到另一个地方，但不允许儿童注视你转移的过程。用于测查儿童的客体永久性概念。

步骤

本练习分为三个部分。第一部分，测查婴儿的客体永久性概念。首先，需要准备一个富有吸引力的玩具和两块布，布要大得足以完全盖住玩具。整个测查由以下几个步骤组成。第一步：让儿童在椅子上坐好，拿一个玩具放在他面前，使他能够看见，然后将玩具丢在地板上。观察和记录他的反应（参考问题指南）。第二步：让儿童坐在一个平坦的表面。给他出示玩具，确保他看见了玩具，然后，当他注视你的动作时，将玩具放到布的下面。观察和记录他的反应。第三步：当儿童注视时，将玩具从第一块布的下面移走，藏在第二块布的下面（**可视转移 visible displacement**）。观察和记录儿童的反应。第四步：当儿童注视时，将玩具藏在布的下面。然后，当他看不见你在做什么时，将玩具藏在第二块布的下面，同时将第一块布留在原处（**不可视转移 invisible displacement**）。观察和记录儿童的反应。（在进行这四步测试时，请参考第一部分的问题指南）

在第二部分，观察儿童3个10分钟，用叙述性描述表格记录儿童的行为及相关情境的特点。观察结束后，请分析叙述性描述资料，找出反映儿童已经学会了什么以及他们的认知活动水平的行为。寻找能表明儿童是否处于皮亚杰所称的感知运动阶段的行为，找出能判断出儿童处于感知运动阶段的某个子阶段的行为。看一看有没有出现操作性条件反射或经典条件反射的现象，比如儿童拿来一件令人喜爱的玩具时，父母说："玛丽，好孩子！"或者当父母惩罚孩子时的情形。（参考第二部分的问题指南）

在第三部分，运用事件抽样来观察和记录婴儿的语言行为。花20～30分钟时间待在儿童周围，但要尽可能保证不引起他注意。逐字记录儿童说的话，他在对谁讲话，在什么情况下讲话，以及其他人对他讲话的反应。也要记录反映儿童语言接受能力的行为，包括他理解多少话语。另外，还要注意儿童努力进行交流时可能使用的身体动作。（参考第三部分的问题指南）（参见观察练习15-3）

问题指南

第一部分

1. 当玩具被丢在地板上时，婴儿在视觉上有什么反应？他会寻找玩具吗？他往正确的地方看吗？也就是说，他看起来知道玩具落下时经过的路线吗？

2. 当你在第二步中将玩具藏在布的下面时，儿童有什么反应？他在布的下面或者别的地方寻找玩具吗？他作出了什么情感反应或动作反应吗？例如，表现出高兴或快乐的面部表情，或者以大肌肉运动来表达兴奋。

3. 儿童对第三步有何反应？他继续看第一块布的下面，也就是他最初看见你藏玩具的地方呢，还是看第二块布的下面？同样，当他参加这个游戏时，他作出了什么情感反应或动作反应？

4. 儿童对玩具的不可视转移有何反应？他坚持看第一块布的下面呢，还是立即看第二块布？

5. 考虑儿童的年龄，你预测他在客体永久性方面会有什么反应（常模显示他可能的反应水平是什么）？儿童的客体永久性发展处于什么阶段？

第二部分

1. 有什么证据表明该婴儿处于皮亚杰所称的认知发展的感知运动阶段？也就是说，该婴儿有哪些典型的反应？这些反应与皮亚杰理论相符吗？

2. 婴儿的哪些反应属于感知运动图式？它们为什么属于这一类而不是一个偶然的活动，或者是一个未形成一定模式的活动？

3. 有什么迹象表明婴儿掌握了概念？哪些行为可以表明婴儿掌握了概念？

4. 有什么迹象表明婴儿能够记忆？

5. 婴儿的行为以某种方式得到强化了吗？哪些反应得到了强化？强化是如何发生的，是成人露出了微笑，将儿童抱起，还是对他表现出过分的关心？强化使哪些行为发生了变化（改变了行为的基本性质）？行为发生的次数改变了吗？

6. 有什么迹象表明可能发生了经典条件反射？在什么情况下出现条件反射的情境？原发的刺激是什么？替代刺激是什么？在行为、情感、运动能力等方面产生了什么变化？是躲避某一物体还是某个个人？

7. 婴儿表现出顺应的迹象了吗？例如，当最初的方法未取得成功时，他是不是改变了解决问题的方法？如果儿童发生了顺应，作为结果，他的行为如何变化？哪些行为表明发生了同化？婴儿表现出福格尔所称的“行为方案的内在选择”这一迹象了吗？

8. 成人正常的照料活动是否引发了学习（例如，成人在给婴儿换尿布时谈论一件事或一个物体）？发生了哪一类学习？成人的哪些特定活动为婴儿提供了更多的学习机会？

第三部分

1. 物理环境或社会环境中的哪些因素会刺激婴儿发声？哪些因素会限制发声？如何解释这两种影响？

2. 婴儿的发声有哪些主要特点？属于咿呀学语、单词句，还是电报句？这些发声对其他人产生了什么影响？其他人如何反应？这些反应对婴儿随后的发声产生影响了吗？

3. 婴儿在什么时候哭？他哭时会发生什么事？由他的哭给成人带来的影响是否改变了他哭的模式？他经常把哭作为交流的手段，还是更经常使用语言进行交流？

4. 为了努力使别人明白自己的意思，婴儿使用了什么身体动作？他用手指吗？用手拉着别人并将其带到“现场”吗？他的动作与他的话语相符或者匹配吗？也就是说，他能够协调动作与语言，使之同步吗？

5. 什么反应表明婴儿能够理解语言？也就是说，他的接受能力如何？他能够理解和遵循哪些命令和指示？他的接受能力和表达能力相同吗？婴儿理解的多于他能够说出的吗，还是相反？

练习 15-4：婴儿的情感发展和行为（2～18 个月）

背景资料

情感是人类行为中极为重要的部分，正如两位格林斯潘（Greenspan & Greenspan，1985）所解释的，情感发展几乎从出生的那一刻就开始了。你可能会想起在第 15 章中我们曾谈起过，情感发展的第一个里程碑（发生在出生～3 个月之间）涉及新生儿的自我调节能力，也涉及婴儿对世界的兴趣。两位格林斯潘这样表述：

在人生最初的几周里，你们家的新生儿同时面临着两个基本的挑战。第一个是自我调节，使自己感到平静和放松，不被新环境所击倒。第二个是通过感觉，包括听觉、视觉、嗅觉、味觉、触觉和运动觉等逐渐对世界感兴趣。(p. 14)

说这些任务是挑战，原因在于，新生儿在“黑暗的、相对比较安静的子宫”里待了 9 个月之后，好像突然被抛入一个充满各种全新感觉的世界。新生儿必须组织这些感觉，同时对它们的存在感到舒适，并以与其发展水平相适宜的方式积极地运用各种感觉，例如，对周围的景象和声音表现出兴趣而不感到难受（Greenspan & Greenspan，1985，p. 5）。然后才有可能取得第二个里程碑的发展成就，即“对**人类**世界产生非常特殊的兴趣”（p. 5）。

第二里程碑（产生于 2～7 个月之间）被两位格林斯潘描述为“坠入爱河”。他们写道：

当你们家的新生儿进入人生的第二个月、第三个月和第四个月时，他将开始有选择地对其世界中最特殊的部分，也就是你，表现出兴趣。(p. 41)

假如婴儿不觉得环境中的刺激令人愉快，那么，他也许就不可能发展到将人类社会视为“所有经历中最迷人、最愉快、最兴奋的经历”（p. 4）这个阶段。两位格林斯潘指出：婴儿感到你的身体运动、听见你的声音而“兴奋地盯着你的脸”或表现出“欣喜若狂的微笑和热切的快乐”，他们感受到了人们想要他感受的愉悦。他们进一步指出：“婴儿现在对与外部社会的交往变得更加敏感，而早先他则更容易受到内部身体感觉的影响（例如，饥饿、吐气泡）。”（p. 41）

第三个里程碑（产生于 3～10 个月之间）建立在对人类世界产生的特殊兴趣的基础上，不过，这时婴儿实际上会表示“只有爱是不够的，我现在想要对话”（p. 4）。这里的对话不是指坐下来和成人交谈。相反，它指的是婴儿发出微笑以回应父母的微笑，或者把手伸向人们递给他的物体，发出声音，对父母跟他说话作出反应，等等。婴儿以自己的方式进行交流，而且交流是有意图的。的确，两位作者称这一转折点为发展中的有意交流。两位格林斯潘也指出，婴儿正在意识到他们所生活的世界是一个充满因果关系的世界（p. 5），对于婴儿来说这也是一项认知发展成就。这意味着，他知道自己的行为会引发他人的行为，例如，当他微笑时，他的妈妈或爸爸也会微笑。此时，儿童也习得了一些消极情绪，比如当你试图拿走玩具时，他会生气。

第四个里程碑（产生于 9～18 个月之间）以“有组织的自我感觉的出现”（p. 83）为特征。在这个阶段，儿童将其“情感对话”又扩展了一步，“学习将小单位的情感和社会行为联结成大的、复杂的、相互配合的模式”（p. 5）。接近第四阶段中期时，也就是第十四、十五个月时，这一技能的增强变得格外明显，这时，儿童能够将较新的、更加复杂的行为与先前完成的行为整合或者结合起来。例如，如果苏珊想玩，她不再限于用手指玩具和发出妈妈可能懂也可能不懂的声音；相反，苏珊会捡起玩具，将它拿给妈妈，因而使她的意图更加清楚。

能将相对复杂的社会模式和情感模式结合起来，这也表明认知能力在不断增强。正如两位格林斯潘所写的："将许多零碎的活动和情感拼凑成一种模式，这是一种组织能力，这种能力和表现对于更高水平的思维和计划的发展至关重要。"（pp. 83-84）在苏珊的例子中，她的行为表明她知道物体、玩具的含义，也知道在这种情况下拿玩具给妈妈玩意味着什么。正如两位格林斯潘所述，"这是形成对世界的'理性'态度的开始。现在物体具有了功能"（p. 5）。同样重要的是，人，特别是父母，对于婴儿来说也逐渐具有了功能：他们服务于特别的目的，呈现出一些属性特征。儿童最终能够识别出父母对自己表露的感情、做出的行动所具有的功能或含义。

观察目标

第一部分的目标是根据是两位格林斯潘提出的第二、第三和第四情感里程碑，观察和记录显示婴儿情感发展水平的行为。第二部分的目标只是观察和记录两名 2～18 个月婴儿总的情感反应或行为。在这里，关注的焦点不是两位格林斯潘提出的情感发展里程碑，而是被我们大多数人视为婴儿正常情感的内容，正如婴儿在哭（出于各种原因）、微笑、咕咕低语、好奇地环顾四周等活动中所表达的情感。

步骤

我们建议你观察一名 2～18 个月大的婴儿，以便最大可能地获得与观察目标中列出的情感发展阶段相关的资料。

我们建议你使用事件抽样，特别要寻找那些有助于确定与你选择的婴儿年龄相符的情感发展里程碑（阶段）的行为或能力。建议你观察至少 3 个 10 分钟，这样你会有充足的机会看到你感兴趣的行为。努力抽取各种情感行为，这些行为要显示你所观察婴儿的情感发展的各个方面。在第二部分，使用事件抽样，记录至少两名 2～18 个月大婴儿总体情感反应。在这个练习中，要集中关注像哭、生气或烦恼、恐惧反应、满意或高兴等行为，确保记录这些反应发生的环境或情境。然后比较两名婴儿的情感行为：他们有什么不同？有什么相同？如果你能在相同或相似的情况下观察两名婴儿，他们在比较一致的情况下的表现是相同还是不同？（参见观察练习 15-4）

问题指南

1. 婴儿表现的哪些具体行为使你确定了他的情感发展水平？

2. 婴儿表现出属于下一个更高阶段的一些行为吗？如果是，其发生频数是否太少，以致你不能将婴儿的发展归入下一个阶段？或者，你是否是根据婴儿的年龄将其归入了一个比较低的阶段？

3. 婴儿的情感发展与其年龄相比是超前的，还是滞后的？

	观察练习 15-1
婴儿（1～24 个月）的身体特点和运动技能	观察者姓名________ 被观察儿童的姓名________ 儿童的年龄________儿童的性别________ 观察情境（家庭、儿童保育中心、幼儿园和学校）________ 观察日期______观察开始时间______观察结束时间______ 简要描述观察地点的物理特点和社会特点：
目标 1：身体特点	出生时身长________出生时体重________ 头长________头与身长的比例________ 躯干长度________头与躯干的比例________ 描述以下各方面的特点： 头和脸（形状、眼睛、耳朵、嘴、鼻子等）： 躯干（比如与头的关系、整体外观等）： 手臂和腿（姿势、形状）： 手和手指： 与新生儿比较（如果不可能或不需要对新生儿进行实际观察，那么请对照已建立的常模标准完成）： 身长： 体重： 头与身长的比例： 头与躯干的比例： 同引用的标准身高和体重的对比：

续表

目标 2： **婴儿（1～24 个月）** **的运动技能**	观察者姓名________________________ 被观察儿童的姓名____________________ 儿童的年龄__________儿童的性别__________ 观察情境（家庭、儿童保育中心、幼儿园和学校）________ 观察日期_____观察开始时间_____观察结束时间_____ 简要描述观察地点的物理特点和社会特点：
目标行为描述（OBDs） **与解释：事件抽样**	时间段 1：［开始时间_____结束时间_____］ 解释 1： 时间段 2：［开始时间_____结束时间_____］ 解释 2： 只要有可能或有需要就继续进行观察和解释。 将婴儿的发展水平与年龄常模进行比较：

续表

目标 3： **精细运动能力（在观察者测试儿童的情况下，请描述如何说服儿童完成任务）**	精细运动任务： 儿童 1：（年龄________） 事件和对反应的描述：事件抽样 搭积木： 捡葡萄干： 将积木放进容器，从容器中取出积木： 穿珠子： 对胶泥的操作： 用蜡笔涂鸦： 翻书： 手和脚的偏爱： 使用工具的迹象： 儿童 2：（年龄________） 搭积木： 捡葡萄干： 将积木放进容器，从容器中取出积木： 穿珠子： 对胶泥的操作： 用蜡笔涂鸦： 翻书： 手和脚的偏爱： 使用工具的迹象： 儿童 1 和儿童 2 的比较（相似之处）： 儿童 1 和儿童 2 的比较（不同之处）：

续表

目标 3： **身体运动能力**	身体运动能力 儿童 1（年龄__________）： 事件及对反应的描述：事件抽样 走： 跑： 爬楼梯： 侧着走，倒着走： 从较低的高度（一级楼梯）向下跳： 其他（蠕动、爬行、快走等）： 儿童 2（年龄__________）： 事件及对反应的描述：事件抽样 走： 跑： 爬楼梯： 侧着走，倒着走： 从较低的高度（一级楼梯）向下跳： 其他（蠕动、爬行、快走等）： 儿童 1 和儿童 2 的比较（相似之处）： 儿童 1 和儿童 2 的比较（不同之处）：

	观察练习 15-2
第一部分： **婴儿（1～24个月）** **的社会行为**	观察者姓名________________ 被观察儿童的姓名________________ 儿童的年龄________儿童的性别________ 观察情境（家庭、儿童保育中心、幼儿园和学校）________ 观察日期________观察开始时间________观察结束时间________ 简要描述观察地点的物理特点和社会特点：
社会行为和互动模式	目标行为描述与解释：叙述性描述 时间段1：[开始时间________结束时间________] 解释1： 时间段2：[开始时间________结束时间________] 解释2： 时间段3：[开始时间________结束时间________] 解释3： 只要有可能或有需要，就继续进行观察和解释。

续表

<table>
<tr><td>第二部分：
婴儿（1～24 个月）
的社会行为</td><td>观察者姓名______________________
被观察儿童的姓名______________________
儿童的年龄__________儿童的性别__________
观察情境（家庭、儿童保育中心、幼儿园和学校）__________
观察日期_____观察开始时间_____观察结束时间_____
简要描述观察地点的物理特点和社会特点：</td></tr>
<tr><td>依恋行为：时间抽样</td><td>
<table>
<tr><td>记录时段</td><td>1</td><td>2</td><td>3</td><td>4</td><td>5</td><td>6</td><td>7</td><td>8</td><td>9</td><td>10</td></tr>
<tr><td>行为类型</td><td></td><td></td><td></td><td></td><td></td><td></td><td></td><td></td><td></td><td></td></tr>
<tr><td>注视照料者</td><td></td><td></td><td></td><td></td><td></td><td></td><td></td><td></td><td></td><td></td></tr>
<tr><td>与照料者进行身体接触</td><td></td><td></td><td></td><td></td><td></td><td></td><td></td><td></td><td></td><td></td></tr>
<tr><td>向照料者微笑</td><td></td><td></td><td></td><td></td><td></td><td></td><td></td><td></td><td></td><td></td></tr>
<tr><td>指物体给照料者看</td><td></td><td></td><td></td><td></td><td></td><td></td><td></td><td></td><td></td><td></td></tr>
<tr><td>向照料者移近</td><td></td><td></td><td></td><td></td><td></td><td></td><td></td><td></td><td></td><td></td></tr>
<tr><td>与照料者建立目光交流</td><td></td><td></td><td></td><td></td><td></td><td></td><td></td><td></td><td></td><td></td></tr>
<tr><td>照料者离开房间时哭</td><td></td><td></td><td></td><td></td><td></td><td></td><td></td><td></td><td></td><td></td></tr>
<tr><td>对陌生人靠近反应消极</td><td></td><td></td><td></td><td></td><td></td><td></td><td></td><td></td><td></td><td></td></tr>
</table>
（部分改编自 Willemsen，1979，p. 250）
解释和评论：</td></tr>
</table>

续表

第三部分： 婴儿（1～24个月） 的社会行为	观察者姓名________________ 被观察儿童的姓名________________ 儿童的年龄____________儿童的性别____________ 观察情境（家庭、儿童保育中心、幼儿园和学校）____________ 观察日期______观察开始时间______观察结束时间______ 简要描述观察地点的物理特点和社会特点：
目标行为描述（OBDs）： 叙述性描述	时间段 1：[开始时间______结束时间______] 注意到的气质品质： 时间段 2：[开始时间______结束时间______] 注意到的气质品质： 时间段 3：[开始时间______结束时间______] 注意到的气质品质：
父母访谈	问父母的问题（＃1）： 父母的回答（＃1）： 问父母的问题（＃2）： 父母的回答（＃2）：

	观察练习 15-3
第一部分： **婴儿（1～24 个月）** **的认知和语言行为**	观察者姓名____________________ 被观察儿童的姓名____________________ 儿童的年龄__________儿童的性别__________ 观察情境（家庭、儿童保育中心、幼儿园和学校）__________ 观察日期______观察开始时间______观察结束时间______ 简要描述观察地点的物理特点和社会特点：
第一部分： **客体永久性：事件抽样**	测查事件以及对所观察到的反应的描述： 第一步——丢下玩具： 第二步——在儿童注视时将玩具藏起来： 第三步——玩具的可视转移： 第四步——玩具的不可视转移： 评论：

续表

第二部分： **婴儿（1～24个月）** **的认知和语言行为**	观察者姓名____________________ 被观察儿童的姓名____________________ 儿童的年龄__________儿童的性别__________ 观察情境（家庭、儿童保育中心、幼儿园和学校）__________ 观察日期______观察开始时间______观察结束时间______ 简要描述观察地点的物理特点和社会特点：
目标行为描述（OBDs） **与解释：叙述性描述**	时间段1：［开始时间______结束时间______］ 解释1： 时间段2：［开始时间______结束时间______］ 解释2： 时间段3：［开始时间______结束时间______］ 解释3： 只要有需要，就继续进行观察和解释。

续表

第三部分 **婴儿（1～24 个月）** **的认知和语言行为**	观察者姓名________________________________ 被观察儿童的姓名_____________________________ 儿童的年龄______________儿童的性别______________ 观察情境（家庭、儿童保育中心、幼儿园和学校）____________ 观察日期________观察开始时间________观察结束时间________ 简要描述观察地点的物理特点和社会特点：
语言：事件抽样	时间段 1：[开始时间________结束时间________] 解释 1： 时间段 2：[开始时间________结束时间________] 解释 2： 时间段 3：[开始时间________结束时间________] 解释 3： 只要有需要，就继续进行观察和解释。

	观察练习 15-4
婴儿（2～18 个月）的情感发展	观察者姓名____________ 被观察儿童的姓名____________ 儿童的年龄__________儿童的性别__________ 观察情境（家庭、儿童保育中心、幼儿园和学校）__________ 观察日期________观察开始时间________观察结束时间________ 简要描述观察地点的物理特点和社会特点：
目标行为描述（OBDs）与解释：事件抽样	时间段 1：［开始时间________结束时间________］ 解释 1： 时间段 2：［开始时间________结束时间________］ 解释 2： 如果有可能或有需要，请继续进行观察和解释。 行为总结： 婴儿可能所处的情感阶段： 支持性证据： ____________ 本练习对于有些儿童来说可能很难完成。格林斯潘夫妇提出的情感发展里程碑在某些方面相当抽象，因而很难将其转化成具有操作性的经验性术语。因此，我们提供了一个更加传统的备选练习。

续表

第二部分： 婴儿（2～18 个月） 的情感发展 （备选练习）	观察者姓名________________ 被观察儿童的姓名________________ 儿童的年龄__________儿童的性别__________ 观察情境（家庭、儿童保育中心、幼儿园和学校）__________ 观察日期______观察开始时间______观察结束时间______ 简要描述观察地点的物理特点和社会特点：
目标行为描述（OBDs） 与解释：事件抽样	客观行为描述 1 的情境： 时间段 1（婴儿＃1）：［开始时间______结束时间______］ 解释 1： 客观行为描述 2 的情境： 时间段 1（婴儿＃2）：［开始时间______结束时间______］ 解释 1： 客观行为描述 3 的情境： 时间段 1（婴儿＃3）：［开始时间______结束时间______］ 解释 1： 如果有可能或有要求，请继续进行观察和解释。 婴儿情感行为的比较： 总体性评论：

第16章　观察幼儿：2～5岁

关键词

游乐场 playscapes
自我中心主义 egocentrism
一一对应 one-to-one correspondence
序列化 seriation
泛灵论 animism
社会中心语言 sociocentric speech
自言自语 private speech
自我中心语言 egocentric speech
社会中心主义 sociocentrism
整合 integration
分类 classification
数的守恒 conservation of number
因果关系 causality
人为论 artificialism
最近发展区 zone of proximal development
品质 trait
社会化语言 socialized speech
社会测量图 sociogram

概述

本章集中观察和记录学前阶段的儿童。尽管在这四年中会发生许多重要的事情，但是，人们认识到，在18～24个月期间的成长速度和发展变化是其他任何时间段都无法比拟的。

本章的观察练习在处理方式上与前儿章有所不同。学前阶段没有像婴儿期那样被细分为更小的单位，比如分四年，每年有各自的练习。尽管整个学前阶段包含的时间比婴儿期长，但是我们仍将其作为一个整体来对待。

在处理方式上的第二个不同是资料的组织，即在观察练习表之前呈现问题指南，背景资料将包含在问题中，而不作为单独的一个部分。背景资料是你观察的起点，你还可以从其他途径查阅有关儿童发展的不同理论的信息，为你提供看待、理解和解释儿童行为的不同视角。

练习16-2中的问题（问题指南）部分基于莱和多普耶拉（Lay & Dopyera，1977）以及莱-多普耶拉和多普耶拉（Lay-Dopyera & Dopyera，1982）的研究成果编写。

练习 16-1：物理环境中的学前儿童

背景资料

我们周围的物理环境会对我们所有人都产生巨大影响。我们有多大空间、空间里的物品及其安排、空间的社会心理含义，这些因素综合起来决定和指导着我们的行为。一个学前班、一个运动场或者儿童的家，即使并非为了某些特殊目的而设计，但它们也都具有设备、材料、人员，是经过布置的特殊空间。当儿童的认知和语言能力变得更为复杂时，他们也会逐渐理解空间定义。空间定义规定了他们在这一空间可以做什么，也就是说，其他人允许他们做什么。同时，重要的是，儿童也会根据一定空间中所含物体和材料的物理特点，了解自己可以在里面做些什么。

观察目标

熟悉你所观察的物理环境，了解儿童如何对周围的物理环境作出反应，如何受到周围物理环境的影响。

步骤

你的第一项任务是绘出室内外环境示意图。在每张图上标出设备和材料的名称，指出它们的位置。任何人拿着你的示意图都应当能在观察地点找到那里的任何东西（书架、厕所、艺术区）。同样，在室外环境图上也应当标明供儿童使用的所有设备和材料的位置。目前供年幼儿童使用的室外环境可以被称为**游乐场（playscapes）**。“在游乐场上，可以将各种材料组合起来，开展一系列的活动”（Essa，1996，p. 194）。在这种游乐场上，可能有三轮车轨道、攀登架和滑梯等器械。正如埃萨（Essa）所指出的：“在今天的许多创造性游戏场地里，提供的设备由轮胎、货网、铁路枕木、电话亭、大的电缆线轴、桶和排水管等设备材料构成。”（p. 195）既然可能有这么多种类的物品，那么，仅仅标出名称是不够的。比较明智的做法是既描述每件游戏设备的组成部件，又介绍其用途。例如，在描述排水管时，不仅详细描述其大小和位置，而且描述儿童实际

游乐场 playscapes

一个相对较新的术语，用来描述当代的游戏场地和建筑物。这些建筑物将各种材料组合起来，具有一定的创新性（Essa，1996）。

上如何使用它来开展游戏活动：他们用这根管子做什么？

你的第二部分任务涉及儿童如何使用那些对他们开放的区域，不同的区域如何对其行为产生了不同的影响。首先，挑选活动室或其他地方的两个区域，这两个区域所适用的活动和行为要具有显著差异。例如，一个人在大积木区出现的行为就与戏剧表演区或故事讲述区完全不同。之所以产生这种不同，部分原因在于教师针对不同活动区制定了不同规则，并在实践中进行强化。但是，空间本身也会对行为产生影响。在某个空间能够做什么，要看那里有什么东西可以操作。如果手边没有积木，很明显就不会有玩积木的活动。如果将智力玩具放在儿童够不着的架子上，那么，玩智力玩具就不得不依靠成人的帮助。

观察和记录两名儿童在两个区域的行为，当他们走来走去时，就跟着他们。将他们在一个区域的行为与在另一个区域的行为进行比较。注意他们的行为是否与特定区域的要求和期望一致。总结他们从一个区域到另一个区域的行为变化（如果事实上有的话）的具体方式。要完成这个练习，请使用叙述性描述的方法，因为你不是在寻找什么特定的事件或行为，你对儿童在特定物理环境中发生的所有事情都感兴趣。（参见观察练习 16-1）

问题指南

1. 儿童从一个区域到另一个区域时，其行为发生改变了吗？如果有改变，是如何改变的？

2. 在你观察儿童的两个区域，你期望各出现什么行为？儿童的行为与你的期望（或者空间的含义）一致吗？如果一致，如何一致的？如果不一致，为什么会不一致？照料者必须提醒儿童表现出适当的行为吗？

3. 环境中的什么东西激发了儿童的兴趣？他们如何表达自己的兴趣？

4. 你如何评价所观察的房间或游乐场的整体布局？儿童有足够的空间畅通无阻地走来走去吗？有足够的空间从事某区域准备开展的活动吗？

练习 16-2：身体发育和运动技能

背景资料

身体特点和运动能力也许是人类成长和发展中最引人注意、最容易测量的方面。这些特点和能力对于父母来说常常更为重要，他们会充满自豪地指出孩子在身高、体重和走、跑、操作物体等能力方面取得的进步。我们所做的任何事情都在一定意义上涉及身体，因此可以说我们的身体和运动的发展奠定了行为的基础。

从某些方面看，你很容易完成本练习。能力正常的年幼儿童通常身体活动积极，许多运动行为显而易见。另一方面，运动行为的一些细微的方面可能被忽视。比如，所有正常的儿童都能行走和奔跑，但是每个儿童在行走和奔跑时都有自己独特的风格。对有些儿童来说，行走动作流畅、协调，没有明显的不寻常的地方；而对于有些儿童来说，脚尖明显地向外撇，两脚的间隔可能有点儿大，或者奔跑时平衡性较差。此外，有一些行为并没有明显的身体运动成分。比如，坐在快餐桌边吃东西就不像在大积木区进行的自由游戏，因为没有剧烈的活动。然而，也有需要观察的事情，例如，儿童的姿势（他懒散地将一条腿跷到另一条腿上，将头歪到一边），儿童操作餐具、倒果汁或者将面包屑从餐桌上擦掉等技能。

本练习所关注的行为分三种类型：(1) 身体特点；(2) 大肌肉运动或能力；(3) 小肌肉精细运动或能力。儿童所有的身体运动技能都属于这三类中的某一类。本章所提供的问题旨在作为指南，为你在完成每项观察练习过程中的观察和思考提供指导。我们并非想要你一一回答这些问题。我们充分认识到，有些问题并不适合两三岁的儿童，也许甚至也不适合一些四五岁的儿童。因此，有人会说，去寻找特定年龄或发展水平的儿童不可能出现的行为是没有意义的。也有人会说，问一些很可能以"是"来回答的问题也是没有意义的，因为这表明对于这个年龄或这一发展水平的儿童而言，你很容易就能观察到特定的行为或特点。简单地说，为什么要自找麻烦，去观察并寻找那些不可能出现或者肯定会出现的行为、技能或特点呢?

要回答上述问题，就必须考虑观察的一个基本目的，那就是发现儿童身上的重要事情。你也许是应该寻找那些不会或者不大可能出现的行为、技能或特点，因为你不能肯定你所观察的儿童一定不表现这些行为、技能或特点。有时会有例外，比如，早熟或超前发展的儿童能够展示出成人预料不到的能力。同样，你可能会，或者是应该寻找特定年龄和发展水平的儿童可能表现的行为、技能和特点，因为如果你不是亲眼目睹，你就不能完全肯定儿童具有这些行为、技能和特点。

请将观察场所视为尚未经过探索的居住地（至少起初是这样），在那里你逐渐了解那里有什么，居民如何行为，行为如何随时间而变化。如果你只是认为那里居住的人们能够或者不能够做某些事情，那么你待在那里有什么意义呢？你的观察可能并不必要，因为你对你将会或者将不会看到什么已经形成了自己的结论。

第 16 章涉及的儿童年龄是 2～5 岁。在这段时间里，所列出的大多数问题在原则上都能够得到回答，或者说，你能够观察到可以回答这些问题的行为（当然，没有哪一个人会看见一名或者多名儿童具有的所有行为和技能），包括存在个体差异的问题。一个人不能单凭儿童发展常模所预测的 3 岁儿童会做什么或不会做什么，就认为 3 岁的梅林达真的会或者不会表现某种能力。观察儿童行为的总目标之一是了解特定的儿童能够做什么，以及儿童一般能做什么。

因此，假如你正在观察一名2岁的儿童，你参考了“儿童从事有节奏运动的能力如何”这一问题。如果你将自己限定在文中给出的有节奏运动的例子上，你也许就不能识别出这样的节奏能力。但是，第一个练习的总目标就是观察和记录任何类型的运动行为。即使连2岁的儿童也能够从事一些有节奏的活动，例如，行走就具有一定的节奏。但无论如何，你的目标是寻找运动行为和技能的所有例子。如果你不能明确地对某个特定的问题作出回答，这并不要紧。关键的问题是你到底在观察什么，你从自己的观察中获得了什么感觉或意义。

在观察儿童的运动技能以及所有其他功能领域时，考虑他们的年龄至关重要。你观察到一名2岁的儿童，也可能再大一点点，更喜欢大肌肉运动而不是小肌肉运动，这不应当使你感到奇怪。这并不意味着这个年龄的儿童不能从事小肌肉运动和活动。的确，不到2岁的儿童就具有一些精细运动技能，尽管这些技能与较年长的同伴相比还欠成熟。然而，如果一名5岁的儿童看起来更喜欢大肌肉活动，那就可能有一些因素在发挥作用。该儿童在运动方面可能不像同龄伙伴那样技能熟练或发展充分，或者该儿童发现所处环境中的小肌肉活动机会并不特别有趣，这促使他到大肌肉活动区玩游戏。（参见表16-1、表16-2、表16-3和表16-4对2～5岁儿童运动技能的总结）

表16-1　2岁儿童运动技能总结

- 早先行走时的扩张步态被脚后跟对脚尖的行走模式所取代
- 跑时更有信心，也更少跌倒
- 在没有帮助的情况下能爬楼梯，但尚不能交替迈脚
- 能在较短时间内单脚站立，保持平衡；在尝试上下蹦跳时仍会跌倒
- 能抛比较大的球，不会失去平衡
- 能一只手握住茶杯或玻璃杯
- 能拉开大的拉链、解开大的钮扣
- 能旋转门把手打开门
- 能用拳头握住大的蜡笔；能涂鸦
- 能爬上椅子并转身坐下
- 能往容器里倒和装满沙、水
- 能将4～6个物体一个一个地向上搭起来
- 能用脚推动有轮子的玩具

改编自 Allen & Marotz，2003，pp. 98-99。

表 16-2 3 岁儿童运动技能总结

- 在没有帮助的情况下能够上下楼梯，并能交替迈脚；可以从最后一级台阶跳到地上，双脚着地
- 能在较短的时间内单脚站立，保持平衡
- 能踢大的球
- 能在没有帮助的情况下自己吃饭
- 能在原地跳
- 能骑小三轮车或其他有轮子的玩具
- 能举手过肩地投球
- 能伸出胳膊抓住弹起的球
- 绘画时对蜡笔和记号笔的使用或控制有进步；能用蜡笔和记号笔进行垂直、水平和圆周运动
- 能用食指、中指和拇指握住蜡笔或马克笔，与早先用整个拳头抓握这些物体有所不同
- 能一次翻一页书
- 喜欢搭积木
- 能用 8 块或更多的积木搭一座塔
- 可能表现出对左手或右手的偏爱
- 能手端一杯液体走来走去而不过量洒出；能将液体从带嘴儿的水罐倒进另一个容器
- 能操作衣服上的大钮扣和拉链
- 会洗手、将手擦干；会刷牙
- 一般在两岁多能完全控制膀胱

改编自 Allen & Marotz，2003，pp. 111-112。

观察步骤是，观察至少两名年龄不同的儿童（最好选择一名 2～3 岁儿童和一名 5 岁的儿童，一般来说，这可以使儿童的运动技能差异表现得比较明显）。如果你没有机会接触年龄在 2～5 岁之间的儿童，那么请挑选两名身体活动比较积极的儿童。

观察目标

了解学前儿童的身体特点和运动能力，以及不同儿童在这些方面的相同之处或不同之处。

步骤

如果有可能，请选择两名年龄不同的儿童（最好是一名 2～3 岁，一名 5 岁）。如果不可能，就选择两名身体活动比较积极的儿童。采用事件抽样，详细描述：（1）儿童的身体外观；（2）观察期间他们玩游戏时的运动行为。对每名儿童观察大约 10～15 分钟。为最有成效地利用你的时间，要在儿童最有可能展示出你想看到的运动行为时观察他们。如果你的观察目标是大肌肉活动，要在容易支持或鼓励大肌肉运动的那些区域观察儿童。对于小肌肉活动来说，也是同样的道理。然后分析你获得的资料，比较两名儿童（比如，描述他们之间的相似之处和不同之处），就他们的运动技能、协调性和偏爱的活动得出一些一

般性的结论。下面的问题指南将帮助你了解运动发展和行为成分的具体内容，指导你进行观察和解释。（参见观察练习 16-2）

表 16-3　4 岁儿童运动技能总结

- 能沿一条直线行走（在地上的带子或粉笔线指引下）
- 能单脚跳
- 能熟练、自信地蹬踏和操纵有轮子的玩具；能转弯和避开障碍物
- 能爬台阶、梯子、树和游戏器械
- 能跳过 5～6 英寸高的物体或从一个台阶上跳下，双脚一起着地
- 能毫无困难地跑、起步走、立定和躲开障碍物
- 能举手过肩地投球
- 能用 10 块或更多的积木搭一座塔；使用利手
- 能将黏土塑成一定形状、捏成某种物体
- 能再现一些形状和字母
- 用食指、中指和拇指握住蜡笔或记号笔（三点抓握）
- 能有目的地涂和画
- 比较准确地用锤子敲打钉子和木栓
- 能将小的木珠子穿在一根线上

改编自 Allen & Marotz，2003，p. 121。

表 16-4　5 岁儿童运动技能总结

- 能向后退着走，后跟对脚尖
- 能在没有帮助的情况下上下楼梯，并能交替迈脚
- 能学习翻筋斗
- 不弯膝盖，手能摸到脚趾
- 会走平衡木
- 能学习交替单脚跳
- 能接住从 3 英尺远的地方抛过来的球
- 展示出熟练的骑三轮车的技能；能快速骑车，并能熟练地控制方向；有的可以学习骑自行车
- 能够双脚连续跳 10 次或向前跳跃而不跌倒
- 能够单脚站立，很好地保持平衡达 10 秒
- 能再现多种形状和字母：正方形、三角形、A、I、O、U、C、H、L、T、V
- 能很好地控制铅笔或记号笔；开始在轮廓线内涂颜色
- 能用剪刀沿着线剪，尽管不是非常完美
- 左或右利手完全形成

改编自 Allen & Marotz，2003，pp. 129-130。

问题指南

（以下问题部分改编自 Lay-Dopyera，1977）

1. 该儿童在体型上有什么与众不同的地方吗？

2. 该儿童如何控制他的身体？例如，他怎样站、坐、走和跑？他的双肩佝偻吗？他高高地昂着头还是往下看？

大肌肉运动和能力　大肌肉运动和能力涉及全身的大肌肉。由这些肌肉控制的运动是大强度、大幅度的，比如攀爬、摇摆、行走、奔跑、投掷和跳跃。关于该练习有一个重要因素需要考虑。当儿童刚开始学习一项技能时，他们常常将这项技能与其他已经掌握的技能分离开来，只练习这项技能。这一学习和练习某一行为的过程被称为分化，这是新技能与旧的、已有技能区分开或分离开的过程。在分化的过程中，儿童必须将其全部注意力集中在不熟悉的任务上。然而，他们一旦能熟练地完成这项任务，就会将新技能与已有技能结合起来形成一个整体。这些已有技能可能是身体运动技能，也可能是语言技能或认知技能。比如，一名儿童可能用多种方式手脚并用地在攀登架上爬上爬下，同时对一个朋友大声喊："看，我在干什么。"这就是一种**整合（integration）**。

整合 integration

将新学的技能与已有技能结合起来形成一个整体。这些技能可能是身体运动技能，也可能是语言技能或认知技能。

当你观察一个运动行为时，要注意它是否与其他行为结合起来形成了一个更加复杂的模式（整合），或者该行为是否以重复的方式独立展现出来（分化）（Lay-Dopyera，1977）。

3. 儿童能够从事多少种不同的运动行为？

尽管儿童之间存在个体差异，但他们都能够完成多种运动动作。有的儿童会奔跑、跳跃、攀爬、故意往下跳（能很好控制）、翻跟头和侧翻。有些儿童的运动行为只是基本技能，例如行走和奔跑；有些则能表现出由这些基本技能演变的多种形式和技能，比如，有的儿童可能会向后或向一侧走和跑。请留心儿童能够从事的运动动作的范围或种类。记住，发展水平，在某种程度上指年龄水平，年龄是决定一个儿童能做什么的关键因素。

4. 儿童在平衡活动中的表现如何？

儿童通过许多方式展现他们的平衡能力。他们跨越平

骑车游戏可以说明学前儿童的运动技能和大肌肉活动能力

衡木，沿着地上的缝或线行走，从一块石头踏到另一块石头上。在记录这些行为的实例时，请设法标明完成该动作需要具备怎样的平衡能力。例如，儿童跨越的平衡木有多宽？他在完成这些平衡任务时移动的速度有多快？他能在没有外人帮助的情况下完成这些动作，还是必须有人牵着他的手？他与其他儿童相比情况如何？在保持平衡的同时他还能做出其他动作吗（整合）？

5. 儿童的力量有多大？

你只要看看一个儿童与同伴相比能举、拉或推多重的东西，也许就能估计他的力量有多大。但是你并不能单凭该儿童最多能举、拉或推多重的东西来确定他的力量有多大。儿童以多种方式展现自己的力量：他们举起和堆起积木，让同伴坐在四轮车里互相拉车，吊在梯子或攀登架上，与同伴摔跤。那么，哪些行为显示了儿童的力量？完成某一特定的行为需要多大力量？例如，儿童一次能举起多少块积木？他能拉动的四轮车里能同时坐多少名儿童？

6. 儿童移动或者从事各种活动的速度如何？

有些儿童似乎做任何事情都用最快的速度，而另外一些儿童则比较从容不迫。儿童做各种事情的速度怎样？如行走、奔跑和攀爬。运动速度随着特定的活动或者所使用的具体器械发生变化吗（记住，像运动速度这样的指标也取决于儿童的技能水平）？儿童的运动协调、合拍吗？或者儿童的速度超过了其协调性所允许的范围吗？

7. 儿童的耐力或毅力如何？

儿童连续坚持某一活动多长时间？儿童能够从一项活动转向另一项活动而看起来毫不疲倦吗？儿童可以一直不休息地从事某一运动多少次？耐力如何也许部分取决于儿童与同伴的比较。

8. 儿童从事有节奏运动的能力如何？

许多活动具有节奏感，即一种按照恰当的、合拍的顺序活动自己身体的能力（例如跳舞）。有什么证据表明该儿童具有这种节奏能力？儿童能伴着音乐拍球吗？儿童能交替用单脚跳或双脚跳穿过房间而仍旧保持正确的动作模式吗？儿童能否在从事有节奏的活动的同时，进行另一项无节奏的活动？例如，他在随着音乐跳舞的同时还能与别人交谈吗？

小肌肉运动和能力　这一类运动和能力涉及身体中小肌肉的运动，例如，捡起小东西、拉上夹克衫拉链、用蜡笔或铅笔书写、扣上衬衫纽扣等。精细运动能力是从粗大运动中发展出来或者说分化出来的，因此，它在运动发展序列中出现得较晚。

从图上可以看出，这个孩子的小肌肉动作发展很好

9. 儿童的自理行为涉及了多大范围和哪些种类的小肌肉技能？

像吃饭、穿衣和一般的梳洗打扮这样的活动通常需要小肌肉技能。儿童在多大程度上能够自己穿衣服？这包括给衬衫和夹克衫扣纽扣、拉拉链，穿上袜子和鞋子，系上带子，穿上衬衫。吃饭也需要许多小肌肉动作：手握叉或匙并稳稳地将它送到嘴边、倒汤、用刀切肉、从大盘子里将食物分到小碟子里。一般的梳洗打扮，包括束住头发、洗脸、洗手、用毛巾擦脸和刷牙，也需要小肌肉动作。

10. 儿童操作和使用各类玩具、物体和工具的能力如何？在这个领域中儿童能力的范围如何?

学前机构中有着丰富的材料，这为进行小肌肉活动提供了机会。其中可能有像螺丝刀、锤子、钳子这样的工具，还有各部分刚好能拼在一起的拼图玩具，小积木，简单的翻书也需要小肌肉技能。请留心儿童在这些领域的发展情况，尝试总结分析儿童在各种活动中的技能，对小肌肉活动的范围得出一些结论。

练习 16-3：认知与智力的发展和行为

背景资料

本练习与儿童的心智功能有关，即他们如何感知和思考这个世界，他们具有哪些关于事实的知识以及如何运用这些知识的知识。皮亚杰区分出以下两类知识：(1) 关于具体事实和信息的知识，他称之为“狭义”的知识；(2) 涉及儿童思维过程以及他们怎样对现实进行推理的知识，他称之为“广义”的知识。广义的知识指儿童对他们所获得的各类狭义的事实之间建立的联系（参见 Kamii & KeVries，1977）。

1. 寻找自我中心主义行为的表现。

儿童思维的特点之一必然涉及皮亚杰所称的自我中心主义。**自我中心主义（egocentrism）**可能是人们最为熟知的一项认知内容，是指在一定程度上儿童将自己视为现实的中心。查尔斯·布雷纳德（Charles Brainerd）提出了一种单凭经验进行解释的方法。他写道：“任何行为，只要显示儿童过分关注自身，不考虑周围所发生的事情，那么这一行为都可以被称为自我中心主义。”（Brainerd，1978，p. 103）需要认识到的是，这种自我中心主义是由于年幼儿童缺乏考虑他人观点的能力，不能将自身从环境等诸方面中分离开来。请不要将这里的自我中心主义与我们通常说的自我中心相混淆，后者通常用来说年长儿童或成人，表明他们从心智上能够从他人视角看世界但为了某种原因却选择不这样做。

自我中心主义 egocentrism
在认知上不能考虑他人的观点，不能认识到他人的需要和兴趣，全神贯注于自己的世界中。

自我中心主义可能表现为，一名儿童谈论另一名儿童时并没有意识到他的话可能伤害后者的感情。或者，一名儿童可能在给你讲故事时提到一些只有他自己了解的名字或事件，而他却以为你像他自己一样清楚这些人和事。

2. 观察儿童如何给物体分类。儿童是怎样发觉事物是相似或者不同的？儿童根据什么关注到事物的相似之处和不同之处？

成人对许多认知能力不以为然。然而，对于年幼儿童来说，这些能力必须经历很长一段时间才能形成。皮亚杰认为，有些能力并不能直接教；相反，它们是成熟的结果，是一般经验不断丰富的结果，是向他人学习（社会传递）的结果，是同化和顺应的结果。

分类 classification

按照觉察到的相似性将物体分组的过程。例如，将所有绿色的物体分成一组，所有红色的物体分成另一组。也可以同时按照多个维度对物体（和思想）加以分类，例如，按照形状、大小和颜色进行分类。

其中一项认知能力被称为**分类（classification）**。它是按照觉察到的相似性将物体分组的过程。分类要求儿童关注物体在属性上的相似与不同。然后，他必须按照某一属性，例如，颜色、大小、形状或功能等的相似性对这些物体进行分组。物体的属性也被称为刺激物维度，许多维度可以成为分类的基础。

例如，儿童能在“牧场”上将所有的玩具绵羊归为一个组，而把所有玩具奶牛归入另一组吗？儿童能将正方形物体和圆形物体分成相互排斥的两个组吗？儿童能一次按照一个以上的属性，比如，按照大小或形状两种属性对物体进行分类吗？

3. 儿童能将物体一一对应地摆放吗？你能提供一个实例吗？儿童具有数概念吗？儿童如何表现对数的理解？如果他不理解数概念，他做了什么显示他不具有数概念？

一一对应

one-to-one correspondence

将两组物体进行匹配，使其中一组中的每一个物体都与另一组中的一个且只有一个物体一一配对。例如，具有该能力的儿童会给快餐桌旁的每名儿童都分一块饼干和一张餐巾。

另一项重要的认知能力涉及数的概念，这包括计数能力，也包括诸如一一对应和数的守恒这样的能力。**一一对应（one-to-one correspondence）**就是将两组物体进行匹配，使其中一组中的每一个物体都与另一组中的一个且只有一个物体对应。例如，具有一一对应能力的儿童会给快餐桌旁的每名儿童一杯果汁，或者在桌边为每名儿童放一把椅子。请注意，一一对应能力并不需要数数，它只要确保每名儿童得到一杯果汁、一把椅子或其他物体即可。

数的守恒

conservation of number

若干个守恒任务或守恒能力之一，它指的是如下事实：如果既没有添加也没有减少物体的数量，那么，即使以某种方式改变一堆物体，两堆物体的数量仍然相等。这种并不影响物体数量的变化被称为无关变化。

数的守恒（conservation of number）指理解物体在空间中的排列方式并不影响物体的数量，如果物体既没有添加也没有减少，物体的总数量保持不变。例如，你向儿童出示两排数量相等的一分钱硬币（比如，每排 5 枚），儿童认为这两排一样多。然后，让儿童看着你将其中一排硬币分散摆放，使其所占空间比另一排多。如果儿童不能理解数的守恒，他将告诉你改变后的（分散的）那一排比没有改变的一排硬币多。如果儿童能够理解数的守恒，他将不会被硬币排列方式的变化所欺骗，会告诉你两排仍是一样多。

4. 儿童能够排序吗？儿童按照什么标准对物体或事件排序？儿童能按某种次序排列多少个物体？

序列化 seriation

按照某一维度，有序排列物体的过程。序列化要求对物体之间的差异进行比较和协调，例如，按照重量的增加顺序，对一堆石头从最轻到最重进行排列。

另一项皮亚杰感兴趣的认知能力被称为**序列化（seriation）**。这是指按照某一特征对事物或思想进行有顺序的排列。具体地说，序列要求儿童对物体之间的差异进行比较和协调。因此，将长度不等的小棒从最短到最长进行排序就是物体序列化的例子。已知比利比汤米年长，汤米比玛丽年长，那么比利比玛丽年长，这是一个抽象序列化的例子。

儿童也许能按长度排列 3 根小棒，但是排列 3 根以上的小棒却有困难。他也许只是将更多的小棒按 3 根一组分成若干份，每一组的 3 根小棒排列正确。例如，有 9 根长度不等的小棒，儿童可能将小棒按每组 3 根分成 3 组，而每个小组内的排列是正确的。

5. 儿童理解液体和固体的守恒吗？他如何表现这种理解？

守恒的概念不仅适用于数，也适用于可被测量的任何度量，如液体的量和固体的量。在这些情况下，儿童理解将等量液体倒入两个形状不同的容器中并不会改变液体的量吗？或者，有两个用等量橡皮泥制成的球，儿童明白将其中一个压成薄饼状并不会改变它的质量吗？

6. 儿童的思维体现了泛灵论或人为论吗？哪些行为表明存在这类思维？哪些迹象显示了儿童对因果关系的一般理解？

因果关系、空间和时间概念也是认知能力的重要方面。**因果关系**（**causality**）指儿童对原因和结果关系的理解以及儿童如何对各种现象作出解释。例如，儿童明白天气和人们衣着之间的关系吗？或者，儿童如何解释为什么一个物体浮起而另一个物体沉下吗？

因果关系 causality

对原因和结果关系的理解。

近几年来，许多作者和理论研究者对前运算阶段儿童因果关系概念的若干方面很感兴趣。我们简要谈谈其中两个，即**泛灵论**（**animism**）和**人为论**（**artificialism**）。但是正如皮亚杰关于自我中心主义的观点一样，当代作者和研究者并不完全同意皮亚杰关于前运算阶段儿童因果关系概念的结论。

泛灵论 animism

一种信念，认为没有生命的物体实际上具有生命，并且像人类一样行为。

人为论 artificialism

一种信念，认为存在的万事万物都是人类创造的，或者是由上帝按照人类的方式有计划创造的。

万物有灵的思维（泛灵论）赋予没有生命的物体以生命。也许，与特定的文化有关，万物有灵的思维往往给该文化中成人认为没有生命的物体赋予生命。按照查尔斯·布雷纳德的观点，判断一个物体有无生命最基本的标准是该事物是否对人类产生一定的影响——无论什么影响；第二个重要的标准是该事物能否移动。移动是生命体的正常功能之一，最初，这种移动可以在人的帮助下进行，比如汽车或自行车；在万物有灵思维的后期，移动必须是自发的，也就是说，物体必须是主动地移动。在因果思维的最后阶段，儿童仅仅将生命赋予那些个体所属文化定义为有生命的物体——植物和动物。

然而，也有人对皮亚杰关于泛灵论的观点提出了强有力的批评。比如，伯克（Berk，1998）指出："皮亚杰过高估计了儿童的泛灵观念，因为对于他询问儿童的那些物体，儿童几乎没有直接经验，比如云、太阳和月亮。3 岁儿童很少认为他们非常熟悉的物体，如岩石和蜡笔等，是有生命的。"（p. 224）笔者在学生观察报告方面的个人经验显示，人们有时会得出这样的结论，即儿童的象征游戏或假想游戏实际是泛灵论的一种体现，当然，情况不一定都如此。

用最简单的话表述，人为论是指："认为自然物体和自然现象都是人类为了自身的目的而创造的。儿童认为夜晚的存在是为了让我们可以睡觉，认为月亮是为了在太阳落山后照亮人们的道路而发明出来的，这都体现了人为论。"（Vasta，Haith，& Miller，1995，p. 276）这种认知局限可以被认为是儿童尚不能将人工制品与人类并不参与创造的自然现象区分开来。例如，他们认为大山和湖泊是人类为了自己的目的而创造的。因此，任何物体都不是自发产生的，都必须依靠人类的干预。

7. 儿童表现出了对空间和时间的理解吗？他如何表现这种理解？这种理解看上去达到什么程度？

空间概念涉及对物体空间定位、物体之间相对位置、放置或容纳一个物体需要多大空间等方面的意识。从一个地方移到另一个地方而不撞到物体，或者找到路而不迷路，这都需要某种空间概念。

时间概念涉及对过去、现在、将来、持续时间（指事情持续多长时间）的理解。儿童谈论自己昨天做了什么或明天要做什么吗？儿童理解"在……之前""在……期间""在……之后"等表示关系的词语吗？儿童讲"我必须在吃饭前洗手"或者"爸爸总是在吃饭后喝咖啡"这样的话吗？

8. 儿童具有哪些事实性知识？在与他人交往的过程中他如何运用这些知识？

你还要留意儿童的事实性知识。他有哪些类型的信息？儿童能叫出许多物品、人或动物的名称吗？他知道自己住在哪里吗（地址、城市）？他了解最近的新闻事件吗？这些关于事实的信息就是"狭义"的知识，可以被视为儿童智力发展和行为的一部分。

此外还有一些认知内容与人生的学前阶段相关，但是我们显然不能囊括全部内容。但有一种能力，我们认为它特别适合你理解学前儿童的智力，这一能力就是对世界及其各个方面进行心理表征的能力。鲁思·桑德斯（Ruth Saunders）和安·宾厄姆-纽曼（Ann Bingham-Newman）精彩地描述了表征能力的六个特点。这些特点可用来识别前运算阶段儿童（以及更为年长的儿童和成人）可能表现出的表征类型或表征水平。让我们简要看看这六个特点（Saunders & Bingham-Newman，1984，pp. 137-138）。

（1）用三维物体表示或代表其他物体的能力。这一能力可以在下面至少三种条件或情况下表现：两个物体非常相似（p. 137）；两个物体不太相似；儿童用其他物品建构某个真实物品的模型。

（2）认出和使用照片或图画等两维物体来代表一个真实物体或情境的能力，比如，"用医生办公室的图片为戏剧表演的场景营造气氛"（p. 137）。

（3）通过做出使用某种物品的动作来表示该物体的能力。比如，"以锤打的动作代表锤子，或以运球动作代表篮球"（p. 137）。

(4) 通过模仿与生命体相关的动作或行为来表示该生命体的能力。例如，移动手臂模仿大象的鼻子 (p.137)。

(5) 运用简化的一个或一系列动作表示一个真实事件的能力。这涉及以少量的动作代表真实情境下需比较长时间的大量的动作。桑德斯和宾厄姆-纽曼举了一个例子，儿童以“连续三次把勺子往嘴里送来代表吃早餐”(p.137)。

(6) 采用多种不同方式表达想法的能力。

观察目标

使你对儿童的思维方式、他们可能了解和能够学习的信息类型保持敏感。观察儿童在认知能力和认知风格上有何不同。了解处于前运算阶段的学前儿童如何对其所处的世界进行心理表征。

步骤

如果有可能，请挑选两名年龄不同的儿童作为观察被试。最好一名 5 岁，一名 2～3 岁。如果不可能，你可以在观察场所随机选择两名儿童。采用叙述性描述的方法，尽可能详细地记录儿童的行为和行为发生的情境。在每名儿童身上花 10～15 分钟。然后，分析叙述性描述，描述每名儿童的认知特点，写出两名儿童的认知发展情况概要：两名儿童与皮亚杰提出的感知运动发展阶段相符程度如何？儿童表现出哪些表征能力？具体描写在你看来体现了某一类表征能力的行为或特点。最后一步，比较两名儿童的心理发展水平：有哪些活动是较年长儿童能完成而年幼儿童不能完成的？哪名儿童表现出更多的自我中心主义？他们对世界以及其中物体或事件进行心理表征的方式有什么不同？另外，他们在上述认知发展各方面有哪些相同的地方？(参见观察练习 16-3)

练习 16-4：语言发展

背景资料

语言是学前儿童发展较为突出的领域之一。学前儿童迅速掌握口语词汇，完善他们的语法和句法，使之更加符社会中心（或社会化）语言 sociocentric (or socialized) speech 公共语言，其目的是与人交流，每个人都会考虑他人说些什么，并作出相应的回答。

合成人语言的模式。对许多人来说，语言是智力和社会性发展的一项指标。在本练习中，你要描述和分析儿童的语言，确定儿童能够使用什么样的语汇和语法，比如词汇的深度和广度、富有特色的句子结构和句法形式。本单元我们重点强调自我中心语言和**社会中心语言**（**sociocentric speech**），在后面的练习中，你将观察并记录儿童在社会交往中对语言的运用。

皮亚杰和维果茨基关于儿童自言自语的观点：简要比较和概括

苏联心理学家列夫·维果茨基的理论在当代关于儿童认知和语言发展的理论中占有相当重要的地位。维果茨基对儿童自我中心语言的解释似乎在很大程度上取代了皮亚杰的解释（Shaffer，1996，p. 276）。

我们要感谢一些资料中对维果茨基思想的讨论，特别要感谢伯克、温斯勒（Winsler）和米勒对维果茨基理论的论述。首先让我们看看伯克和温斯勒（Berk & Winsler，1995）对维果茨基理论的基本前提的描述，借此我们可以初步理解维果茨基理论，理解维果茨基理论与皮亚杰理论的本质区别。

维果茨基的儿童发展理论认为，社会互动和儿童对真实文化活动的参与是发展的必要条件。与此相似，在进化过程中，由于交流的需要，由于集体的作用，产生了人类所特有的心理能力。维果茨基理论把社会互动看作是一切复杂的高级心理机能得以形成的手段，认为它在个体发展中占有特殊地位。

米勒（Mille，1993）对过去人们如何看待个体发展做了简要回顾，以此开始了对维果茨基理论的讨论。她写道：

西方大多数有影响的理论认为，个体与其生活的社会和物理环境相分离。依据这些理论，如皮亚杰理论，发展被认为主要是一种个体活动，环境只对个体发展发挥一定的“影响”……而以维果茨基的情境主义的观点来看，人类根植于社会环境（情境）中，如果脱离这一环境，就不

能理解人类的行为。(p. 370)

维果茨基强调社会情境对发展的影响，因此，可以将他看作是情境主义者。米勒对情境主义作了界定，并谈及了维果茨基的儿童观的本质。

社会文化历史环境规定和塑造着每一名儿童及其经验。同时，儿童也会影响其所处的环境。由于这种相互联系，脱离环境看待儿童会歪曲我们对儿童本质的理解。同时，只关注儿童个体，又会使我们仅从儿童内部而不是从情境出发寻找行为的原因。实际上，相同的发展过程可能因环境不同而导致结果不同。(p. 375)

维果茨基理论的核心思想

伯克和温斯勒（Berk & Winsler，1995）提出了构成维果茨基理论主体的八个主要思想。我们将简单地阐述其中六个，并进行详细的说明，以便为你提供一些有意义的信息。你可以在观察和理解儿童的认知和语言行为时加以应用。

伯克和温斯勒提出的第一个思想是跨文化的多样性。该思想与本书关于多元文化主义的讨论相关。不同文化强调的重点不同，儿童参与的活动也不同。因此，可以认为，由于不同的文化所强调的重要活动不同，所以，“人类的高级心理机能因文化的不同而不同”（Berk & Winsler，1996，p. 5）。如果我们认为智力有着生存或适应的作用，那么就很容易理解上述思想了。正是我们的智力使我们去满足和适应所处社会和文化对我们提出的要求。因此，智力作为一种工具，如何使用它，在不同文化下，具有不同需求。因此，需要基于文化的特导性来使用智力。

维果茨基的第二个主要思想被称为“发展的或发生的方法”（p. 5）。正如伯克和温斯勒所述：“仅仅通过考察行为的发展或历史，我们就能理解人类行为。要真正了解事物的本质，我们必须明白它是如何形成、发展的。”（p. 5）该思想在任何情境下都有意义。例如，如果你真的想了解一部汽车，你就应当追踪汽车经过生产线的整个生产过程。同样，如果要更加充分地理解一名 5 岁的儿童，你就需要了解之前各周、月、年发生了哪些发展性的事件。这是发展心理学的目标之一。

第三个思想是区分了发展的两条线路，伯克和温斯勒称之为“儿童发展得以发生的两个截然不同的层面：*自然的线路和文化的线路*”（p. 5）。自然的线路指生理发育和身心结构的成熟；文化的线路指“学会使用文化工具和人类的意识，而这产生于对文化活动的参与”（p. 5）。回顾第 2 章所探讨的遗传与环境（自然与文化）的争论，其核心问题是发展变化的主要根源或原因是什么。一种传统答案是，变化来自由遗传决定的成熟过程，在自然与养育的争论中，该观点站在了自然一方。维果茨基的文化路线则可以说明以下两点：(1) 发展变化由来自外部环境的经验引起（争论中的养育一方）；(2) 发展变化的根源是环境和成熟力量之间的相互作用。皮亚杰坚持第二种观点。

然而，正如伯克和温斯勒（Berk & Winsler，1995）指出的："大多数认知发展理论认为，社会因素和认知因素之间的联系是极为微小的。二者是彼此分离的，不存在真正联结和相互作用。充其量，社会世界只是认知活动的周围情境，而不是认知活动必不可少的组成部分。"（p. 12）两位作者继续谈道：

早期儿童专业工作者认为，年幼儿童所知道和所发展的内容都是个人建构的结果，而非社会建构的结果，这种思想源于皮亚杰对该领域所作的巨大贡献。根据皮亚杰理论的坚定立场，儿童在独立探索所处物理和社会世界的过程中建构了知识，这个过程置于个体内部，受个体支配。人们理解现实的方式之所以相似，其原因在于每个人都有相同的解释经验的生物装置——人脑。（p. 12）

在社会情境的作用和重要性上，维果茨基与皮亚杰的观点截然不同。维果茨基认为："社会经验塑造着个体思考和解释世界的方式。"（p. 12）由于维果茨基强调社会和文化对儿童发展的影响，所以他的理论常常被称为社会文化理论。

维果茨基的第四个主要思想，伯克和温斯勒用"低级心理机能对高级心理机能"来概括，这里只谈两者的含义就足够了。低级心理机能指那些与其他哺乳动物共有的机能，而高级心理机能则是人类独有的。这些高级心理机能需要运用语言和其他"指导或调节认知活动"的文化资源或工具（Berk & Winsler，1995，p. 5）。

伯克和温斯勒称第五个主要思想为文化发展的普遍发生律，这是一个非常有意思的概念。维果茨基再次提到了发展的两条线路。这两条线路强调个体与其所属的文化或社会之间的区别。第一条线路是社会的或人际的；第二条线路是个体的，或心理的。"任何高级心理机能都起源于社会，并最终成为个人的一部分"（Berk & Winsler，1995，p. 12）。该思想高度强调个体的社会文化背景和经验的重要意义，与皮亚杰主要强调个体对其自身发展的贡献形成了鲜明的对比。

维果茨基的第六个思想是语言的中心地位。伯克和温斯勒（Berk & Winsler，1995）写道："语言，作为人们用来调节其活动的主要文化工具，有助于重构心理，形成高层次的、自我调节的思维过程"。（p. 5）两位作者随后对维果茨基语言观的讨论有些复杂，但这并不妨碍我们的理解。下面我们简要总结一下皮亚杰和维果茨基关于语言在儿童发展中的作用的观点。

维果茨基和皮亚杰论自言自语（private speech）

"皮亚杰认为，自言自语是前运算阶段儿童智力的一种重要副产品，或者说一种残留的特征，这种现象在发展中没有积极的作用"（Berk & Winsler，1995，p. 35）。皮亚杰和维果茨基观点的基本差异是关于自言自语重要性的探讨。二者的观点截然不同。第一个不同是，维果茨基认为自言自语的目的不是与他人交流。因为他观察到："儿童从事困难任务时比从事容易任务和没有任务时使用更多的自言自语”（Berk & Winsler，1995，p. 35）。维果茨基还观察到，自言自语在学前的中后期变得更加频繁，然后当“儿童外显的自言自语被低语和听不见的咕咕声取代”时有所减少（Berk & Winsler，1995，p. 35）。皮亚杰与维果茨基对自言自语的解释的第二个不同在于，维果茨基认为自言自语“不会随着年龄增长而更加具有社会交往的意义。相反，由于被简化和内化，它会变得越来越不为他人所理解”（p. 35）。

两位理论家的最后一点不同以维果茨基的如下观察为基础：“儿童的社会交往机会越多，所出现的自言自语就越多。并非自言自语让位于社会性语言，而是社会性语言与自言自语一起发展。”（Berk & Winsler，1995，p. 35）因此，基于所有这些发现，维果茨基得出如下结论：“自言自语的主要目的不是与他人交流，而是与自我交流，进行自我调节，指导自己思维过程和行动”。（Berk & Winsler，1995，p. 35）

这一结论使维果茨基坚持认为：

> 当学前儿童开始用语言与他人交流并将语言作为一种思维工具，即指导自己的注意和行为的一种手段时，认知发展的最有意义的时刻到来了……总之，语言首先被用来进行社会交流。然后，它转向内部，变为和自己交谈、指导行为的一种心智工具。这种自我调节的语言起初是外显的（自言自语），然后逐渐变成内隐的（内部语言或出声的思维）。这样，语言成为社会世界分支，进入个体的认知世界。自言自语是这个内化过程的中间阶段。（Berk & Winsler，1995，p. 37）

社会中心主义 sociocentrism
与自我中心主义相反，它指能够考虑他人的观点，认识到他们的需要和兴趣。

自我中心语言 egocentric speech
不考虑他人的语言，实际上，就是一种私人语言。

1. 儿童的语言属于自我中心语言还是社会化语言？在什么环境下，儿童使用了这些类型的语言？

让我们依据皮亚杰的自我中心主义和**社会中心主义（sociocentrism）**的概念看看儿童的语言。**自我中心语言（egocentric speech）**是指不考虑他人的语言，这种语言就其全部的实际目的来说，都是私人的。在自我中心语言中，说者没有真正努力与他人交流，所说的任何话都只对说者有意义。皮亚杰区分了三种类型的自我中心言语：（1）**独白**（**monologue**），个体只对自己说话，没有其他人在场；（2）重复，个体一遍又一遍地重复单词和短语，好像在练习单词和短语，或者只是乐于发出这些音；（3）集体独白，两个或更多的人一起说话，但是每个人都不关注其他人在说些什么。每个“对话”都与其他对话相对独立。

独白 monologue
自我中心语言的一种形式，它指个体只对自己说话，没有其他人在场。

另一方面，社会化语言是公共性的语言。其目的是与人交流，每个人会考虑他人说些什么，并作出相应的回答。

2. 关于儿童的词汇你观察到了什么？

词汇是语言的基础。我们将个别的单词组织成结构恰当的句子和段落进行交流。也许，我们的词汇量越多，我们能说出和传达给他人的句子数量、种类及思想就越丰富。单词具有不同的含义，能达到不同的目的。而且，单词必须被安置在一个句子中正确的位置上。因此，语言必须有语法和句法规则。

3. 分析儿童语言中所使用的句子类型。这种句子运用的范围如何，也就是说，儿童所使用的句子类型比较丰富还是比较有限？

特别要考察儿童语言中表达关系和相反含义的单词，如和、或者、不、相同、不同、较多、较少、相反、如果、然后、因为等。儿童谈论世界及世界中的人和事时，其词汇的变化或丰富程度如何？先按照物、人、事的一般种类或类型想想，然后检测儿童谈论各个类别时用了多少个不同的单词。例如，儿童会谈论动物、人、颜色、形状、车辆、感情、天气、食物和建筑。这里每一个单词（或称概念）都代表了一种概括性的现象。因此，要进一步考察，儿童具体能叫出或谈论多少种不同的动物？如狗、猫、松鼠、老虎、狐狸、绵羊、山羊等。儿童可能会以几个特定的单词来代表某一种类，如动物。以同样的方式检测儿童在其他类别上的语言能力。

句子结构也是语言的一个重要方面。结构指儿童使用的句子类型：疑问句、祈使句（如命令或指示）、包含一个主语和一个宾语的句子。儿童是否可以说出并列句（由一个连词分开的两个句子），包含一个主句和一个从句的句子（如“I’ll go with you if you play with me first”）以及含有关系分句的句子（如“The boy who hit me is over there”）？

4. 儿童语言中使用了哪些句法形式？

最后，还有句法形式这个领域。句法形式是指如何将各类单词安放在一个句子中以传达一定的意思，也指一个句子里的各类单词如何彼此关联地安放在一起，以传达一定的意思。例如，我们谈“*to be*”形式，如“Johnny *is* big”和“My mommy *was* here”；也有一些单词以 *ing* 的形式结尾，如“Sam is hitt*ing* Billy”和“The children were walk*ing* across the street”；有一些单词则属于不定式形式，如“I want to *watch* TV”和“He wanted *to go* with his mother”。还有各种各样的时态，比如过去时、现在时和将来时（如“I *went* to the store”；“She *is playing* here with me”；“My mother *will go* to work on Monday”），这只是几个简单的时态。

那么，儿童使用了哪些句法形式？他如何使用语言的下列组成部分？

单复数形式：one bird 和 two birds；one man 和 two men.

所有格形式：my book；their house；his car.

动词形式（单数和复数）：They don’t eat here. He doesn’t come very often. The boxers hit each other hard.

代词：you，me，they，us，I，him.

副词：She walked *slowly* across the room. He ate quickly and left.

形容词：The *red* shoes；the *big* building.

介词形式或短语：He went *to* the blackboard；The cat hid *under* the couch.

小结

维果茨基坚持认为，自言自语在其发展过程中经历了四个变化。第一，它由明显外显的自言自语变为越来越内化的语言，即思维或内部语言。第二，自言自语在学前期日益频繁，然后在小学的开始几年频次有所减少。第三，当自言自语被简化和内化时，其结构和语法也发生了改变。第四，“当语言逐渐具有计划和调节功能时，语言也从行为之后移至行为之前”（Berk & Winsler，1995，p. 38）。

观察目标

了解学前儿童的语言表达能力以及他们如何将语言作为社会交往的手段。

步骤

在这个练习中，你的目的是观察和记录正在进行社会交流的儿童的语言行为，因此很有可能要进行群体观察。需要选择两三名在一起玩的儿童（当儿童自言自语时除外，自言自语的情况包括：对行为进行自我调节，玩语言游戏［参见练习 16-5 中对这类游戏的描述］，用于非社交目的的语言技能）。如果在观察期间该群体解散，请完成你的记录，然后找相似的另一组重复以上过程。你将采用事件抽样的方法记录儿童使用语言的例子。你也要记录儿童彼此进行交流时其他语言的使用情况。请你尽可能逐字记录儿童的语言，还要确保包括该情境中社会和情感方面的资料。（参见观察练习 16-4）

练习 16-5：游戏

背景资料

游戏作为一个概念，与“家庭”或“儿童”的概念非常相似：大多数人认为他们知道游戏、家庭和儿童是什么。正如大多数人可能认为家庭和儿童非常重要一样，他们也认为游戏在儿童的生活中极为重要。的确，一些心理学家认为，游戏是年幼儿童最重要的活动。有的游戏源于儿童对成人的观察，有的源于儿童的幻想，有的源于儿童感到特别愉快的经历。

游戏的主要目的是什么，存在众多解释。有的人认为是发泄剩余精力，有的人认为是表达社会情感。游戏包括群体活动，也包括个体活动。总的来说，至少可以根据游戏的特殊性将它同非游戏行为区分开，其中最重要的特征是：它在本质上是自愿的，完全由参加者组织，几乎不考虑外部规则。德沃里茨基（Dworetzky，1987）提出的游戏的“五个描述指标”尽管有些陈旧，但仍然是恰当的。其假定是“某一情境能体现的描述指标越多，人们越有可能称之为游戏”（Dworetzky，1987，p. 368）。这五个描述指标分别对应可被称为游戏的行为的不同方面。

德沃里茨基提出的游戏的五个描述指标

1. **内在动机**　意思是行为是由个体内部激发或驱动，做出这个行为“是为了其自身目的，不是为了满足社会要求或实现身体的功能”（p. 369）。

2. **积极情感**　玩游戏是愉快或带给人乐趣的。

3. **虚构性**　意思是行为“并不遵循一种严格的模式或程序”，它具有假想性（p. 369）。

4. **手段/目的**　这里所强调的是行为的手段而不是目的。行为的主要兴趣在于行为本身，不在于可能达到的目标或者结果。

5. **灵活性**　意思是行为不是固定的，可以随着不同的环境在形式和情境上表现出相应的变化。

克雷格和克米斯提出的六类游戏

克雷格和克米斯（Craig & Kermis，1995）区分出六类游戏，或者说六种形式的游戏，每一类游戏都有其自身的特点和功能。两位作者指出，这些类型的游戏彼此交叉，并不相互排斥，但也没有穷尽所有游戏。

1. **感官愉悦**　克雷格和克米斯说："这类游戏的目的在于游戏中的感官体验和游戏本身。"(p. 402) 这类游戏能引导儿童了解他们的"身体、感觉，以及环境中物体的属性"(p. 402)。

2. **运动游戏**　它指像跑、蹦、跳这样自娱自乐的身体运动。正如克雷格和克米斯指出的，"运动游戏通常由成人发起，它为婴儿提供了最早的一些社会经验"(p. 255)。两位作者也指出，儿童在 3 岁之前不会与其他儿童共同开展这类活动。

3. **打闹游戏**　克雷格和克米斯指出，尽管教师和父母通常不鼓励这类游戏，但是这类游戏确实对儿童有益。除了练习（特别是大肌肉活动）和释放精力外，打闹游戏可以教儿童如何"应对自己的感觉，控制冲动，过滤掉不适宜于群体的消极行为"(p. 402)。

4. **语言游戏**　这类游戏包括语言节奏和韵律方面的活动，组合单词产生新的意思，运用语言"嘲弄世界和证实对现实的理解"(p. 402)。这里不考虑用语言进行交流，儿童通过操练语音、模式和意思将注意力集中在语言本身。非常有趣的是，克雷格也指出，儿童把语言游戏"作为表达愤怒的缓冲剂"(p. 402)。

5. **戏剧游戏和模仿**　角色扮演被认为是一种主要的游戏类型。它包括"玩娃娃家，模仿父母上班，假装消防员、护士、宇航员或卡车司机等"(Craig & Kermis，p. 404)。这里所需要的不仅仅是"对整个行为模式的模仿，而且会涉及大量的幻想和新奇的交往方式"(p. 404)。两位作者进一步指出："通过模仿游戏，儿童逐渐理解各种社会关系、规则，以及文化的其他方面"(p. 404)。

6. **规则游戏、仪式、竞争性游戏**　最后这一类游戏最为复杂。它包含规则和具体的目标，要决定如何轮流，要制定出允许做什么和不允许做什么的指南，等等。这些规则游戏及其所要求的活动有助于发展"学习规则，理解因果关系，认识各种行动的后果，了解输赢，学习使行为符合特定的模式和规则"等认知技能（Craig & Kermis，1995，p. 404；Herron & Sutton-Smith，1971；Kamii & DeVries，1980）。

施瓦茨提出的三类语言游戏

克雷格和克米斯（Craig & Kermis，1995）引用了施瓦茨（Schwartz，1981）的研究，描述了三类语言游戏。

1. 以一种稳定的节奏有规律地重复"字母和单词：La la la/Lol li pop/La la la/Lol li pop"(p. 402)。

2. 由单词模式构成的游戏。"儿童仿佛在使用相同的单词练习语法或句型，如 Hit it. /Sit it. /Slit it. /Mit it；There is the light. /Where is the light? /Here is the light."(p. 402)。

3. "儿童玩味单词的意思，或者发明新的单词来表示多种意思"(p. 402)。他们举出相应的例子："San Diego，Sandiego，Sandi Ego/San Diego，Sandi Ego/Eggs aren't

sandy!”(p. 402)不过，这类游戏较少出现。

克雷格和克米斯提出，儿童玩语言游戏是因为语言游戏能带来乐趣，同时也为儿童提供机会“练习和掌握他们正在学习的语法和单词”，使他们“控制自己的经验”(pp. 402～404)。他们指出，较年长的儿童运用语言来组织他们的游戏。这可能表现为运用某些固定的程序。遵循这些程序使他们可以控制自己的经验(p. 404)。

界定和描述游戏：其他方面的思考

克雷格和克米斯(Craig & Kermis，1995)提出的六种游戏形式既有助于界定游戏，又有助于描述游戏。不过，还有其他关于游戏的描述和界定。例如，布鲁尔(Brewer，1998)认为，发生在学校里的游戏是“从自由游戏到被引导的游戏再到被指导的游戏”的连续体(p. 104)。如果允许儿童选择他们想玩的材料、玩的方式，他们就在从事自由游戏。如果教师从儿童可能选择的材料中挑选材料，而且试图帮助儿童发现特定的概念，那么，儿童就在从事被引导的游戏。被指导的游戏指“教师教儿童如何完成具体的任务，例如，唱歌、手指游戏、词语接龙，等等”(Brewer，1998，pp. 104-105)。

让我们回顾一下本书第7章所讨论的帕顿对社会互动的描述，或者说布鲁尔所称的“社会性游戏的水平”(p. 105)。帕顿的描述涉及儿童之间不同程度的社会互动或参与。请注意在帕顿分类中首先使用了“行为”一词而非“游戏”，即“无所事事的行为”和“旁观行为”。这两类行为的关键点在于，在“无所事事的行为”中，“儿童没有从事任何明显的游戏活动或社会互动”；而在“旁观行为”中，“儿童用大部分时间观看其他儿童游戏”。

伯克(Berk，1998)在“同伴交往”的情境下讨论帕顿的分类。帕顿把社会性发展描述为三个步骤。第一步由无所事事行为、旁观行为和独自游戏组成(Berk，1998，p. 251)，这三类行为的特点缺乏任何类型的社会互动。第二步主要是平行游戏，在平行游戏中，儿童

孩子们在进行平行游戏，坐在一起，但是各玩各的

在其他儿童旁边玩，使用相同或相似的材料，但同样缺乏社会互动，儿童也不试图影响其他儿童的行为（p. 251）。第三步，也就是真正的游戏形式出现于联合游戏。“在联合游戏中，儿童各做各的活动，但他们会通过交换玩具和评论彼此的行为进行互动……合作游戏是一种更高级的互动类型，在合作游戏中，儿童指向一个共同的目标，如表演一个假想的主题或完成同一件作品，如沙子城堡或一幅画。”（p. 251）

伯克进一步指出：“虽然联合游戏和合作游戏按帕顿提出的顺序出现，但它们并没有构成明显的发展序列，随后出现的代替先出现的……相反，所有类型在学前几年共存着。尽管非社会性活动的频次随着年龄增长而减少，但它仍然是 3～4 岁儿童最频繁的行为方式。在 3～6 岁的几年间，独自游戏和平行游戏仍然相当稳定……这些游戏类型告诉我们，年幼儿童的大部分游戏是高社会性和合作性的互动。”（Berk，1998，pp. 251～252）特别有趣的是，作为非社会性的活动形式，独自游戏和平行游戏在数量上的变化要小于它们在类型上的变化。伯克引用了潘（Pan，1994），鲁宾、沃森和詹姆博（Rubin，Watson，& Jambor，1998）关于学前儿童游戏的研究，她写道：“就帕顿提出的每一种游戏类型来说，年长儿童都比年幼儿童表现出更多具有认知成熟性的行为。”（p. 252）她提出了所谓的“认知游戏类型的发展顺序”（p. 252），参见表 16-5。

表 16-5　认知游戏类型的发展顺序

游戏类型	典型年龄	描述	举例
功能性游戏	0～2 岁	功能性游戏由重复性的动作构成；儿童可能使用物体，也可能不使用物体	头脑中没有目的地操作一个物体；纯粹为了运动本身在房间里动来动去
结构游戏	3～6 岁	制作或建构某种物体	画一幅画；用积木或其他一些适当的材料制作房子；玩智力拼图
假想游戏	2～6 岁	扮演“日常角色和想象的角色”	假扮父母、消防员或某个电视人物

改编自 Berk，1998，p. 252。

布鲁尔（Brewer，1998）对旁观行为的描述提出了有趣的修改，她将旁观行为称为“旁观者游戏”（p. 105）。布鲁尔指出：“在旁观者游戏中，单个游戏的儿童同时也在观察同一区域中其他人的游戏。观看彼此游戏的儿童可能在观看之后改变自己的游戏行为。从事旁观者游戏的儿童可能看起来是在周围儿童游戏时被动地坐在那里，但他们对周围的行动非常警觉。”（p. 105）布鲁尔完全省略了无所事事行为的类型，最大的可能是因为该行为不涉及任何类型的游戏。旁观行为和旁观者游戏之间的本质差异在于，儿童在旁观者游戏中事实上在从事游戏活动，并非只是被动地观看其他儿童游戏。但如果一名儿童的行动符合帕顿所提的旁观行为，我们没有恰当的理由抛弃这一类型。

摆弄物体的游戏

游戏不仅发生在儿童和其他人之间，因为儿童也会玩摆弄物体的游戏。皮亚杰将摆弄物体的游戏分为四类：练习性游戏、象征游戏、规则游戏、建构游戏。练习性游戏可以从字面上来理解，它指对材料及其可能用法、特点的探索。这类游戏与皮亚杰所称的功能性同化或复制性同化相似，或者说涉及这些同化过程。在这类游戏中，儿童通过重复性地与物体或玩具相互作用来了解物体或玩具，并因此将之同化进自己的认知图式或结构中。象征游戏指用一个物体或玩具代表或表示另一物体的游戏，比如儿童把一根棍子假想成一支剑或一艘火箭船。当“儿童的游戏遵循他们自己制定的规则或遵循该游戏被普遍认可的规则时”（Brewer，1998，pp. 106-107），就产生了规则游戏。皮亚杰认为，建构游戏是从角色游戏中发展而来，“只是随后倾向于建构出真正的装置（机械构造等）或问题解决和智力创作”（Piaget & Inhelder，1969；转引自 Brewer，1998，p. 107）。

维果茨基关于游戏的观点

布鲁尔（Brewer，1998）简要总结了维果茨基关于游戏的思想，我们跟随她的思路展开当前的讨论。维果茨基从理论上阐述了“游戏从学步儿的操作性游戏，到较年长学前儿童的社交游戏，最终到规则游戏的发展过程”（Brewer，1998，p. 107）。维果茨基认为，游戏通过三种方式对儿童的发展发挥重要作用，布鲁尔引用如下。

1. “游戏创造了儿童的**最近发展区**（**zone of proximal development**）。”在游戏情境中，儿童可以比在其他情形中更早表现出对行为的控制，比如专注于一项任务。

2. “游戏有助于将思想同行动、物体分离。”在游戏中，儿童将一块积木假想为一条小船，物体与意义的这种分离对于抽象思维的发展至关重要。

3. “游戏有助于自我调节的发展。”“游戏中，有些情境会要求儿童的行为符合他们所接受的角色，这有利于自我调

最近发展区 zone of proximal development（ZPD）
维果茨基理论中的一个重要概念，它指儿童能够独立做的事情与在别人帮助下刚好能够做的事情之间的“区域”或距离。从本质上讲，在早期儿童保育和教育中提出最近发展区，目的就是要指导照料者、教师和父母努力促进儿童的认知发展。

节的发展。例如，当一个儿童扮演一只‘小狗’时，会按照指令停止叫唤，或者一动不动地坐着”(Bodrova & Leong，1996，p. 126；转引自 Brewer，1998，pp. 107-108)。

最近发展区（ZPD）从本质上讲是指儿童能够独立做的事情与在别人帮助下刚好能够做的事情之间的“距离”。因此，维果茨基提出的游戏的第一个好处就是，通过游戏，儿童学习做他们先前在非游戏情境中不能够做的事情。从本质上讲，游戏带领儿童跨越从不能到能的区域，随后他们能在获得新能力之外的情境中表现这些新获得的能力。

游戏的第二个好处与认知直接相关。这里的主要任务是儿童认识到物体的意义可以独立于物体本身而存在，另外儿童还要理解，一个物体的意义不是该物体所固有的；物体的意义由某个人赋予；物体的意义以及应用于物体的标签得到了使用该物体及其标签的人们的认同。物体对于不同的人具有不同的含义，这一事实可以证明这些含义具有相当主观的、约定俗成的本质。儿童最终也会明白这一点。

游戏的第三个好处是发展自我调节能力。这种能力不是在每一种游戏中都会体现，因为有些游戏以自发性为显著特点。的确，游戏通常会让人想到除参与者自己强加的规则外，完全不考虑任何规范。但是，说“游戏中的儿童要使他们的行为符合他们所接受的角色”似乎排除了自发性，尽管这种“符合”听起来有点像模仿，但象征性游戏和角色扮演游戏是完全需要自我调节的。

观察目标

从群体或个体的视角研究游戏行为。按照具体的描述标准分析儿童的行为，并据此判断儿童的行为是游戏还是非游戏；分析儿童的互动模式内容，判断它属于帕顿提出的六种游戏或社会互动类型中的哪一类；观察几名儿童的行为，寻找支持维果茨基提出的游戏益处或结果的证据，例如，儿童在游戏中展示了他在其他非游戏活动中不能表现出的行为；观察功能性游戏、建构游戏或假想游戏的例子。

步骤

本练习由两个部分构成。在第一部分，使用叙述性描述表格观察和记录儿童个体、群体，或两者都进行。至少观察三名个体儿童或两个群体，每种情况都要求观察 10～15 分钟。接着分析你的描述资料，对你所记录的活动是游戏活动还是非游戏活动给出结论。根据克雷格提出的六类游戏和德沃里茨基提出的五个指标解释资料，以支持你的结论。如果有可能，请说明每个例子中你所观察到的游戏的类型，以及哪些指标可用于你所记录的行为。如果你认为一个行为片断不是游戏，也要解释你为什么得出这一结论。

在本练习的第二部分，给你三个选择或目的，你可以完成一个或者全部，这取决于你所处的环境条件。第一个选择，使用事件抽样技术，在大约 10～15 分钟内观察两三名儿童，寻找符合帕顿的游戏或社会互动类型中任何一类的行为例子。设法观察所表现的行为符合帕顿的几种游戏类型的儿童。换句话说，如果你最初观察的儿童看起来只展示出一种游戏行为，例如独自游戏，就请你观察展示出其他游戏行为的其他儿童。因为这里的目标是收集有关帕顿所提的六类不同游戏行为的资料。

第二个选择可能比第一个稍复杂一些。它要求你使用事件抽样技术，观察两三名儿童的行为，寻找支持维果茨基所提出的游戏益处或游戏结果的证据。例如，你能观察到一名儿童在游戏中表现出他在其他非游戏活动中明显不能表现的行为吗？你可以将儿童花在游戏上的时间解释为一个练习期或技能获得期，之后，儿童也许会在另一个环境下表现自己新获得的技能。

由于你在第二个选择中使用了事件抽样技术，所以与第一个选择相比你可能需要更多的时间，因为事件抽样技术要求你等待目标事件出现。然而，也不要花太多的时间去试图捕捉你期望出现的目标事件。如果你观察的儿童没有展现出你想要的行为，请选择其他更有可能产生那些行为的儿童。

在第三个选择中，你将再一次使用事件抽样技术。选择两三名儿童作为观察的焦点。回顾表 16-5 中所描述的认知游戏类型的发展顺序。依据该发展顺序，寻找功能性游戏、结构游戏或假想游戏的例子。

这些游戏类型贯穿人生最初的六年，这意味着表 16-5 中的信息并不局限于目前的观察练习。比如说，伯克认为功能性游戏是人生最初两年出现的典型游戏，不过，你也可能观察到 3～6 岁儿童表现出这种游戏。这与处于皮亚杰所称的前运算阶段的儿童表现出感知运动行为的情况相似。

你的目的是寻找符合帕顿所提出的六种游戏或社会互动类型的行为事件（参见表 7-3a, p. 121-122），所以不一定像第一部分所做的那样，观察提前挑选出来的个别儿童或儿童群体。你要将所有发生的行为尽收眼底（叙述性描述），你将必须等待符合帕顿所提出的某种类别的行为事件的发生（事件取样）。从本练习的目的看，将某一行为归入具体某一类，也就是作出解释，因此，我们在观察练习表中设有解释性评论这一项。（参见观察练习16-5）

练习 16-6：情感行为

背景资料

情感是我们心理的一个重要组成部分。有时候，我们的一些情感可以被清楚地识别，我们知道自己什么时候在生气、恐惧或快乐。但有时候，我们的感情却不是这么清晰，我们也许并不能将我们的感觉加以归类。无论在什么情况下，情感作为内心体验都是私人的，只有经历它的个体才能直接了解。正因为如此，我们不能很有把握地说出另一个人正在经历的情感。他必须告诉我们，或者我们必须根据他的行为、面部表情以及在情感产生之前出现的、可能产生这种情感的事件来推断他的情感。随着儿童逐渐成熟，他的情感行为也变得更加精细和多样。因此，一名 5 岁的儿童通常要比一名 2 岁儿童更能表达自己的情感。但是，情感扮演着什么角色？它们的重要性如何？下面就让我们从发展的视角，或者是理论的视角来考察一下情感的概念。

卡罗尔·伊泽德（Carroll Izard）在他的《人类情感》（*Human Emotions*）（1977）一书中提出了是否有必要研究情感的问题。他写道："关于情感的本质和重要性有各种各样的科学观点。"（p. 3）接着他列举了一些科学观点，并很快下了自己的结论："我认为情感构成了人类主要的**动机系统**。"

不管你在这个问题上具体观点如何，事实上情感就摆在那里。就个人层面而言，情感，不管是我们自己的还是儿童的，都极为重要，这也是事实。情感在专业层面也非常重要。例如，传统的早期儿童教育方案都会强调儿童的社会性和情感发展，对认知发展的强调只是最近的事情。

斯坦利·格林斯潘（Stanley Greenspan），一名研究婴儿和儿童发展的心理分析师，和他的妻子南希·格林斯潘（Nancy Greenspan），一位健康经济学家，合写了一本名为《最初的情感》（*First Fellings*）（1985）的书。在该书中，他们论述了 0～4 岁儿童的情感发展，我们感兴趣的是其中标志着或者刻画儿童情感成长和发展的六个里程碑。在本章，我们只简要谈谈第五个和第六个情感发展里程碑，年龄从 18～48 个月。这段时间包含学前期，我们想要你将它们作为指南，用来判断一名儿童大概所处的情感发展或成熟阶段。第 15 章和第 16 章阐述了之前的四个阶段。通过"密切观察儿童的行为、情感反应和与我们相处的方式"（pp. 3-4），我们可以了解格林斯潘夫妇所提的六个情感发展里程碑。这里要求你做相似的事情，但在你所处的这种情况下，理论基础已经奠定，你只需要将自己的观察纳入这个理论框架，尝试性地对儿童的情感发展水平得出一些结论。

需要再一次指出的是，我们的主要目的不是向你提供一种治疗师甚至教师干预儿童生活的手段。相反，在这个练习中，我们想给你一个理论框架，根据它你可以观察和记录儿童的情感发展和表现。

学前期情感发展的里程碑

格林斯潘夫妇所提的第五个阶段或称里程碑在 18～36 个月之间出现。儿童发展到这个阶段之前，他们已经了解了物体如何工作，他们继续提高组织复杂的社会和情感模式的能力（p. 5），这种能力在第四阶段已经变得十分明显。这一能力不断增强，使儿童"在自己的心理世界中创造……物体"（Greenspan & Greenspan，1985，p. 5）。例如，妈妈的心理表象使他能够和妈妈以及物体相处，甚至是妈妈不在场时。正如格林斯潘夫妇指出的，这种形成心理表象和印象的能力（照格林斯潘夫妇的说法，儿童是在"创造他自己的经验”或“建构他自己的思想”）也给予儿童“以成人的方式”梦想的能力（p. 6）。这种心理表象能力在 15 个月以后，可能在大约 2 岁或 2 岁半之前产生。处于这个阶段的儿童也能够从事假想游戏。

第六个也就是最后一个里程碑，出现在 30～48 个月之间，它将带儿童进入格林斯潘夫妇所描述的“快乐、独立、好奇、生气、自律或给自己定规则，甚至同情和爱的情感王国”（p. 6）。另外，儿童学习“区分假想与现实，能够处理思想，能够计划和预测”（p. 6）。根据格林斯潘夫妇的观点，在这个阶段，一名 3 岁半儿童会这样说：“我梦见巫婆藏在我的床下面。今晚，我要梦见小猫咪。”（p. 6）

这里需要强调，儿童的情感发展和他的智力发展可以说是同时发生的。正如格林斯潘夫妇所述，儿童：

现在开始组织和操纵其思想，对自己的情感和世界形成了因果关系的理解，这种理解已经加入了现实的因素。

并且，正如你的孩子已经学会把积木搭成一座房子一样，现在他能将情感体验组合起来。他可能基于对自己的“不好”的愿望和行为的感觉形成新的羞耻感，并最终产生内疚感。进一步，他产生了情感层面的“因果”逻辑，而在较早的时候，他只在行为层面建立了“因果”逻辑。（p. 173）

格林斯潘夫妇的工作揭示了情感的发展过程，对儿童情感行为的变化内容和焦点给出了一些提示。因此，你的一部分观察任务是识别儿童情感反应的具体内容、特点和发展水平。

儿童最终能表现出广泛的情感。由于我们已经在相当程度上采用了格林斯潘夫妇对这一关键发展方面的研究成果，我们将继续采用他们提出的七个情感功能领域。这些功能领域是“依赖；快乐；爱和亲密；好奇；武断和探索；抗议和愤怒；自律”。还提到了与如下领域相关的情感：“失落、悲伤、焦虑、恐惧、羞耻、内疚”（Greenspan & Greenspan，1985，p. 8）。

我们只简要讨论其中一些情感或者说情感功能领域，

包括攻击性（在格林斯潘的术语中，可以被认为是武断、抗议和愤怒）、依赖性、恐惧。我们本来不想将重点放在消极情感或消极行为上，但是它们常常使父母和成人感到担忧。不适当的攻击，特别是威胁他人安全或直接针对成人的攻击，也许是父母和教师特别担忧的。

攻击性，像其他一些行为类型一样，不仅可以用来说明具有某种特征的特定行为，而且可以用来描述特定的人格**品质**（**trait**）。品质是在某些情境以某种方式行为的一种倾向。对攻击性的这种解释都有一些问题。攻击性行为通常被定义为有意地在身体上或心理上伤害另一个人（或自己），或者损坏或破坏财产的行为。一个重要的问题是，某种行为是有意的攻击还是一个偶发事件。而且，有人认为，一种行为要被称为攻击，攻击者必须对“受害者”感到气愤或敌意，必须从伤害“受害者”中获得满足。这类攻击被称为敌意的攻击。与敌意的攻击相对，在一些情况下，攻击者只对从受害者那儿获取某一物品或对达到某一目标感兴趣，这种攻击被称为**工具性攻击**（**instrumental aggression**），它不一定包含愤怒和敌意。

品质 trait
在某些情境以某种方式行为的一种趋势或倾向。

工具性攻击
instrumental aggression
在这种攻击中，攻击者只对获取某一物品或达到某一目标感兴趣，他们会为此攻击受害者。攻击中不带有愤怒和敌意。

确保只把你认为是故意伤害他人的行为（包括身体攻击和语言攻击）确定为敌意的攻击。

1. 观察儿童的行为，寻找攻击性行为的实例，这些行

教师会从儿童的脸上读到很多信息

为可以针对另一名儿童，也可以针对一名成人，或者针对环境中的物品。

2. 哪些类型的情况或者挫折会使儿童生气？其他人的什么行为会激怒儿童？他如何表达自己的愤怒？

3. 在什么情况下或什么活动中儿童表现出依赖性？例如，要求他人在场、指导或帮助？在什么情况下儿童是独立的，他们不寻求他人的指导或帮助？

依赖性由以下行为构成：依附或保持与成人或其他儿童的亲近，寻求支持、认可、帮助、关注和安慰，极力获得爱和支持等。认识到我们都具有依赖性非常重要，问题是我们在多大程度上、在什么情况下表现出依赖性。在两种基本的依赖类型之间作出区分也是有益的：（1）**工具性依赖**（**instrumental dependency**），从本质上讲，它是指我们为了获取超出我们能力范围的某种东西而对他人的必要的依赖；（2）**情感性依赖**（**emotional dependency**），它是指与其他人接近，获得他们的支持、爱和安慰，它也可以指不愿意或感觉自己没有能力做自己能够或应该能做的事。

工具性依赖

instrumental dependency

为了获取超出我们能力范围的某种东西而对他人产生的依赖。

情感性依赖

emotional dependency

指与其他人接近，获得他们的支持、爱和安慰的需要；也可以指不愿意或感觉自己没有能力做自己能够或应该能做的事。

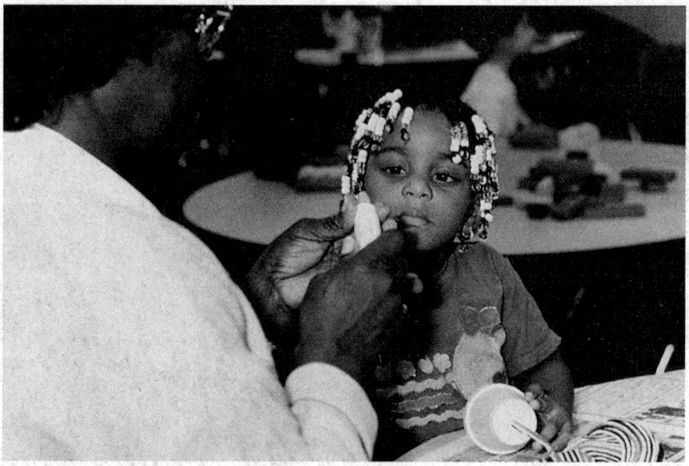

工具性依赖，这名儿童依靠她的教师完成她自己不能完成的任务

重要的是，只要有可能，你就要将工具性依赖与情感性依赖行为区分开。需要注意，随着儿童的成熟，他们的依赖行为特点会有所改变。非常年幼的儿童可能表现出依

附和寻求亲近的行为，而较年长的儿童具有更强的认知能力，可能会寻求关注和赞赏。

寻求亲近的行为，情感性依赖的信号

4. 哪些类型的物体或情境看起来会惊吓儿童？儿童通过什么方式表达他的恐惧？他怎样应对自己的恐惧（如退缩、对抗令人害怕的情境、寻求帮助）？

恐惧通常通过诸如哭泣、退缩、寻求帮助、逃避产生恐惧的情境等行为表现出来。恐惧可以滋长依赖和攻击行为。但是，恐惧可以不通过攻击或依赖的方式，而是以情感的方式表达。

5. 儿童看上去对哪些事情感到愉快？哪些活动、游戏材料、故事、游戏等似乎特别吸引儿童？他如何表达那种愉悦？

6. 对儿童来说，哪些类型的事物令人不愉快或令人不舒服？在什么情况下，儿童看上去感到不自在？他如何表达自己的不悦？

除了刚才讨论的情感行为，还有其他儿童能够体验和表达的情感，如快乐、不快乐、失落、无聊、伤心等，你应当尽可能地对儿童的情感状态保持警觉。和成人一样，儿童在准确辨别自己的感觉方面存在个体差异，成人解释自己的感觉也存在个体差异，但是，儿童可能缺乏口头表达情感的能力。

7. 儿童的所有情感或大部分情感都以相同的强度表达，还是情感表达的强度因具体情感或情境的不同而不同？这是最后一个问题，也是与前面所有主题有关的一个问题，需要加以考虑。

这个练习可能有些复杂，因为从根本上讲，你需要参照格林斯潘夫妇提出的发展阶段，对你所观察的那个儿童处于哪个发展阶段作出判断。在这个练习中，你要对儿童的情感行为、情感范围和激发这些行为的情境获得一些一般性的理解。需要再次强调的是，你只能根据你看到的外显行为推断儿童感受到了什么，因为你不能直接观察情感。

观察目标

了解儿童情感行为的差异、情感反应的范围；根据格林斯潘夫妇所提的情感发展六个里程碑或发展阶段中的阶段五和阶段六判断儿童情感发展的水平。

步骤

本练习包含两个部分。在第一部分，请挑选三名儿童，使用事件抽样技术，寻找和记录可以显示或反映儿童所处情感发展里程碑的行为或行为模式。客观地描述这些行为，尽可能清楚地阐明，为什么你认为自己所记录的行为确实可以表明儿童的情感达到了某个发展水平。

在第二部分，仍然选择第一部分的三名儿童，使用叙述性描述技术，对每位儿童的行为观察和记录 10～15 分钟，并尽可能详尽地记录，确保记录中包含着与所观察的情感行为有关的物理情境和社会情境的描述。利用指南中提供的问题及背景资料，解释和评价每位儿童。最后，对这几名儿童进行比较，看看情感表达的范围、表达的强度以及是什么激发了情感反应。总之，概括这几名儿童在这一功能领域的差异情况。（参见观察练习 16-6）

练习 16-7：社会性发展和同伴交往

背景资料

有人认为，儿童早期尤其是早期教育课程需要特别关注社会性发展。因为，正是在这段时间，儿童的见识得到极大扩展，其认知发展和情感发展变得越来越适合与他人进行社会互动。

社会行为 social behavior

相互考虑对方并以某种方式相互影响的两个人或多个人之间的行为。

社会行为（Social behavior）是指向他人及受他人影响的行为。社会互动指两个或多个个体彼此互相考虑对方的一种情境。例如，当亚历克斯影响了托马斯，也受到托马斯的影响时，我们就说亚历克斯和托马斯正在进行社会互动。

我们大多数人对社会技能的概念都很熟悉。社会技能包括与他人相处、不带攻击性地影响或说服他人、以社会认可的方式解决冲突和分歧、建立和维持友谊和社会互动，等等。社会技能还包括成为团队领导者的能力，以及成为为团队最大利益而工作的追随者的能力。

社会技能是自我中心主义消减和社会中心主义增强的产物。二者都得到不断增强的认知和智力技能的支持，随着在社会情境中与他人接触的增加不断地消减或增强。

发展和行为的许多领域与社会行为有关。我们应当指出，在学前机构的一日生活中，儿童所做的大部分事情是在社会情境中进行的。因此，本章你进行的观察练习，如果不是全部，也至少有大部分具有社会成分。

1. 儿童用什么方式表现对他人的意识和敏感？如何表达对他人感情和需要的关注？

2. 在儿童是名追随者的情况下，他如何作出反应？他听从领导者的命令还是拒绝合作？儿童对群体的需要敏感并愿意在适当的时候扮演追随者的角色吗？在这种情况下，儿童会遵守在情境中的所有规则吗？儿童进行分享、轮流等活动吗？

3. 如果儿童是一名领导者，他如何扮演这一角色？他提出建议还是命令别人？其他儿童对他的领导有何反应？该儿童使他人产生亲近感还是疏远感？

4. 儿童如何发起与其他儿童的接触、交流？也就是说，他如何试图加入一个群体、开始一项新活动，或参加一项正在进行的活动，开始一份友谊？其他人对他的努力有何反应？

5. 儿童如何解决争论或冲突？是使用身体暴力、语言威胁、妥协、求助于成人，还是其他方式？

观察目标

确定群体中不同儿童的社会地位；了解不同风格的社会互动。

步骤

本练习分两个部分。第一部分要确定特定社会或同伴互动情境中的领导者。观察和记录这些领导者的行为以及群体中其他儿童的行为。请按照以下要求做。

1. 比较你所观察的几名领导者的领导风格或行为。这里的“风格”仅仅指儿童维护其领导地位的方式：通过武力、语言说服、魅力或积极的人格力量。

2. 将群体中领导者的行为与追随者或其他人进行比较：有何不同，有何相似？领导者如何使其他人追随自己？一名儿童可以在一个群体或情境中是领导者，而在另一个群体或情境中是追随者吗？

社会测量图 sociogram

有关群体中的儿童如何感受彼此的一种图示。儿童通常用圆圈来表示，他们与同伴之间的互动用连结圆圈（儿童）的箭头表示。

在第二部分，绘制一张示意图（也许最好的示意图就是**社会测量图［sociogram］**），它可以让你判断谁是群体中最受欢迎的儿童，谁最不受欢迎。确定受欢迎程度要考虑如下一些指标：参与社会互动的次数，愿意与他们一同外出或想和他们在一起的其他儿童的人数。观察和记录群体中最受欢迎儿童、最不受欢迎儿童的行为。检查你记录的资料，比较这些儿童的互动风格和总体的行为特点。

该社会测量图是由精神病医生莫雷诺（Moreno）开发的。社会学家罗德尼·斯塔克（Rodney Stark）认为，社会测量图是“一些显示群体的社会网络的图示”（stark，1985，p. 22）。网络指群体中的社会关系。通常通过问群体成员如下问题来绘制社会测量图：谁是你最亲密的朋友？你最喜欢谁？你最想和谁一起去旅行？对学前儿童来说，问上述问题也许不太可能或不太合适。因此，你可能必须观察儿童之间正在发生的互动和社会交流，从这些资料中概括出社会测量图。这里给出一个社会测量图的范例。（参见观察练习 16-7）

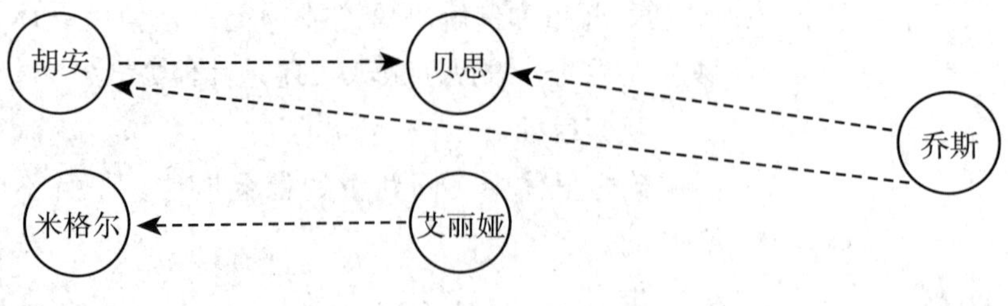

	观察练习 16-1
第一部分： **物理环境中的** **学前儿童**	观察者姓名__________ 被观察儿童的姓名__________ 儿童的年龄__________儿童的性别__________ 观察情境（家庭、儿童保育中心、幼儿园和学校）__________ 观察日期__________观察开始时间__________观察结束时间__________ 简要描述观察地点的物理特点和社会特点：
物理环境图示	室内环境 室外环境

续表

第二部分：物理环境中的学前儿童	观察者姓名________ 被观察儿童的姓名________ 儿童的年龄________儿童的性别________ 观察情境（家庭、家庭保育中心、幼儿园和学校）________ 观察日期________观察开始时间________观察结束时间________ 简要描述观察地点的物理特点和社会特点：
目标行为描述（OBDs）与解释：叙述性描述	时间段1：[开始时间________结束时间________] 解释1：位置1： 时间段2：[开始时间________结束时间________] 解释2：位置2： 时间段3：[开始时间________结束时间________] 解释3：位置3： 根据需要，请继续进行观察和解释。 行为差异的总结：

	观察练习 16-2
身体发育和运动技能	观察者姓名________________ 被观察儿童的姓名________________ 儿童的年龄__________儿童的性别__________ 观察情境（家庭、儿童保育中心、幼儿园和学校）__________ 观察日期______开始观察时间______结束观察时间______ 简要描述观察地点的物理特点和社会特点：
目标行为描述（OBDs）与解释：事件抽样	时间段 1：儿童 1（年龄____）： ［开始时间_______结束时间_______］ 解释 1：儿童 1： 时间段 2：儿童 2（年龄____）： ［开始时间_______结束时间_______］ 解释 2：儿童 2： 根据需要请继续进行观察。 儿童运动行为的比较：

	观察练习 16-3
认知与智力行为	观察者姓名______ 被观察儿童的姓名______ 儿童的年龄______儿童的性别______ 观察情境（家庭、儿童保育中心、幼儿园和学校）______ 观察日期______观察开始时间______观察结束时间______ 简要描述观察地点的物理特点和社会特点：
目标行为描述（OBDs）与解释：叙述性描述	时间段 1：儿童 1（年龄____）： [开始时间________结束时间________] 解释 1：儿童 1： 时间段 2：儿童 2（年龄____）： [开始时间________结束时间________] 解释 2：儿童 2： 根据需要请继续进行观察。 儿童 1 总结： 儿童 2 总结： 比较：儿童 1 与儿童 2 的相同点： 比较：儿童 1 与儿童 2 的差别：

	观察练习 16-4
语言发展和行为	观察者姓名__________ 被观察儿童的姓名__________ 儿童的年龄__________儿童的性别__________ 观察情境（家庭、儿童保育中心、幼儿园和学校）__________ 观察日期______观察开始时间______观察结束时间______ 简要描述观察地点的物理特点和社会特点：
目标行为描述（OBDs）与解释：事件抽样	时间段 1：［开始时间______结束时间______］ 解释 1： 时间段 2：［开始时间______结束时间______］ 解释 2： 根据需要或要求，请继续进行观察。 对群体语言行为进行描述性和解释性总结：

	观察练习 16-5
第一部分： 游戏	观察者姓名________________ 被观察儿童的姓名________________ 儿童的年龄________________儿童的性别________________ 观察情境（家庭、儿童保育中心、幼儿园和学校）________________ 观察日期__________观察开始时间__________观察结束时间__________ 简要描述观察地点的物理特点和社会特点：
目标行为描述（OBDs）与解释：叙述性描述	时间段 1：[开始时间________结束时间________] 解释 1： 时间段 2：[开始时间________结束时间________] 解释 2： 时间段 3：[开始时间________结束时间________] 解释 3： 时间段 4：[开始时间________结束时间________] 解释 4： 根据需要或要求请继续进行观察。 解释性评论：

续表

第二部分： **游戏** **选择 1：（帕顿的游戏或社会互动分类）**	观察者姓名____________________ 被观察儿童的姓名____________________ 儿童的年龄__________儿童的性别__________ 观察情境（家庭、儿童保育中心、幼儿园和学校）__________ 观察日期________观察开始时间________观察结束时间________ 简要描述观察地点的物理特点和社会特点：
游戏描述与分类 **（帕顿提出的六种类型；参见表 7-3a，pp. 121-122）：** **事件抽样**	无所事事的行为： 旁观行为： 独自游戏： 平行游戏： 联合游戏： 合作游戏： 解释性评论：

续表

第二部分： **游戏** **选择 2（维果茨基提出的游戏益处或结果）**	观察者姓名____________________ 被观察儿童的姓名____________________ 儿童的年龄____________儿童的性别____________ 观察情境（家庭、儿童保育中心、幼儿园和学校）____________ 观察日期________观察开始时间________观察结束时间________ 简要描述观察地点的物理特点和社会特点：
目标行为描述（OBDs）与解释：事件抽样（参见第 306-307 页中对这些结果的讨论）	观察和记录符合维果茨基所提出的下列游戏益处的游戏行为。每个例子都要记录儿童的姓名以及行为事件开始和结束的时间。 创造了最近发展区的游戏： 儿童：[开始时间________结束时间________] 有助于将思维与行动、物体分离的游戏： 儿童：[开始时间________结束时间________] 有助于发展自我调节的游戏： 儿童：[开始时间________结束时间________] 根据需要或要求，请继续进行观察。 解释性评论：

续表

第二部分： **游戏** **选择 3（观察认知游戏类型的发展顺序）**	观察者姓名__________ 被观察儿童的姓名__________ 儿童的年龄__________儿童的性别__________ 观察情境（家庭、儿童保育中心、幼儿园和学校）__________ 观察日期______观察开始时间______观察结束时间______ 简要描述观察地点的物理特点和社会特点：
目标行为描述（OBDs）与解释：事件抽样（参见表 16-5，第 305 页中对这些类型的回顾）	观察和记录符合下列游戏类型的游戏行为。每个例子都要记录儿童的姓名和行为事件开始和结束的时间。 功能性游戏： 儿童：______ [开始时间______结束时间______] 结构游戏： 儿童：______ [开始时间______结束时间______] 假想游戏： 儿童：______ [开始时间______结束时间______] 根据需要或要求请继续进行观察。 解释性评论：

	观察练习 16-6
第一部分： **情感行为（格林斯潘夫妇提出的第五个和第六个情感发展里程碑）**	观察者姓名____________________ 被观察儿童的姓名____________________ 儿童的年龄__________儿童的性别__________ 观察情境（家庭、儿童保育中心、幼儿园和学校）__________ 观察日期________观察开始时间________观察结束时间________ 简要描述观察地点的物理特点和社会特点：
目标行为描述（OBDs）与解释：事件抽样	第五个情感发展里程碑： 儿童 1：________［开始时间________结束时间________］ 儿童 2：________［开始时间________结束时间________］ 第六个情感发展里程碑： 儿童 1：________［开始时间________结束时间________］ 儿童 2：________［开始时间________结束时间________］ 根据需要或要求请继续进行观察。 解释性评论：

续表

第二部分： **情感行为**	观察者姓名____________________________ 被观察儿童的姓名________________________ 儿童的年龄____________儿童的性别____________ 观察情境（家庭、儿童保育中心、幼儿园和学校）__________ 观察日期______观察开始时间______观察结束时间______ 简要描述观察地点的物理特点和社会特点：
目标行为描述（OBDs）与解释：叙述性描述	儿童 1：[开始时间______结束时间______] 解释 1： 儿童 2：[开始时间______结束时间______] 解释 2： 儿童 3：[开始时间______结束时间______] 解释 3： 根据需要或要求，请继续进行观察。 行为不同点总结： 行为相似点总结：

	观察练习 16-7
第一部分： **社会性发展与同伴交往**	观察者姓名＿＿＿＿＿＿＿＿ 被观察儿童的姓名＿＿＿＿＿＿＿＿ 儿童的年龄＿＿＿＿＿＿儿童的性别＿＿＿＿＿＿ 观察情境（家庭、儿童保育中心、幼儿园和学校）＿＿＿＿＿＿ 观察日期＿＿＿＿观察开始时间＿＿＿＿观察结束时间＿＿＿＿ 简要描述观察地点的物理特点和社会特点：
目标行为描述（OBDs） **与解释：叙述性描述**	领导者 1：[开始时间＿＿＿＿结束时间＿＿＿＿] 解释性评论 1： 领导者 2：[开始时间＿＿＿＿结束时间＿＿＿＿] 解释性评论 2： 领导者 3：[开始时间＿＿＿＿结束时间＿＿＿＿] 解释性评论 3： 追随者情境 1：[开始时间＿＿＿＿结束时间＿＿＿＿] 追随者情境 2：[开始时间＿＿＿＿结束时间＿＿＿＿] 追随者情境 3：[开始时间＿＿＿＿结束时间＿＿＿＿]

续表

第一部分： **社会性发展与同伴交往** **（总结）**	不同领导者的比较： 领导者与追随者的比较： 根据需要或要求，请继续进行观察和解释。
第二部分： **社会性发展与同伴交往**	观察者姓名______________________________ 被观察儿童的姓名______________________________ 儿童的年龄______________儿童的性别______________ 观察情境（家庭、儿童保育中心、幼儿园和学校）______________ 观察日期________观察开始时间________观察结束时间________ 简要描述观察地点的物理特点和社会特点：
目标行为描述（OBDs）与解释：叙述性描述	最不受欢迎儿童： [开始时间_______结束时间_______] 解释 1（最不受欢迎儿童）： 最受欢迎儿童： [开始时间_______结束时间_______] 解释 2（最受欢迎儿童）： 根据需要或要求，请继续进行观察和解释。 最不受欢迎儿童与最受欢迎儿童的比较：

儿童中期 middle childhood

6～12 岁，通常也被称为学龄期。

第四部分 儿童中期——学龄阶段

入门和准备

全美幼教协会（NAEYC）将儿童早期界定为从出生到8岁。在其中后3年里，儿童一般在学校系统的一二三年级学习。尽管6～8岁儿童肯定会在学校之外度过一些时间，但是我们相信，除夏季之外，学龄儿童平时的大部分时间是在正规的班级环境中度过的。因此，接下来的观察练习有很大一部分将在正规教育场景中进行。

尽管各个学校具体要求不一样，但是很有可能，在学校班级中进行的观察往往要比在学前班或儿童保育中心进行的观察更具结构性和控制性。这意味着与幼儿园或儿童保育机构相比，你在学校中能四处自由走动或参加儿童活动的机会较少。除非你是一名教师，一名实习教师，或者是一名以某种方式与该班存在公务联系的人员。当然，不管你的正式或非正式身份是什么，你都必须遵守与儿童交往的伦理标准。尽管与学前期相比，观察者自由参与儿童活动的机会要少一些，但是，请记住我们几乎可以在任何情境下观察任何年龄的儿童。而且，如果你在许多不同的场景和情景中观察儿童，那么你就会增进对于他们的理解。

因此，我们很高兴向读者介绍两章新的内容，涉及儿童中期的前三年时间。前面几章阐述过的大部分功能或行为领域在此都有所涉及。6～8岁将继续经历身体运动能力和行为的发展变化；语言和智力继续沿着原来的路线前进，身体、情感或体格健康方面的任何问题都可能减缓或干扰它们的发展过程；通过经验和成熟的共同作用，社会性和情感行为也会发生变化；尽管这个年龄段儿童游戏的内容和动机与几年前显著不同，但是他们还会继续游戏。

第17章和第18章观察练习的格式与前面几章中练习的格式相似。在我们前面阐述的功能或行为领域中，有一个领域在本部分将不会涉及，即儿童所处的物理环境的具体特点和要求，儿童对环境的反应。（参见观察练习16-1）

这些观察练习将比较概括地讨论相关的行为和能力领域，因此只要目的合理，你可以采用各种方式自由运用于各种情境。其前提是，只是将观察作为观察。以语言这一行为领域为例，不管是在课堂学习活动中还是在学校操场的足球游戏中，只要语言得以展示，能够被观察、记录、解释，那么语言就是语言，不涉及它的社会实用功能。然而，我们承认，相对于儿童如何指导队员进球得分，你可能对儿童如何讨论学科内容更感兴趣。但是，一般来讲，观察和记录所需要的技能不会随情景的改变而有显著变化。

第17章只涉及6岁儿童。最后一章（第18章）涉及7～8岁儿童。这种划分和组合在其他有关儿童发展的书中有也有先例。我们无法说明其他作者的理论根据，但是本书之所以这样安排是基于皮亚杰的论断。皮亚杰认为具体运算阶段在大约7岁时开始（在大约

11岁时结束)。这意味着，从技术上讲，6岁儿童或多或少仍带有前运算阶段的特点。这一判断只是一个总体假设，而实际上，未必适用于所有6岁儿童。皮亚杰假设的年龄分界线只是众多假设中的一种。尽管本书没有将皮亚杰理论作为儿童认知发展理论的最终权威，尽管还有一些理论和观点很有吸引力，也具有一定的可靠性，可与皮亚杰理论抗衡，但皮亚杰的观点在有关发展的文献和研究中始终占有突出地位，这一点毋庸置疑。

第 17 章 学龄阶段：6 岁儿童

关键词

5～7 岁的转变 five-to-seven shift
直觉的 intuitive
支架 scaffolding
元认知 metacognition
基于发音的双关 phonologically based ambiguity
基于语义的双关 lexically based ambiguity
基于语法的双关 syntactically based ambiguity
社会角色采择能力 social role-taking ability
社会认知 social cognition
社会比较 social comparison
同伴声望 peer reputation
受欢迎儿童 popular children
拒绝型儿童 rejects
被忽视儿童 neglected children
矛盾型儿童 controversial children
一般型儿童 average status children
社会测量 sociometry
明星儿童 stars
亲切型儿童 amiables
孤立型儿童 isolates
被拒绝儿童 rejected children
元语言意识 metalinguistic awareness

身体发育和运动技能的发展

背景资料

这一时期在所有发展和行为领域都开始实现过渡、取得重要进步。你在阅读有关儿童发展的文献时，也能够看出这个时期所具有的过渡性和发展性特点。至少有一些作者通过将学龄儿童与学前儿童进行比较，描述了学龄儿童的技能、能力和特点。例如，克兰茨（Krantz，1994）为我们很好地总结了整个儿童中期身体发育和运动技能发展情况。他指出："尽管儿童在学前几年的成长速度较慢，但是身体尺寸和比例方面的重要变化极大地影响了他们运动技能的发展。"（p. 371）这一比较十分有价值，它表明了即使是在学前早期，迅速的变化也会对儿童如何看、如何发挥功能或如何表现产生影响。学前期之后，儿童成长的速度进一步减慢，而学龄阶段儿童会在身体和运动发展方面取得重要的进步（Krantz，1994，p. 371）。他进一步指出："尺寸、比例、力量和耐力方面的身体变化为儿童运动技能取得重大进步奠定了基础。"（p. 371）

表 17-1　运动技能和发展方面的变化总结

年龄	功能或技能领域
4～5 岁	● 能双脚交替下楼梯 ● 能学马跑和滑步：一只脚在前，后面的腿推动自己向前 ● 投球时，会通过向前转移重心来增加投掷的力量 ● 努力用双手而不是胳膊和身体接住球 ● 能用叉子吃饭 ● 能从事穿衣服等自我服务的活动
5～6 岁	● 能走过平衡木 ● 能跳大约 3 英尺远，也能向上跳大约 1 英尺高 ● 能像成人那样投掷和抓接
6～7 岁	● 能系鞋带 ● 能写一些单词和数字

改编自 Bukatko & Daehler，1995，p. 186。

布凯科和戴勒（Bukatko & Daehler，1995）也证实了在大约两年或三年期间发生的运动技能和发展方面的变化。这些变化总结在表 17-1 中。

上表中的描述非常简短，也许不能直接显示 4 岁和 6 岁之间的行为差异。然而，系鞋带、写一些数字和单词代表着精细（小肌肉）运动能力的一次相当重要的飞跃。你也要记住，6 岁儿童保持着他们在 6 岁之前具有的所有技能，这体现了发展的累积性。

布凯科和戴勒（Bukatko & Daehler，1995）也指出，在儿童中期，运动技能在运动的速度和复杂性方面有所进步。儿童的动作更加协调，与以往相比，儿童会在更加多样的情况和情境中展现出身体技能（p. 187）。

伯克（Berk，1993）提出并描述了学龄儿童展示出重大进步的四种“基本运动能力”。第一是柔韧性，伯克通过比较对之作了描述。她指出：“与学前儿童相比，学龄儿童的运动更加柔软、灵活，当儿童挥动球拍、踢球、翻越跨栏、翻跟头时，我们可以看到这种差异。”（p. 403）平衡是第二种表现出进步的能力。例如，尽管有的学前儿童会走平衡木，但是学龄儿童能比他们走更窄的平衡木。更强的平衡能力十分重要，因为它能使儿童在许多其他类型的体育表现上取得进步，“跑、单脚跳、滑步、投掷、踢、以及要求快速变换方向的团体运动项目”（p. 403）。第三个进步领域是敏捷性。敏捷性体现在运动的快速和准确上，儿童从事的许多活动展示出他的敏捷性：跳绳、跳房子以及像捉迷藏和踢足球这样要求多个方向运动的活动（pp. 403-404）。最后，儿童运动的力度与儿童早期相比也有显著的增强。学龄儿童比学前儿童投、踢得更有劲儿，跳得更远，跑的速度更快，更有力量。表 17-2 对伯克的描述进行了总结。

表 17-2 6 岁儿童部分大肌肉运动技能的总结描述

运动领域	特　点
跑	儿童跑的速度是每秒约 12 英尺；跑时能保持平衡，也能相当容易地变化方向；喜欢剧烈的体育活动，如跑、跳、蹦等
跳及其变式	能蹦大约 4 英寸高；立定跳远约 3 英尺远。在 7 岁之前，儿童能比较准确地从一个方格跳到另一个方格，就像在跳房子游戏中那样
投掷	男孩在投掷的速度、准确性和距离上的进步大于女孩。6 岁男孩投球每秒约 39 英尺，女孩每秒约 29 英尺，这反映了以每秒多少英尺为单位测量到的速度上的差异（投掷的实际速度不大可能被测到，但是在主观感觉上，能够觉察到与学前儿童的投掷风格和能力相比较时存在的差异）
抓接	与学前阶段相比，儿童能接住更小的球，能接住从更远距离抛来的球
击球	击球动作随着年龄的增长变得更加有效，速度更快，更加准确，整个身体都能参与
运球	运球时的手臂运动更加老练，即动作更加流畅、更具控制性、也更加协调了。而早先的运动则显得笨拙，只是“用力地一拍一拍”

改编自 Berk，1993，p. 403。

认知与智力的发展和行为

背景资料：“认知的革命”

从认知和智力的角度看，儿童中期是一个有趣的阶段。皮亚杰理论宣称，作为认知发展四个阶段中的第三个阶段，具体运算思维阶段是从 7 岁到大约 11 岁。因此，从技术的角度来说，6 岁是前运算阶段的末期。但这并不意味着 6 岁儿童都不能完成具体运算阶段的任务，这只是说，6 岁儿童完成下一阶段任务的情况并不普遍。当然，这里的前提是皮亚杰的理论是正确的。尽管很有可能你观察到的儿童仍然处于前运算阶段，但我们还要向你提供一些超出 6 岁前运算阶段、进入皮亚杰所称具体运算思维阶段的背景资料。

斯坦伯格和迈耶（Steinberg & Meyer，1995）指出，他们所称的“认知的革命”发生在 5～7 岁之间。他们分析了这个阶段儿童在认知和智力上取得的一些进步，这些进步包括理解守恒、完善因果推理、增强分类技能和符号操作能力（pp. 347-348）。

根据皮亚杰理论，前运算阶段儿童的推理是非逻辑的、不系统的，而儿童中期则产生了与之对立的推理方式，也就是出现了合乎逻辑的、系统的思维和推理（参见 Krantz，1994）。然而，需要指出的是，从一种推理转为另一种推理是一个逐渐的转变或过渡过程，

5～7 岁的转变

five-to-seven shift

从学前儿童非逻辑的、不系统的思维到更具逻辑的思维逐渐过渡的时期。

直觉的 intuitive

皮亚杰提出的认知发展阶段中前运算阶段的一个子阶段。直觉思维是指 5～7 岁过渡期间发生的一种推理。（参见 5～7 岁的转变）

而不是突然出现的过程。这里，“认知的革命”这一提法可以被**5～7 岁的转变（five-to-seven shift）**或 5～7 岁的过渡等说法代替。克兰茨（Krantz，1994）指出：“对皮亚杰来说，儿童在 5～7 岁过渡期间，其推理是**直觉的（intuitive）**。我认为，有了直觉推理，儿童常常会在并不理解基本原理的情况下，找到问题的正确答案。”（pp. 397-398）他描述了直觉思维值得提及的另外两个特点：首先，它在不同情境下表现不一致；其次，即使在答案正确的情况下直觉思维也只是尝试性的。第一个特点意味着，如果儿童做出正确推理的原初情境发生改变，儿童会停止或放弃一种认知技能或决策。第二个特点意味着，儿童很容易被说服放弃自己关于某一问题解答的决策。儿童对自己问题解决的正确性不确信、没把握。

信息加工和社会文化理论

皮亚杰理论并不是解释儿童认知发展的唯一理论，认知发展的信息加工理论和维果茨基的社会文化理论同样也占据十分重要的地位。瓦斯塔、黑思和米勒（Vasta，Haith，& Miller，1995）在他们所著的《儿童心理学》（*Child Psychology*）中探讨了维果茨基的理论。下面是对维果茨基理论与皮亚杰理论进行的简短而重要的比较。

> 对于维果茨基来说，个体发展是其文化的产物。发展在很大程度上是指心理发展，如思想、语言和推理过程。维果茨基认为，这些能力是通过与他人（特别是父母）进行社会互动得以发展的，因而代表着共同的文化知识。心理能力和心理过程同样可以作为历史和文化的产物来看待。而皮亚杰认为，所有儿童的认知发展都遵循一个非常相似的阶段模式，维果茨基则认为智力与儿童成长所处的文化有更加紧密的关联。（p. 23）

维果茨基强调文化对认知发展的影响，这具有重要意义。斯波德克和萨拉乔（Spodeck & Saracho，1994）探讨了维果茨基关于自然发展和文化发展之间的差异的观点。自然发展，正如这一术语本身所暗示的那样，是指作为成熟结果的发展；而文化发展则“与语言和推理能力相关”(p. 77)。斯波德克和萨拉乔讨论了语言和思维之间的相互作用。

个体的思维模式是个体在其成长的社会文化环境中实践各种活动的产物。而且，高级思维模式（概念思维）需要通过语言来与儿童交流，因此，语言是决定一个人学会思维的必要工具。儿童所受的以语言为媒介的正规和非正规教育将决定他们的概念思维水平。如果儿童感受到的直接言谈和大众传媒的语言氛围以过分简单化的或“原始的”语言为主，那么他们的思维将会过分简单或原始。另一方面，如果儿童的语言环境包含各种复杂的概念，那么只要其生物装备（感知觉、中枢神经系统等）没有缺陷，儿童的思维将会多样和复杂。(p. 77)

维果茨基还提出了最近发展区的概念，它与若干年前亨特（Hunt，1961）所提出的“匹配问题”相似。最近发展区（ZPD）指儿童独立无法完成、但在成人或更为年长、更有技能的儿童帮助和指导下，能够最终完成的任务(Santrock，1993，p. 287)。最近发展区进一步引出了**“支架”(scaffolding)**的概念。支架指成人提供的支持或指导，在支架的基础上，儿童建构起自己的技能和能力，这些技能和能力最终被纳入到个体的全部技能中。

支架 scaffolding
与最近发展区相关，支架指成人为儿童提供必要的支持和指导，使儿童在此基础上建构起自己的技能和能力。

来自维果茨基理论的一个暗示或预言是，不同文化背景下的儿童表现出不同的发展速度和不同的思维和推理内容。在观察不同文化背景下的儿童时，意识到这些差异，会使你调整自己对儿童在各个发展领域的行为、态度、价值和表现的期望。

布凯科和戴勒（Bukatko & Daehler，1995）认为，信息加工理论已经变得相当流行，其原因是心理学家已经对“解释行为的学习理论、皮亚杰理论以及其他理论失去了兴趣”(p. 53)。信息加工理论试图解释心理实际上是如何运行的。该理论认为，人脑真的很像计算机。我们像计算机那样处理符号，我们有像短时记忆、长时记忆这样的认知结构。我们能够使用各种心理过程来影响我们的“注意、决策和记忆”（p. 53），这些心理过程包括学习和记忆策略、规则和计划等。

信息加工理论的一个关键方面是，它假设人类的能力是有限的。这意味着只有那么多的心理资源可供我们支配。这种有限的能力会导致两种重要的情况发生。第一，从事一项活动会使我们从事另一项活动的能力受到限制；第二，有些心理活动比其他心理活动需要更多的心理资源。随着儿童的发展、实践和经验的丰富，儿童的心理机能会变得效率更高、效果更好（Krantz，1994，pp. 407-408）。克兰茨提出了“儿童认知发展的三个关键方面”（p. 408），这几个方面正是提高认知发展的效率和效果的基础：（1）儿童不断增加的对策略的运用；（2）儿童不断拓宽的知识基础；（3）儿童对其心理能力不断增强的意识和控制。

策略

简短地说，克兰茨（Krantz，1994）将策略定义为“个体为了促进记忆、注意和问题解决而有意进行的指向目标的操作”（p. 408），他列举了三类策略：复述、组织和精心制作。复述，作为一类策略，本质上是指在头脑中一遍又一遍地复习某个内容。组织，即个体将物体或事件归入有意义的概念类别，也是一种策略。例如，将所有能吃的东西归入“食物”一类，等等。第三个策略是精心制作，通常在“物品不能很容易地归入熟悉的类别时”（p. 408）使用。它包括“运用荒诞的或想象出来的图像将事件相互联系起来”（p. 408）。它要求在头脑中产生各种物体的心理图像，这些心理图像必须能被识记或回忆，而且相互之间要存在某种古怪的、可笑的联系。克兰茨举了这样的例子，比如，一个儿童必须记住“书、男孩、马、田野、雨”这几个词，通过精心制作，该儿童想象“一个男孩骑着马穿过田野，在雨中，他读着书”的情景（p. 408）。

有人可能会问，6 岁儿童是否使用这些策略。显然，他们不使用，至少不能一贯地使用或自发地使用。例如，克兰茨（Krantz，1994）的研究表明，在儿童上幼儿园或一年级之前教给他们简单的策略，以“方便注意和记忆”。然而，在特定的训练时段结束后，他们似乎会停止使用这些策略。这一现象被称为产生缺乏（p. 409）。

不断拓宽的知识基础

用最简单的话来讲，不断拓宽的知识基础是指儿童中期比年幼时掌握了更多的事实、信息和知识，这一成就能很好地说明发展性变化的基本特性。仅仅通过与 3 岁或 4 岁儿童交谈，看他们知道什么，并与 6 岁儿童进行比较，就可以很容易地判断知识的拓展情况。然而，相当广泛的事实知识和专门技能必须等待儿童的进一步成熟、经验的进一步丰富和儿童在运用学习策略方面的进一步改进。

元认知

克兰茨提出的第三个关键方面也值得讨论，即儿童不断增强的对其心理能力的意识和

元认知 metacognition
意识到自己的认知能力，并练习对之施加某种控制。元认知是关于思维的思维。

控制，这一新的能力被称为**元认知（metacognition）**。正如克兰茨所描述的："元认知包含你知道什么，知道你不知道什么，知道如何运用你所知道的内容去解决问题。"（Krantz，1994，p. 410）更简单地说，它是指了解你知道什么，不知道什么，能够从这种了解中受益，去解决问题、作出决策等。元认知有两个重要成分：自我评价和自我管理。自我评价，指一个人对自己知道还是不知道某事的意识，对自己完成一项任务需要学习什么的判断能力，以及判断自己是否做了足以完成某一既定任务所必需的工作的能力（p. 411）。自我管理指为了使一个人完成特定任务而做所必需的行为的能力。举个例子，6 岁的阿利希明白她没有完全理解玩伴的指示吗？她意识到自己必须询问玩伴吗？她明白自己接下来必须做什么才能成功地表现出被期望的行动或行为吗？这可能也适用于儿童理解教师布置的课堂任务的情况等。关于思维的思维，这就是元认知，它是儿童智力资源仓库的重要补充。

对皮亚杰理论的补充

尽管与皮亚杰理论相抗争的理论越来越受欢迎，但是许多教科书仍然非常强调皮亚杰理论。皮亚杰理论具有相当的价值，值得继续给予关注。鉴于此，我们列出表 17-3，将儿童中期的一些思维特点加以总结。我们要感谢哈里斯（Harris，1993）对这些特点的总结，关于该主题的讨论引用了很多他的概括。

一般认为，皮亚杰所称的具体运算阶段开始于大约 7 岁，这似乎使表 17-3 与观察 6 岁儿童无关。然而，我们认为，对于刚入学的学生来说，在一些情况下了解儿童会做什么，可能和了解他们不会做什么一样重要。而且，在任何理论中划分不同阶段的年龄范围决不是确定的、绝对的，这样就有可能出现以下情况：一些 6 岁儿童的思维水平可能仍然维持在具体运算水平。最后，请观察者不要局限于皮亚杰理论来获取儿童认知功能的资料，因此，如果有必要的话，可以不考虑表 17-3。

表 17-3　具体运算思维部分特点总结

具体运算思维的特点（学龄阶段）
● 理解产生或导致具体结果的一般规则（因果观念）
● 具有去中心的能力，例如，同时考虑一个物体或一种环境一个以上的方面或维度
● 理解心理运算和身体操作的概念，理解二者具有可逆性这一事实。例如，儿童明白，将液体从一个矮而粗的罐子倒入一个高而细的罐子中，罐中的液体还可以倒回到原来的罐子中去，在这个“运算”过程中，液体的量既没有增加，也没有减少。儿童不那么容易被事物表面现象欺骗
● 能够将从解决具体问题中获得的学习（规则或原理）迁移到解决真实生活问题上
● 不会被感觉或表面看起来真实的现象欺骗，而能依靠自己判断现象是否是真实的
● 更加合乎逻辑，能够进行归纳推理，即基于自身经历形成假设或提出有一定水平的猜想（他能从具体案例中推导出一个或几个一般性的理论）
● 社会中心超过自我中心：能够考虑别人的观点或看法，不局限于自己的观点
● 改变事实去符合他们的假设，而不是改变假设去符合事实（一种新的自我中心主义）

改编自 Harris，1993，p. 529。

认知能力发展总结

依据布鲁尔（Brewer，1998）所写的教科书《早期儿童教育导论：学前至小学阶段》（*Introduction to Early Childhood Education*：*Preschool Through Primary Grades*），我们在表 17-4 中给出了一些 6 岁儿童认知与智力发展的总结性的资料。其中包含了 4～5 岁、7～8 岁两个年龄段的资料，即紧挨着 6 岁这一目标年龄的前后几年的资料，以便你能够进行一些有益的对比。

语言

背景资料：维果茨基关于语言和思维的观点

我们先非常简短地评论一下维果茨基关于语言及其与思维关系的观点，因为语言与思维的关系助长了理论家之间的观点对立和观点差异。皮亚杰认为，一般情况下，思维和认知的发展要领先于语言。依据这一观点，语言本质上是表达个人思想或支配个人思想或智力内容的工具。例如，皮亚杰认为，儿童只有懂得了像“领先于”或“落后于”这样的单词或短语的含义，才会使用这些词汇表达。维果茨基则指出，语言和思维最初是彼此独立发展的，不过后来出现了融合（参见 Santrock，1993，p. 289）。

维果茨基关于认知发展的观点也强调了语言的重要性。在讨论维果茨基理论以及文化对认知发展的影响作用时，瓦斯塔、黑思和米勒（Vasta，Haith，& Miller，1995）提到了“辩证的过程”，该过程指当儿童与另一个人分享问题解决的经验时，学习就发生了

表 17-4　3～8 岁儿童认知能力和特点总结

3～4 岁	5～6 岁	7～8 岁
● 能理解并遵循两项指令 ● 判断不经过思考，经常出现错误 ● 词汇增长迅速 ● 缺乏数概念，会使用数字但是不理解其含义 ● 混淆幻想和现实，例如，可能认为梦是从外部进入自己头脑里的 ● 开始分类，特别是按物体的功能或目的分类 ● 使用一些抽象的功能性单词 ● 不断提出“为什么”的问题，想知道事物是如何运作的，为什么那样运作 ● 自我中心思维占主导，例如，思维以自我为中心，很难考虑别人的观点	● 注意时间变长，能连续地在更长时间内专注于刺激 ● 知道如何给物体排序，例如按长度排序 ● 知道如何按照一些事先规定的标准将物体分组 ● 思维更具目的性，判断更少冲动性，在实际从事行为之前能预测其结果 ● 能区分幻想和现实，例如，知道梦和真实经历的差异 ● 有意识地运用语言给物体分类 ● 知道单词和图画的表征功能（知道它们代表真实物体） ● 表现出对数字和字母的兴趣 ● 能命名颜色 ● 在记忆任务中，在成人的诱导或建议下，能使用复述的策略 ● 能遵循三条彼此无关的命令和指示 ● 有些儿童可能开始表现出数和长度的守恒	● 阅读和语言能力的差异扩大 ● 开始过渡到具体运算思维，即皮亚杰所称的第三个认知发展阶段 ● 谈话和讨论很重要，即开始运用语言解决问题和交流思想 ● 知道如何作计划，这是具体运算思维的特点之一 ● 对活动的兴趣能持续较长时间 ● 开始理解因果关系 ● 对时间和钱的理解增强，这属于抽象思维 ● 运用俚语和俗语 ● 对抽象术语的理解增强，使用增多 ● 表现出对较大的概念，如社会、世界的更强的意识

改编自 Brewer，1998，p. 13。

(p. 38)。与他人进行互动是认知发展的主要机制，尽管这些互动可以有许多形式，但维果茨基强调进行“语言交流”（Vasta et al.，p. 38)。几位作者的其他评论也值得在此引用。

人们认为成人主要通过语言向儿童传递所处文化中存在的丰富知识。随着学习的推进，儿童自己的语言逐渐充当了他们自己智力适应的主要工具。比如说，最后儿童能够运用内部语言指导自己的行为，其方式与父母用语言指导儿童的行为相同。(p. 38)

维果茨基称这种从父母到儿童自己的控制转移为内化。“知识和思维工具起先存在于儿童之外，存在于周围文化中。发展由这些文化适应形式，主要是语言的逐渐内化构成。”（Vasta et al.，1995，p. 38）这些论述和引言有助于解释为什么维果茨基的理论又被称为社会文化或社会历史理论。也许格雷夫斯（Graves）、加迪乌洛（Gardiulo）和斯卢德（Sluder）对维果茨基关于语言和思维之间关系的观点的描述更简单、更容易理解。他们写道：“维果茨基视语言获得过程如下：成人给出物体的名称，给予指导和建议，随着儿童语言能力和运用语言的信心的增长，成人逐渐减少其语言指导的程度。”（Graves，Gardiulo，& sluder，1996，p. 297）在此也表现出前面讨论过的最近发展区的含义。

元语言意识

metalinguistic awareness

对语言的形式、传达意思的结构加以关注和理解的能力。意思本身的重要性往往是第二位的。

元语言意识

伯克（Berk，1993）相当细致地总结了学龄儿童语言发展的一般特点及其语言发展状况。

尽管在语言上发生的变化与前几年相比不够明显，但是语言在儿童中期继续得到发展。词汇、语法和语用不断扩展，且变得更加精确。另外，儿童对待语言的态度也经历了一个根本性的转变，学龄儿童对语言的关注要直接得多。他们形成了**元语言意识（metalinguistic awareness）**。（p. 437）

桑特罗克（Santrock，1993）在谈及相同现象时，作出了如下表述。

在儿童中期和后期，儿童理解词语的方式发生了变化。他们变得较少依靠与词语相联系的行动和感知，在对待词语上更具分析性……小学阶段的儿童对词语的分析能力不断增强，这有助于理解那些与他们的个人经历没有直接关系的词语，使儿童能够在他们的词汇中增加更多抽象的单词……而且，儿童不断增强的分析能力使他们能够区分堂兄弟和侄子，城市、乡村和郊区等词语。（p. 422）

下面的解释可以说明伯克和桑特罗克所描述的儿童中期语言发展的部分成就。

他们（儿童）……对语言如何运作形成了直觉意识，称为元语言意识，它在大约 5 岁时出现，其发展贯穿儿童中期……元语言意识指关于语言的直觉，例如，它可以使儿童明白一个句子是否正确，或者使儿童觉察出一个双关句有两种含义。(Zigler & Stevenson，1993，p. 427)

布凯科和戴勒（Bukatko & Daehler，1995）也描述了这一意识现象。他们写道："较年长的儿童，比如，一二年级的儿童，能够觉察出他人信息中的问题，甚至还能提出修改建议。"（p. 261）希克丹兹等（Schickedanz，et al.，1993）在元语言意识的含义中增加了一条重要的、更明确的内容，他们注意到这一意识使儿童能够"关注语言的形式而不是关注意思本身，明白这种形式是用来传达意思的结构"(p. 484)。

元语言意识的两个成分引起了我们的兴趣：幽默和隐喻。幽默似乎是不言自明的，但是6岁儿童的幽默不同于年长儿童和成人。布凯科和戴勒（Bukatko & Daehler，1995）在讨论幽默和隐喻时使用了"语言游戏"这一术语，意指"创造稀奇古怪的词语、讲笑话或谜语，或者以比喻的方式使用词语" （p. 263）。希克丹兹等人（Schickedanz，et al.，1993）将其中一种语言游戏称为**基于发音的双关**（**phonologically based ambiguity**），指词语发音方面的模糊或不确定。他们举了一个针对6岁儿童的基于发音的双关笑话的幽默示例。

基于发音的双关
phonologically based ambiguity
基于词语发音的语言的双关。

基于语义的双关
lexically based ambiguity
基于词语不同含义的双关，例如，pen 既可以指一种书写工具，也可以指圈动物的围栏。

基于语法的双关
syntactically based ambiguity
对于同一个句子，可能存在两种不同的理解，即双关。这种双关是由于句子本身的结构造成的，该结构使句子承载不同的含义。

"Knock，knock."

"Who's there?"

"Duane."

"Duane who?"

"Duane the tub…I' m dwowning."(p. 485)

希克丹兹等人区分了**基于语义的双关**（**lexically based ambiguity**）和**基于语法的双关**（**syntactically based ambiguity**），前者指词语含义的不确定，后者与句子本身的实际结构有关，他们通过下面的笑话说明了基于语义的双关的含义。

"Why did the farmer name his hog Ink?"（"为什么农夫叫他的猪叫 Ink?" 英文里 ink 又指墨水）

“Because he kept running out of the pen”（“因为它总是从猪圈里跑出来。”英文里 pen 也指钢笔）

基于语法的双关可以通过下面的例子得到精确的说明。

“Do you know how long cows should be milked?”（“你知道多长时间该给奶牛挤一次奶吗?”也可理解为“你知道怎样给个高的奶牛挤奶?”）

“How long?”（“多高?”也可理解为“多长时间?”）

“As long as short ones，of course.”（“当然，时间和个矮的奶牛一样。”）（p. 485）

这里的双关性在于单词“long”具有双重含义，它既可以作形容词，也可以作副词。

希克丹兹等人（Schickedanz，et al.，1993）指出，对各种双关语句的理解和使用遵循着类似阶段性的发展历程，儿童首先在大约六七岁时了解基于发音的双关，接下来是基于语义的双关，直到大约十一二岁时才能理解基于语法的双关（p. 486）。

词汇和一些句法

普通 6 岁儿童的词汇是在 1 万～1.4 万个单词之间（Berk，1993；Harris，1993；Allen & Marotz，2003）。尽管他们掌握了数量如此惊人的可用单词，但是 6 岁儿童尚未掌握语言运用的所有方面。例如，帕普利亚和奥尔兹（Papalia & Olds，1992）指出：“即使 6 岁儿童的语言处于相当复杂的水平，使用复杂的语法和几千个单词，但是他们还需要经历很多才能掌握语法（单词、句子和短语中对单词的组织方式）的精妙。在学龄早期，他们（6 岁儿童）很少使用被动语态、包含 have 格式的动词以及条件句（‘if... then’）。”（p. 257）

根据卡罗尔·S. 乔姆斯基（Carol S. Chomsky）的研究成果（注意请不要和诺姆·乔姆斯基［Noam Chomsky］相混淆），帕普利亚和奥尔兹（Papalia & Olds，1992）提出了三类句子结构，说明了这些句子结构中包含的有难度的概念、儿童普遍理解这些概念的年

表 17-5　复杂句法结构的获得

结构	有难度的概念	获得年龄
The dog is easy to hear.	Who is doing the hearing?	五六岁至九岁
Allen promised Fran to help.	Who is doing the helping?	五六岁至九岁
Bill asked Anthony what to say.	Who is saying it?	有些十岁的儿童仍然不懂这一概念
She knew that Amy would get into trouble.	Does the “she” refer to Amy?	五六岁

改编自 Papalia & Olds，1992，p. 257。

龄。这些信息呈现在表 17-5 中。

元交流

我们想讨论与接下来的观察练习相关的语言能力和功能的最后一个方面。在这里，我们对语言的各个方面作了一个非常简单、不够完善的概括。的确，如果要对所有行为和发展领域做更为充分的讨论，最好由有关人类发展或儿童发展的教科书来完成。这最后的语言主题被称为**元交流**（**metacommunication**），它指个体对交流过程的理解。帕普利亚和奥尔兹（Papalia & Olds，1992）似乎已经抓住了这一概念的部分本质，以及它对于儿童和儿童工作者的意义。

元交流 metacommunication

与元认知相似，元交际是关于交流的交流。举个例子，它指这样的能力：讨论什么因素使某种特别的交流方式有效或者无效，考虑如何最有效地向某人传达信息，使其意思既不丢失也不会被歪曲。

幼儿并不理解他们所见、所闻或所读的全部，但是他们常常不知道自己不理解。他们也许是如此习惯于不理解周围世界的事物，以至于认为这种状况是如此平常。因此，成人需要清楚，他们不能想当然地对待儿童的理解。为了儿童的安全、幸福和学业进步，我们必须找到一些途径，以判断事实上儿童是否真的知道我们想让他们做什么。（p. 258）

这的确是一条忠告。在此，它中肯地指出，有时候，我们会因为儿童使用的语言而产生一些误解，过高地估计了他们的认知水平，或者把他们想得过于成熟老练。这种欺骗，就他们来说并不是故意的，之所以会出现这种状况，可能是由于我们不能辨别儿童说出特定的词语和他理解这些词语所代表的概念之间的差异。例如，当一名 6 岁儿童对你说："我想喝一些牛奶，因为我想我正缺钙"时，你能想象他真正理解了"缺钙"的含义吗？事例不需要都像前面那个例子那样深奥。试想一位教师指导或教授一年级儿童的情境，教师能够肯定儿童能充分理解其指导或教授的内容了吗？如果与儿童的安全和幸福有关，那么这一问题的答案就非常重要了。

社会性和情感发展

这是我们要阐述的最后一个功能或行为领域。我们将社会性和情感行为合并在一起讨论是因为我们认为：个人的许多情感表达都发生在各种社会情境中。很多有关发展的教科书似乎也都是这么做的。此外，将社会性和情感发展与行为置于一个标题之下也强调了人类成长和发展的互动特征。

斯坦伯格和贝尔斯基（Steinberg & Belsky，1991）精确揭示了发展和行为领域的这一“互动特征”。他们写道：“儿童中期是发展心理和社会性能力的时期，这个世界对这一能力提出了广泛而严格的要求；儿童中期也是心理社会发展与认知发展发生**强烈的相互作用**的时期。”（p. 377）因此，学龄儿童的许多进步正是由于他所取得的智力发展才成为可能的。两位作者也补充道：“认知发展为社会性发展提供了动力，反过来，社会性发展也为进一步取得认知进步提供了动力。”（p. 377）

社会角色采择能力
social role-taking ability
理解他人的立场或处境以及他可能正在感受什么或想些什么的能力，包括理解情感、意图和思维等。

社会性和情感发展的一个重要成分是**社会角色采择能力**（**social role-taking ability**）。希克丹兹等人（Schickedanz，et al.，1993）将之定义为“将自己置于他人的位置，设想他人可能感觉到什么或者做些什么的能力”（p. 504）。他们将社会角色采择能力看作是学龄儿童社会性和情感发展的重要里程碑或特点之一。而且，社会角色采择能力“使儿童更充分地理解他人以及他们自己，因为现在他们能够从他人的观点来看待自己”。这种能力包括“理解情感、理解意图和理解思维”等技能（p. 504）。**社会认知**（**social cognition**）是用来解释这一新的社会和智力技能的概念，它指理解“广泛的社会和人际事件”的能力（p. 504）。

社会认知 social cognition
思考和理解与自己相关的社会事件、人际事件的能力。其中包括社会角色采择能力、同情、自居作用和替代体验等。

社会认知也包含看待自我以及他人的能力。关于这一点，比（Bee，1995）写道：“大多数儿童在 5～6 岁时能够依照各个维度完整地描述自我。”（p. 296）比也指出，这种早期的自我描述强有力地依靠当时的情境。随着年龄的增长和发展的不断成熟，他们对自我的描述趋向于“一种更加抽象、更具比较性、更加概括的自我描述”（p. 296），同时，儿童对他人的描述也变得更加抽象、更具比较性和更加概括。正如社会认知这一术语所暗示的，社会技能、人际技能在很大程度上依赖于智力技能，因此社会认知为这两组能力之间的相互作用创造了时机或机会。

为确保相关的观察练习在合理的范围内进行，我们集中关注 6 岁儿童与同伴的关系，特别是友谊问题。

与同伴的关系：友谊

同伴 peer

年龄和发展水平大致相同的伙伴。

儿童中期是同伴群体开始表现独特重要性的时期。这种重要性源于：在儿童社会化过程中，原本不熟悉的个体和群体发挥着越来越大的影响，扮演着越来越重要的角色。学龄儿童的社会交往与学前儿童的社会交往形成了鲜明的对比。例如，学前儿童的朋友圈通常局限于其兄弟姐妹、邻居家的儿童、所在幼儿园或儿童保育中心的同班小朋友等。学前儿童之间的关系至少是部分建立在感情的基础上，这使朋友比非朋友更加重要，但是，满足儿童绝大部分重要情感需要的仍然是父母，认识到这一点非常重要（Krantz，1994，p. 438）。然而，这一状况在儿童中期发生了改变，部分原因在于儿童的独立性不断增强。现在儿童可能会选择一个具有能够满足其情感需要的个性特点的人作为朋友（Krantz，1994，p. 438）。

学龄儿童身体的活动范围更大，与其他儿童的接触也更加广泛，所有这些都导致他潜在的朋友圈扩大（Krantz，1994）。学龄儿童选择朋友在很大程度上以个性特点为基础，但是选择朋友的标准随着年龄的增长和自身的不断成熟会发生变化。具体品质或特点比其他方面逐渐得到更多重视。例如，克兰茨（Krantz，1994）报告："低年级儿童（例如一二年级）基于自私的需要选择朋友：谁是好的、可靠的玩伴？谁愿意分享玩具或电子游戏等资源？谁就可能做朋友。"（p. 439）其他考虑也在发挥作用，其中一些考虑与性别有关。尽管学龄儿童一般根据种族、年龄、社会阶层、性别和社会地位选择与自己相似的朋友（Krantz，1994；Ramsey & Myers，1990），但是，"男孩倾向于强调表面行为的相似性，如对连环画或运动的兴趣，女孩则强调人格品质的相似性，如善良或友好”（Krantz，1994；Erwin，1985）。

儿童中期是同伴群体开始呈现出独特重要性的时期

两位塞尔曼（Selman & Selman，1979）研究了友谊的进展。他们描述了友谊发展的五个阶段，这五个阶段在年龄范围上存在相当大的重叠。塞尔曼（Selman，1981）在后来的出版物中区分出四个阶段，也勾画出了更加精确的年龄范围。他们的描述既有趣又给人以启发，这两个版本呈现在表 17-6a 和 17-6b 中。

表 17-6a　塞尔曼（1979）提出的友谊发展五个阶段中的三个阶段

阶段	年龄	特　点
0　瞬间的玩伴关系（未区分）	3～7	儿童以自我为中心，主要根据他能从中获得什么来理解友谊。儿童根据他们居住的远近来界定或者选择朋友，也理解朋友以物质资源或财物方式带来的物品的价值，如玩具的价值
1　单方面的帮助（单方面的）	4～9	儿童认为好朋友就是服从他的愿望、做他希望“朋友”做的事的人
2　双向的、能同甘不能共苦的合作（互惠的）	6～12	尽管在这个年龄和这个阶段的友谊中存在一定的互惠，但是友谊仍然由每个个体的私利而非共同利益所确定

改编自 Papalia & Olds，1992，p. 284。

表 17-6b 塞尔曼（1981）提出的友谊发展四个阶段中的两个阶段

阶段	年龄	特 点
1	6 岁及 6 岁以下	友谊建立在诸如儿童在哪里居住（地理位置）等基础上，或者建立在他人的身体特征或外表的基础上。儿童自我中心（以自我为中心），很难从他人的视角看待事物
2	7～9	儿童开始基于他人的感情和互惠原则建立友谊，这一原则即双方互相为对方做事情，友谊也开始在社会行为的基础上表现出来，开始涉及双方的相互评价

改编自 Craig & Kermis，1995，p. 558。

然而，克雷格和克米斯（Craig & Kermis，1995）指出，一些研究者不同意塞尔曼的模型。他们写道："有证据显示，年幼儿童实际知道而没有说出的关于交朋友的规则和期望要比他们能够告诉访谈者的多。"（p. 558）他们同时也指出了一个事实，即"真正的友谊是相当复杂的，也是不断变化的"（p. 558）。

学龄儿童建立和维持友谊所需的认知和社会技能比年幼儿童建立和维持友谊所需的技能要复杂得多（二者也有所不同）。建立和保持友谊涉及两个具体要素：**社会比较（social comparison）**和**同伴声望（peer reputation）**（Krantz，1994，p. 439）。

社会比较 social comparison

按照各种特征和品质描述、评价同伴并对同伴进行分类。用最简单的话来表述，社会比较包含从社会、人际功能和属性的各个方面比较同伴（或者他人）。

同伴声望 peer reputation

儿童的同伴如何知觉、描述或形容该儿童的相对稳定的、一致的方式。

社会比较

社会比较是个体"按照各种品质和特征描述、评价同伴并对同伴进行分类"的一种认知技能（Krantz，1994，p. 439）。有报告称，学龄儿童将大量的时间用于比较他们的同伴。在进行社会比较时，他们会考虑诸如喜好、思想和感情这样的抽象品质（Krantz，1994；Diaz & Berndt，1982）。

这些社会比较发挥着重要的功能，也产生了一些重要的影响。准确的比较能使儿童评价自己在多大程度上满足了同伴的需要和动机；所进行的分类也会引导儿童的社会交往。随后，儿童获得一面适合于其他儿童的镜子或标准，他们可以用这面镜子来判断自己的能力。这种自我判断也会影响儿童的社会行为（Krantz，1994，pp. 439-440）。

同伴声望

我们都知道声望的重要性，知道我们自己的声望和他人的声望多么有效地影响着他人对待我们的方式和我们对待他人的方式。克兰茨（Krantz，1994）将同伴声望定义为“同伴群体成员对一个儿童的相对稳定的特征的共同认识”（p. 441）。儿童学习如何影响自己的声望是很有意义的。他们可以通过控制自己留给他人的印象来影响自己的声望，比如个人的穿衣打扮、表现出同伴所珍视的品质，或表现与不良声望相对抗的行为，等等（p. 441）。

保持友谊和情感

在这个领域，我们简短地提出情感行为的主题，到现在为止我们对这个问题仍不够关心。建立友谊是一回事，但要保持友谊新鲜、有活力则是另外一回事。

建立友谊需要某些社会技能，我们已经讨论过这些技能。然而，友谊一旦建立，其他技能就开始发挥作用，因为关系本身或多或少是具有连续性的，它要求参与双方进行认真的监控和调整。克兰茨（Krantz，1994）认为“在越来越亲密、互惠的关系背景下”管理自己的情感是一项至关重要的技能（p. 441）。这种对情感的管理包含若干项能力。我们假设一个叫安德鲁的男孩要和女孩丽贝卡做朋友。首先，安德鲁在面对丽贝卡时，必须能够控制恐吓和压制丽贝卡等可能危害友谊的情感冲动。其次，安德鲁必须对丽贝卡不断变化的情感保持敏感，并相应地调整自己的行为。当然，丽贝卡也必须照此给以回报，因为敏感性是双向的通道。理解另一方的感情以及他们可能所处的情景并对此保持敏感，可以为同情和情感支持的表达铺平道路。第三方面似乎与刚才提到的第二种能力密切相关，它要求具备克兰茨所称的“学习使自己的感情和行为节奏与其朋友合拍或者匹配”（Krantz，1994；Field，et al.，1992）。因此，听到一则好消息时，丽贝卡可能因为安德鲁的情绪不好，而必须缓和或压抑自己的兴奋和高兴。正如克兰茨所述，如果要使双方的互动相当平稳、合拍，可能要求丽贝卡在情感表达上少一些轻快张扬，要求安德鲁更加乐观快乐一些（Krantz，1994，p. 442）。最后，安德鲁和丽贝卡“必须学习避免长久的唠叨和抱怨”（p. 442），因为这是一方或双方都可能感到讨厌的。

友谊的另一个方面也值得关注，即受欢迎程度。研究者已建立了一套社会地位分类系统来表示儿童受同伴欢迎的程度。在参照布科夫斯基和霍亚（Bukowski & Hosa，1989），科耶、道奇和科波特利（Coie，Dodge，& Coppotelli，1982）等研究者的论述的基础上，克兰茨（Krantz，1994）讨论了五种社交类型及其各自特点。

受欢迎儿童 popular children
为大多数同伴喜欢的儿童。

被拒绝儿童
rejected children
大多数同伴不喜欢的儿童。

被忽视儿童
neglected children
从受同伴喜欢的程度来看，居于中间位置的儿童。他们的同伴既不主动喜欢也不主动不喜欢他们。换句话说，这些儿童的同伴对他们是漠不关心的。

矛盾型儿童
controversial children
这些儿童似乎在被人喜欢和不被人喜欢之间，两者力量均衡。很多同伴喜欢他们，也有很多同伴不喜欢他们。

社会测量 sociometry
研究儿童在同伴中的受欢迎程度或社交地位的技术。该技术要求儿童说出他们最要好的一个朋友或几个朋友的名字，或者判断哪个或哪些儿童最受班级或群体喜爱。

一般型儿童
average status children
一些同伴喜欢而另一些同伴不喜欢的儿童。他们与矛盾型儿童的不同，主要体现在对他们持有相反情感的同伴数量上。

第一类被称为**受欢迎儿童**（**popular children**），指“大多数同伴喜欢、没人不喜欢”的儿童（p. 443）。**被拒绝儿童**（**rejected children**）指“大多数同伴不喜欢、很少有人喜欢”的儿童（p. 443）。第三类是**被忽视儿童**（**neglected children**），指“既不被任何人主动喜欢也不为任何人主动不喜欢”的儿童（p. 443）。第四类是**矛盾型儿童**（**controversial children**），指“很多同伴喜欢，也有很多同伴不喜欢”的儿童（p. 443）。最后，还有所谓的**一般型儿童**（**average status children**），即“少数几个同伴喜欢、其他一些同伴不喜欢”的儿童（p. 443）。

有一种方法主要用来研究儿童在群体内的关系，这种方法被称为**社会测量**（**sociometry**）。斯坦伯格和迈耶（Steinberg & Meyer，1995）通过使用社会测量技术，根据儿童在群体内的受欢迎程度，描述了四种群体。其中，第一种群体主要指**明星儿童**（**stars**）。明星儿童被描述为“在同伴群体中广受喜爱，并具有相当地位和影响”的儿童。作者进一步指出，明星儿童除了聪明、吸引人……还具有较好的社交技能，更有可能担任领导，他们在社交上积极主动，倾向于负责计划活动和发起社会事件（p. 421）。

亲切型儿童（**amiables**），在受欢迎程度上排在第二位。他们“受其他人喜爱，但地位和影响不及明星儿童”（p. 421）。在受欢迎程度上接下来的是**孤立型儿童**（**isolates**），“人们既不喜欢他们也不讨厌他们，只是常常忽视他们”（p. 421）。最不受欢迎的是**拒绝型儿童**（**rejects**），“其他人主动不喜欢他们，他们对同伴群体具有消极影响”（p. 421）。你可能发现比较上述两种受欢迎程度分类系统具有启发意义。在有关 6 岁儿童社会性和情感行为的观察练习中，我们会采用上述分类系统。

本章所介绍的四个行为和发展领域的相关背景资料就到此。我们已经讨论了身体和运动发展、认知和智力发展、语言发展、社会性和情感发展，所有剩下的就是与每个领域相伴随的观察练习了。

明星儿童 stars

可以通过社会测量图来确定的一种对儿童的分类，指的是那些在同伴中广受喜爱和欢迎的儿童。这些儿童在同伴群体中具有相当的地位和影响。

亲切型儿童 amiables

“受其他人喜爱，但地位和影响不及明星儿童”的儿童，从受欢迎程度上看，他们排在第二位。

孤立型儿童 isolates

既得不到喜爱也不令人讨厌，常遭到忽视的儿童。

拒绝型儿童 rejects

最不受同伴欢迎的儿童，他们对同伴群体具有消极影响。

观察练习 17-1：身体发育和运动技能

观察目标

在这个练习中，你的目标是了解 6 岁儿童的粗（大）、细（小）运动能力以及总的身体特点。

步骤

正如前面在介绍背景资料时所提到的，通过对一名 6 岁儿童和一个更为年幼的学前儿童之间进行相似性和差异性的比较这一过程，我们可以获得全面深入的区分和理解。因此，你可以从下列两种方式中任选一种以实现目标：（1）实际观察至少两名 3～4 岁儿童，将他们的身体特点和运动能力与至少两名 6 岁儿童进行比较；（2）观察至少两名 6 岁儿童，将他们的身体特点和运动能力与你在另一项任务中可能已经完成的学前儿童的相关书面观察报告进行比较。如果你既不能观察两名学前儿童，也没有现成的学前儿童观察报告，那么，就只能选择至少两名 6 岁儿童作为你观察和记录的目标。

第一部分：6 岁儿童的身体特点

使用事件抽样表格做以下事情：（1）详细描述学前儿童总的身体特点和 6 岁儿童总的身体特点；（2）比较年长和年幼儿童的身体特点，此外还要比较两名 6 岁儿童。其意图是观察两名儿童之间可能存在的个别差异。如果你观察一名男孩和一名女孩而不是两名男孩或两名女孩，个别差异可能会更加明显。如果观察一男一女，运动技能和发展的性别差异会表现很明显；如果观察的是同性别的儿童，儿童之间与性别无关的个别差异将会显现出来。

第二部分：6 岁儿童的粗细运动能力

运用事件抽样表格，按照第一部分所解释的模式进行观察和记录，只是这时你的观察内容是大肌肉和小肌肉能力或技能，而不是身体特点。你可能也想参考第 17 章的观察练习 17-2，对你可能观察到的各类运动行为进行描述。但是，要注意，你在练习 17-2 中发现的运动行为并不一定在观察 6 岁儿童的过程中也能看到。因此，在选择本练习的运动行为例子时，你要有所区分。通过比较，2～5 岁儿童与 6 岁儿童运动技能的差异将提示我们，儿童的运动技能在学前阶段过后是如何发生变化的。（参见观察练习 17-1）

观察练习 17-2：认知与智力的发展和行为

观察目标

这个完整的练习会有许多目标，因为这一功能领域可观察和研究的范围非常广，内容也非常丰富。我们已经选择了两个目标，并以此为依据设计了观察的第一部分和第二部分，如果你需要或想要更多的练习，请你或你的指导者（如果你在一个正规教育机构）自己设计其他的实践练习。这两项目标以前面所讨论的三种认知发展理论中的两种为基础：皮亚杰理论（第一部分）和信息加工理论（第二部分）。

第一部分：观察目标

判断被观察儿童是否表现出皮亚杰所论述的具体运算思维的一些特点。

步骤

关于这里的第一个目标（Ⅰ-A），我们请你查阅第 17 章观察练习 17-3，以获得有关皮亚杰认知发展理论的补充资料，以及涉及前运算阶段的资料。观察至少两名 6 岁儿童。关于这第一个目标，你有几种方法可供选择。如果你认为仅仅观察儿童而不进行任何形式的干预就能获得足够的资料，那么就使用自然观察法吧。我们认为，叙述性描述和事件抽样都是恰当的可供使用的方法，因为它们是你可以采用的最不需要筛选的技术，并且能提供最丰富的原始资料以备将来解释时使用。你必须依靠对观察地点的判断和评价来选择一种最有效和最高效的方式，以获得最丰富的资料。

请记住，事件抽样比叙述性描述更需要目标行为的频繁发生。你可能只想用很短的时间随便观察一下儿童，看看他们是否表现出任何你感兴趣的行为或技能。如果他们表现出来，那么自然观察就可能是本练习的一种可靠的方法。如果儿童或你所处的环境条件不方便你借用自然观察，那么你也许就只能采用所谓的“测验法”（Ⅰ-B）。然而，你要记住，要测验就要改变儿童所处环境中通常的做事方式。在学校机构中，你不能以任何方式干扰正在进行的常规事务或活动。当然，如果你是教师，或者是该班的法定成员，你才有可能有相当大的行动自由，知道自己能做什么。否则，你可能只能等待课间休息时间，或者等待你所采用的测验不会干扰常规活动的时机。

请看表 17-3，该表总结了具体运算思维的一些特点。观察你挑选出来的两名儿童，判断他们是否展示出表 17-3 所描述的一些能力。例如，他们中有人理解因果观念吗？有人能按照一个以上的标准给物体分类吗？另一方面，他们中的一个或两个表现出的是前运

算思维的特点，还是具体运算思维的特点？在他们这两个人中，哪一个认知发展阶段的特点更明显呢？（参见观察练习 17-2）

第二部分：观察目标

第二个目标强调用信息加工理论来理解认知行为。该任务的目的是：（1）如果儿童使用策略的话，判断儿童用来“促进记忆、注意和问题解决”的策略是什么（这类策略包括复述、组织和精心制作）；（2）探索儿童的知识基础，也就是说，搞清楚儿童所掌握的信息和事实的类型。

步骤

关于本练习的第一项目标（Ⅱ-A），请选择至少两名儿童，不过这两名儿童不能是前面练习中你所观察的儿童。你将综合使用修改后的检核表和事件抽样。你应该明白，事件抽样实际上也可作为一种检核表，每次观察和记录组成目标事件的行为时，你也就是在对那些行为发生的相对频率进行连续的标记。这是本书中首次特别要求你使用检核表的练习。你观察到儿童在使用什么策略，就在相应的框中画“×”或其他标记。然后描述（作为 OBD 客观行为描述）儿童如何使用这一策略，即他具体做了什么，是在什么情况或什么条件下做的，等等。

使用事件抽样要求你当场判断儿童是否在使用策略。当然，如果你使用叙述性描述的方法，那就先记录下所有的情况，然后再判断儿童是否在进行策略性思维。然而，我们知道学习常常是悄悄发生的，不是一种公开的、明显的事情。因此，如果一个儿童坐在椅子上默默背诵过一会儿必须记住的资料，你不知道他是否在使用一种学习策略。既然如此，你必须再次借助某种测验或交往方式来达到本练习的目标。当然，这必须由你自己作出决定。不过要记住，你一定要尽可能不唐突，你必须始终遵守我们与儿童之间的伦理原则。

对于本练习的第二项目标（Ⅱ-B），你将使用事件抽样表格。如果你挑选的观察对象是两名 6 岁多的儿童，年龄又相差几个月，那将会使你既能获得需要的资料，又会有一些有趣的现象。坚持这一选择标准的目的在于了解这两名儿童之间的年龄差别是否会造成他们在认知活动方式上的差异。如果存在差异的话，最大的差异可能仅仅是由于较年长儿童具有更长的人生经历，因而具有更多的知识和信息。这里最好的方法是听一听儿童对老师说些什么，相互之间说什么，或者如果你有可能直接与儿童交往的话，儿童对你说些什么。比如，听听他们的指令里包含了哪些信息或知识；如果你能判断的话，这些信息的准确性如何；他们拥有哪些特殊知识，这些知识是否是他们所属群体所特有，而其他许多儿童未能拥有的知识；等等。尽管我们不一定硬性要求，但此时如果有一台录音机，在这种需要逐字记录语言的情况下将会有很大帮助。同时需要指出的是，我们并不认为某种电子工具可以取代使用纸笔观察和记录语言的技能。（参见观察练习 17-2）

观察练习 17-3：语言

观察目标

这个完整的练习有三个目标，它们涉及背景资料中所讨论的三个主要主题：(1) 元语言意识，特别是儿童对比喻和幽默的使用；(2) 儿童的词汇及其对句法的实际理解；(3) 元交际，用最简单的话来说，就是儿童在理解外部对他的期望方面情况如何。依据这三个目标，分别设计了第一部分、第二部分和第三部分。

第一部分：元语言意识

目标

该部分的主要目标是观察和记录儿童使用幽默和比喻的例子。尽管在儿童的随意对话时也可能发现儿童是否运用了比喻性的话语，但对幽默的考察相对更容易一些。因为，隐喻或比喻的话语一般不要求特殊的环境，因为人们在说比喻性的话语时通常不需要特别的思考。比喻似乎是一种相当自然的语言现象。幽默也不应该仅仅局限于讲笑话或者是对谜语的回答。我们认为，儿童觉得可笑的任何事情都值得关注，值得对其内容进行分析。

步骤

选择几名儿童，准确数量将根据你能看到幽默和比喻例子的容易程度来确定。比较不同儿童分别认为哪些事情可笑，他们如何使用比喻以及在什么情况下使用，这可能是非常有趣的。你可能无法把幽默和比喻都观察到。这并不要紧，只要获得其中一种现象的例子就足够了。

我们建议你使用叙述性描述表格，这样，你也能了解儿童语言中的幽默、比喻和其他比较普通的部分的相对比例。

第二部分：词汇和句法

目标

该部分的目标是：(1) 确定儿童词汇的范围和特点；(2) 确定儿童语言的句法特点。

步骤

对于第二部分的两项目标，请选择至少两名儿童，尽可能使用叙述性描述逐字记录儿童的语言。你的目标是尽量获得你所需要或渴望得到的资料，然后分析话语内容的词汇和语法，比如过去时、副词、形容词、动词等的使用情况，还有句子结构或句法。如果你有关于学前儿童的观察记录，你就有机会比较这两个年龄段儿童具有的言语技能。

该练习将使你有机会检验帕普利亚和奥尔兹（Papalia & Olds，1992）的观点，他们认为“在学龄早期，他们（6 岁儿童）很少使用被动语态、包含 have 格式的动词以及条件句（'if...then'）"（p. 257）。

你可能需要更新自己有关语法格式的例子，比如像副词、介词和形容词这样的语言组成部分，以及有关句子结构和句法的记忆。

第三部分：元交流

目标

这最后一部分的目标是，观察和记录儿童必须遵循指示或教导时的情境，这些指示或教导或者由教师、成人给出，或者由另一个儿童给出。我们知道，比 6 岁儿童年幼得多的儿童也不得不学习遵循指示。但是，我们的观察主要在学校班级中或者某种正规学习机构中进行，指示和教导将是教师和儿童关系中一个常见的方面。而且，这些情境下遵守或不遵守这些教导的后果会不同于托幼机构或家中。而且，相对而言，对 6 岁儿童的教导要比对学步儿或幼儿的教导复杂得多，因为 6 岁儿童的认知、社会性和情感行为比年幼儿童更复杂。

步骤

选择两三名儿童，如果有可能，最好来自同一个学校。使用事件抽样表格，寻找有人向儿童发出具体指示或教导的时机。观察和记录他们如何执行这些命令：他们对外部期望的理解程度如何？如果他们看起来不理解，他们如何对待自己的不理解？他们是通过提问，还是通过不断试验，如尝试错误来解决问题？你还可能有机会对儿童在语言领域的能力进行比较，因为你所观察的儿童很可能表现出不同的能力水平。（参见观察练习 17-3）

观察练习 17-4：社会性和情感的发展

观察目标

最后这一练习的总目标是，尽量自然地了解这一年龄儿童如何与成人或同伴进行社会互动，以及他们在有人陪伴或独自面对多种情境时的情感反应。我们将重点放在社会性发展和行为上，请你关注社会互动情境所必需的情感行为，因为，许多情感表达是在社会互动中发生的。

在前面的背景资料介绍中，我们已强调了社会功能对于学龄儿童的重要意义。其中，同伴关系和友谊又最具有特殊重要性。正是基于儿童中期的这一行为和变化，我们设计了这个总结性的观察练习。至于设计社会性和情感功能的其他内容和记录表，我们留给你去发挥创造力和想象力，自己设计观察练习和观察表吧。尽管在此之前我们还没有请你自己尝试过，但是，要知道，你很有可能遇到这样的情况：必须在不同的场景和情景中，针对不同的目的，设计能记录各年龄儿童行为的表格。如果这样做能使你获益匪浅，那我们现在就给你机会。

第一部分：儿童的受欢迎程度（社交地位类型）

观察目标

本练习第一部分的目标是观察和记录儿童的社会或人际交往，评估他们在同伴中的受欢迎程度。这里的观察和评估以克兰茨（Krantz，1994）所讨论的反映受同伴欢迎程度的五类社交地位为基础。

步骤

请选择三四名儿童，采用事件抽样表格或技术，寻找有助于辨别每名儿童所属社交地位类型的行为和交往模式。你要尽量寻找至少两个方面的内容：（1）其他儿童对你选来观察的目标儿童的反应；（2）目标儿童身上可能有助于解释其他儿童反应方式的行为。换一种方式说，哪些行为可能解释为什么罗克珊是一个受欢迎儿童，而乔迪是一个被拒绝儿童，等等。认真阅读背景资料中提供的对这五种类型的简短描述。依据你对每种类型所表现的行为特点的理解辨别每名儿童所属的类型。

在这个练习中，也要寻找情感表达的例子，特别是每名儿童对该场合中的各种情境和个体的情感反应。在解释中，你要评论一下归入不同社交类型或受欢迎类型儿童的情感行为有何不同。比如说，受争议儿童在情感的行为表现上，与被忽视儿童或普通儿童相比，有什么不同？

第二部分：儿童受欢迎程度和友谊的社会测量分析

观察目标

最后这个练习的目标是观察和记录儿童的人际交往行为，依据所收集到的数据，运用斯坦伯格和迈耶（Steinberg & Meyer，1995）提出的受欢迎程度的四个分组，即明星儿童、亲切型儿童、孤立型儿童和拒绝型儿童，绘制社会测量图。这也许看起来像是对第一部分的重复，但是它有所不同。原因有两个：（1）它使用了略微不同的一套受欢迎程度指标；（2）它包含了所谓的社会测量方法。社会测量图被定义为“一些显示群体中的社会关系网络的图示”（Stark，1985，p. 22）。在社会测量图中，每名儿童用一个圆圈或一个方框来表示，里面写着儿童的名字；圆圈或方框之间用线条和箭头连接，代表儿童之间的联系；箭头的指向表明了互动的方向。请看下面这个简短的例子。

从比利到托尼亚的箭头表示比利发起了与托尼亚的社会交往；从托尼亚到艾丽西亚的箭头说明托尼亚发起了与艾丽西亚的社会交往；等等。其他儿童和箭头依此类推。箭头指向最多的儿童是最受欢迎的儿童，他们的社交提议可能得到了其他儿童的积极反应。顺便提一下，非常受欢迎的儿童可能不止一个，而社会测量图可以揭示这一事实。

步骤

请在你不感到过度疲劳的情况下，使用叙述性描述，观察和记录尽量多的儿童的行为。如果你所观察的群体比较大，你可以用几天来做这个练习，在不同的日子观察不同的亚群体。完成观察记录后，请分析你的资料，从中绘出社会网络图，以此看出这些儿童中谁是明星儿童、亲切型儿童、孤立型儿童或拒绝型儿童。在上面的网络图中，你看到比利发起了与托尼亚的交往，但是你知道托尼亚对比利的提议做出积极回应了吗？从图中你只能看到，从一个圆圈上可能发出许多箭头指向其他圆圈，但没有证据显示其他儿童是否对该儿童的提议做出了积极回应。你可能想设计自己的编码体系，根据这个编码体系，你不仅能讲出谁发起了与谁的交往，而且还能说出原来比较被动的儿童如何对其他儿童的努力作出回应。（参见观察练习 17-4）

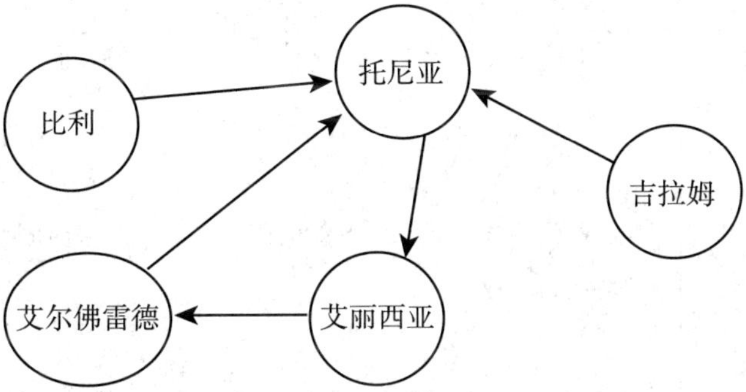

	观察练习 17-1
第一部分： **6 岁儿童的身体特点**	观察者姓名＿＿＿＿＿＿＿＿＿＿＿＿＿＿＿＿＿＿＿＿ 被观察儿童的姓名＿＿＿＿＿＿＿＿＿＿＿＿＿＿＿＿＿ 儿童的年龄＿＿＿＿＿＿＿＿儿童的性别＿＿＿＿＿＿＿ 观察情境（家庭、儿童保育中心、幼儿园和学校）＿＿＿＿＿＿ 观察日期＿＿＿＿观察开始时间＿＿＿＿观察结束时间＿＿＿＿ 简要描述观察地点的物理特点和社会特点：
目标行为描述（OBDs）与解释：事件抽样	时间段 1（6 岁儿童）：［开始时间＿＿＿＿结束时间＿＿＿＿］ 解释 1： 时间段 2（6 岁儿童）：［开始时间＿＿＿＿结束时间＿＿＿＿］ 解释 2： 时间段 A（学前儿童）：［开始时间＿＿＿＿结束时间＿＿＿＿］ 解释 A： 时间段 B（学前儿童）：［开始时间＿＿＿＿结束时间＿＿＿＿］ 解释 B： 根据可能或需要请继续进行观察和解释。 6 岁儿童与学前儿童的比较（相似点）： 6 岁儿童与学前儿童的比较（不同点）： 两名 6 岁儿童的比较（相似点和不同点）： 总体评价或描述：

续表

第二部分： **6 岁儿童的运动能力**	观察者姓名______________________________________ 被观察儿童的姓名__________________________________ 儿童的年龄_______________儿童的性别________________ 观察情境（家庭、儿童保育中心、幼儿园和学校）______________ 观察日期_______观察开始时间_______观察结束时间_______ 简要描述观察地点的物理特点和社会特点：
目标行为描述（OBDs）与解释：事件抽样	时间段 1（6 岁儿童）：［开始时间______结束时间______］ 解释 1： 时间段 2（6 岁儿童）：［开始时间______结束时间______］ 解释 2： 时间段 A（学前儿童）：［开始时间______结束时间______］ 解释 A： 时间段 B（学前儿童）：［开始时间______结束时间______］ 解释 B： 根据可能或需要请继续进行观察和解释。 6 岁儿童与学前儿童的比较（相似点）： 6 岁儿童与学前儿童的比较（不同点）： 两名 6 岁儿童的比较（相似点与不同点）： 总体评价或描述：

	观察练习 17-2
第一部分（Ⅰ-A）： **6岁儿童的认知发展：** **皮亚杰理论（自然观察法）**	观察者姓名＿＿＿＿＿＿＿＿＿＿＿＿ 被观察儿童的姓名＿＿＿＿＿＿＿＿＿＿＿＿ 儿童的年龄＿＿＿＿＿＿儿童的性别＿＿＿＿＿＿ 观察情境（家庭、儿童保育中心、幼儿园和学校）＿＿＿＿＿＿ 观察日期＿＿＿＿观察开始时间＿＿＿＿观察结束时间＿＿＿＿ 简要描述观察地点的物理特点和社会特点：
目标行为描述（OBDs）与解释：叙述性描述或事件抽样	时间段1：［开始时间＿＿＿＿结束时间＿＿＿＿］ 解释1：（该儿童看起来处于哪一个认知发展阶段?） 时间段2：［开始时间＿＿＿＿结束时间＿＿＿＿］ 解释2： 根据要求请继续进行观察。 描述性资料总结： 总体上看，该儿童处于认知发展的阶段是： 关于儿童认知发展优势水平的总体结论：

续表

第一部分（Ⅰ-B）： **6 岁儿童的认知发展：** **皮亚杰理论（测验法）**	观察者姓名______________________________ 被观察儿童的姓名__________________________ 儿童的年龄______________儿童的性别______________ 观察情境（家庭、儿童保育中心、幼儿园和学校）____________ 观察日期________观察开始时间________观察结束时间________ 简要描述观察地点的物理特点和社会特点：
所使用的测验方法或方式（互动）以及对结果的解释	描述你做了什么以引发儿童的反应，如你提了什么问题等。 互动 1：[开始时间________结束时间________] 解释 1：（认知发展水平） 互动 2：[开始时间________结束时间________] 解释 2： 根据需要请继续进行测验。 关于儿童认知发展水平的总体结论：

续表

第二部分（Ⅱ-A）： **6岁儿童的认知发展** **（信息加工理论）：** **使用策略**	观察者姓名______________________________________ 被观察儿童的姓名__________________________________ 儿童的年龄________________儿童的性别________________ 观察情境（家庭、儿童保育中心、幼儿园和学校）________________ 观察日期________观察开始时间________观察结束时间________ 简要描述观察地点的物理特点和社会特点：
目标行为描述（OBDs）与解释：检核表、事件抽样或测验法	默诵□　　组织□　　精心设计□ 时间段1：［开始时间________结束时间________］ 默诵□　　组织□　　精心设计□ 时间段2：［开始时间________结束时间________］ 默诵□　　组织□　　精心设计□ 时间段3：［开始时间________结束时间________］ 根据需要或要求请继续进行观察或进行事件抽样。 对观察与解释的总结（简要总结所使用的策略类型以及每一种策略的具体使用情境）：

续表

第二部分（Ⅱ-B）： 6 岁儿童的认知发展 （信息加工理论）： 儿童的知识基础范围	观察者姓名________________ 被观察儿童的姓名________________ 儿童的年龄__________儿童的性别__________ 观察情境（家庭、儿童保育中心、幼儿园和学校）__________ 观察日期______观察开始时间______观察结束时间______ 简要描述观察地点的物理特点和社会特点：
目标行为描述（OBDs）与解释：事件抽样	时间段 1：儿童 1 的年龄（具体到几岁零几个月）________ [开始时间______结束时间______] 解释或评价 1： 时间段 2：儿童 2 的年龄（具体到几岁零几个月）________ [开始时间______结束时间______] 解释或评价 2： 根据需要或要求请继续进行观察。 总体评价（儿童之间的相似点和不同点的比较）：

	观察练习 17-3
第一部分： **元语言意识**	观察者姓名________________ 被观察儿童的姓名________________ 儿童的年龄________儿童的性别________ 观察情境（家庭、儿童保育中心、幼儿园和学校）________ 观察日期______观察开始时间______观察结束时间______ 简要描述观察地点的物理特点和社会特点：
目标行为描述（OBDs）与解释：叙述性描述	时间段1：[开始时间______结束时间______] 解释1：（该儿童使用隐喻、比喻或幽默了吗？你会将该儿童的幽默语言归入希克丹兹等人提出的幽默类型中的哪一类？） 时间段2：[开始时间______结束时间______] 解释2： 根据需要或要求请继续进行观察。 总体评价（包括使用隐喻或幽默的情况）：

续表

第二部分： **词汇和句法**	观察者姓名________________ 被观察儿童的姓名________________ 儿童的年龄__________儿童的性别__________ 观察情境（家庭、儿童保育中心、幼儿园和学校）__________ 观察日期______观察开始时间______观察结束时间______ 简要描述观察地点的物理特点和社会特点：
目标行为描述（OBDs）与解释：叙述性描述	时间段 1：[开始时间______结束时间______] 解释 1：（在词汇、句子结构等方面对儿童语言的评价） 时间段 2：[开始时间______结束时间______] 解释 2：（步骤同解释 1） 根据需要或要求请继续进行观察。 总体评价：

续表

第三部分：元交流	观察者姓名______ 被观察儿童的姓名______ 儿童的年龄______儿童的性别______ 观察情境（家庭、儿童保育中心、幼儿园和学校）______ 观察日期______观察开始时间______观察结束时间______ 简要描述观察地点的物理特点和社会特点：
目标行为描述（OBDs）与解释：事件抽样	时间段/事件/儿童 1： [开始时间______结束时间______] 解释 1： 时间段/事件/儿童 2： [开始时间______结束时间______] 解释 2： 时间段/事件/儿童 3： [开始时间______结束时间______] 解释 3： 根据需要或要求请继续进行观察。 总体评价（包括对被观察儿童进行的比较）：

	观察练习 17-4
第一部分： 儿童的受欢迎程度 （社交地位类型）	观察者姓名________________________ 被观察儿童的姓名________________________ 儿童的年龄____________儿童的性别____________ 观察情境（家庭、儿童保育中心、幼儿园和学校）____________ 观察日期________观察开始时间________观察结束时间________ 简要描述观察地点的物理特点和社会特点：
目标行为描述（OBDs）与解释：事件抽样	时间段 1：（记录被观察儿童的行为以及其他儿童对该儿童的反应，每一个观察时间段中均沿用此步骤。） ［开始时间________结束时间________］ 解释 1：（确定该儿童可能属于哪一种社交地位类型，并说出你的理由。） 时间段 2：［开始时间________结束时间________］ 解释 2： 时间段 3：［开始时间________结束时间________］ 解释 3： 根据需要或要求请继续进行观察。 总体评价（包括对被观察儿童相同点和不同点的比较）：

续表

第二部分： **儿童受欢迎程度和友谊的社会测量分析**	观察者姓名______________________________ 被观察儿童的姓名____________________________ 儿童的年龄__________________儿童的性别__________________ 观察情境（家庭、儿童保育中心、幼儿园和学校）__________________ 观察日期________观察开始时间________观察结束时间________ 简要描述观察地点的物理特点和社会特点：
目标行为描述（OBDs）与解释：叙述性描述	时间段1：[开始时间_______结束时间_______] 解释1： 时间段2：[开始时间_______结束时间_______] 解释2： 根据需要或要求请继续进行观察。 总体评价：

续表

第二部分（结论）： **社会网络图**	

第 18 章　学龄阶段：7～8 岁儿童

关键词

自我概念 self-concept　　　　自尊 self-esteem

身体发育和运动技能的发展

背景资料

在第 17 章，我们提供的资料并不只是局限于 6 岁儿童。其中有些内容涉及 6 岁以前的儿童，有些涉及 6 岁之后的儿童。这证实了年龄和发展的连续性，它完全不像数袋子里的苹果，可以得出一个精确的数值。在人的一生中，要精确地说明第六年结束时和第七年开始时分别获得什么，这不是件容易的事，实际上，也许是不可能的（尽管有时候人们努力把变化精确到具体的年龄，但实际的报告和变动仍是在一定的年龄范围内的）。因此，与其重复那些前面提到过的信息资料，我们不如向你提供与这些年龄相关的资料。在这一章，虽然我们也介绍 7～8 岁儿童的一些生理变化，但我们的兴趣不是生理变化本身。我们主要想把这些变化置于儿童运动发展和功能发挥的情境中。

正如在第 17 章中所述，这个阶段和幼儿期一样，身体发育持续而稳定，不同于婴儿期的快速增长。6～8 岁这段时间内，身体特征和运动技能的许多变化都表现为儿童所选活动的复杂性的增加，以及他们在“敏捷、平衡、运动控制、耐力”等方面的进步（Allen & Marotz，2003）。表 18-1 总结了 7～8 岁儿童的一些身体和运动特征。

儿童中期游戏十分重要，并且具有不断变换的特性，但是我们在第 17 章中并没有讨论游戏。而在第 16 章中，我们对游戏的讨论更多地是从它的社会交往意义和社会成分上考虑，而不是从它对身体或运动发展的意义上来考虑。在本章，我们想转变强调的重点，主要在 7～8 岁儿童运动发展的背景下讨论他们的游戏活动。我们要提醒读者，7～8 岁儿童不断变化的游戏不仅是其身体和运动技能增长的结果，也是认知能力增强及社会性和情感成熟的结果。正如伯克（Berk，1996）所述：“认知和社会能力的不断成熟使年长儿童能以一种更加复杂的方式运用他们的新运动技能。”（p. 409）此外我们还想简短讨论运动发展的性别差异，其中一些差异在学前阶段已经出现，在儿童中期更加显著。我们的探讨就从这些差异开始。

表 18-1　7～8 岁儿童身体和运动特征总结

身体特点	运动能力
● 体重平均每年增加 5～7 磅 ● 身高平均每年增加 2.5 英寸，女孩的平均身高是 46～49 英寸，男孩的平均身高是 48～52 英寸 ● 胳膊和腿增长，从外表上看儿童显得又瘦又长 ● 身体更加笔直，表现出更多直立的姿势 ● 恒牙比乳牙更重要 ● 患小病的次数减少	● 渴望参加竞争性活动 ● 喜欢跳舞、滑冰、游泳、跑步、摔跤和足球、垒球这样的体育活动 ● 敏捷性、平衡、运动控制、耐力显著增强，能单脚保持平衡、跳绳、接球 ● 7 岁时紧握铅笔的动作，到 8 岁变得更加放松 ● 有目的而充满自信地书写字母和数字，字体大小更加一致和均匀 ● 吃饭时使用刀叉 ● 反复练习新学会的技能

改编自 Allen & Marotz，2003，pp. 151-152，158-159；Allen & Marotz，2007，pp. 176-177，185-187。

运动能力发展的性别差异

伯克（Berk，1996）报告，在整个学前期和儿童中期，女孩在精细运动的发展上始终领先于男孩，它包括书写和绘画。伯克说，非常有趣的是，在那些涉及“平衡和准确运动”的大肌肉技能上，女孩也领先于男孩。而“平衡和准确运动”正是诸如“双脚跳、蹦和单脚跳”等活动所必需的（p. 413）。至于其他的大部分运动技能，如跑、投掷、抓接、踢、拍球、运球等，男孩的表现要比女孩好，这证实了传统的想法（p. 409）。然而，伯克郑重指出，仅仅从遗传上并不能解释男孩在大运动活动中表现更优秀，她认为，“环境发挥了更大的作用”（p. 413），对于这个问题我们在这里不作讨论。正如我们所指出的，女孩和男孩在打闹游戏中的表现也会有所不同。

游戏、规则和运动功能

人们在直觉上认为，随着身体尺寸的增大、力量的增强和运动技能的持续增长，儿童中期的身体活动也应该变得更加复杂和更有组织，而不断增强的认知和社会技能对这些特征却没有任何帮助。在这一背景下，我们看到了儿童的游戏与其身体活动特征之间的相互作用。有组织的规则游戏尽管不局限于 7～8 岁这段时间，但在此阶段儿童的日常生活中更为常见，这些游戏对儿童的要求不同于较年幼儿童所从事的简单游戏形式。

规则游戏既有涉及身体活动的，也有涉及认知和社会领域的，如棋类游戏、纸牌游戏等。另一方面，像踢罐子、抓人、捉迷藏、抓俘虏等规则游戏，既需要身体运动技能，也需要人际交往和角色及观点采择技能。斯坦伯格和迈耶（Steinberg & Meyer，1995）一句简洁的论断抓住了游戏的关键意义。他们认为：**“游戏是儿童的工作**，当儿童游戏时，

这个学龄阶段的女孩在书写、绘画等精细运动技能方面的发展较好

他们是在制造，制造一个想象或是一个产品。”（p. 292）但是再次声明，我们此刻对游戏的兴趣在于，它为儿童提供了展现不断增强的身体素质和运动技能的机会。因此，抛开游戏在改变同伴关系、认知能力及人类行为其他方面的表现，让我们看看 7～8 岁儿童身体运动方面的游戏。

打闹游戏

当然，游戏有许多形式，不过由于我们所关注的是对儿童的运动能力提出一定要求的游戏，所以所谓的打闹游戏引起了我们的注意。然而，我们应该指出，打闹游戏并不是所称的体育游戏的唯一形式。例如，伯杰（Berger，1991）讨论了特别适合发展运动技能的三种游戏类型，即感知运动游戏、竞赛游戏和打闹游戏（p. 254）。我们关注的是后者。

布凯科和戴勒（Bukatko & Daehler，1995）称：“打闹游戏是一种特殊形式的游戏，在大约 2 岁时产生，在小学期间变得更为常见，特别是在男孩中间。”（p. 566）伯克（Berk，1996）指出：“打闹游戏是一种和善的、增进友谊的活动，它与攻击性打斗截然不同。”（p. 414）布凯科和戴勒也作出了相同的区分：“儿童并不会有意地相互伤害，它常常在相互喜欢的儿童之间发生。”（p. 566）从这句简短的描述中，你可以看到，即使在这种身体活动激烈的互动形式中也存在明显的社会性成分。

尽管这个年龄的男孩参加打闹游戏比女孩多，但是伯克（Berk，1996）指出，女孩也玩这种类型的游戏，它们大部分由奔跑和追赶构成，而男孩则喜欢游戏性的摔跤和击打（p. 414）。

在接下来的观察练习中，我们要求你将注意力集中到儿童所参加的、对其身体特征和运动技能有特别要求的那些活动。我们选择游戏来练习这些技能，但也没有必要完全局限在游戏上。运动行为的展示有许多途径，你应该充分利用这一种优势。换一种说法，前面的讨论有必要限制在一定范围内，但是对于如何完成练习，不必有过多限制。

认知与智力的发展和行为

背景资料

如果皮亚杰是正确的，那么普通的 7～8 岁儿童正处于或者说正显著地迈向具体运算阶段。在前一章中，我们探讨了儿童智力行为与发展的若干视角，其中至少有一部分资料适用于 7～8 岁儿童。在本章中，我们不再重复那些资料。表 18-2 概括了皮亚杰提出的具体运算思维的一些特点。作为一种提示，这里要指出，“具体”在这里意味着“儿童受到当前物理现实的束缚，不能超越此时此地”（Vander Zanden，1993，p. 302）。换句话说，具体运算阶段儿童的许多思维必须在思维对应的实际物体在场的情况下才会产生，他不能轻易地处理远离其自身经验的假设或者在遥远未来的问题或事件。

在第 16 章，我们阐述了儿童早期能否在诸如数、物质或者量等方面守恒的问题。举个例子，如果有两排相同数量的硬币，将其中一排分散摆放，比另一排占去更多空间，这个年龄的儿童理解每一排中仍有相同数量的硬币吗？这是一个典型的数量守恒任务，如果儿童回答硬币的数量不变，那么他已经获得了数量守恒。直到最近，人们还一致认为，6 岁以下的儿童不能获得数守恒。现在，研究有力地表明，如果问题呈现的方式与儿童的发展水平和已有经验相适宜，那么，非常年幼的儿童也能完成部分守恒任务。例如布凯科和

表 18-2　具体运算思维的部分特点总结

具体运算思维的特点（学龄阶段）
● 理解产生或导致具体结果的一般规则（因果观念） ● 具有去自我中心的能力，例如，同时考虑一个物体或一种环境的一个以上的方面或维度 ● 理解心智操作和物理操作的概念及其可逆性。例如，儿童明白，液体从一个矮而粗的罐子倒入一个高而细的罐子后，还可以倒回到矮而粗的罐子，在这个“运算”过程中，液体的量既没有增加，也没有减少。儿童不那么容易被事物表面现象欺骗 ● 能够将从解决具体问题中获得的学习（规则或原理）迁移到解决真实生活中的问题上 ● 不会被感觉或表面看起来是真实的现象所欺骗，能依据自己知道什么是真实的东西来作出判断 ● 更加合乎逻辑，能够进行归纳推理，能够对自身经历过的事情形成假设或提出有根据的猜想（能从具体事例推导出一种或几种一般性的理论） ● 社会中心超过自我中心，能够考虑别人的观点或看法，不局限于自己的观点 ● 改变事实去符合他们的假设，而不是改变假设去符合事实（一种新的自我中心主义）

改编自 Harris，1993，p. 529。

戴勒（Bukatko & Daehler，1995）证实，婴儿和年幼儿童的能力的确被低估了。根据各个研究者的研究发现，他们指出，简化或者重新设计认知任务，在更加自然的状态下而不是人为的实验室情境中观察儿童，那么，“他们（儿童）展示认知技能的年龄要比皮亚杰所认为的可能年龄早许多”（p. 296）。一些研究可以追溯到 1969 年，那时格尔曼（Gelman）证明，在运用不同的刺激物的情形下，5 岁儿童可以掌握数量和长度守恒。她（1972）随后发现，3～4 岁的儿童经过训练能够获得数量守恒（Bukatko & Daehler，1995，p. 297）。

在表 18-3 中，我们给出了儿童获得各种守恒能力的大概年龄。其中有的超出了儿童早期的范围，但是我们仍然将其包含进来。这是为了保持一种连续性，同时也服务于一种可能，即你所观察的儿童的认知活动水平高于其 7～8 岁同伴。然而，更有可能的是，表 18-3 可以指导你实施发展适宜性的实践，提出发展适宜性的期望。你也许想起了第 13 章中对标准概念的讨论。在那里我们写道：“标准的选择……在许多情况下至关重要，因为标准将决定儿童的表现是否符合成人关于他能够做什么和他应该能够做什么的观念”。每一种守恒能力都是一个标准。因此，你不会期望一名 7 岁的儿童获得重量或容积守恒，因为这些概念一般要到 9～14 岁时才能掌握。

表 18-3　守恒能力的获得顺序

守恒能力	守恒能力的特点
数量（5～7 岁）	如果既没有增加也没有减少，那么物体的数量与他们在空间中的摆放方式没有关系
物质（7～8 岁）	一种物质，如粘土或油泥，不管被做成什么形状，它的量不受影响（例如，将团成球状的黏土压平成薄饼状，黏土的量既没有增加也没有减少）
长度（7～8 岁）	仅仅改变物体的摆放形状，它的长度不会改变（例如，拉成直线的一根绳子被摆成一个圆圈时，其长度不变）
面积（8～9 岁）	重新排列物体在某个空间的各组成部分，该物体所占空间的总面积不变（例如，把 4 个 1 平方厘米见方的积木摆成一个 4 平方厘米见方的正方形，如果把这些小正方形重新摆放，组成其他几何形状，它们所组成的图形面积既不会增加也不会减少）
重量（9～10 岁）	仅仅改变物体的形状并不能改变该物体的重量（例如，4 个 1 克重的积木一个接一个垒起来，总重量是 4 克，如果把它们并排摆放，重量仍是 4 克）
容积（12～14 岁）	一个容器中液体的总量（容积）并不取决于容器的形状（例如，把一个矮而粗的罐子里的 1 升水倒入一个高而细的罐子中，仍是 1 升水）

改编自 Vander Zanden，1993，p. 305。

表 18-4　具体运算思维部分特点总结

7～8 岁儿童展示的部分活动和兴趣（认知功能的指标）
● 儿童收集物品，并按照比年幼时所用的更加复杂的分类系统进行组织和展示，也会为得到更多物品而与朋友讨价还价
● 儿童能认出和叫出硬币和纸币的名称
● 儿童变得更加以社会为中心，或者说以他人为中心，也就是说，他对他人想什么、做什么感兴趣，这表现为对“不同文化、遥远地方”的兴趣
● 儿童能延迟满足和提前计划（例如，把令人愉快的事推迟到以后更合适的时间做）
● 儿童能利用一些逻辑推理努力去理解事物如何运作或者去完成一个目标（例如，系统地去寻找一件丢失的物品）
● 儿童会报告时间，也知道正确的日、月、年
● 儿童理解因果概念，他知道一件事会怎样影响到另一件事
● 儿童在学习数的加减
● 儿童更高效和准确地运用词语表达想法
● 儿童能够相当准确地回忆故事和所经历事情的细节
● 儿童现在喜欢阅读，而且更多的是不需要外部的帮助或监督，独自地进行阅读

改编自 Allen & Marotz，2003，pp. 153，159-160。

在前一章中，我们结合信息加工理论、维果茨基理论、皮亚杰理论以及与这些理论相伴随的一些主要观点，已经讨论了 7～8 岁儿童的认知和智力发展。在本章中，我们强调守恒的概念是因为它可以作为一个例子，用来说明儿童的认知能力如何在发展的过程中变得越来越复杂。

我们对一些技能、行为或能力进行了简短的表格式总结，它们概括了 7～8 岁儿童总的心理状态，并以此来结束本章的这一部分（表 18-4）。然而，请记住，当谈到观察时，任何与儿童认知功能相关的内容都应当引起关注。

语言

背景资料

关于语言及其发展特点，我们已经写了很多内容。语言是一个非常重要的功能领域，其中涉及很多内容，但限于篇幅，我们仅作如下讨论。

词汇　作为一个总的前提，我们会说 7～8 岁儿童的语言技能继续增强，超过了他们在 6 岁时所掌握的语言技能。仅仅在词汇领域，增长就显而易见。例如，伯克（Berk，1996）断言：

因为普通 6 岁儿童的词汇量已经相当大（大约有 1 万个单词），父母和教师通常并未注意到学龄阶段儿童词汇的飞速增长。在小学入学到毕业期间，认识的词汇增长 4 倍，最终达到大约 4 万个单词。平均每天获得大约 20 个新单词，这一增长速度超过了儿童早期。(p. 446)

词汇的快速增长是其他相关功能领域发展的结果。例如，伯克（Berk，1996）指出："学龄儿童对复杂单词结构的分析能力不断增强，他们的词汇量不断扩大。"(p. 446) 她给出了这样的例子："儿童如果能够理解像'happy''wise'和'decide'这样的词，就能觉察或引申出'happiness''wisdom'和'decision'的含义。"(p. 446)

另一种进步是概念知识不断增加，成为与之相伴随的词汇增长的基础。伯克（Berk，1996）报告称："5～6 岁的儿童对于物品的功能或外表的描述非常具体，例如，他们这样描述小刀：'当你切胡萝卜时'；这样描述自行车：'它有轮子、链条和把手'。"(p. 446)。但是，到小学毕业时，"他们所下的定义强调更普遍的、社会共享的信息，也出现了同义词和对类别关系的解释。例如，他们这样定义小刀：切东西时使用的物品。锯像一把小刀，它也能作为一个武器"(p. 446)。最终，到五、六年级时，仅仅通过给出一个定义，儿童就能获得新的词汇（Berk，1996，p. 446）。儿童也越来越重视单词的多重含义。这样的多重含义既包含心理意义，也包含物理意义，这使儿童能够更加丰富和充分地利用语言的双关性。当然，掌握了许多单词的双重含义，进一步使儿童能够使用比较小年龄或较早语言发展水平时更加复杂的比喻。接着，根据伯克（Berk，1996）的观点，儿童的幽默会发生相当戏剧性的变化，而"谜语和双关语变得十分常见，这要求儿童在同一关键词的不同含义之间来回转换"(p. 446)。

语法　语法是语言发展和功能的又一方面。如果你需要了解更多、更详细的资料，请参考第 17 章中对语言的更详细的讨论。

语法，和句法一起，使口头语言和书面语言都变得可以理解。语法是决定单词正确用法及其在句子中的相互关系的规则。《美国传统会话词典》(1995) 将语法定义为"语言所固有的规则系统，它是产生该语言中所有可能的语句的结构体系……为教学或检索目的而列出的说明当前运用标准的一套规范化的规则体系……关于单词及其组成部分如何组成句子的研究"。

在语法结构方面，一种值得关注的发展是被动语态的使用。"这只球是被阿朗索踢过来的"，这句话的主动语态是"阿朗索踢了这只球"。伯克（Berk，1996）写道："3～6 岁儿童很少使用完整的被动句，但是在儿童中期，被动句的使用越来越多。较年长儿童会将对被动语态的理解运用到较广泛的名词和动词上。"(p. 447)

儿童中期也经历了对不定式短语的理解，这使儿童能够区分句子"John is easy to

please”（约翰容易被讨好）和“John is eager to please”（约翰渴望讨好别人）之间的不同（Berk，1996，p. 447）。上述所有成就可以部分归因于不断增强的认知技能，部分归因于“不断完善的分析、反思语言的能力”（p. 447）。上面两个句子易混淆之处在于究竟是谁在做什么或是谁有什么特点。在句子“John is eager to please”中，谁在讨好，或谁想讨好？对于不足 5 岁的儿童来说，区分这两个句子很困难。据估计，5～6 岁是儿童获得上述句法结构的开始年龄（Papalia & Olds，1993，p. 417）。在“John is easy to please”中，约翰是讨好行为的潜在接受者；在“John is eager to please”中，约翰是讨好行为的潜在发出者。

我们所关注的语言发展的最后一个方面是语用，它与伯克（Berk，1996）所称的“语言的交流方面”（p. 447）有关。在这里，个体面临的任务是使自己被他人理解。其中一个任务是考虑听者的具体需要或处境。例如，语用学要求儿童了解其交谈对象对正在讨论的话题或对话背景知道些什么。借用皮亚杰的自我中心主义概念可以部分地解释儿童不能将上述方面考虑进来的现象。较年幼和更具自我中心的儿童可能难以为对方理解正在交流的内容或情境提供足够的信息。例如，如果给出的指示不完整、不明确或模棱两可，那么给出的指示将不会产生有意义的行动。较年长的儿童能够意识或觉察自己发出的命令中存在的缺陷，能够作出相应的调整，这是学前儿童做不到的。

给出适当指示的能力经历着一个逐渐的发展过程。刚才谈及的较年长的儿童大约是 10～11 岁的儿童。例如，伯杰（Berger，1991）在索南沙因（Sonnenschein，1986）研究的基础上讨论了这个问题，索南沙因的研究涉及一年级和四年级儿童指示玩伴如何寻找一个玩具。研究发现正如伯杰（Berger，1991）所报告的：“只有四年级儿童给出的指示始终便于去找到玩具；一年级儿童的指示既包含有益的信息，也包含无关的额外信息。”（p. 380）

这些发现对于你观察的意义在于，你可以预测七八岁儿童能表现出某些能力，以便使听者了解特定情境中的有意信息。

语用学的另一个重要发展是儿童理解“话语形式和意义之间差异”的能力逐渐增强（Berk，1996，p. 447）。这是一个有趣的现象，因为它是我们日常语言互动的重要内容，但大多数人却未曾注意到。请根据下面一个 8 岁儿童的例子思考这一现象。乔西的妈妈想让她打扫房间，并且已经提过好几次要求了。通常妈妈会这样表达自己的要求：“乔西，打扫你的房间。”乔西回答说：“好的，妈妈。”但是仍然不打扫。最后，在失望和挫折中，妈妈说：“约瑟芬·马科维茨，打扫你的房间。”此时乔西跳起来去做，她知道妈妈这次已经有了一些生气和催促的意思了。乔西的这种意识只源于妈妈使用了乔西的全名，与之相伴随的可能还有音量增大和音调升高。

伯克对这一交流技能提供了进一步的有益说明。

甚至3岁的儿童也知道玩伴说“我需要一支铅笔”，并不仅仅是在陈述事实，同时也是在要求别人给他一支铅笔，但是8岁儿童能理解语法形式和意义之间的更多形式的表达。例如，利奇忘记把垃圾提出去。第二天，当妈妈说“垃圾开始有味了”时，他知道妈妈说这话的意思是“把垃圾提出去”。对于话语及其背景之间的关系进行微妙的推论超出了学前儿童的能力范围。(p. 447)

我们希望，观察练习将为你提供机会亲眼目睹和记录这样的语言技能，并比较7～8岁儿童和较年幼儿童在该领域的技能的差别。

社会性和情感的发展和行为

背景资料

学龄阶段（6～12岁）是儿童获得甚至掌握某些基本能力的阶段，其中许多能力都与正规教育相关。儿童这些能力的发展都是在人格发展变化的基础上实现的。下面我们来看一个假设吧，该假设是从伯克（Berk，1996）的如下论述中得出的：“根据埃里克森的观点，学龄阶段的**人格变化**建立在弗洛伊德所称的**性潜伏期**的基础上。”而在埃里克森的理论中，儿童中期的心理社会危机或任务是形成勤奋感或自卑感。正是勤奋感使儿童能够完成与正规教育相连的学习任务及其他情境所提出的要求。正如伯克所述：“儿童在学校与其他儿童一起或各自从事生产性的工作。”(p. 446) 对我们来说，勤奋的本质就是从事有意义的生产性活动。

悲观或无能的想法会形成自卑感，进而阻碍勤奋感的两个重要组成部分：能力和胜任感的发展（Berk，1996）。勤奋和自卑这两个概念有助于清楚地说明以下概念以及与之相关联的问题：**自尊**（**self-esteem**）和**自我概念**（**self-concept**）、道德行为和推理、在完成任务过程中与他人合作。后面这些问题是人格和社会关系的核心。

自尊 self-esteem

指一个人的个人价值感。与自我概念相关，但二者仍有一定区别。

自我概念 self-concept

对我们是谁、我们的强项和弱项以及我们的人格特点的客观评价。它指个体看待自己的方式——例如，儿童认为自己具有哪些品质或特点。

自我概念和自尊

首先应区分自我概念和自尊。在我们看来，自我概念是指个体描述自己的方式，也就是儿童认为自己具有哪些品质或特点。我们将自我概念看作是对我们是谁、我们的强项和弱项、我们的人格特点等方面进行的客观评价。伯克（Berk，1996）写道："在学龄阶段，儿童将他们对行为和内部状态的观察组织为他们可以向他人描述的一般特征，这种重要变化发生在 8～11 岁之间。"（p. 467）伯克对两名儿童的自我描述进行了有益的比较，一个 7 岁男孩和一个 11 岁半的女孩。请注意，这两段自我描述之间存在相当显著的差异。

7 岁男孩：我 7 岁，长着棕色的头发，我的爱好是集邮。我足球踢得好，很会做算术题，我最喜欢的游戏是踢足球。我爱学校，我喜欢读书，我最喜欢的轿车是 Austin。（Berk，1996，p. 467；转引自 Livesly & Bromley，1973，p. 237）

11 岁半的女孩：我叫 A，我是一个人，我是一个女孩，我是一个值得信任的人。我长得不漂亮。我的学习一般，我大提琴演奏得好，钢琴也弹得好。我的个子比实际年龄高了一点儿。我喜欢几个小男孩，也喜欢几个小女孩，我很传统。我打网球，游泳也游得好。我乐于助人，总是很乐意和别人交朋友。大部分时间，我都很好，不过我也会发脾气。有些女孩和男孩并不喜欢我。我不知道男孩是否喜欢我。（Berk，1996，p. 467；转引自 Montemayor & Eisen，1977，pp. 317-318）

布凯科和戴勒（Bukatko & Daehler，1995）根据对自我的分类讨论了自我概念，或者他们所称的"自我定义"。他们指出："在学前阶段，关于自我的知识超越了身体特征，包括儿童喜欢和擅长的活动、他的拥有物、他与他人的关系。"（p. 441）在形成对自我的分类时，儿童"根据他们的性别、年龄、技能、拥有什么、居住在哪里、朋友是谁等对自己在某个群体中的地位进行分类"（p. 441）。

与学前儿童和 7 岁儿童相比，11 岁半儿童的自我描述已经明显超越了列举具体行为，他们开始描述一般能力和性格类型。正如伯克（Berk，1996）指出的，年幼儿童不能识别任何心理品质，而年长儿童则会描述自己的人格特点（p. 467）。

自尊指一个人的个人价值感。举个例子，尽管前面谈到的那个女孩认为自己的学业能力或学业成绩仅仅"一般"，但是她也许仍具有积极的个人价值感。她不甚优秀的学业能力或成就对这种价值感没有必然的影响。

伯克（Berk，1996）报告："在七、八岁时，儿童至少已经形成了三种独立的自尊，学业的、身体的和社会的三个部分，它们随着年龄的增长进一步细化。"（p. 468）这种细化部分表现为，学业方面的自我价值分化为关于不同学科表现的自我价值；社会方面的自我价值分化为同伴关系和亲子关系；身体自尊以身体能力和身体外形两方面为基础（Berk，1996，pp. 468-469）。

传统智慧告诉我们，高的或积极的自尊比低的或消极的自尊更有助于产生更高水平的信心和成绩。但是，研究也显示，随着儿童年龄的增长，随着他们进行更多的与其他个体的社会比较，儿童的自尊变得更加现实。“在小学最初几年里自尊感下降”（Berk，1996，p. 469）。下降的原因来自以下几个方面：儿童的实际表现提供了客观依据；儿童为了使自我判断更加符合他人对自己的看法而对自我判断进行了调整（Berk，1996，p. 469）。

对于学龄儿童来说，行为的某个方面与学业成绩的关系特别密切，很容易被或多或少地直接观察到。这个方面就是人们对自身行为作出的解释。在本文中，这些解释或原因指伯克所称的“成就归因”（p. 470）。这些归因是形成儿童自尊的影响因素之一（Berk，1996）。伯克指出，儿童进行的与其学业自尊相关的基本归因有两种：（1）掌握导向的归因；（2）习得性无助。后者将使儿童作出的归因挑剔和贬损他自己的能力。

伯克写道：“具有较高学业自尊的儿童认为他们的成功应归因于能力，而能力是将来当他们面临新的挑战时他们可以依靠的。当出现失败时，他们将其归因于可以改变和控制的自身或环境因素，比如努力不够或任务非常难。”（p. 471）形成鲜明对比的是：习得性无助的儿童将其失败归因于缺乏能力，但有趣的是，他将成功归因于运气而非能力。无论哪种情形，习得性无助的儿童最终会认为能力是“不能被改变的一种固有的自我特质”（Berk，1997，p. 471）。因此，在他们心里，努力没有多少价值，也不能对能力产生多大影响。进而导致将来遇到困难任务时只会增加他们的无能感和失控感，这一状态将产生埃里克森所称的自卑感（Berk，1996，p. 471）。

以上对本章的背景资料部分进行了总结。我们试图从 7～8 岁儿童的生活中选择一些适合或易于进行自然观察的发展和行为表现，或者有一些行为表现虽不易于自然观察，但可以通过某种形式的干预或测验揭示出来。时间和空间的限制再一次迫使我们做出与众不同的选择。对于观察什么和怎样观察，你有着充分的自由作出自己的决定。在这里，我们只提供一些指南，这些指南只是指导你追寻年幼儿童的成长、发展、行为的众多途径中的一部分。

在开始观察练习之前，我们想提醒你，进入你即将进行观察的学校或其他机构观察儿童需要事先获得许可，除非你与这些机构有某些官方联系。获得许可是你议事日程上的首要任务之一。毫无疑问，实际过程将由观察地点的相关负责人安排，在开始完成任何任务之前请与他们协商。

观察练习 18-1：身体发育和运动技能

第一部分：身体发育和运动技能

观察目标

本练习的目的至少有两个方面：（1）在游戏活动中观察 7～8 岁儿童的运动行为；

(2) 比较女孩和男孩游戏和运动的特点。这里假定有两个因素在发挥作用。第一是假定 7～8 岁儿童比其年幼时所从事的游戏更加复杂，这个特点会影响男女儿童在游戏过程中展示出来的运动行为的种类和质量。第二是假定男孩和女孩玩的游戏不同，这意味着男女儿童身体或运动行为特点也有所不同。这是我们想让你观察和记录的两方面的差异。

步骤

在本练习的第一部分，你将使用事件抽样表格或技术。找几名在一起进行运动的儿童，如果有可能，至少找两名儿童。从头到尾观察、记录他们的行为，除非游戏活动持续的时间太长，致使你无法继续观察和记录。

在收集了所有资料后，请围绕儿童运动的总体特点对资料进行解释。尝试将 7～8 岁儿童的运动技能和偏好的类型和质量与你对 6 岁儿童的了解或发现进行比较。在比较时可以利用先前观察所获得的 6 岁儿童的资料。

第二部分：运动发展上的性别差异

观察目标

本练习的第二部分旨在发现男孩和女孩在运动行为上可能存在的差异，即他们玩哪些类型的游戏（或者他们可能参加哪些类型的其他活动），这些游戏或活动所需的运动技能有何不同。

步骤

请继续使用事件抽样技术。这一次请选择一小组女孩和数量相当的一小组男孩，选择的活动是那些他们正在参加的某类要求运用他们的身体、运动技能的活动。

在这里，你的观察焦点不要过多地放在个体儿童身上，而较多地关注所有个体如何以一个群体的方式发挥作用，但你要围绕活动对儿童提出身体运动要求。其假设是，因为儿童群体已作为一个整体结合起来玩各种游戏，因此每个个体儿童至少具有该活动所需的大部分必备技能。如果女孩的游戏所需要的技能与男孩的游戏不同，这些差异将会变得十分明显，这更有利于你观察和记录。(参见观察练习 18-1)

观察练习 18-2：认知与智力的发展和行为

第一部分：具体运算思维

观察目标

在第 17 章和本章中，我们都强调了皮亚杰提出的认知发展的具体运算阶段。你可能想起在本书的前面我们曾谈到，尽管检验理论不是你的一项常规任务，但是在你观察的过程中，检验一种理论也许很方便。在练习 17-2 中你的一部分任务是，判断你所观察的 6 岁儿童是否明显处于具体运算阶段。毕竟具体运算阶段直到大约7岁才“正式”开始，这一主张尚在争论之中。本练习的一个目标是，比较7～8岁儿童与6岁儿童的具体运算思维。你要确定哪个年龄组的儿童能更好地代表皮亚杰认知发展阶段论中第三个阶段的认知特点。

步骤

在本练习的第一部分，请选择两三名儿童进行观察。使用事件抽样表格或技术，寻找能够反映具体运算思维特点的认知行为例子。请参照表18-2以获得关于这个阶段重要特征的更加详细的资料。运用你所需要的资料，将7～8岁儿童认知发展水平的数据与你手里的6岁儿童的资料比较，这两个年龄组之间有什么巨大的不同或相似之处吗？如果你没有先前关于6岁儿童的观察资料，或者在完成本练习之前你不能观察6岁儿童，那么你就只能将自己获得的资料与某本教科书或本书提供的资料进行对比了。尽管那些资料不是你亲自观察的结果，但它是别人观察的结果，这个事实有助于证明，观察作为一种必要的和合理的活动，其重要性毋庸置疑。

第二部分：儿童认知行为的一般特点

观察目标

在本练习的第二部分，你将集中关注儿童认知活动的总体特点，其目标是用或多或少概括性的术语简单描述7～8岁儿童如何思考和加工信息，他们可能拥有哪些类型的知识，他们如何对待或运用这些知识，等等。

步骤

至少选择三名儿童，运用叙述性描述表格，观察和记录达到合理的时间跨度。我们需要补充一点，你所选择的环境和地点应当有助于捕捉到你想要观察的行为类型。关于本练习有关的认知行为类型，请参照表18-4的指南。（参照观察练习18-2）

观察练习18-3：语言

观察目标

尽管在有关语言的背景资料中，我们介绍了相当具体的内容，但在这里对于本练习的目标，我们有意识地留给你一些选择的余地。你的目标仅仅是尽可能多地捕捉几名儿童语言行为的信息，对其语言的基本特点进行概括、解释和描述。正如前面在背景资料中所讨论的那样，本练习的重要特点是词汇、语法和语用。

步骤

至少选择两名儿童作为你的观察对象。我们建议在性别上要有代表性。比如说你要观察三名儿童，那么最好是两名男孩和一名女孩或两名女孩和一名男孩，而不要全是男孩或全是女孩，这将是比较理想的性别组合。然后，请运用叙述性描述表格，逐字逐句地记录尽可能多的儿童的语言。接下来，围绕儿童的词汇、句子的语法结构以及你能够觉察出的任何方面的语用情况，解释或讨论你的资料。

最后，比较不同性别儿童表现出来的语言行为的一般特点。例如，女孩谈论的事情与男孩一样吗？男孩和女孩在各自的词汇、语法结构等方面存在显著差异吗？男孩和女孩谁具有更好的口语技能？或者都不具有？在相同的地点或环境中，男孩和女孩在语言用法上有所不同吗？也就是说，当他们都当领导时，是不是男孩使用的语言比女孩更加果断、冲动或强硬呢？（参照观察练习 18-3）

观察练习 18-4：社会与情感的发展和行为

观察目标

本练习的主要目标是观察和记录儿童在其日常活动和互动过程中所表现出的自尊。这些自尊行为可能与伯克（Berk，1996）报告的三类自尊中的一种或多种有关，前面在背景资料中已讨论过这三类自尊：学业的、身体的和社会的自尊。与自尊同时发生的是自我概念，即儿童如何描述他们自己。为了成功地完成这个练习，你必须理解和把握自尊和自我概念之间的区别。

步骤

通过严格的自然观察也许很难完成本练习，因为它要求你专门倾听和记录儿童如何谈论他们自己，这种描述既有自我概念方面的，也有自尊方面的。鉴于这种有所限制的状况，你也许不得不求助于某种干预策略，也许要直接请儿童谈论、描述他自己，告诉你有关他自己的一些事情。比如，你也许想问儿童在学校擅长做什么，不擅长做什么，或者他们什么时候和同伴一起玩，等等。你必须设法使儿童评价他自己的优点和缺点，这些评价将为你提供儿童对于自己的学业成绩、社交技能和地位、身体外表等方面的自我价值的一些看法（如果你能涉猎所有这些领域的话）。

究竟是采用自然观察还是测验法，你只有根据情形作出判断。无论哪种情形，只要观察是可行的，就请遵循以下步骤，它将为你提供完成本任务所需的信息。

选择至少两名儿童进行本练习。最好观察一个男孩和一个女孩。使用叙述性描述表格，因为这一技术能在观察所用单位时间内产生最大量的资料。需要强调的是，要尽力发现儿童在以下各情形中的一些语言和行为表现，如：自我感觉如何，怎样参照各种行为、社会、身体标准来评价自己，怎样与同伴作比较等。

如果你在一个正规教育机构观察，那就可在与儿童学业相关的归因情境下考察儿童的自尊，他们是倾向于掌握导向归因，还是倾向于习得性无助？无论哪种具体情况，你都要设法获得有关儿童自尊的多方面的资料，以及儿童对自我概念的描述，或他们如何描述自己，认为自己有什么品质或特点。这里，可以采用“测试策略”。这一术语表示不同于自然观察的获取儿童资料的方式。尽管我们努力以保守的方式推荐这一策略，但“测试”也许仍不是一个恰当的词语，因为它可能意味着一种不符合儿童最佳利益的方式，或太具干扰性，或算不上真正的观察。因此，在本文中，我们提出用“对话策略”或“对话方式”来替代“测试策略”。在直接的、无干预的观察以外，除非有其他的替代方法，否则你将必须通过与儿童对话来获得完成本练习所需的信息。

如果你认为本练习的某些部分采用对话的方法更好的话，那就请你去设计一种获取你所需数据的适宜的方法。但是，我们要提醒你，必须优先考虑与观察过程相联系的伦理问题，如儿童的感情神圣不可侵犯，你所获得的信息需要保密，等等。在本练习中这个问题尤为重要，因为你在探究儿童对自己的认识，他们赋予自己作为人、作为学生、作为生命体，以及作为其教师、朋友、同伴的交往对象的价值或意义。

因此，一定要记住，尽管儿童可以作出有关他们自己的判断，但是你不能作出有关儿童的判断。

作为最后一项任务，你可以把你所选儿童的自我描述与伯克报告的 7 岁男孩和 11 岁半女孩的自我描述进行比较，也许这是一个十分有趣的事情。你所选儿童的自我概念的总体特点，与例子中描述的儿童相比，有多大程度的相似性？

有人可能反对运用对话方法获取有关儿童自尊和自我概念方面的资料。如果你或者观察机构中的有关负责人反对这种方法，那就请尊重这种观点，采用我们建议的另外一种途经获得你所需的信息。如果你在一所正规学校机构中，就请与教师或其他相关人员谈谈某位儿童的自尊或自我概念。在上述方面他们对那名儿童有什么感觉或印象？然后，观察那名儿童，寻找与教师或员工持有的印象相关的行为表现。例如，面临困难任务时他能坚持到底吗？儿童将自己的成功归因于自己还是他人？对于自己的失败呢？儿童自我描述的方式与教师对其自我概念的描述一致吗？除教师以外，父母也可以为你提供这类信息。（参见观察练习 18-4）

结语

此时此刻，还剩下最后一件事情要说，那就是“祝贺你”。在这次旅行中你走了多远，花了多长时间，这取决于你已经完成了多少个观察练习，取决于你在多大程度上专注于本书的全部内容。我们衷心希望你的旅行富有收获、充满乐趣，尽管它有时充满困难、耗费时间。然而，我们认为，如果不是现在，不是此时此刻，那么在将来的某个时刻，你将会发现自己的辛苦劳动有了回报。如果同昨天、同你开始此旅程之前相比，今天的你已经能更出色、更敏锐地观察儿童，那我们的主要目标就已经实现了。

<table>
<tr><td></td><td>观察练习 18-1</td></tr>
<tr><td>第一部分：
7～8 岁儿童的一般身体特点和运动技能（在游戏情境中）</td><td>观察者姓名____________________
被观察儿童的姓名____________________
儿童的年龄__________儿童的性别__________
观察情境（家庭、儿童保育中心、幼儿园和学校）__________
观察日期________观察开始时间________观察结束时间________
简要描述观察地点的物理特点和社会特点：</td></tr>
<tr><td>目标行为描述（OBDs）与解释：事件抽样</td><td>时间段 1：[开始时间________结束时间________]
解释 1：

时间段 2：[开始时间________结束时间________]
解释 2：

根据需要或要求请继续进行观察。
7～8 岁儿童与 6 岁儿童的运动技能比较（相似点）：

7～8 岁儿童与 6 岁儿童的运动技能比较（不同点）：</td></tr>
</table>

续表

第二部分： **运动发展上的性别差异**	观察者姓名__________ 被观察儿童的姓名__________ 儿童的年龄__________儿童的性别__________ 观察情境（家庭、儿童保育中心、幼儿园和学校）__________ 观察日期______观察开始时间______观察结束时间______ 简要描述观察地点的物理特点和社会特点：
目标行为描述（OBDs） **与解释：事件抽样**	请清楚地写明每个观察时间段中各小组的性别构成。 时间段 1：[开始时间______结束时间______] 解释 1： 时间段 2：[开始时间______结束时间______] 解释 2： 根据需要或要求继续观察。 对男孩和女孩运动技能和游戏的总体特点进行评价： 对男孩和女孩运动技能和游戏的相同点和不同点进行总体评价：

	观察练习 18-2
第一部分： **皮亚杰具体运算思维阶段的认知发展：6 岁儿童与 7～8 岁儿童的比较**	观察者姓名________________________ 被观察儿童的姓名____________________ 儿童的年龄__________儿童的性别__________ 观察情境（家庭、儿童保育中心、幼儿园和学校）__________ 观察日期______观察开始时间______观察结束时间______ 简要描述观察地点的物理特点和社会特点：
目标行为描述（OBDs）与解释：事件抽样	时间段 1：［开始时间______结束时间______］ 解释 1： 时间段 2：［开始时间______结束时间______］ 解释 2： 时间段 3：［开始时间______结束时间______］ 解释 3： 根据需要或要求请继续进行观察。 两组儿童的比较（参照皮亚杰关于认知发展阶段特点的论述，二者的相似点）： 两组儿童的比较（参照皮亚杰关于认知发展阶段特点的论述，二者的不同点）：

续表

第二部分：儿童认知行为的一般特点	观察者姓名________ 被观察儿童的姓名________ 儿童的年龄________儿童的性别________ 观察情境（家庭、儿童保育中心、幼儿园和学校）________ 观察日期______观察开始时间______观察结束时间______ 简要描述观察地点的物理特点和社会特点：
目标行为描述（OBDs）与解释：叙述性描述	时间段 1：[开始时间______结束时间______] 解释 1： 时间段 2：[开始时间______结束时间______] 解释 2： 时间段 3：[开始时间______结束时间______] 解释 3： 根据需要或要求请继续进行观察。 对儿童一般认知特点的总体评价：

	观察练习 18-3
语言	观察者姓名__________ 被观察儿童的姓名__________ 儿童的年龄__________儿童的性别__________ 观察情境（家庭、儿童保育中心、幼儿园和学校）__________ 观察日期______观察开始时间______观察结束时间______ 简要描述观察地点的物理特点和社会特点：
目标行为描述（OBDs）与解释：叙述性描述	时间段 1：儿童性别　□男　□女 [开始时间________结束时间________] 解释 1： 时间段 2：儿童性别　□男　□女 [开始时间________结束时间________] 解释 2： 时间段 3：儿童性别　□男　□女 [开始时间________结束时间________] 解释 3： 根据需要或要求请继续进行观察。 对儿童一般语言行为、技能的总体评价： 男孩和女孩语言行为、技能等的比较（相似点与不同点）：

续表

<table>
<tr><td>备选练习：</td><td>7～8 岁儿童与下列儿童语言技能的比较：
6 岁儿童：

5 岁儿童：

3 岁儿童：

请注意：将 7～8 岁儿童的语言技能与比如 9 岁儿童的语言技能进行比较也未尝不可。只是我们假设你可能已经从前面的观察任务中获得了有关 3 岁、5 岁和 6 岁儿童语言技能的资料，而且这些更为年幼的儿童又属于早期儿童范畴，而 9 岁儿童却不属于这一范畴。</td></tr>
</table>

	观察练习 18-4
社会性与情感的发展和行为（自尊和自我概念）	观察者姓名______ 被观察儿童的姓名______ 儿童的年龄______儿童的性别______ 观察情境（家庭、儿童保育中心、幼儿园和学校）______ 观察日期______开始观察时间______结束观察时间______ 简要描述观察地点的物理特点和社会特点：
目标行为描述（OBDs）与解释：叙述性描述（自然观察法）	时间段 1：［开始时间______结束时间______］ 解释 1： 时间段 2：［开始时间______结束时间______］ 解释 2： 时间段 3：［开始时间______结束时间______］ 解释 3： 根据需要或要求请继续进行观察。 总体评价：
备选练习 1：	比较你所观察的儿童与书中引用的伯克讲述的例子中儿童对自我概念的陈述：

续表

替代版本：（测查表）社会与情感的发展和行为：测查法（自尊和自我概念）	观察者姓名__________ 被观察儿童的姓名__________ 儿童的年龄__________儿童的性别__________ 观察情境（家庭、儿童保育中心、幼儿园和学校）__________ 观察日期______观察开始时间______观察结束时间______ 简要描述观察地点的物理特点和社会特点：
目标行为描述（OBDs）与解释：对话方法	如果使用直接提问的方法，请具体写明你向儿童提的问题。每次进行客观行为描述，或者当问题的形式发生变化时都要具体写明。 所提问题： 儿童 1 的回答： 解释评价 1： 所提问题： 儿童 2 的回答： 解释评价 2： 根据需要或要求，请继续进行观察。 关于儿童自尊和自我概念的总体评价：

续表

备选练习 2：	将教师或父母对其所了解的儿童的自我概念和自尊的描述，与反映或证实这些描述或知觉的儿童行为进行对照。换言之，儿童的行为表现与成人对该儿童的自我概念和自尊的感觉一致吗？

附录 1　发展检核表

儿童姓名____________________　　年龄____________________

观察者姓名__________________　　日期____________________

发展检核表

	是	否	有时
3 岁时，儿童能否：			
熟练地向前跑			
原地双脚跳			
踮着脚尖走			
扔球（没有方向或目标），向前踢球			
穿 4 个大珠子			
一页一页地翻书			
手握蜡笔模仿画圆圈、竖线和横线			
进行形状配对			
表现出对数量概念 1 和 2 的理解（能按数取出 1 个或 2 个物体，并能说出是 1 个还是 2 个物体）			
使用勺子且不洒出			
用吸管喝饮品			
穿脱外衣			
在别人帮助下洗手和擦干手			
看其他儿童（玩耍），在他们旁边玩耍，有时加入他们的游戏			
保护自己的财物			
在游戏中使用符号表征，例如，把锡盘倒放就变成了太空飞船			
按照“将××放进盒子里”、“把××从盒子里拿出来”的指令作出反应			
按要求正确地选择物品：大的或小的，1 个或 2 个			
按物体的用途定义物体：被问到“你脚上穿的是什么”时就让人看自己的鞋子			
提问题			
用蕴含一定意思的功能性短语谈论事物：“爸爸去坐飞机了”“我饿”			

儿童姓名__________ 年龄__________

观察者姓名__________ 日期__________

发展检核表

	是	否	有时
4 岁时，儿童能否：			
沿直线行走			
短时间单脚站立保持平衡，单脚跳			
跳过 6 英寸高的物体，双脚着地			
有指向地投球			
照着画圆圈和十字			
指认 6 种颜色			
数到 5			
熟练地从大水罐里往外倒水，用小刀涂抹黄油和果酱			
扣上和解开大的钮扣			
知道自己的性别、年龄和姓氏			
能独立上厕所，让人放心			
独立洗手、擦干手			
听故事至少 5 分钟			
画出人的头部和至少一处其他身体部位			
和其他儿童一起玩游戏			
（在一些帮助下）分享、轮流			
进行表演游戏和假想游戏			
按“把它放在旁边”“把它放在下面”作出适当的反应			
按两步指示作出反应：“把毛衣给我，然后把鞋放到地板上”			
根据指令选择物体，例如，按指令取出硬的或软的物体			
回答“是不是”“是什么”和“什么时候”等问题			
回答有关功用的问题：“书本是用来干什么的?”			

儿童姓名____________________　　年龄____________________

观察者姓名__________________　　日期____________________

发展检核表

	是	否	有时
5 岁时，儿童能否：			
脚尖对脚后跟地往回倒退着走			
交替迈脚上下楼梯			
用剪刀沿着线剪			
用印刷体书写一些字母			
指认和命名 3 种形状			
把彼此关联的常见物体分组：鞋、袜子和脚；苹果、桔子和李子			
表现出对 4 或 5 以内数概念的理解			
用小刀切芹菜、三明治等食物			
系鞋带			
阅读图画故事书或看图讲故事			
画出人的 3～6 个身体部位			
和其他儿童一起游戏和交往，进行接近现实的表演游戏			
用积木或其他建构材料搭建复杂的结构			
按简单的三步指令反应："把铅笔给我，把书放到桌子上，拿起梳子"			
按要求正确地出示 1 分、5 分和 1 角硬币			
问"怎么样"的问题			
对"嗨"和"你好"作出口头反应			
谈论事物时使用过去时和将来时			
用连词连接单词和短语。例如："我在动物园看到一只熊和一匹斑马和一只长颈鹿"			

儿童姓名＿＿＿＿＿＿＿＿ 年龄＿＿＿＿＿＿＿＿

观察者姓名＿＿＿＿＿＿＿ 日期＿＿＿＿＿＿＿＿

发展检核表

	是	否	有时
6 岁时，儿童能否：			
走平衡木			
双脚交替跳			
单脚跳几秒钟			
剪出简单的形状			
照着写自己的名字			
表现出优势手的形成，表现出稳固的右利手或左利手			
按一个或多个维度，如颜色、形状或功能等将物体分类			
说出大部分字母和数字的名称			
机械地数到 10，知道下一个数字是多少			
自己穿衣服，打领结			
在没有帮助的情况下刷牙			
对与日常作息有关的时间点有一些概念			
安全地过马路			
画出的人有头、躯干、腿、胳膊和五官，常添上衣服的细节			
玩简单的棋类游戏			
和其他儿童一起开展合作游戏，包括小组决策、角色分配和规则遵守			
使用乐高玩具、积木等建构玩具搭建人们可以识别的结构			
完成有 15 块拼板的智力拼图			
使用所有的语法结构：代词、复数、动词时态和连词			
使用复杂的句子，持续对话			

儿童姓名____________________　　　　年龄____________________

观察者__________________　　　　　　日期____________________

发展检核表

	是	否	有时
7 岁或 8 岁时，儿童能：			
参加竞争性活动			
与较年幼时相比，在敏捷性、平衡、运动控制等方面有显著进步			
从容而自信地书写字母和数字			
用刀叉切食物			
说出硬币和货币的数值和单位			
提前计划			
说出时间，知道正确的年、月、日			
在与发展水平相适宜的情境中理解因果关系			
表现出对数量加、减知识的一些了解			
回忆故事的细节			
用一些成人用的句子			
在谈话中借助手势来表达			
与两三个亲密的同龄伙伴玩游戏			
喜欢在电话中与朋友交谈			
希望归属于不同的群组，喜欢用私密的语言代码交谈，非常渴望得到同伴的接纳			

改编自 Allen & Marotz，2003，pp. 151-162。

附录 2　社会—情感检核表

1. 发起活动：

____几乎总是根据自己的选择玩建构活动；常常拒绝别人的建议。

____在发起活动时偶尔需要帮助；乐意接受帮助。

____经常在发起活动之前花很长的时间；有时会拒绝别人的建议。

____很少发起活动，或者常常拒绝别人的建议。

2. 注意保持：

____能够坚持从事一项自选活动很长时间，甚至第二天还会继续从事这项活动。

____能够坚持完成一项与年龄相适宜的任务。

____需要鼓励才能坚持完成任务。

____很少完成任务；注意力快速地从一项任务转移到另一项任务。

3. 好奇心：

____对新事物和新想法，如词语、关系等感兴趣。

____主动探索房间里的新事物。

____能够被令人兴奋的事物打动，但常常缺乏兴趣。

____对任何新事物都极少或者一点儿也不感兴趣。

4. 抗挫能力：

____在解决实际问题时富有创造性；如果彻底失败，也能表现出成熟的行为。

____通常会努力尝试并坦然接受失败，但如果遇到严重挫折，也会有不成熟的行为。

____有时遇到轻微的挫折就会放弃、哭闹或表现出攻击性行为。

____不能忍受任何程度的挫折；遇到挫折就会放弃、哭闹或表现攻击性行为。

5. 与教师的关系：

____独立；自愿帮助或支持教师。

____关系友好，但是在适当的时候也会寻求帮助或关注。

____有时需要非同寻常的帮助或身体接触；或者通过愚蠢或野蛮的行动来引起关注；或者偶尔对教师表现出攻击性行为。

____持续寻求帮助、接触或关注；或者频繁地表现出攻击性行为；或者完全忽视教师（但是坚持回避某些情景）。

6. 接受常规：

____教师不在场时也能理解并明智地遵守常规。

____通常能遵守常规，但适当的时候也容易违背常规。

____频繁地挑战或者不能遵守常规；或者对常规的改变有些焦虑。

____在遵守常规方面持续出现问题；或者强迫性地遵守常规，对违背例行安排的任何情况都感到焦虑。

7. 对教师以外的成人的反应：

____对陌生成人感兴趣；会引导谈话但不试图独占谈话。

____不主动发起但可以接受别人发起的交往；如果教师说可以，他会和其他成人一起离开房间。

____对别人发起的交往不作反应；或者只有与某个人熟悉之后，才会和他一起离开房间；或者过度寻求陌生人的关注。

____陌生人接近时会哭闹或躲藏；或者立即要求陌生人只关注自己。

8. 与其他儿童的交往：

____经常发起合作性游戏。

____偶尔发起游戏；经常接受他人发起的游戏。

____常常拒绝他人的提议；或者独自游戏多于与他人一起游戏。

____大部分时间避开其他儿童。

经普拉茨堡州立大学“提前开端”（Head Start）项目主任海伦·肖万（Helen Chauvin）的许可得以重印。

附录3　观察个体儿童时需要关注的领域

外表

该儿童外表的总体特点是什么?

他看起来身体健康吗?

身体运动和身体运用

他活动迅速还是缓慢?

他的身体活动看起来是自如的还是僵硬或缺乏自信的?

他的大、小肌肉技能和运动是均衡发展还是其中一方面比另一方面发展得更好?

他通过身体来表达自己的情感吗?是耸肩、耷拉着脑袋、缓慢地动作?还是步调快速而活泼,并且昂首挺胸、大幅度地摆动胳膊?

面部表情

他用面部表达情感吗?

他的脸是否表现出对正在经历和周围正在发生的事情的即时反应?

他的脸只表现强烈的感情吗?

他总是“面无表情”吗?

言语

他有多少感情是通过音调来表达的?

他一般是努力克制声音的变化,还是通过声音来表达不断变化的情绪?

在沮丧时,他会比平常说得多还是说得少?

语言是这个孩子的重要交流手段吗?还是他很少讲话,更喜欢用其他方式交流?

他会玩编歌谣、歌曲、双关语、故事等语言游戏吗?

他说话是流畅、一般还是不连贯?

情绪反应

他在什么情况下表达情感?如何表达高兴、生气、悲伤、怀疑、热情和恐惧?

他对自己情绪的控制是过多、过少,还是比较平衡?

游戏活动

他参加了哪些活动?

他如何介入活动?这些活动进展如何?他接下来做什么?

他是长时间玩一个游戏，还是很快地从一个游戏换到另一个游戏？

他是不是玩某些活动时间短，而玩另一些活动则表现出持久的注意力？

他是否回避某些活动？

他看起来从一项活动中获得了什么，如与其他儿童相处的乐趣、感官刺激或愉悦、自主感，或问题解决、创造性地表达思想情感？

活动的某些方面是否令他特别灰心或特别开心？

他游戏的节奏或速度是保持不变？还是会加快？放慢？在什么情况下发生？

他从不倾向于独自游戏，还是有时倾向于独自游戏，或是总是倾向于独自游戏？在什么情况下发生？

他在游戏中运用语言、手势或游戏材料表达自己的想象吗？

如果参加戏剧表演，他喜欢扮演哪一类角色：妈妈、宝宝、爸爸还是小狗？

他尝试新事物吗？

他对周围环境、器械和人物表现出好奇吗？

他喜欢把自己的游戏限制在一个相对较小的空间，还是扩展到较大区域？

室内游戏和户外游戏，他更喜欢哪一个？

他具有特殊技能（音乐、绘画、拼图、戏剧表演）吗？

基本需要

你注意到他在饮食、排便、性征、睡眠及休息等方面的习惯和感受有什么特别之处吗？

附录4　情感依赖行为：时间取样步骤

观察者姓名____

观察场景（家庭、儿童保育中心等）__________________________

日期______________时间______________活动______________

简要描述观察地点的物理特点和社会特点：

记录间隔	1	2	3	4	5	6	儿童
行为符号							
寻求亲近							
FT　跟随教师							
FC　跟随儿童							
CT　教师离开时哭							
RS　抗拒陌生人							
CT　黏着教师							
积极寻求关注							
AT　寻求教师对已完成的具体行动和工作的赞扬							
AC　寻求儿童对已完成的具体行动和工作的赞扬							
GT　寻求教师的一般性认可——不针对具体成果							
GC　寻求儿童的一般性认可——不针对具体成果							
消极寻求关注							
WA　为引起关注而抱怨							
CA　为引起关注而哭闹							
TT　为引起关注而发脾气或在未获得关注时发脾气							
DG　为引起关注而扰乱小组活动							

行为符号的含义和取样程序

“寻求亲近”行为由以下行为构成：(1) 有助于使儿童与教师或其他儿童保持身体接近的行为；(2) 在与教师或其他儿童分离时表现出的焦虑或不高兴的行为。“黏着教师”(或儿童) 包含实际的身体接触，而“跟随”指距离近但没有真正接触。“抗拒陌生人”意指陌生人焦虑，同时伴随着渴望接近熟悉的成人或儿童。儿童寻求亲近是因为他们需要亲近或因为亲近可以为儿童提供情感安全。

尽管积极和消极寻求关注也要求儿童至少是片刻地接近成人或其他儿童，但其目标更为明确。“一般性认可”指没有特定目标或意图的寻求关注，儿童只是想让某个成人或其他儿童知道他在那儿或者他已经做了某事，他不要求对自己的成绩给予实际的认可，因此，教师仅仅说一句“我知道了”也许就足够了。“寻求赞扬”要求教师或另一名儿童给出比较具体的认可，如“是的，约翰，那**非常好**！”也许是约翰想要听到的回答。

消极寻求关注的行为指那些通常被成人（有时是儿童）认为令人不愉快或不被接受的行为。抱怨、哭闹、发脾气和干扰性的行为通常被认为是消极的。儿童之所以会做出这些行为，常常是因为这些行为能引起关注。甚至如果这样做是他可以接受的引起关注的方式，或者，当他想要自己得到关注时，这样做是唯一能引起关注的行为，那么他就会冒着被惩罚的危险而做出消极寻求关注的行为。如果儿童在受到关注时停止某些行为，那么这些行为也可以被认为是寻求关注。

步骤

观察 10 秒钟，留意某儿童是否表现出上述观察中列出的行为。使用字母缩写记录这些行为；请你给自己留出 20 秒的时间做记录。然后观察下一名儿童，在第“1”栏中记录，直至每名儿童都被观察了一次。重复这一过程直至你对每名儿童分别做了 6 次记录。如果你观察 10 名儿童，完成第一轮观察将花费你 5 分钟时间。

请记录儿童所表现出的最复杂的行为。例如，如果某儿童跟随教师，想要教师对他刚完成的绘画作品给予赞扬，那么就将这个行为记作 AT，因为这其中涉及“寻求亲近”中的“跟随教师”（FT），同时还涉及“寻求教师对已完成的具体行动和工作的赞扬”（AT），二者相比，AT 更复杂，寻求亲近只是初步目的，他最终的目的是通过寻求亲近而获得表扬，因此标记为 AT。

附录5　观察记录（社会技能）

日期＿＿＿＿＿＿＿＿

参与频数

活动	9：00	9：15	9：30	9：45	10：00	10：15	10：30	10：45	11：00	11：15	总计
美工区：海龟、印章、胶泥											
娃娃家											
大积木 小积木											
操作玩具： 多米诺骨牌 数小熊											
日历 天气											
手指游戏：8只猪 小小牛											
小猪木偶 艺术（小组）											
名字宾果游戏（小组）											
三轮车 玩沙（小组）											
图书 音乐											
做点心											
游戏： 猜猜谁在拍											

评语：

附录 6　观察记录

观察记录 1　　　　**总计：**________

____

____

____

日期：　　　　**社会情境**

	姓名	1	2	3	4	5	6	7	8	9	10	11	12
艺术													
音乐													
沙和水													
娃娃家													
戏剧表演													
积木													

续表

	姓名	1	2	3	4	5	6	7	8	9	10	11	12
图书													
益智													

经 Susan Benzon 的许可得以重印。

观察记录 2

日期____________________

分组活动

	大组		%	大组			%
姓名							

经 Susan Benzon 的许可得以重印。

评语：

注释：

附录 5 和附录 6 得到纽约普兰茨堡空军基地的学前机构（Humpty Dumpty）前负责人苏姗·本索（Susan Benzon）的许可得以使用。

附录 7　皮亚杰提出的认知发展的最初两个阶段

阶段 1 感知运动阶段　儿童学习控制自己身体的空间位置；有想法地做出行为，但不会使用语言；运用身体感觉和动作技能与环境互动并了解环境。客体永久性是这一阶段的最高成就。

阶段 2 前运算阶段　根据感知觉对事物的量作出判断；各种认知操作开始出现如：序列化、分类、时空概念和因果关系；某些思维和行为表现出自我中心；运用语言表达思想；仍旧需要具体的实践经验；不能进行假设推理。能从特殊推理到特殊，但不能从一般推理到特殊。

附录8　哈维赫斯特提出的发展性任务：婴儿期至儿童中期

哈维赫斯特（Havighurst）将“发展性任务”定义为“在个体生命的特定阶段出现或与该阶段相关的任务。成功完成该任务能使个体获得幸福，并在后续任务上取得成功，而未能完成该任务则会导致个体的不幸、社会的不认可以及后续任务难以完成”（Havighurst，R. J.，*Human Development and Education*，New York：Longmans，Green，1953，2）。

婴儿期和儿童早期（0～5岁）

1. 学会走路
2. 学会吃固体食物
3. 学会说话
4. 学会控制大小便
5. 了解性别差异和性别角色规范
6. 获得生理上的稳定性
7. 形成关于社会现实和物理现实的简单概念
8. 学会在自己与父母、兄弟姐妹和其他人之间建立情感联系
9. 学会区分对错，形成良心

儿童中期（6～12岁）

1. 学会规则游戏所必需的身体技能
2. 确立自己作为一个生长的有机体的健康态度
3. 学会与同龄人相处
4. 学会一种恰当的男性化或女性化的社会角色
5. 发展基本的读、写、算技能
6. 学习日常生活所必需的概念
7. 形成良心、道德和价值尺度
8. 实现个人独立
9. 形成对社会团体和机构的态度

词 汇 表

A

accommodation 顺应——人们改变其认知结构或感知运动图式以成功应对新环境的心理过程。例如，当儿童逐渐理解并非每一只四条腿的动物都是狗时，他便产生了顺应。

avtion fragment 行动片断——不具有代表性、因而也不能提供更多相关行为流信息的一种行为取样，因此这种行为取样仅仅是所发生的完整行为的一个片断。

actions 行动——即行为，它构成了检核表所记录的一类或一组项目，也就是布兰特（Brandt，1972）所称的行动检核表。

activity versus passivity in development 发展中的主动性对被动性——对于儿童在多大程度上参与其自身发展这一问题，存在两种相反的观点。被动观点认为，儿童是环境的反应者，像海绵一样吸收刺激；主动观点认为，儿童是寻求刺激而非被动等待其发生的作用者。

alert activity（also called activity alert，waking activity）觉醒活动（也称为活动觉醒，唤醒活动）——沃尔夫（Wolff，1966）将婴儿唤醒状态或相对水平划分为六种，觉醒活动是其中的一种，主要表现是不规则的呼吸和活跃的身体运动等。

amiables 亲切型儿童——“受其他人喜爱，但地位和影响不及明星儿童”的儿童，从受欢迎程度上看，他们排在第二位。

anecdotal record 轶事记录——教师经常使用的一种非正式观察方法，它可以帮助教师理解儿童的个性或行为。该方法是对所观察儿童的非典型行为或不常出现的行为进行连续的观察和描述。

animism 泛灵论——一种信念，认为没有生命的物体实际上具有生命，并且像人类一样行为。

artificialism 人为论——一种信念，认为存在的万事万物都是人类创造的，或者是由上帝按照人类的方式有计划创造的。

assimilation 同化——人们试图使刺激或信息符合自己已知内容的心理过程。

attachment 依恋——一个人依靠另一个人获得情感满足和支持的条件反射过程。依恋针对特定的他人产生，它会持续较长时间。

average status children 一般型儿童——一些同伴喜欢而另一些同伴不喜欢的儿童。他们与矛盾型儿童的不同，主要体现在对他们持有相反情感的同伴数量上。

B

behavior 行为——可以通过一种或多种感官直接观察到的个体所做的任何事情。

behavior sampling 行为抽样——这是所有观察必须进行的步骤。抽样要求从个体的行为流中抽取一部分行为（样本）。不同的观察记录方法要求抽取的样本大小不同，样本所提供的信息量和信息类型也不同。

behavior stream 行为流——赫伯特·赖特（Herbert Wright）所做的一个隐喻，用来说明行为的连续性。行为是一个持续终身的连续体，是一种永远看不到整体的流。

behavioral schemes 行为图式——行为的组织模式。

bias 偏见——一种特别的视角或观点。偏见可能是个人的，也可能源于一种理论或哲学。

C

category system 分类系统——一种编码系统，它要求所选择的供观察的行为类别既具有相互排斥性又具有彻底性。也就是说，每一个类别都与其他类别相排斥，并且这些类别要包含儿童所能展示出的全部行为。

causality 因果关系——对原因和结果关系的理解。

cephalocaudal principle 首尾原则——该原则描述了动作发展的规律之一是从头到脚：儿童最先控制头和颈的动作，然后能控制躯干，最后能够控制腿和脚。

checklist 检核表——表明某事物出现与否的一种观察方法。在研究儿童时，检核表记录特定行为是否已经发生。

classical conditioning 经典条件反射——一个不能引起反应的中性刺激，与一个能够引起反应的刺激配对出现的一种学习形式，最终，这个中性刺激将能够引发该反应。例如，往眼睛上吹气会使人眨眼，但轻柔的语调不会；如果这种语调和吹气在时间上被安排得非常接近，最终，轻柔的语调本身便能够使人眨眼。

classification 分类——按照觉察到的相似性将物体分组的过程。例如，将所有绿色的物体分成一组，所有红色的物体分成另一组。也可以同时按照多个维度对物体（和思想）加以分类，例如，按照形状、大小和颜色进行分类。

closed method 封闭式观察法——这类方法的特点是不保留原始数据，即对行为和事件最初发生情况的描述。

coding scheme 编码表——将复杂的、详细的行为描述简化成简单的标记或符号来表示，列在一张观察表里；编码表通常记录行为的类别，比如攻击、依赖或争吵等。

cognitive schemes 认知图式——关于环境的心理表征或概念。

cognitive structure 认知结构——皮亚杰提出的概念，它指一个人对观点和事实的心理组织；个体的认知结构决定其在任何特定发展阶段的智力行为和能力。

collective monologue 集体独白——自我中心语言的一种形式，它指两个或更多的人一起说话，但是每个人都不关注其他人在说些什么；每个对话都与其他对话相对独立。

complexity 复杂性——一种定向发展，产生更加熟练、更加精确的行为、情绪、能力和语言。

concept 概念——事物的心理表征或记忆；概念把几个不同事件的共同特征聚集起来。例如，“狗”这个概念代表了长着毛皮、四条腿、哺乳动物和驯养的食肉动物这些特征，牧羊狗、小猎狗、德国牧羊犬以及所有其他品种的狗都具有这些特征。

concrete operational thinking 具体运算思维——处于皮亚杰所称的具体运算阶段的儿童可能具有的一种心智能力。具体运算思维可使儿童通过使用系统的推理方法，适应环境的各个方面。这种思维能力具有以下特点：(1) 心理动作可逆；(2) 抛开事物的表面而去抓住事实；(3) 同时关注一个情景的几个方面而不仅仅是一个方面；(4) 理解他人的观点，自我中心出现消退。

confidentiality 保密——一种研究和观察状态，在这种状态下，观察者和研究者不向任何人透露有关任何个体的信息。

conservation 守恒——一个总的原则，即物质的物理外表并不一定影响它的量。该原则可适用于诸如物质、容积、数、面积和长度等方面。例如，数的守恒原则规定了一堆硬币的摆放方式并不影响其数量多少。

conservation of number 数的守恒——若干个守恒任务或守恒能力之一，它指的是如下事实：如果既没有添加也没有减少物体的数量，那么，即使以某种方式改变一堆物体，两堆物体的数量仍然相等。这种并不影响物体数量的变化被称为无关变化。

constructivist theory 建构主义理论——有关人类发展的理论，其基本取向是机能主义。建构主义理论认为，发展中的儿童参与了自身发展的过程，也的确在建构着自己的现实。这一现实经历一系列的重构，进而越来越接近既定文化或社会中大多数成人所理解的现实。该理论属于更广泛的机能主义观点的范畴（参见**机能主义观点**）。

context 情境——综合了场景和情景的一个术语，它包含环境的各个方面，如时间、地点、情形、其他人物以及物理条件和心理条件。

contextualism 情境主义——与心理学家维果斯基关系最密切的一个概念。维果斯基认为，不能脱离某种文化情境来研究、理解儿童的发展。换言之，所有发展变化，以及当前的所有行为，都必须被视为更大的社会或文化环境的一部分，或者是在更大的社会或文化环境中发生的。

control 控制——与结构相关，控制也指以一种模式化的、系统的方式观察年幼儿童的行为。观察者知道自己的目的，能够在最大程度上实现自己的目标，由此控制观察过程。

controversial children 矛盾型儿童——这些儿童似乎在被人喜欢和不被人喜欢之间，两者力量均衡。很多同伴喜欢他们，也有很多同伴不喜欢他们。

cumulative change 累积性的变化——发展的一个特点。在发展中，各个行为相互依赖，共同促成发展进程的总体特点和发展方向。

D

degree of observer inference required 在多大程度上需要观察者进行推论——观察和记录方法的一种特征，指在使用某种方法时需要进行多少推论；在观察过程的什么时候需要进行推论。样本记录要求在最初记录时不进行推论；而使用编码表的时间抽样要求在记录时进行推论。

degree of selectivity 选择度——观察和记录方法的一种特征，它决定有多少行为可作为观察和记录的目标。方法从完全没有选择性（样本记录）到具有高度选择性（如事件抽样），情况不一。

describe 描述——用词语对某物体、事件或观点进行生动的描写。这种描写既可以是口头的，也可以是书面的。

development 发展——个体受生物和环境因素的影响，在结构、思维或行为上随着时间推移所产生的变化。

diary description 日记描述——一种非正式的观察方法，它指每天有选择地记录儿童成长和发展的某些方面。局部的日记描述仅仅记录儿童在某个特定的发展领域，比如语言、社会情绪等方面表现出的新行为；综合性日记则要按顺序尽可能详细地记录每一个新行为。

differentiation 分化——最初弥散而笼统的行为最终分离开来，变为相互独立的、更加熟练和精确的行为。也指在学习一项新技能的过程中，不得不只练习这项技能，将它与其他已经掌握的技能分离开来。

directional 定向性——指向更加复杂或理想目标的发展。

duration record 持续时间记录——由频次计数演变而来，它要求观察者记录特定行为持续了多长时间。

E

ego 自我——西格蒙·弗洛伊德理论中人格的组成部分，它使儿童了解现实，了解他所处的更大社区中的家庭、其他个体和群体对他提出的要求。自我也是人格发展的一部分，它让个体获得同一感。

egocentric speech 自我中心语言——不考虑他人的语言，实际上，就是一种私人语言。

egocentrism 自我中心主义——在认知上不能考虑他人的观点，不能认识到他人的需要和兴趣，全神贯注于自己的世界观中。

elaboration 精心制作——在信息加工理论中，精心制作是一种记忆策略，即在要识记的项目之间建立荒诞的联想或联系，以便记忆。正是联系的荒诞才使人们更容易记住这些项目。

emergent properties 突变产物——与质变相联系的一个术语。突变产物是指在较早的发展阶段并不存在，但当个体从一个发展阶段进入另一个发展阶段时会出现的品质或特点。例如，走就可以被认为是从较早的行为，即蠕动和爬行中突变产生而来的。

emotional dependency 情感性依赖——指与其他人接近，获得他们的支持、爱和安慰的需要；也可以指不愿意或感觉自己没有能力做自己能够或应该能做的事。

empirical 实证的——涉及那些能够被看到、听到、触摸到、闻到以及品尝到的事物；通过直接观察而不是通过抽象思维或推理而获得的数据；与“真实的”世界紧密相连。

empirical date 实证数据——通过一种或多种感官观察到的、与真实的世界相连的数据。

environmentalism 环境论——与遗传的作用相比，强调环境在行为和发展中的决定作用。

errors of commission 多记——观察和记录过程中常犯的错误之一。指你记下的信息超出了某情景中实际发生的信息，如报告了并未发生的行为和互动，或者记录了并不在场的人。

errors of omission 漏记——观察和记录过程中常犯的错误之一。指你遗漏了对于理解儿童行为有益的或必要的信息。

errors of transmission 变序——观察和记录过程中常犯的错误之一。指你按照错误的顺序记录了所观察的行为。

evaluation 评价——运用你自己的价值观和态度来理解儿童的行为、特征和个性；通常指对事物进行估价或判断事物的价值。

event 事件——能够被归入某个特定类别的行为。例如，夺走另一名儿童玩具的行为可以被归入“工具性攻击”这一类别。

event sampling 事件抽样——一种正式的观察方法，指观察和记录特定类别的行为（事件），而不管行为何时发生。它也是一种抽样技术，因为它从行为流中仅仅抽取出预先选择的行为或行为类别。

explain 解释——赋予意义或加以说明；使之清晰或明确；指出事实或观点之间的关系。

F

filter 过滤器——这是一种比喻的说法，说明个性在我们认识事物和事件的过程中发挥怎样的作用。我们通过个性，即我们的个人经验、价值、态度和知识等来认识客观的事物和事件；个性像过滤器一样，使某些信息传达给我们，而又将其他某些信息排除或筛选出去。

five-to-seven shift 5～7 岁的转变——从学前儿童非逻辑的、不系统的思维到更具逻辑的思维逐渐过渡的时期。

formal observation method 正式观察方法——一种高度结构化、高度控制的观察和记录行为的方法。它一般涉及大量的预先准备工作，包括设计详细的数据表格以及训练观察者。在研究中常常使用正式的方法。

formal operational 形式运算——皮亚杰的第四个也是最后一个认知发展阶段的名称。处于该阶段的个体能够进行抽象思维，处理假设的情境，理解数、面积、量、长度等守恒概念。

frequency count 频次计数——一种非正式的观察方法，每当特定行为发生时，观察者只需在观察表上做个标记或记号。

G

group 群体——围绕一个共同目的而组织起来的一群个体。有些群体由外部机构或权威组建，例如学校系统或教堂，它们被称为机构群体；有些群体则基于共同的兴趣和特征自发形成，它们被称为同伴群体。

group observation 群体观察——这种观察是指：（1）在群体情境中观察个体，并记录他参加不同群体时行为发生的变化；（2）将群体本身视为一个单独的整体或单元，观察和记录其行为。

growth 生长——身高的增加，机能的成熟，复杂性的增加；与量变相联系。

H

habituation 习惯化——遇到原先能够引发反应的物理刺激后，个体不再关注该刺激，逐渐习惯了它，并对它失去了兴趣。

hierarchical integration 层级整合——将最初分离的、相互独立的技能和行为结合起来，并作为一个协调的整体共同工作的过程（例如，将抓握物体的技能和手移向物体的技能结合起来，形成接近和抓握的整合技能）。

hostile aggression 敌意攻击——攻击者对受害者感到气愤或敌意，能从伤害受害者的过程中获得满足的一种攻击。

I

id 本我——西格蒙·弗洛伊德理论中人格的组成部分，它从出生的那一刻起便开始发挥作用。本我遵循弗洛伊德所称的“快乐原则”。从本质上讲，本我所关心的是满足儿童的需要和愿望，但也许最常见的情况是，本我被认为促成了儿童的自我中心。本我奉行的格言是“想要就要”。

inconspicuous observation 隐蔽观察——这种观察不向观察场景和情景（情境）施加或带入任何事物，除非是实现合理目标所需要的影响。

inference 推论——根据可以直接观察的数据、前提假设或证据得出的结论。推论本身不可直接观察，它是通过心理加工过程得出来的。

informal observation method 非正式观察方法——一种观察和记录行为的方法，它缺乏正式方法的严格研究形式，比正式方法更少结构化，适合教师和其他人直接使用。这种方法可用于日常的课程和教学中，也可即时运用于与儿童的互动中。

information processing theory 信息加工理论——一种认知理论，它认为：（1）人脑要储存和加工信息，所以人脑与计算机相似；（2）经过加工的信息也会被个体加以转化，例如，从视觉形式转化为言语形式或概念形式；（3）个体加工信息的能力是有限的（Zigler & Stevenson，1993）。

instrumental aggression 工具性攻击——在这种攻击中，攻击者只对获取某一物品或达到某一目标感兴趣，他们会为此攻击受害者。攻击中不带有愤怒和敌意。

instrumental dependency 工具性依赖——为了获取超出我们能力范围的某种东西而对他人产生的依赖。

integration 整合——将新学的技能与已有技能结合起来形成一个整体。这些技能可能是身体运动技能，也可能是语言技能或认知技能。

inter-observer reliability 观察者间一致性信度——两个或更多观察者对于观察期间发生事件的判断能达到一致的程度。观察者间一致性信度高，说明观察者们的判断和推断只存在很小的分歧和相对细微的差异。

interpretation 解释——超越客观描述并试图对其加以说明或赋予意义，将能够直接观察的事物与不能够直接观察的事物联系起来。解释也可能建立在某种理论或假设的基础上。

intraobserver reliability 观察者内部一致性信度——如果检核表中列出的类别经过仔细界定，观察者了解这种界定并能够识别出相应的行为，那么，同一个观察者多次使用一个检核表就会得出相同的结论。

intuitive 直觉的——皮亚杰提出的认知发展阶段中前运算阶段的一个子阶段。直觉思维是指 5～7 岁过渡期间发生的一种推理。（参见 **5～7 岁的转变**）

invisible displacement 不可视转移——将物体从一个隐藏的地方（比如在一块布的下面）转移到另一个地方，但不允许儿童注视你转移的过程。用于测查儿童的客体永久性概念。

isolates 孤立型儿童——既得不到喜爱也不令人讨厌，常遭到忽视的儿童。

L

learning history 学习历史——个体的生活经历，形成一套独特的习得性联系或刺激—反应联结。这些联结构成了个体与众不同的历史，并使他不同于其他任何人。

lexically based ambiguity 基于语义的双关——基于词语不同含义的双关，例如，pen 既可以指一种书写工具，也可以指圈动物的围栏。

linguistic 语言——包含真正意义的词的发声。

M

maturation 成熟——随着时间推移而产生的发展性变化，是遗传作用的结果。它随时间自然、有序地展开，塑造着个体的变化。

mechanistic view 机械论观点——一种理论或哲学观，它认为人类和其他生物就像一部机器，本质上是被动的，主要对环境刺激做出反应。（参见**机能主义观点**）

metacognition 元认知——意识到自己的认知能力，并练习对之施加某种控制。元认知是关于思维的思维。

metacommunication 元交流——与元认知相似，元交际是关于交流的交流。举个例子，它指这样的能力：讨论什么因素使某种特别的交流方式有效或者无效，考虑如何最有效地向某人传达信息，使其意思既不丢失也不会被歪曲。

metalinguistic awareness 元语言意识——对语言的形式、传达意思的结构加以关注和理解的能力。意思本身的重要性往往是第二位的。

methods 方法——一系列操作指南，详细说明完成某项任务必须做什么，也可能描述怎样去做这些需要完成的工作。

middle childhood 儿童中期——6～12 岁，通常也被称为学龄期。

monologue 独白——自我中心语言的一种形式，它指个体只对自己说话，没有其他人在场。

N

narrative description 叙述性描述——一种正式的观察和记录方法，它要求你尽可能详细且连续不断地记录儿童独自活动或与其他人或物互动时做了什么、说了什么。（参见**样本记录**）

natural unit 自然的单元——在总的行为流中构成一个合乎逻辑的整体或片断的一系列行为；这种单元包含明显的开始、构成特定事件的中间行为和一个明显的结尾。事件抽样就要求将观察环境组织成一些自然的单元（Wright，1960）。

neglected children 被忽视儿童——从受同伴喜欢的程度来看，居于中间位置的儿童。他们的同伴既不主动喜欢也不主动不喜欢他们。换句话说，这些儿童的同伴对他们是漠不关心的。

O

objective description 客观描述——对行为和事件的描述，不包含解释、主观印象或推测，仅仅描述你所看到和听到的，这样做以便其他观察者认同你的报告。

object permanence 客体永久性——即使看不见、听不见，但仍能知道物体的存在，它是感知运动阶段最重要的成就。

observation 观察——留意和记录事实和事件；以一种控制的、结构化的方式搜寻事物。

observation plan 观察计划——指导观察过程所有阶段的计划。它决定观察行为的种类、数量、方法及步骤。

observe 观察——运用身体感官中的一种或多种感官来获取信息并理解其意义，并以有意义的方式运用这些信息的能力。

one-to-one correspondence 一一对应——将两组物体进行匹配，使其中一组中的每一个物体都与另一组中的一个且只有一个物体一一配对。例如，具有该能力的儿童会给快餐桌旁的每名儿童都分一块饼干和一张餐巾。

open method 开放式观察法——这种方法的特点是保留对行为和事件最初发生情况的

描述。

operant conditioning 操作性条件反射——一种学习形式，在这种学习中，反应的结果取决于该反应是否有可能在相同或相似的情况下重复进行。例如，如果一名儿童哭哭啼啼使他得到了自己所渴望的来自教师的关注，那么他可能会在将来想要获得关注时便哭哭啼啼。

operational definition 操作性定义——按照行为标准界定某事物。例如，心理学家可能将任何一个儿童打另一个儿童的行为都定义为攻击性行为。在这个例子中，攻击性行为的操作性定义规定，一个行为要被界定为攻击性行为，那么某些预先确定的行为或行动就必须发生。

organisimic view 机能主义观点——一种理论或哲学观，它认为人类是自身发展的主动参与者，而不是周围世界的被动反应者。(参见**机械论观点**)

organization 组织——一种记忆策略，即为了记住事物，将它们归入更大的类别中。例如，将所有能吃的东西归入“食物”一类，或者将人们穿的所有东西归入“衣服”一类。如果记住了更大的类别，将有助于记住这一类别中的具体项目。

orienting response 定向反应——个体转向声源或其他刺激源的一种反应。

P

participant observation 参与式观察——观察者成为所观察群体的一分子，并以适当的方式尽可能多地参与该群体的活动，其目标在于减少观察对该群体行为的影响。

peer 同伴——年龄和发展水平大致相同的伙伴。

peer reputation 同伴声望——儿童的同伴如何知觉、描述或形容该儿童的相对稳定的、一致的方式。

perception 感知——通过身体感官中的一种或多种感官获取信息，并以有意义的方式组织这些信息。

phonologically based ambiguity 基于发音的双关——基于词语发音的语言的双关。

playscapes 游乐场——一个相对较新的术语，用来描述当代的游戏场地和建筑物。这些建筑物将各种材料组合起来，具有一定的创新性（Essa，1996）。

popular children 受欢迎儿童——为大多数同伴喜欢的儿童。

pragmatics 语用——指语言的实际运用和交流。个体必须解决实际的任务以使自己能被他人理解。比如，考虑听者的具体需要或处境。

prelinguistic 前语言——在真正说话之前的发声（例如咕咕低语和咿呀学语）。

preoperational period 前运算阶段——皮亚杰认知发展理论中阐述的儿童认知发展的

第二个阶段。这一阶段的儿童能够使用语言，或者进行符号操作（皮亚杰称之为“表征功能”）。但与后面的阶段不同，处于前运算阶段的儿童尚不能进行真正的运算思维。

process 过程（名词）——需要花费时间才能完成的一系列相关的活动。

process 过程（动词）——思考、给出口头说明，或者使某一事实与其他事实建立起有意义的关系。

production deficiency 产生缺乏——用来描述如下情形的术语：儿童知道如何使用某一策略，但在该策略可能有助于他解决问题的情况下却不能自发使用。

professional ethics 职业道德——行为规则，在观察儿童的过程中，意味着保护观察对象或研究对象的隐私、秘密、权利和安全。

proximodistal principle 近远原则——该原则描述了动作发展的规律之一，指身体动作从身体中线向外部末端方向发展，儿童对胸、肩膀和上臂的控制要早于手和脚。

psychosocial crisis 心理危机——埃里克森人格发展理论中的一个概念。危机就是冲突、转折点或对特定社会影响特别敏感的时期。

Q

qualitative change 质变——言语、情感和智力等生理机能上的变化；涉及行为的基本组织及行为模式的变化；儿童认知结构的变化。

quantitative change 量变——即生长；指事物在数量上发生的变化（例如，身高的增长和体重的增加）。

R

raw data 原始数据——对行为和事件最初发生情况进行的描述。

raw stimuli 原始刺激——通过观察获得的资料、未经解释和处理的刺激，均可称之为“原始”。例如，使用叙述性描述记录行为时，就是在收集原始资料或原始刺激，如果要使观察有意义，之后就必须解释这些资料或刺激，赋予其意义。

reflex 反射——一种固有的、预先安排好的、不受意志控制的动作行为模式，它由特定形式的刺激诱发。例如，惊跳反射是由突然产生的高声噪音诱发的。

rehearsal 复述——一种记忆策略，指为了在以后的某个时间记住某个信息而一遍又一遍地加以复习。信息加工理论认为，复述有助于储存和提取信息。

reinforcement 强化——个体对刺激的反应得到了奖励或令人满意的后果，这些后果反过来会强化这一反应，增加个体在将来对相似刺激做出相似反应的可能性。

rejected children 被拒绝儿童——大多数同伴不喜欢的儿童。

rejects 拒绝型儿童——最不受同伴欢迎的儿童，他们对同伴群体具有消极影响。

repetition 重复——自我中心言语的一种形式，它指个体一遍又一遍地重复单词和短语，好像在练习单词和短语，或者只是乐于发出这些音。

representativeness 代表性——行为样本的理想特征。有代表性的样本能够说明或反映样本所属较大总体或行为类别的典型特征。

role 角色——与特定地位相联系的反复发生的行为和行为模式。例如，教师的角色行为包括教学、评分、辅导学生；父母的角色行为包括养育、保护、使孩子适应社会生活。

rough-and-tumble play 打闹游戏——指有大量激烈的身体活动参与的游戏，包括摔跤、奔跑、推挤等。但它是一种温和友善的亲社会活动，与攻击性打斗截然不同。在这类游戏中，儿童无意互相伤害，并且常常发生在互相喜欢的儿童之间。

S

scaffolding 支架——与最近发展区有关，是指成人为儿童提供必要的帮助，以使儿童能独立完成操作任务的过程（例如，可参见 Krantz，1994）。

schema 图式——皮亚杰提出的术语，指概念或对事件的心理表征。

self-concept 自我概念——对我们是谁、我们的强项和弱项以及我们的人格特点的客观评价。它指个体看待自己的方式——例如，儿童认为自己具有哪些品质或特点。

self-esteem 自尊——指一个人的个人价值感。与自我概念相关，但二者仍有一定区别。

sensorimotor period 感知运动阶段——皮亚杰认知发展理论中阐述的儿童认知发展的第一个阶段。在这个阶段，婴儿通过主动操作环境中的物体来了解环境；运用身体感觉和运动能力进行学习、实现智力发展。

sensorimotor schemes 感知运动图式——使个体能与环境相互作用的行动组织或行动序列。

sequential change 有序的变化——按照预先确定的系列步骤或阶段，有规律地、有秩序地发生的变化；阶段理论认为这种变化是有顺序的。

seriation 序列化——按照某一维度，有序排列物体的过程。序列化要求对物体之间的差异进行比较和协调，例如，按照重量的增加顺序，对一堆石头从最轻到最重进行排列。

setting 场景——观察的物理环境。包括：物理空间、空间中的物体，以及影响人们以某种方式做出行为的机会和资源。

sign system 符号系统——一种编码系统，它要求所选择的观察行为的类别要相互排斥。也就是说，没有哪个行为可以被分到一个以上的类别中，因为任何一个类别都与其他类别相排斥。

situation 情景——特定场景中存在的社会、心理特点和条件。比如：儿童游戏的本质是什么，发生了什么事件可能会改变正在进行的活动的特点，等等。

social 社会的——一种互动或情境，其中每一个参与者都会考虑其他人，或者每一个参与者都会影响其他人并受其他人影响。

social autonomy 社会自主性——依靠自己满足各种需要和愿望的能力；自给自足。

social behavior 社会行为——相互考虑对方并以某种方式相互影响的两个人或多个人之间的行为。

social cognition 社会认知——思考和理解与自己相关的社会事件、人际事件的能力。其中包括社会角色采择能力、同情、自居作用和替代体验等。

social comparison 社会比较——按照各种特征和品质描述、评价同伴并对同伴进行分类。用最简单的话来表述，社会比较包含从社会、人际功能和属性的各个方面比较同伴（或者他人）。

social role-taking ability 社会角色采择能力——理解他人的立场或处境以及他可能正在感受什么或想些什么的能力，包括理解情感、意图和思维等。

sociocentric（or socialized）speech 社会中心（或社会化）语言——公共语言，其目的是与人交流，每个人都会考虑他人说些什么，并作出相应的回答。

sociocentrism 社会中心主义——与自我中心主义相反，它指能够考虑他人的观点，认识到他们的需要和兴趣。

sociocultural theory（sociohistoric theory）社会文化理论（也称为社会历史理论）——维果茨基的心理发展理论即被称为社会文化理论，该理论在解释发展时，将强调的重点从儿童个体转移到个体所处的社会或文化环境的影响。

sociogram 社会测量图——有关群体中的儿童如何感受彼此的一种图示。儿童通常用圆圈来表示，他们与同伴之间的互动用连接圆圈（儿童）的箭头表示。

sociometry 社会测量——研究儿童在同伴中的受欢迎程度或社交地位的技术。该技术要求儿童说出他们最要好的一个朋友或几个朋友的名字，或者判断哪个或哪些儿童最受班级或群体喜爱。

soothability 可安抚程度——指啼哭或烦躁不安的婴儿能被成人的反应所安抚的容易程度，成人的反应包括摇一摇、抱一抱、用襁褓包裹或者给个橡皮奶头等。

spatial definition 空间定义——指物理空间或环境具有与自身特点相关联的特定含义，这些定义决定一个人处于该空间或环境时可以做些什么。

specimen record 样本记录——一种正式的观察和记录方法，它要求你尽可能详细且连

续不断地记录儿童独自活动或与其他人或物互动时都做了什么、说了什么。（参见**叙述性描述**）

spontaneous behaviors 自发行为——由内部发起的行为，不是对外部刺激的反应，包括偶尔的吃惊、一闪而过的微笑和直立等行为。

stage theory 阶段理论——该理论认为发展的方式如同走台阶，每一级台阶或水平都与先前的水平有着质的不同，它比先前的水平更加复杂。

stars 明星儿童——可以通过社会测量图来确定的一种对儿童的分类，指的是那些在同伴中广受喜爱和欢迎的儿童。这些儿童在同伴群体中具有相当的地位和影响。

states 状态——诸如熟睡、警觉、瞌睡和哭这样的觉醒水平。作为一种行为状态，它有如下特征：（1）在一段时间内保持稳定；（2）在个体婴儿身上反复出现；（3）在其他个体身上同样存在。

static descriptor 静态指标——一种描述性项目，特指与研究对象或情境具有的高度稳定的特征（Brandt，1972）。年龄、性别、种族和社会经济地位都是静态指标。这些指标常常用检核表来记录。

status 地位——社会群体或组织中的一个位置。例如，教师、学生、儿童、成人、校长和父母都代表一种地位。

stimulus-response bond 刺激—反应联结——在环境刺激和个体对该刺激的反应之间建立的联结或联系。这种联结之所以会建立，是因为反应的后果对个体来说是一种奖励或强化。

strategies 策略——用来增进记忆、注意和问题解决的心理操作。

structure 结构——在观察情境中，结构是指以一种系统的、模式化的方式观察和记录行为，以便使观察者了解自己观察的原因、目的以及方法。

superego 超我——西格蒙·弗洛伊德理论中人格的组成部分，它从本我和自我中发展而来，其本质上充当了个体的良心。（参见**本我**和**自我**）

syntactically based ambiguity 基于语法的双关——对于同一个句子，可能存在两种不同的理解，即双关。这种双关是由于句子本身的结构造成的，该结构使句子承载不同的含义。

T

temperament 气质——儿童对各种情境作出反应的典型方式。可以根据儿童在如下六个方面的个性特征加以描述：活跃程度、节律性、进取或退缩、适应性、反应强度和情绪特点等。

theory 理论——一套正式的、具有数据支持的、试图解释某特定现象的概括性陈述或命题。

time sampling 时间抽样——一种正式的观察和记录方法。它要求记录在预先确定的、统一的时间段内发生的特定行为，有规律地间隔或随机间隔一段时间再加以重复。

trait 品质——在某些情境以某种方式行为的一种趋势或倾向。

trust versus mistrust 信任对不信任——埃里克森理论中的第一个危机。婴儿对环境及其中的人的体验，将决定他是否通过建立更强的信任感而非不信任感来解决这一危机或者冲突。信任感使婴儿认为他们周围的这个世界是安全的、值得信赖的养育场所。

V

validity 效度——指观察或解释的准确性和正确性。它指某事物在多大程度上测量到了它所要测量的东西。

vicarious punishment 替代性惩罚——与替代性强化相似，替代性惩罚是指当一名儿童观察到另一名儿童正在遭受惩罚而仿佛自己也受到了惩罚时，他所间接经历的惩罚。（参见**替代性强化**）

vicarious reinforcement 替代性强化——一个人通过观察他人行为得到了强化或奖励而间接经历的强化。替代性强化这一概念通常与社会学习理论联系在一起。（参见**替代性惩罚**）

visible displacement 可视转移——将物体从一个隐藏的地方（比如在一块布的下面）转移到另一个地方，允许儿童注视你转移的过程。是一种用于测试儿童客体永久性概念的技术。

Z

zone of proximal development 最近发展区——维果茨基理论中的一个重要概念，它（ZPD）指儿童能够独立做的事情与在别人帮助下刚好能够做的事情之间的“区域”或距离。从本质上讲，在早期儿童保育和教育中提出最近发展区，目的就是要指导照料者、教师和父母努力促进儿童的认知发展。

参考文献

Ainsworth，M. (1967). *Infancy in Uganda*：*Infant care and the growth of love*. Baltimore：Johns Hopkins University Press.

Ainsworth，M. O. (1973). The development of mother-infant attachment. In B. Caldweel and H. Ricciuti (Eds.)，*Review of Child Development Research*，(Vol. 3.) Chicago：University of Chicago Press.

Allen，K. E.，& Marotz，L. (2003). *Developmental profiles*：*Prebirth through eight*，(4th ed.). Clifton Park，NY：Thomson Delmar Learning.

Almy，M.，& Genishi，C. (1979). *Ways of studying children* (rev. ed.). New York：Teachers College Press.

Ault，R. (1977). *Children's cognitive development*. New York：Oxford University Press.

Barker，R. G.，& Wright，H. F. (1951). *One boy's day*. New York：Harper and Row.

Beatty，J. J. (1986). *Observing development of the young child*. Columbus：Merrill Publishing Co. (4th ed.，1998).

Bee，H. (1995). *The growing child*. New York：Harper Collins Publisher. (2nd ed.，1999).

Berger，K. S. (1980). *The developing person*. New York：Worth Publishers. (4th ed.，1998).

Berger，K. S. (1991). *The developing person*：*Through childhood and adolescence* (3rd ed.). New York：Worth Publishers，Inc. (5th ed.，1999).

Berk，L. E. (1989). *Child development*. Needham Heights：Allyn and Bacon. (5th ed.，2000).

Berk，L. E. (1993). *Infants，children，and adolescents*. Boston：Allyn and Bacon. (3rd ed.，1999).

Berk，L. E. (1996). *Infants，children，and adolescents*. (2nd ed.) Boston：Allyn and Bacon. (3rd ed.，1999).

Berk, L. E. (1998). *Development through the lifespan*. Boston: Allyn and Bacon.

Berk, L. E., & Winsler, A. (1995). *Scaffolding children's learning: Vygotsky and early childhood education*. Washington, DC: National Association for the Education of Young Children.

Berndt, T. J. (1997). *Child development* (2nd ed.). Chicago: Brown and Benchmark.

Berns, R. M. (1994). *Topical child development*. Clifton Park, NY: Thomson Delmar Learning.

Bigner, J. J. (1983). *Human development: A life-span approach*. New York: Macmillan Publishing Company, Inc.

Bjorklind, D. F. (1987). How age changes in knowledge base contribute to the development of children's memory: An interpretive review. *Developmental Review*, 7, 93-130.

Bower, T. G. R. (1977). *A primer of infant development*. San Francisco: W. H. Freeman and Company.

Bowlby, J. (1969). *Attachment and loss: Volume 1. Attachment*. New York: Basic Books.

Brainerd, C. J. (1978). *Piaget's theory of intelligence*. Englewood Cliffs: Prentice-Hall, Inc.

Brandt, R. M. (1972). *Studying behavior in natural settings*. New York: Holt, Rinehart and Winston, Inc.

Bredekamp, S., & Copple, C. (Eds.). (1997). *Developmentally appropriate practice in early childhood programs*. (Revised edition). Washington, DC: National Association for the Education of Young Children.

Brewer, J. A. (1998). *Introduction to early childhood education* (3rd ed.). Boston: Allyn and Bacon.

Bruner, J. (1975). From communication to language. *Cognition*, 3, 255-87.

Bukatko, D., & Daehler, M. W. (1995). *Child development: A thematic approach*. Boston: Houghton Mifflin Company.

Bukowski, W. M., & Hosa, B. (1989). Popularity and friendship: Issues in theory, measurement, and outcome. In T. J. Berndt, & G. W. Ladd, (Eds.), *Peer relationships in child development*. New York: Wiley.

Carpenter, G. (1974). Mother's face and the newborn. *New Scientist*, *61*, 742-44.

Charlesworth, R. (2004). *Understanding child development* (6th ed.). Clifton Park, NY: Thomson Delmar Learning.

Chomsky, C. S. (1969). *The acquisition of syntax in children from five to ten.* Cambridge: MIT Press.

Coie, J. D., Dodge, K. A., & Coppotelli, H. (1982). Dimensions and types of social status: A cross-age perspective. *Developmental Psychology*, *18*, 557-70.

Coombs, C. H. (1964). *A theory of data*. New York: Wiley.

Craig, G. J. (1989). *Human development* (5th ed.). Englewood Cliffs: Prentice-Hall, Inc. (8th ed., 1999).

Craig, G. J., & Kermis, M. D. (1995). *Children today*. Englewood Cliffs: Prentice-Hall.

Cross, D., & Paris, S. G. (1988). Developmental and instructional analysis of children's metacognition and reading comprehension. *Journal of Educational Psychology*, *80*, 131-42.

De Mause, L. (1974). The evolution of children. In De Mause, L. (Ed.), *The history of childhood*. New York: Pyschohistory Press.

Diaz, R. M., & Berndt, T. J. (1982). Children's knowledge of a friend: Fact or fancy? *Developmental Psychology*, *18*, 787-94.

Dreikers, R. (1964). *Children: The challenge*. New York: Hawthorne Books, Inc., Publishers.

Dworetzky, J. P. (1987). *Introduction to child development* (3rd ed.). New York: West Publishing Co. (6th ed., 1996).

Elkind, D. (1981). *The hurried child: Growing up too fast too soon*. Reading, PA: Addison Wesley Publishing Co. (revised 1989).

Erwin, P. G. (1985). Similarity of attitudes and constructs in children's friendships. *Journal of Experimental Child Psychology*, *40*, 470-85.

Essa, E. (2003). *Introduction to early childhood education* (4th ed.). Clifton Park, NY: Thomson Delmar Learning.

Fantz, R. L. (1963). Pattern vision in newborn infants. *Science*, *140*, 296-97.

Faw, T., & Belkin, G. S. (1989). *Child psychology*. New York: McGraw-Hill Publishing Co.

Federico, R. C. (1979). *Sociology* (2nd ed.). Reading, PA: Addison-Wesley Publishing Co.

Field, T. M., Greenwald, P., Morrow, C., Healy, B., Foster, T., Guthertz, M., & Frost, P. (1992). Behavior state matching during interactions of preadolescent friends versus acquaintances. *Developmental Psychology*, *28*, 242-50.

Fogel, A. (1984). *Infancy: Infant, family, and society*. New York: West Publishing Co. (3rd ed., 1997).

Gander, M. J., & Gardner, H. W. (1981). *Child and adolescent development*. Boston: Little, Brown and Company.

Gardner, D. B. (1973). *Development in early childhood* (2nd ed.). New York: Harper and Row.

Gaver, D., & Richards, H. C. (1979, Jan./Feb.). Dimensions of naturalistic observation for the prediction of academic success. *Journal of Educational Research*.

Gelman, R. (1969). Conservation acquisition: A problem of learning to attend to relevant attributes. *Journal of Experimental Child Psychology*, *7*, 167-87.

Gelman, R. (1972). Logical capacity of very young children: Number invariance rules. *Child Development*, *43*, 75-90.

Gibson, J. J. (1966). *The senses considered as perceptual systems*. Boston: Houghton Mifflin.

Gonzalez-Mena, J. (1997). *Multicultural issues in child care* (2nd ed.). Mountain View, CA: Mayfield Publishing Company.

Gonzalez-Mena, J. (1998). *Foundations: Early childhood education in a diverse society*. Mountain View, CA: Mayfield Publishing Company.

Goodwin, W. R., & Driscoll, L. A. (1980). *Handbook for measurement and evaluation in early childhood education*. San Francisco: Jossey-Bass Publishers.

Graves, S. B., Gardiulo, R. M., & Sluder, L. C. (1996). *Young children: An introduction to early childhood education*. New York: West Publishing Company.

Greenspan, S., & Greenspan, N. T. (1985). *First feelings: Milestones in the emotional development of your baby and child*. New York: Viking Penguin.

Hansen, N. R. (1958). *Patterns of discovery*. Cambridge: Cambridge at the University Press.

Harris, A. C. (1993). *Child development* (2nd ed.). New York: West Publishing Company.

Havighurst, R. J. (1953). *Human development and education*. New York: Longmans, Green.

Herron, R. E., & Sutton-Smith, B. (1971). *Child's play*. New York: Wiley.

Hunt, J. McV. (1961). *Intelligence and Experience*. New York: The Ronald Press.

Hutt, S. J., Lenard, H. G., & Prechtl, H. E. R. (1969). Psychophysiology of the newborn. *Advances in child development and behavior*. New York: Academic Press.

Ihde, D. (1977). *Experimental phenomenology: An introduction*. New York: Paragon Books.

Irwin, D. M., & Bushnell, M. M. (1980). *Observational strategies for child study*. New York: Holt, Rinehart and Winston, Inc.

Izard, C. E. (1977). *Human emotions*. New York: Plenum Press.

Kagan, J. (1971). *Personality development*. New York: Harcourt Brace Jovanovich, Inc.

Kagan, J. (1984). *The nature of the child*. New York: Basic Books, Inc.

Kamii, C., & DeVries, R. (1980). *Group Games in Early Education*. Washington, DC: National Association for the Education of Young Children.

Kamii, C., & DeVries, R. Piaget for Early Education. In M. S. Day & R. K. Parker (Eds.), *The preschool in action: Exploring early childhood programs* (1977, 2nd ed.). Boston: Allyn and Bacon, Inc.

Krantz, M. (1994). *Child development: Risk and opportunity*. Belmont: Wadsworth Publishing Company.

Krogh, S. L. (1994). *Educating young children: Infancy to grade three*. New York: McGraw-Hill Publishing Co.

Langer, J. (1969). *Theories of development*. New York: Holt, Rinehart and Winston, Inc.

Lay, M. Z., & Dopyera, J. E. (1977). *Becoming a teacher of young children*. Lexington: D. C. Heath and Company.

Lay-Dopyera, M., & Dopyera, J. E. (1982). *Becoming a teacher of young children* (2nd ed.). Lexington: D. C. Heath and Company. (5th ed., 1993).

Lefrancois, G. R. (1996). *Of children: An introduction to child development*. Belmont: Wadsworth Publishing Co.

Lerner, R. (1976). *Concepts and theories of human development*. Reading, PA:

Addison-Wesley. (2nd ed., 1997).

Livesly, W. J., & Bromley, D. B. (1973). *Person perception in childhood and adolescence*. London: Wiley.

Martin, P. Y., & O'Connor, G. G. (1989). *The social environment: Open systems application*. New York: Longman.

McGhee, P. E. (1979). *Humor: Its origin and development*. San Francisco: W. H. Freeman.

Miller, P. H. (1993). *Theories of developmental psychology* (3rd ed.). New York: W. H. Freeman.

Montemayor, R., & Eisen, M. (1977). The development of self-conceptions from childhood to adolescence. *Developmental Psychology*, *13*, 314-19.

Morrison, G. S. (1995). *Early childhood education today* (6th ed.). Englewood Cliffs: Merrill Publishing Co.

Mussen, P. H., Conger, J. J., & Kagan, J. (1979). *Child development and personality* (5th ed.). New York: Harper and Row.

Mussen, P. H., Conger, J. J., Kagan, J., & Huston, A. (1984). *Child development* (6th ed.). Philadelphia: Harper and Row. (8th ed., 1996).

Nelson, K. (1973). Structure and strategy in learning to talk. *Monographs of society for research in child development*, *38*, 182.

Neuman, W. L. (1994). *Social research methods: Qualitative and quantitative approaches* (2nd ed.). Needham Heights, MA: Allyn and Bacon. (3rd ed., 1997).

Nilsen, B. A. (2001). *Week by week: Plans for observing and recording young children* (2nd ed.). Clifton Park, NY: Thomson Delmar Learning.

Papalia, D. E., & Olds, S. W. (1978). *Human development*. New York: McGraw-Hill Book Company. (7th ed., 1998).

Papalia, D. E., & Olds, S. W. (1979). *A child's world: Infancy through adolescence* (2nd ed.). New York: McGraw-Hill. (8th ed., 1999).

Papalia, D. E., & Olds, S. W. (1987). *A child's world: Infancy through adolescence* (4th ed.). New York: McGraw-Hill. (8th ed., 1999).

Papalia, D. E., & Olds, S. W. (1993). *A child's world: Infancy through adolescence* (6th ed.). New York: McGraw-Hill Book Co. (8th ed., 1999).

Papalia, D. E., & Olds, S. W. (1992). *Human development* (5th ed.). New York:

McGraw-Hill Book Company. (7th ed., 1998).

Papalia, D. E., Olds, S. W., and Feldman, R. D. (1999). *A child's world: Infancy through adolescence* (8th ed.). New York: McGraw-Hill.

Paris, S. G., & Winograd, P. (1990). How metacognition can promote children's academic learning. In B. Jones & L. Idol (Eds.), *Dimensions of thinking*. Hillsdale: Erlbaum.

Parten, M. B. (1932). Social participation among pre-school children. *Journal of Abnormal and Social Psychology*, *27*, 243-69.

Pillari, V. (1988). *Human behavior in the social environment*. Belmont: Wadsworth Publishing Co.

Ramsey, P. G., & Myers, L. C. (1990). Salience of race in young children's cognitive, affective, and behavioral responses to social environments. *Journal of Applied Developmental Psychology*, *11*, 49-67.

Richarz, A. S. (1980). *Understanding children through observation*. New York: West Publishing Company.

Salkind, N. (1981). *Theories of human development*. New York: D. Van Nostrand Co.

Santrock, J. W. (1993). *Children* (3rd ed.). Madison, WI: Brown and Benchmark. (6th ed., 1999).

Saunders, R., & Bingham-Newman, A. M. (1984). *Piagetian perspective for preschools: A thinking book for teachers*. Englewood Cliffs, NJ: Prentice-Hall, Inc.

Schiamberg, L. B. (1985). *Human development* (2nd ed.). New York: Macmillan Publishing Co.

Schickedanz, J. A., Schickedanz, D. I., Hansen, K., & Forsyth, P. D. (1993). *Understanding children* (2nd ed.). Mountain View, CA: Mayfield Publishing Company. (3rd ed., 1998).

Schwartz, J. I. (1981). Children's experiments with language. *Young children*, 36, 16-26.

Seifert, K. L., & Hoffnung, R. J. (1987). *Child and adolescent development*. Boston: Houghton Mifflin Co. (4th ed., 1997).

Selman, R. L. (1981). The child as a friendship philosopher. In S. R. Asher & J. M. Gorman (Eds.), *The development of children's friendships*. Cambridge, UK:

Cambridge University Press.

Selman, R. L., & Selman, A. P. (1979). Children's ideas about friendship: A new theory. *Psychology Today*, *13* (4), 71-80, 114.

Shaffer, D. R. (1996). *Developmental psychology: Childhood and adolescence* (4th ed.). Pacific Grove, CA: Brooks/Cole Publishing Co.

Sonnenschein, S. (1986). Development of referential communication skills: How familiarity with a listener affects a speaker's production of redundant messages. *Developmental Psychology*, *22*, 549-52.

Spodeck, B., & Saracho, O. N. (1994). *Right from the start: Teaching children ages three to eight*. Boston: Allyn and Bacon.

Sroufe, L. A., & Cooper, R. G. (1988). *Child development: Its nature and course*. New York: Alfred A. Knopf.

Stark, R. (1985). *Sociology*. Belmont: Wadsworth Publishing Co. (7th ed., 1998).

Steinberg, L., & Belsky, J. (1991). *Infancy, childhood, and adolescence: Development in context*. New York: McGraw-Hill, Inc.

Steinberg, L., & Meyer, R. (1995). *Childhood*. New York: McGraw-Hill, Inc.

Stern, V., & Cohen, D. (1958). *Observing and recording the behavior of young children*. New York: Teachers College. (Revised in 1978.)

Stone, L. J., & Church, J. (1979). *Childhood and adolescence: A psychology of the growing person* (4th ed.). New York: Random House.

Stone, L. J., & Church, J. (1984). *Childhood and adolescence: A psychology of the growing person*, (5th ed.). New York: Random House.

Thomas, A., Chess, S., & Birch, H. (1968). *Temperament and behavior disorders in children*. New York: New York University Press.

Thomas, A., Chess, S., & Birch, H. (1970). The origin of personality. *Scientific American*, *232* (2), 102-09.

Thorndike, R. L., & Hagan, E. P. (1977). *Measurement and evaluation in psychology and education* (4th ed.). New York: Wiley. (6th ed., 1997).

Travers, J. F. (1982). *The growing child* (2nd ed.). Dallas: Scott, Foresman and Company.

Vander Zanden, J. W. (1993). *Human Development* (4th ed.). New York: Alfred A. Kropf. (7th ed., 1999).

Vasta, R., Haith, M. M., & Miller, S. A. (1995). *Child psychology: The modern science* (2nd ed.). New York: John Wiley & Sons, Inc. (3rd ed., 1999).

Wadsworth, B. J. (1984). *Piaget's theory of cognitive and affective development* (3rd ed.). New York: Longman Inc. (5th ed., 1996).

Webster's New World Dictionary of the American Language, College Edition. Cleveland, OH: The World Publishing Company. 1960.

Willemsen, E. (1979). *Understanding infancy*. San Francisco: W. H. Freeman and Company.

Wolff, P. H. (1973). The classification of states. In L. J. Stone, H. Smith, & L. B. Murphy (Eds.), *The competent infant: Research and commentary*. New York: Basic Books.

Wright, H. F. (1960). Observational child study. In P. H. Mussen (Ed.), *Handbook of research methods in child development*. New York: John Wiley and Sons, Inc.

Zigler, E. F., & Stevenson, M. F. (1993). *Children in a changing world: Development and social issues* (2nd ed.). Pacific Grove, CA: Brooks/Cole Publishing Company.

相关资料

Children with Developmental Problems or at High-Risk for Developmental Problems (Identification and Intervention)

Adler, S., & King, D. (Eds.). (1986). *A Multidisciplinary treatment program for the preschool exceptional child*. Springfield, IL: Charles C. Thomas.

This text is a comprehensive, interdisciplinary manual on the care, education, and treatment of young children with developmental problems; directed to professionals, child care providers, and parents.

Allen, K. E., & Schwartz, I. (2001). *The exceptional child: Inclusion in early childhood education*. (4th ed.). Clifton Park, NY: Thomson Delmar Learning.

This text provides a comprehensive overview of early intervention and early childhood education for children with developmental problems, as well as their inclusion in the integrated (mainstreamed) classroom.

Blackman, J. A. (1984). *Medical aspects of developmental disabilities in children birth to three*. Rockville, MD: Aspen Systems Corp. (3rd ed., 1997).

This is an outstanding book for early childhood personnel as it provides well-illustrated and readily understood information about medical issues that affect the developmental progress of young children; highly recommended.

Fallen, N. F., & Umansky, W. (1985). *Young children with special needs*. Columbus, OH: Charles E. Merrill.

This text is especially useful for its focus on the developmentally different child as being in need of a holistic approach to early care and education just as is the normally developing child.

Hanson, M. J., & Harris, S. R. (1986). *Teaching the young child with motor delays*. Austin, TX: Pro-Ed.

This easy-to-read handbook bridges the gap between parents and professionals who work with motor-impaired children, birth to three, and includes teaching strategies and therapy activities to be used in the home and in the infant center.

Haslam, R. H. A., & Valletutti, P. J. (1985). *Medical problems in the classroom.* Austin, TX: Pro-Ed.

This book provides teachers and professionals from other disciplines with clues to early identification and points out ways that teachers can assist in the management of these problems.

Krajicek, M. J., & Tomlinson, A. I. T. (1983). *Detection of developmental problems in children.* Baltimore, MD: University Park Press.

Practical and readable, this is a highly acclaimed pediatric nursing text that focuses on early identification, screening, and beginning intervention strategies with children with potential or identified developmental problems.

McCormick, L., & Schiefelbusch, R. L. (1984). *Early language intervention.* Columbus, OH: Charles E. Merrill.

A good introduction to both typical and atypical language development and overall communication development with practical examples of programs, procedures, and materials for fostering communication skills in young children.

Peterson, N. L. (1987). *Early intervention for handicapped and at-risk children.* Denver, CO: Love Publishing Company.

This is an excellent text for students and professionals in early childhood special education and related disciplines who are working with young children with developmental problems; gives an invaluable perspective on what early intervention actually entails.

Infants, Toddlers, and Parents

Apgar, V., & Beck, J. (1972). *Is my baby all right? A guide to birth defects.* New York: Trident.

This continues to be one of the best sources for information about genetic and environmental causes of developmental problems and what the progress and treatment of a problem is from birth on; sensitive and readable.

Brazelton, T. B. (1969). *Infants and mothers: Differences in development.* New York: Dell.

Though this book was published a number of years ago it remains one of the best descriptions of the first year of life. It is written by a sensitive and observant pediatrician who has remained at the forefront of developmental pediatrics.

Brazelton, T. B. (1974). *Toddlers and parents*. New York: Dell.

Like Brazelton's infant book, this is an exceptionally good book for parents and caregivers of young children; just as sensitively written as the earlier book, this one also is a treasury of good advice and sensible suggestion about toddlers.

Bricker, D. D. (1986). *Early education of at-risk and handicapped infants, toddlers, and preschool children*. Glenview, IL: Scott, Foresman, and Company. Written by one of the leading infant specialists, this text offers both students and practitioners a contemporary view of the field, with examples of application for those working with atypical infants and children.

Bromwich, R. M. (1981). *Working with parents and infants*. Austin, TX: Pro-Ed.

This remains one of the best books in the field for helping parents learn to work with their handicapped or high-risk children; particularly noteworthy is the inclusion of case histories covering successful, partly successful, and unsuccessful interventions; invaluable for those working with parents.

Caplan, F., & Caplan, T. (1982). *The first twelve months of life and The second twelve months of life*. New York: Putnam Publishing Co.

Very readable books that provide excellent descriptions of normal growth and development although their emphasis on month-to-month changes rather than on developmental sequence may contribute to some undue anxiety in new parents. Includes many practical suggestions for dealing with daily behaviors and routines.

Hanson, M. J. (1984). *Atypical infant development*. Austin, TX: Pro-Ed.

This interdisciplinary text presents students and professionals with a current review of research and literature on both typical and atypical infant developmental problems.

Leach, P. (1986). *Your baby and child from birth to age five*. New York: Alfred A. Knopf.

This book offers parents and caregivers excellent developmental explanations as well as practical suggestions for daily caregiving routines, appropriate play equipment, and behavior management.

Marotz, L., Rush, J., & Cross, M. (2001). *Health, safety and nutrition for the young child*. (5th Ed.). Clifton Park, NY: Thomson Delmar Learning.

This book provides a comprehensive overview of the factors that contribute to maximizing the growth and development of each child. It includes some of the most current research information and knowledge concerning each of these areas and is especially useful for teachers，caregivers，and parents.

Wilson，L. C.，Watson，L.，& Watson，M. (2003). *Infants and toddlers*. (5th ed.). Clifton Park，NY：Thomson Delmar Learning.

Parents and caregivers will find this book particularly useful in understanding developmental sequences，creating enriching environments，and providing appropriate learning experiences for infants and toddlers based on their developmental needs.